A SHORT HISTORY OF LONDON

薄雾之都

伦敦的优雅与不凡

[英]西蒙·詹金斯 (Simon Jenkins)　著

宋佳 译

中国人民大学出版社
·北京·

地　　图

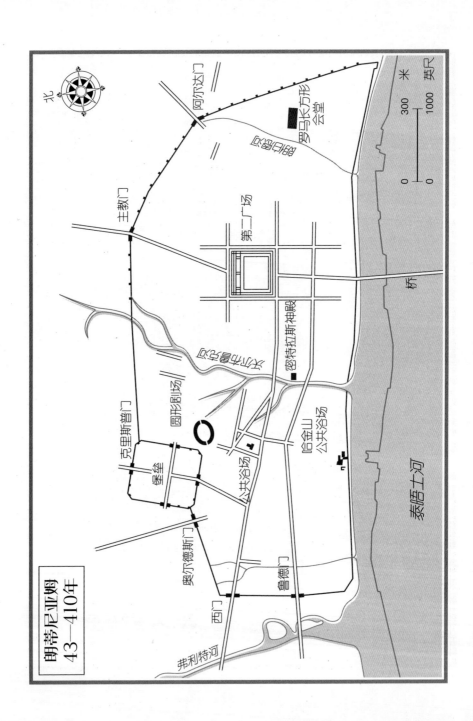

朗蒂尼亚姆
43—410年

北

阿尔达门

罗马长方形
会堂

罗马宫殿

主教门

第二广场

第一广场

密特拉斯神殿

克里斯普门

圆形剧场

安菲拉山庄园

堡垒

奥尔德斯门

哈金山
公共浴场

公共浴场

西门

鲁德门

弗利特河

泰晤士河

桥

米
英尺

300
1000

0
0

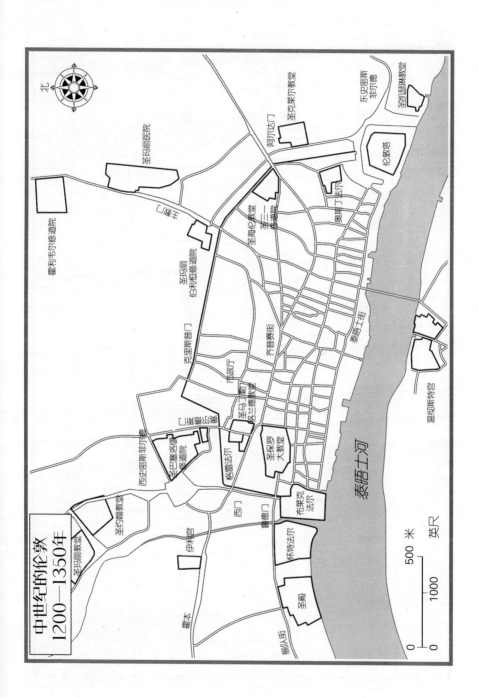

中世纪的伦敦
1200—1350年

北

霍利韦尔修道院

圣玛丽医院

圣玛丽伯利恒修道院

克里斯普门

圣约翰教堂

伊利宫

霍本

骑队从街

圣殿

怀特法尔

布莱克法尔

圣保罗大教堂

圣兰德教堂

市政厅

圣巴塞洛缪修道院

西史密斯菲尔德

格雷法尔

西门

鲁德门

圣马伦斯教堂

齐普赛街

泰晤士街

东史密斯菲尔德

圣凯瑟琳教堂

奥斯丁修道院

阿尔达门

伦敦塔

圣克莱尔教堂

泰晤士河

温切斯特宫

500 米

1000 英尺

0

0

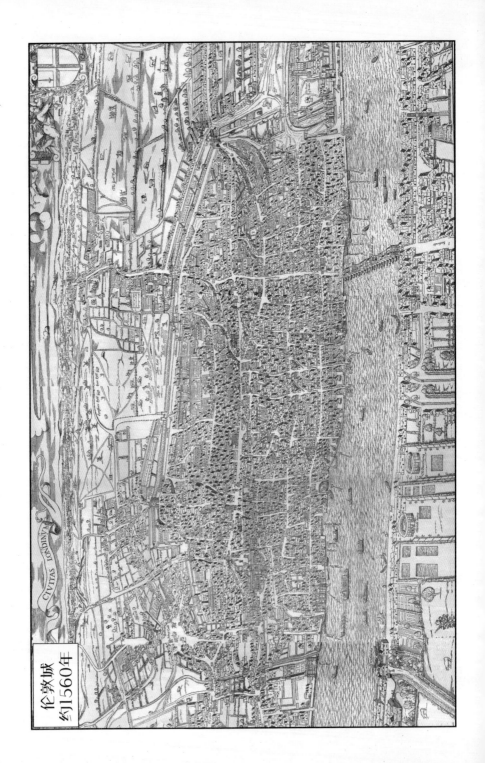

伦敦城
约1560年

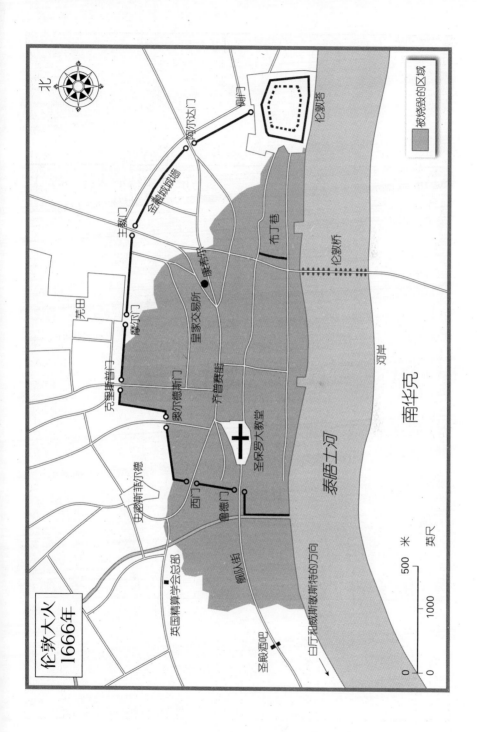

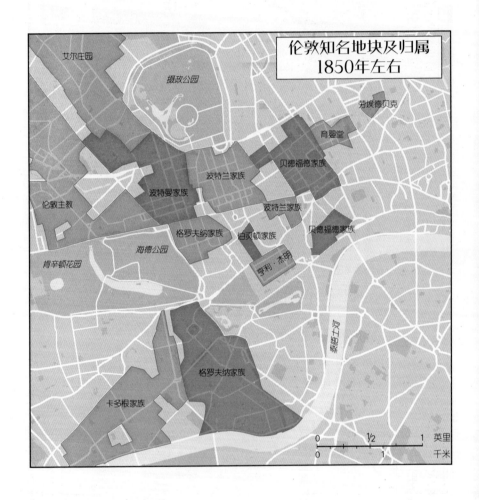

伦敦知名地块及归属
1850年左右

艾尔庄园

摄政公园

苏埃德贝克

育婴堂

贝德福德家族

波特兰家族

波特曼家族

伦敦主教

波特兰家族

格罗夫纳家族

伯灵顿家族

贝德福德家族

海德公园

肯辛顿花园

亨利·杰明

格罗夫纳家族

泰晤士河

卡多根家族

0   ½   1   英里

0   1   千米

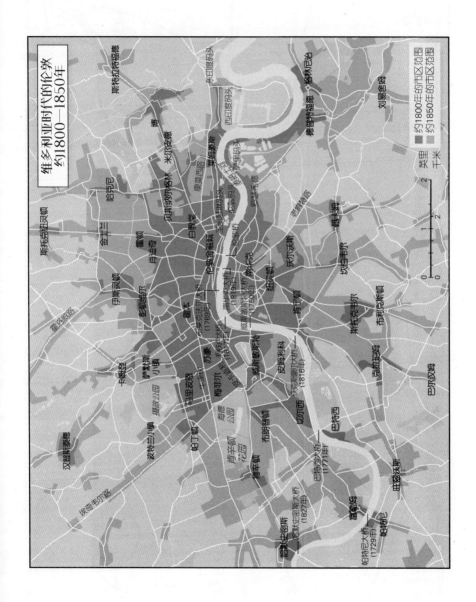

维多利亚时代的伦敦
约1800—1850年

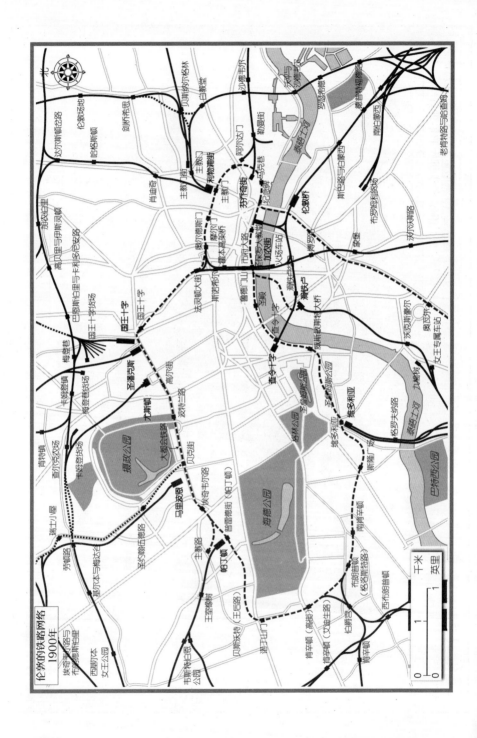

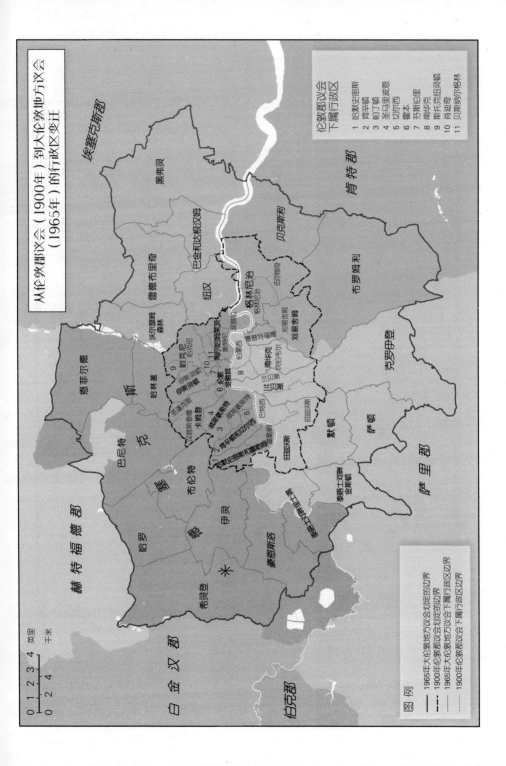

从伦敦郡议会（1900年）到大伦敦地方议会（1965年）的行政区变迁

伦敦郡议会下属行政区

1 哈默史密斯
2 肯辛顿
3 帕丁顿
4 圣马里波恩
5 切尔西
6 霍本
7 芬斯伯里
8 南华克
9 斯托克纽灵顿
10 肖迪奇
11 贝斯纳尔格林

埃塞克斯郡

黑弗灵

肯特郡

贝克斯利

布罗姆利

克罗伊登

萨顿

萨里郡

恩菲尔德

哈林盖

雷德布里奇

巴金和达根汉姆

纽汉

沃尔瑟姆森林

伦敦巴特

布伦特

伊灵

豪恩斯洛

默顿

金斯敦

里士满

希灵登

哈罗

赫特福德郡

白金汉郡

伯克郡

图例
—— 1965年大伦敦地方议会划定的边界
–·– 1900年伦敦郡议会划定的边界
—— 1965年大伦敦地方议会下属行政区边界
······ 1900年伦敦郡议会下属行政区边界

英里
0 1 2 3 4

千米
0 2 4

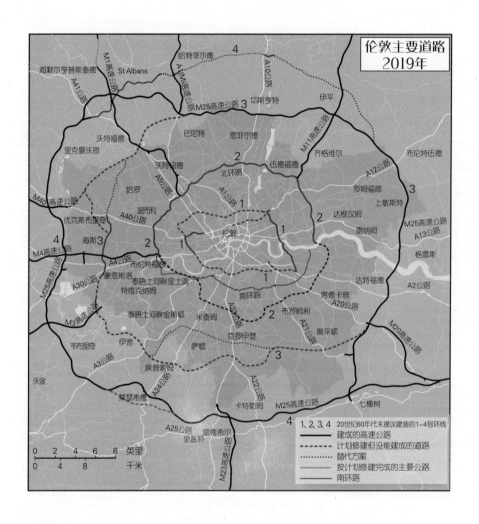

伦敦主要道路
2019年

海默尔亨普斯泰德
St Albans
哈特菲尔德
A1(M)高速公路
A10公路
4
M1高速公路
A41公路
M25高速公路
切斯亨特
3
伊平
沃特福德
巴尼特
恩菲尔德
M11高速公路
里克曼沃思
沃特福德
伍德福德
齐格维尔
布伦特伍德
A405公路
北环路
2
伍德福德
哈罗
A1公路
1
罗姆福德
温布利
A12公路
3
优克斯布里奇
A40公路
达根汉姆
上敏斯特
M40高速公路
温布利
伦敦
雷纳姆
M25高速公路
A13公路
海斯
3
2
1
2
格雷斯
M4高速公路
A4公路
布伦特福德
1
A30公路
泰恩斯谷
达特福德
M25高速公路
泰晤士河畔里士满
席德卡普
特维克纳姆
1
A20公路
泰晤士河畔金斯顿
南环路
布罗姆利
A2公路
韦布里奇
伊舍
米查姆
克罗伊登
奥平顿
A3公路
萨顿
A23公路
A21公路
3
M20高速公路
沃金
埃普索姆
A24公路
A22公路
七橡树
A2公路
蕾瑟希德
卡特勒姆
M25高速公路
4
1、2、3、4　20世纪60年代末提议建造的1~4号环线
A25公路
雷德希尔
建成的高速公路
里盖特
计划修建但没能建成的道路
替代方案
M23高速公路
按计划修建完成的主要公路
南环路

0　2　4　6　8　英里
0　4　8　千米

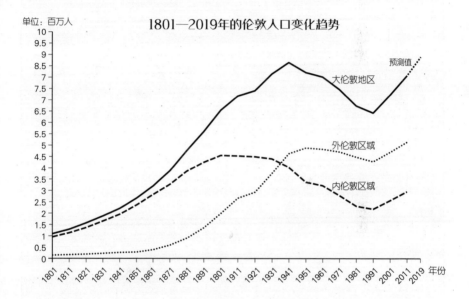

单位：百万人

1801—2019年的伦敦人口变化趋势

预测值

大伦敦地区

外伦敦区域

内伦敦区域

年份

纵轴刻度：10, 9.5, 9, 8.5, 8, 7.5, 7, 6.5, 6, 5.5, 5, 4.5, 4, 3.5, 3, 2.5, 2, 1.5, 1, 0.5, 0

横轴刻度：1801, 1811, 1821, 1831, 1841, 1851, 1861, 1871, 1881, 1891, 1801, 1911, 1921, 1931, 1941, 1951, 1961, 1971, 1981, 1991, 2001, 2011, 2019

译者序

"伦敦给你的印象是什么?"

几年前,我刚刚搬到伦敦,在一家公司面试时,被问到了这个问题。

老实说,当时的我并不怎么喜欢伦敦。习惯了英格兰东北小镇的安逸与宁静,伦敦的繁华与喧嚣让我有些不知所措。加上租房求职的折腾,每日通勤的疲惫,人际交往的疏离,伦敦给我的感觉更像是一座围城,外面的人被其光鲜亮丽所吸引,充满了向往,里面的人则哀叹没有归属感,个中滋味,冷暖自知。

冯骥才先生对伦敦的印象是标志性的"三红一黑"——红邮筒、红电话亭、红色双层大巴以及老式的黑色小车。我看到的伦敦,红与黑依然是经久不灭的文化符号:街道上隔几步可见的红邮筒,大街小巷间红色双层大巴和黑色出租车不时穿梭而过,而某个街角废弃的红色电话亭,虽似乎成了无用的摆设,却照旧挺立着。

彼时的伦敦，早就不见了狄更斯小说中浓得发黏的厚雾，偶有薄雾，阴郁天气是常态，给整座城市罩上了一层湿冷而朦胧的氛围，神秘却又让人觉得无法触及。下班回家的路上，我看着两侧的路灯灯光照在湿漉漉的房顶和小巷，恍惚间也感受到那么一丝暖意和一毫色泽。

我对伦敦印象的改观，起于国内朋友的度假之旅。作为他们在伦敦的向导，我不得不快速熟悉这个我仍有些陌生的城市。在与伦敦的接触中，匆忙、慌乱，但不乏满满的惊喜。伦敦的多面让我诧异，它的确是座宝藏城市。

朋友从希思罗机场落地，我第一次"打卡"这个全球航空枢纽。每年接待游客量达 7 000 万人次，数量超过全英总人口；每 45 秒就有一架飞机起降；每 3 秒就有一杯茶或咖啡售出……数据记录下这里的繁忙，我站在航站楼，感受更加真切。来来往往的人们，无论抵达还是离开，或眼中早已布满了血丝，或目光中仍带有迷茫和好奇，或表情里充溢着惆怅与不舍，但他们的身上，都神奇地裹挟着同一种情绪，那种情绪，当时的我还不能完全理解，现在已然能感同身受。那是一种特殊的情结，像是与伦敦的"立约"——我来了，我经历着，我爱过。

对着谷歌地图打卡伦敦的知名地标和景点，从白金汉宫到威斯敏斯特教堂，从圣保罗大教堂到伦敦塔，从金丝雀码头到格林尼治天文台，由西向东，自北往南，我与这座城市在不同的位置相遇，一个厚重、真实、鲜活、优雅的伦敦一步步从历史中向我走来，褪去浮华，它是如此丰富、宽阔、包罗万象，如此不同凡响，不知不觉我已沉迷其中，心底滋生出的格外喜欢，持续蔓延开来。

每个早晨，我都要乘地铁到考文特花园附近上班，所以每天都要坐上那让人又爱又恨的伦敦地铁，车厢闷热，没有信号，开动时通道口的大风呼呼，让无论费了多长时间做出的精致发型，都会成为永不重复的"洗剪吹杀马特"。但每每进出时看到小白板上的"今日之语"（Thought of the day），听到卖艺人或低沉或高亢的弹唱，还有停车时那一声声的"注意空隙"（Mind the gap），便顿觉心头一颤，十足的人情味，让整个人都暖了起来。

我工作的地方靠近考文特花园，清晨，我会从莱斯特广场地铁站出来。几步距离就是赫赫有名的斯坦福书店。这个号称"世界上最大的旅行主题书店"，又被誉为"旅行者的麦加"。店内的黄色灯光透过大门两侧的玻璃洒向街头，进门后随处可见的各式地图，营造出一种人在旅途中的错觉。我在这里买过弗吉尼亚·伍尔芙（Virginia Woolf）的《达洛维夫人》（*Mrs. Dalloway*），一整本书，都是关于主人公决定自己出门买花后，在伦敦城里的转悠。"我喜欢在伦敦漫步"，诚如她所写，在伦敦穿行，也是我生活中最期待的消遣。

再往东南，就到了考文特花园——午餐后，我总会在这边逛上一逛，百试不厌。热闹非凡的生活集市，让人仿佛步入了《窈窕淑女》（*My Fair Lady*）的拍摄现场。穿着英伦三件套的老绅士安静地读报，桌前摆着精致的茶饮；披着大花围巾的摊位阿姨热情地兜售古董物件，有时和买家的讨价还价要来上个好几轮。露天广场上，人们围坐着观看不同民间艺人的艺术表演，精彩新奇的杂技，花样百出的魔术，掌声和欢笑声此起彼伏，这座城市的本真尽显无遗。

南下来到这座城市之前，北方的英国朋友曾屡屡向我吐槽伦敦人冷漠、不喜欢和陌生人交谈。起初，我也抱着这样的偏见，但观察和接触之后，我发现，伦敦和伦敦人其实都充满了温情。

沿着泰晤士河在狗岛晨跑，打扫河道的老爷爷每天都会热情地和我打招呼，骑车通勤的上班族，多遇上几次后，也会微笑着挥手致意。我遇到过和我一样晨跑的英国小哥，见到过牵着好几条宠物狗闲逛的英国小姐姐，碰到过从农贸市场拎着蔬菜水果回家的叔叔阿姨。同一条晨跑路线，来来往往的人或相同或不同，但他们开启了我不一样的每一天，这段伦敦记忆，独特而难以复制。

我相信，对所有曾到过伦敦的人来说，这座城市都会成为心底一份特别的存在。白天，它是"日不落"的帝国——金融城的精英们塑造着全球经济，西区的博物馆里熙来攘往；晚上，它是"灯影交织"的天堂——飘起小雨也阻挡不了人们在酒吧门外排队聊天。每到圣诞前夕，彩灯点亮，市中心灿若星河、流光溢彩。这座城市记录了太多的美好、快乐和自由，还不曾离开，就已经开始想念。等离开后，更是心心念念想要再回去看看。

写下这些文字时，圣诞节刚过，伦敦"封城"的消息接连传来。2020年，是一个太过特殊和艰难的年份，各种猝不及防接踵而来，恐惧、悲伤、各式各样的负面情绪，充斥在生活之中。我的不少朋友还来不及与这座城市告别就匆匆回国，他们的言语里充满了留恋与不舍。

在这样一个时间点，翻译这样一本以伦敦为主题的书籍，我感到格外开心。它让我重新认识了这座城市，也激活了我在伦敦生活的每一个瞬间。

我相信文字和语言能改变世界，我希望书里那些描述伦敦对待历次灾难的细节，能为对生活感到迷茫和压力的人带来启迪；我希望书里那些讲述伦敦历史过往、剖析伦敦性格特质的思考，能为那些对伦敦感兴趣却还没机会前来一探究竟的人带来新知；我希望书里那些熟悉的地名、人名、建筑能为那些曾与伦敦有过交集的人重拾共忆。

　　跨年那天，我和几个朋友聚在一起，纷纷感慨当时在泰晤士河左岸等待午夜来临，只为看一场绚烂的跨年焰火，听大本钟敲响十二下。2021 年已经到来，愿所有美好都能不期而至，愿伦敦在即将到来的春天再次绽放。伦敦，从不曾被忘记，更无法被忽略。愿这座城市的每一束微光，愿这本书里的每一个文字，将你我相连，Keep calm and carry on!

宋佳

前
言

　　站在滑铁卢大桥上眺望伦敦，一眼望去是乱糟糟的一片。那是
一种不合常规、毫无计划的乱，让人抓狂之余又有些激动和兴奋。
我的一生，始终在亲历伦敦的演变，但依然对理解是什么在推动它
不断演变感到力不从心。这本书记录的正是我的这份困惑。始建于
罗马时代，经历盎格鲁-撒克逊人的重建，伦敦一直在发展的道路
上前进不止。18 世纪时，伦敦成为欧洲最大的都市；到了 19 世纪，
它跃升为世界最大的都市。第二次世界大战之后，人们认为伦敦的
发展已经到了极限，将开始进入衰退期。但在新千年到来之时，伦
敦再次崛起，吸引着来自全英、全欧洲乃至全世界的人口、财富和
人才。到 2025 年，伦敦的人口预计将超过 900 万。我现在对一件
事非常肯定——伦敦是一个拥有生命的个体。

　　在历史上的大部分时期，伦敦和威斯敏斯特是两个相互独立的
概念。两者拥有各自的职能，一个为经济服务，一个作用于政治层

面。它们之间矛盾不断，而这种剑拔弩张的状态也是本书中反复出现的主题之一。17 世纪时，这座中世纪大都市遭遇危机。在经历了内战、伦敦大瘟疫和伦敦大火后，它进入到 18 世纪以复兴和文化多产为特征的黄金时期。随后，铁路的出现引发剧变，带来城市化爆炸式的发展，世界上的其他城市都无法企及。20 世纪到来时，伦敦已成为英帝国的骄傲，但在接踵而至的两次世界大战中遭遇战火洗礼，虽然幸存下来，却逐渐变得衰落与混乱。21 世纪以来，伦敦作为全球金融中心，再次走向新的繁荣。但关于它未来的发展方向、面貌和归属，世人依然争论不休，没有定论。

这本书主要讲述伦敦样貌的演变，以及它如今为何会比其他同类城市更多元丰富，视觉上也更加无序。所有的历史都植根于地理空间之中。伦敦的演变也与其位置和地形密不可分。伦敦人代代更替，其活动也相应改变，但整座城市的结构一直充当着连接过去与现在的纽带。除了灾难带来的影响，它的每一次改变都不是偶然。

有人的地方就会出现冲突。但建城两千年来，伦敦发生的冲突却异常平和。在伦敦，因政治冲突而死亡的人数比世界上其他任何大都市都少。伦敦的斗争一直都是有机的，这源于其发展的本质，来自市场的推动，以及想要规划或监管市场的尝试。然而，这些尝试大部分都失败了。长久以来，伦敦一直独立自主。在布迪卡起义、诺曼征服、亨利八世宗教改革、瘟疫、大火和炸弹袭击给这座城市留下道道伤痕时，它坚忍如一，取得了非凡的成就。

大部分对伦敦的描述都将其与英国割裂开来，尽管它是英国的首都。我试图弥补这一点，把它放在英国和国际两个大背景之下。

在影响全国其他地区的事件之中，伦敦总是小心翼翼地置身事外，但它在内战和19世纪改革斗争中依然扮演了关键角色。伦敦民众有自己的发言权，不应该仅仅因为这座城市鲜有暴力就低估他们。

在伦敦金融城和威斯敏斯特之外来定义伦敦就更加困难了。维多利亚时代的沃尔特·贝桑特（Walter Besant）曾写到没有人知道也没有人好奇的"东伦敦"和"南伦敦"。这两个伦敦都比曼彻斯特要大，但居住于此的数百万人却从来没有突破地域的界限交织融合。东伦敦是工人阶级的天下，有着全然不同的城市风貌。南伦敦最靠近市中心的边界在象堡的城市纪念碑这一块儿，据贝桑特说，这里原来有一个小酒吧，但现在已经不复存在了。在过去的两个世纪里，第三个伦敦悄然无息地崛起了。这是一个寂静、无名、依靠铁路而建的郊区大都市。从1880年开始，半个世纪内，伦敦的土地面积扩大了六倍多。按照字面上的定义，伦敦80％的区域其实都属于新出现的第三个伦敦。在书中，我也将这一事实公正呈现。

至少在进入21世纪之前，伦敦金融城与周边的郊区从未作为整体完全自治，即由一个统一的行政机构负责全部或部分公共事务。诚然，这种现象长期存在，但鲜有人关心。政治上，巴黎、柏林、维也纳和圣彼得堡都经历了革命和起义，伦敦则显得后知后觉。有人认为，其原因在于，伦敦所扮演的角色是接纳者，接收着欧洲大陆国家民主进程中的流亡者。在我看来，地理因素也是原因之一。打个比方，城市就像压力锅，空间就是安全阀。对伦敦这口锅来说，每当压力快要让它爆裂时，它便从空间入手，开启"扩建"潮进行补救。19世纪期间，伦敦的贫民窟很糟糕，但相比之下，巴黎贫民窟的状况更差。伦敦通过铁路来缓和矛盾，把城市与米德塞克斯郡、埃塞克斯郡、萨里郡和肯特郡打通相连。政府在1854 年成立的王室委员会无力地将首都描述为"一个遍布房屋的地方"。当卡尔·马克思（Karl Max）一边思索伦敦穷人的出路，一边凝视安静庄严的街道和广场时，他对在伦敦爆发革命的前景感到绝望。

　　上述的所有冲突中，最为严重、记载最少也是最受关注的问题，出现在 1950—1975 年。二战的轰炸使大片金融城区域和伦敦东区部分区域遭到破坏，战后市政当局下令重建，推土机让城市再次承受痛苦。与后者相比，前者造成的损失微乎其微。驱车驶入如今的伦敦近郊。大部分工人阶级居住的街道，都曾属于政府为低收入群体规划的社区，建有福利性的地方政府住房或者高层塔楼。这些早已消失在推土机身下的房屋，足以拼凑出一张"幽灵地图"。信奉绝对主义的建筑师想要一切重头开始，将自己的理念与审美强加于一个存在并呼吸着的城市。但等到他们发现设计与现实不相符、建筑资源缺乏，不得不停止建设时，维多利亚时代的伦敦风貌早已一去不返。幸运的是，还有部分留存。

　　这本书从古代讲述到现在，叙事上难免会受当代情况的影响，带有一些时代色彩。我是个土生土长的伦敦人，自小就在这里生活，先后在伦敦的四个自治市居住，其中三个在北边，一个在泰晤士河以南。古希腊人认为，城邦存活延续的前提，在于公民对政治的参与。我虽然从未担任过任何公职，但一辈子都在写和首都相关的文章，内容涵盖方方面面，也在伦敦的交通、住房、规划、艺术和保护机构①工作过。我做过伦敦晨间和晚间报纸［《泰晤士报》（*The Times*）和《伦敦晚旗报》（*Evening Standard*）］的编辑，当过3次陪审员和2任学校校长。作为一个不折不扣的行动派，我有过辉煌，也经历过失败。每天带着这样的情绪穿梭于城市之间，我觉得自己像个身经百战的老兵，痛并快乐着。

我对伦敦样貌感兴趣并非一时兴起，相反，这种兴趣是具体的且由来已久。这种兴趣贯穿伦敦发展的各个阶段。从最初建城到发展至今，我想要了解的不是一成不变的伦敦，而是变化中总有相似规律可循的伦敦。贵族化、贫困、教育和公共住房上的斗争真实且重要，但我认为城市政治不应该给予当代人特权。我们有权发表意见，但我们的生命是短暂的，对不断延续发展的城市而言，重要的是我们传递给未来什么。一想到未来几代人将评价我们对伦敦天际线的处理方式，我就感到不寒而栗，这种感觉和我们看待二战后祖父母、父母那辈人对城市的所作所为一模一样。我们必须牢记，我们是在代表其他人做出决定，选择我们想要的伦敦。

好奇心是了解历史的最好介质。我试着回答那些让我感兴趣的问题，也希望以此能引起他人的兴趣。为什么伦敦金融城与威斯敏斯特总是如此不同？为什么仅隔着一条泰晤士河，南伦敦看上去好像成了乡下，全然变了样子？为什么伦敦近郊形态各异，远郊则整齐划一？连排房如何让老少贫富都喜爱有加，还吸引了不少建筑师

---

① 我工作过的机构和地方包括：英国铁路局、伦敦交通局、伦敦博物馆、南岸、老维克剧院、萨默塞特府、帕丁顿地产、英格兰遗产委员会、英国国民信托组织、拯救英国遗产组织、20世纪协会。

的关注，成为最受欢迎的住房样式，却让现代规划师厌恶不已？为什么伦敦的高楼大厦在市区分布零零散散，如此随意？

我努力保持冷静。如果可以对一个与 900 万人共享的地方表达爱意，那么我爱伦敦。离开伦敦，我悲伤沮丧。回到伦敦，我开心振奋。从国会山、滑铁卢大桥和格林尼治俯瞰伦敦的景色，我感到心旷神怡。伦敦也会让我失望，让我羞愧，但伦敦带给我的欢乐是如此的丰富。伦敦从不会为了出其不意而背弃自己的使命。它拥有人类最伟大的美德：永不沉闷。

目 录

第一章

朗蒂尼亚姆

43—410

父亲河，泰晤士河

大多数城市的兴起与水都有着不解之缘。靠近河流、湖泊或海洋的地方，就会出现贸易，人们在岸边的高地定居下来，开始进行交易。早在伦敦建立之前，人类就出现在泰晤士河谷，开沟挖渠，大兴土木，狩猎动物，种植庄稼，制作陶器和金属物品。但他们的一切活动都依靠泰晤士河，与其息息相关。

泰晤士河并非一条平静的溪流。实际上，它曾经湍流不息，潮起潮落，相当于现在的两倍宽，源源不断地从内陆流向大海。起初，和大多数河流一样，它也被视为神圣的，化身为有着飘逸头发和胡子的老者，形象和海神类似，老者的名字是"泰晤士之父"。"泰晤士"这个词很可能来源于凯尔特语，意思为暗黑无边。就像恋人会向喷泉池掷硬币以求好运一样，人们也把罐子、斧子、刀剑拿来祭祀河里的神仙。在我人生的某个转折时期，我记得自己走在滑铁卢大桥上，俯瞰桥下的河水，像出于原始本能一般，我将一枚硬币投进了水里。

史前时代，尚不存在"伦敦"这个名字，这里只有一座双峰山。感知其地势起伏的最好方式就是在晚上骑自行车。从伦敦塔的西侧开始骑行，经过的塔丘和东市场，一路都处于第一个山峰的上升段；地势在加农街发生改变，出现一路延伸到泰晤士河的陡峭下坡。加农街显然是双峰之间的低谷区域，从这儿跨过老沃尔布鲁克河道，地势再次上升，直到第二个山峰峰顶——那里矗立着圣保罗大教堂。从卡特巷开始，地势再次下降，道路逐渐与河流交汇。

穿过大教堂，沿鲁德门山的地势陡然走低，老弗利特河昔日流经于此，之后人们还在此修建过排污水渠，但如今也已经弃用填埋。在舰队街一带，地势稍许变高，一直到因大片鹅卵石而得名的河岸街。罗马帝国灭亡后，撒克逊人在这里建立定居地，命名为伦迪威克，并设立了奥德维奇口岸，差不多就是今天考文特花园的位置。在特拉法加广场，我们既可以下行探索威斯敏斯特的沼泽地带，也能向上沿着干草市场前往苏豪区的高地。我们也许无法目睹伦敦的旧貌，但可以用双腿试着去感受。

伦敦博物馆的一张史前时期景观图显示，在猛犸象、犀牛、野牛和熊的遗骸中，发现了燧石斧、动物骨骼和人类头骨的痕迹。距离此处最近的"人类居住地"位于阿斯克桥、斯坦斯、卡苏顿和希思罗这些土壤更加肥沃的上游地区。公元前1000年左右，一些区域出现了简单的田间农业，其中就包括泰晤士河以南的南华克地区。一面做工精良的青铜时代盾牌在巴特西出土，意味着这里很可能就是人们早期的渡河之地。

铁器时代晚期，一些起源不明的部落似乎将泰晤士河作为彼此的分界线。这条河本身亦是北海与不列颠内陆之间进行贸易往来的天然通道。至于伦敦的得名，历史上大概有十几种说法。可信度最

高的两个，都和凯尔特语有关。一个说是来源于凯尔特语中的
"lond"，意思是荒野；还有一种说法是出自凯尔特语中的"plowoni-
da"，意思是急流。中世纪历史学家蒙茅斯的杰弗里（Geoffrey of
Monmouth）将伦敦的创建追溯至罗马帝国，宣称伦敦是由特洛伊战
争英雄埃涅阿斯（Aeneas）的后代布鲁图斯（Brutus）一手建立的。
伦敦也出现在希腊神话中，同腓尼基公主欧罗巴（Europa）联系在
一起。

罗马统治下的城市

尤利乌斯·恺撒（Julius Caesar）在公元前 55 年和公元前 54
年两次率兵入侵不列颠，但都没有到达伦敦。第一次入侵，仅在肯
特郡登陆后就撤回了。第二次入侵，规模庞大，战舰达 800 艘，为
历次横跨海峡战役中战舰数量之最，这一纪录一直到二战时期的诺
曼底登陆才被打破，当然，罗马入侵和诺曼底登陆的方向截然相
反。这一次，恺撒大帝击溃了由凯西努拉维斯（Cassivellaunus）指
挥的不列颠军队，跨过了泰晤士河，到达现在的米德塞克斯郡一
带。不过，渡河地点无从查找，恺撒的进攻似乎也只是为了炫耀其
实力强大。之后，他既没有在不列颠建立统治基地，也没留下军
队，而是直接撤回了高卢。

公元 43 年，罗马皇帝克劳狄（Claudius）又一次出兵不列颠，
这次的征服目的更加明确。奥卢斯·普劳提乌斯（Aulus Plautius）
将军带兵从肯特郡沿海的里奇伯勒登陆，沿泰晤士河一路北上。在
前往目的地要塞科尔切斯特的途中，罗马军队可能在南华克渡河到

了对岸的高地。我们并不知道当时是否已经有商人在高地上从事贸易，但这块定居点没过多久就成了人们口中的朗蒂尼亚姆。

以沃尔布鲁克河作为分界点，朗蒂尼亚姆向东西两侧迅速扩张。和所有的罗马城镇一样，这里的街道也井井有条地呈网格状排列。东侧主路通向科尔切斯特，西北侧则经由惠特灵大道——即现在的埃奇韦尔路——北上至圣奥尔本。市中心是一个开放的花园广场，亦是如今勒顿豪集市的所在。沃尔布鲁克河以西曾建有一个圆形剧场，1988 年翻修伦敦市政厅时发现了它的遗迹。

街道按照罗马风格建立，房屋大多为长方形，偶有一些圆形的住宅，大概是最原始的本地人的居住之处。沿河遍布的码头上，停泊着船只，货品不断从船上被搬运下来。古罗马历史学家塔西佗（Tacitus）曾评论说："这里并不像科尔切斯特那样，因称为殖民地而受到尊崇，居住于此的大多是商人。"2010 年，在彭博伦敦总部大楼下的发现印证了他的说法。出土的蜡质写字板可以追溯至公元57 年，上面记录了当时的贸易、教育和司法活动。

历史上的首个伦敦，存在了 17 年时间。公元 60 年，定居于诺福克郡的艾西尼人和生活在埃塞克斯郡的特里诺文特人在艾西尼女王布迪卡（Boudicca）的领导下起义，反抗罗马统治。当时的罗马总督苏埃托尼乌斯（Suetonius）趁罗马盟友艾西尼国王去世之际出兵，想要吞并他的土地。因为一些不知名的原因，布迪卡被鞭打，她的女儿受到奸污。为了复仇，布迪卡集结了庞大的军队，先是摧毁了罗马人在不列颠的统治中心科尔切斯特，随后分别在朗蒂尼亚姆和圣奥尔本发动袭击。

彼时，苏埃托尼乌斯的军队正在威尔士作战，朗蒂尼亚姆无人守备。苏埃托尼乌斯弃城而逃，而那些没有出逃的民众惨遭屠杀，城市被夷为平地（考古学家已经发现这一时期的灰烬层）。真正的死亡人数大概没有官方估计的 4 000 人那么多，但这稍微有些夸大的数字着实反映出建立定居点后的 20 年中朗蒂尼亚姆的发展规模。公元 61 年，苏埃托尼乌斯带领军队进行反击，布迪卡战败被杀。

　　朗蒂尼亚姆在战略上是如此重要，在这次反叛后，它不但快速恢复了不列颠最大城镇的地位，还一跃成为罗马在英的统治首府，当然，当时的英国被叫作不列颠尼亚。沃尔布鲁克河在城中缓缓流过，从芬斯伯里带来干净的水源，再将污水排放至泰晤士河中去。城市主要街道上林立着一排排罗马式别墅，码头边则是一座座仓库。罗马人在占领早期建造了第一座跨越泰晤士河、连接南华克区域的木桥，这便是几个世纪以来伦敦标志性象征伦敦桥的雏形。1981 年，距离如今伦敦桥以东 100 码左右的地点发现了建于公元 80 至 90 年的木桩遗迹。至此，伦敦实现了南北方向的贯通，既可以从圣奥尔本沿惠特灵大道南下，抵达泰晤士河对岸的肯特郡和多佛，也可以通过如今金士兰路以北的白鼬大道，北上去往约克。惠特灵大道和白鼬大道是伦敦唯一两条笔直延伸，能持续直行数英里不拐弯的道路。

　　在建成后的第二个世纪，大概在公元 120 年左右，朗蒂尼亚姆遭遇了一场大火，但它“幸存”了下来并继续发展着。据说，罗马皇帝哈德良（Hadrian）在公元 122 年来伦敦巡视，在城市的西北角，即今天的巴比肯区域修建了一个供 1 000 名士兵驻扎的堡垒。此外，3 世纪初，罗马人还建造了一座半圆形的石城墙，从如今的伦敦塔开始，经过阿尔达门、主教门、西门和鲁德门，一直到弗利特河的河口布莱克法尔，差不多有两英里长。西北角的拐弯处就是现在的老克里斯普门堡垒。几经调整后，这座城墙圈出来的区域，差不多就是如今的伦敦金融城。与此同时，市中心的花园广场被扩建成阿尔卑斯山以北面积最大的一处。旁边是长方形的罗马会堂（后来的考古挖掘显示，该建筑的长度甚至超过了现在的圣保罗大教堂），高高俯瞰着花园广场。

城墙以外，也渐渐出现了聚居地，就在现在的舰队街、霍本、阿尔达门和桥南的南华克一带。据估计，朗蒂尼亚姆在公元1世纪末达到了人口数量的峰值，居民大概有6万人，按照罗马的标准，已经算得上是大都市。人们对这一时期的社会情况知之甚少，了解罗马时期城市面貌的最佳途径，大概就是通过位于巴比肯的伦敦博物馆了。博物馆里的相关展览，包括一件件豪华的家用物品，华丽的马赛克地板，以及经过装饰镶嵌的会客室、浴室和庭院，还原了罗马人的奢侈生活。根据DNA分析，值得注意的一点就是，彼时朗蒂尼亚姆人口的高度国际化：来自罗马帝国各地、来自地中海和北欧地区的人们生活于此，在寺庙和神殿敬奉神明，在泰晤士河和沃尔布鲁克河岸边进行祭祀。到目前为止，密特拉斯神殿是考古发现中最为重大的一个，就建于沃尔布鲁克河附近，差不多在公元240年建成。有人猜测，圣保罗大教堂可能是在另一处神殿的遗址上建造而来，当时神殿中供奉的或许是狩猎女神戴安娜。

离开和消失

朗蒂尼亚姆于公元5～6世纪逐渐衰退，其原因一直是伦敦历史上的巨大谜团。公元150年，城市人口就已经开始减少。可能是因为驻军少了——大部分不列颠尼亚南部区域都比较和平，首府亦不需要常驻军团，士兵因此被抽调戍守在威尔士和苏格兰边界。人员流动似乎更加频繁，新兴的"罗马-不列颠"文化随人员迁出散布到肯特郡、萨里郡和泰晤士河谷一带，在人们居住的房屋和村镇中生根发芽，就如今天一样。彼时的伦敦是一个重要的港口，但很多省份的贸易并非只能在伦敦进行，海岸周围均有水路可以运输。

随着帝国安全防御水平的下降，像不列颠这样的遥远省份，更加容易受到"野蛮人"的入侵，其中，盎格鲁人和撒克逊人入侵最为频繁。此外，将领的叛乱也时有发生。公元 286 年，卡劳修斯（Carausius）领导了一场颇具影响的叛乱，他宣布成立不列颠帝国，从罗马帝国中独立出来。公元 293 年，君士坦丁大帝（Constantine the Great）的父亲君士坦提乌斯一世（Constantius Ⅰ）成为皇帝，按照土地划分协议，他成为罗马在不列颠的统治者。但因为卡劳修斯的独立，他若想恢复罗马的统治，就必须动用武力。在打败卡劳修斯后，他对不列颠的治理带来了建筑业的短暂复兴。但好景不长，公元 3 世纪之后，朗蒂尼亚姆失去存在目的的迹象变得更加明显，房屋建筑里空无一人，公共浴室被停用废弃，甚至连花园广场也变得荒废了。

公元 300 年左右，基督教传入北欧。这其中，伦敦塔丘附近的一个教堂可能起到了非常重要的助推作用。公元 314 年，在法国阿尔勒（Arles）举行的宗教会议上再次出现了"朗蒂尼亚姆"的影子——来自那里的一位叫雷斯提图斯（Restitutus）的主教出席了会议。但据考古学家考证，这种互动在 3 世纪末出现了断崖式下跌。彼时，朗蒂尼亚姆或许已经发生了翻天覆地的变化。"赏心悦目"和"欣欣向荣"被这样一种景象取代——半个城市被毁、污染处处皆是、治安管理欠缺，还面临瘟疫肆虐的威胁。相比之下，西部的土地更为开阔宽广，环境氛围更加健康良好，自然愈加受到新定居者的青睐。

众多可能性中可以明确的是，公元 410 年是"末日"到来的标志。蛮族虎视眈眈，伺机入侵，罗马的统治在各个方面都受到威胁。同年，西哥特人首领阿拉里克（Alaric）率大军攻城，"永恒之城"罗马陷落，遭受洗劫。当时的执政者——26 岁的皇帝霍诺留（Honorius），做出了从罗马边疆撤军的指令，这其中就包括驻守在不列颠的军团。为了寻求帮助，抵抗日耳曼部落的袭击，他放弃了帝国对不列颠的占领。"为了保护高卢、意大利和西班牙，罗马不再对不列颠拥有主权"。不列颠从城镇到军事要塞"即刻独立……自行防御"。这被戏称作历史上的第一次"英国脱欧"。

尽管不列颠尼亚其他地区的"罗马-不列颠"文化依旧持续蔓延，但在伦敦，一切都随着城市被突然"抛弃"而画上终止符。对后人来说，有多少罗马人留下，语言上发生哪些改变，又有多少罗马人突破围墙的限制离开，都像谜一样，猜不透、解不开。朗蒂尼亚姆最终呈现出来的是居民收拾行囊离城遁走的样子，没有灾难性的事件，但所有存在过的一切——包括硬币、货物、垃圾——全都消失不见。考古记录显示，城市的印记被一层暗色土层所覆盖，这通常意味着被开垦过的土地回复到了原始的沙砾和泥土状态。这种"空城"状态似乎持续了两个世纪之久，这座被遗弃在山间的定居点看上去和威尔特郡的老塞勒姆遗址差不太多。考古学家认为，在此期间，城内一定出现过人类活动，可能是民俗行为，也可能是宗教仪式，只有这样，两个世纪之后的城市复兴才能说得通。但这些活动无迹可寻，也没有找到足以支撑的实证。

孩提时代，我曾沿着伦敦城内的古罗马城墙行走，试图在行走中找寻那个失落已久的罗马时代的城市。但我的探索之旅无功而返。保留下来的城墙残垣，一部分在塔丘对面，另一部分则沿着库珀街向北延伸。巴比肯还有两个堡垒的遗迹，一个连接城墙，上面覆盖了一些中世纪的砖块，另一个则只剩一小部分，孤零零地矗立在巴比肯停车场。这些就是仅有的全部"幸存者"。离维多利亚女王街不远的哈金山下，还埋着一些罗马时代的公共浴场（在那个年代，浴场里的用水都靠串在一起的铁桶运送）。今天，在克利里花园内，浴场的部分外墙依稀可见。这些浴场，是古罗马时代留下的最佳痕迹，但在 20 世纪 60 年代，为了在上面建造办公大楼，它们大多被填平了。在比林斯门正对着的一栋建筑下面，还保留了一些，现在偶尔允许游人进入。在伦敦市政厅附近能看到的旧圆形剧场的遗迹更是少之又少。

1954 年，在建造巴克勒斯伯里府的过程中，一座密特拉神庙被偶然发现，随即在公众中引发广泛轰动，不过，公众的关注并没有阻止沃尔布鲁克河岸上的神庙被从原址拆除。拆下来的一些石块杂乱地堆在维多利亚女王街前的一块空地上，直到 2017 年彭博社建新总部时才被移回原位。但回到原址并不意味着"重见天日"，这些石块被装进暗色的盒子里，放在现代的地下室，看起来更像是抽象的雕塑，没有了神庙的影子。如果能以神庙的情境来布置摆设这些石块，做成约克铜门那种再现维京时期街道的感觉，大概会好上许多。罗马时期的伦敦已然逝去，但迷雾重重。它的出现，就像是外星人从遥远的国度到来，执笔一画，生命繁衍；但它的消失也突如其来，似乎此前发生的一切都微不足道，无关轻重。

第二章

撒克逊人的城市

410—1066

伦迪威克间奏曲

历史学家们常用"黑暗时代"这个词来描述伦敦在罗马帝国覆灭后的这段时期。尽管它准确体现了伦敦处于被"遗弃"状态的情况和特点，但历史学家们其实并不喜欢这个说法，毕竟从某种程度上，它隐隐涵盖了另一层意思，即该时期没有什么研究和发现。在罗马人撤走后的近两个世纪里，城市中可能有流浪汉、家畜商人和果蔬种植者的存在，但在今天的博物馆橱窗里，我们只能看到罗马人撤离时丢弃的物品。考古学家不曾了解此后是否有人来此定居。日常生活使用的硬币、陶器，产生的垃圾和可确定年代的木制品，也没有被发现。最具说服力的大概要属伦敦城内罗马风格十足的网格状街道了。很多时候，即便一些老城消亡，它们的街道也依旧会保留下来。但属于罗马时代的伦敦街道情况却并非如此，它们随着城市的消失也悄然不见了。

公元 6 世纪和 7 世纪，以泰晤士河为天然边界的三个撒克逊王国兴起，它们分别是肯特王国、埃塞克斯王国和默西亚王国。在贾罗度过一生的同时代历史学家比德（Bede）指出，公元 7 世纪之前，埃塞克斯王国出现了一个新的贸易基地。《盎格鲁撒克逊编年史》（Anglo-Saxon Chronicle）对此也有相关记载。这个地方叫伦迪威克，在稍晚一些的材料中也被称为奥德维奇，意为旧港口。由此可以明确，罗马帝国覆灭后伦敦"消失"的那个时期，人们就是在这里继续生活。

对于这一点，后来在河岸街以北考文特花园区域出土的一些文物也能够予以证实。1985 年，考古学家艾伦·文斯（Alan Vince）和马丁·比尔德（Martin Biddle）分别从两处不同的地点找到了大量可以追溯至那个时代的文物。似乎在公元 5 世纪，位于昔日朗蒂尼亚姆上游的一个地方成为贸易往来之地，彼时河运是主要的运输方式，卸货和装货就在岸边的碎石滩上进行。这里没有找到码头的遗迹，也没有发现古罗马人爱用的砖石结构，只有一个可能用作交易的大厅的遗迹，里面有一些木制的柱子，位置恰好在如今考文特花园市场的正下方。

对于这些"新伦敦人"来说，东边的老城是幽灵般的存在，大概只有在极为特殊的情况下才会前往那个废墟一样的地方。作家西蒙·杨（Simon Young）在《公元 500 年》（AD 500）一书中，虚构了一段拜占庭帝国的使者来访伦敦的情节。410 年，罗马城被西哥特人攻破，不列颠行省不再受到帝国的保护，拜占庭觊觎这里，想要将其纳入自己的统治范围。来到这里的使者看到城内依然生活着数百名居民，一些说拉丁语的年长贵族和撒克逊商人组成委员会，管理日常事务。这个设想貌似合理，但缺乏史实证据。

基督教的重生

强大的军事实力是帝国建立的基础，但在维持统治上，信仰更具有黏合剂的作用。罗马人的撤离让朗蒂尼亚姆成为荒城，这种情况下，最有可能留下来继续生活的，大概就是基督教信徒了。公元3世纪开始，罗马对基督教的态度大幅改变。一方面，3世纪末，基督教成为罗马的国教；另一方面，基督教在像不列颠这样的罗马的边疆省份得到广泛传播。公元410年罗马城被攻破后，一定有少数其他地区的罗马-不列颠人登上舰队大桥，再北上鲁德门山，寻找信仰之源（尽管新掌权的统治者可能是异教徒，不允许他们这样做）。

这些统治者是谁、来自哪里，尚不清楚。人们一直觉得英格兰东南部的不列颠人，即所谓的罗马-不列颠人，实际上是有着比利其血统①、说布立吞语的凯尔特人。零星的文字记载，罗马人离开后，日耳曼部落多次联合入侵，其中的部落之一朱特人对当时的"不列颠人"发起攻击，这里的"不列颠人"指的是凯尔特人。公元457年前后，为寻求庇护，躲避攻击，这些凯尔特人跑进了朗蒂尼亚姆古城墙内安顿下来。但也有人质疑这一观点。从地理划分上看，不列颠群岛的东部沿海定居着从对岸渡海而来的日耳曼部落。受其影响，聚居在东英吉利一带的艾西尼人和特里诺文特人，还有

---

① 比利其人：恺撒大帝远征高卢前，这些人居住在欧洲西北部，以较为先进的生产力和强大的作战能力著称，后被罗马人击败，渡海来到不列颠。

多个生活在肯特地区的部落，日常使用的可能是日耳曼语，而非群岛西部和北部通用的布立吞语。伦敦大部分地点的命名也都来源于撒克逊语，而非布立吞语。比如，常见的格林尼治（Greenwich）、达利奇（Dulwich）、伯蒙西（Bermondsey）、巴特西（Battersea）、克拉珀姆（Clapham）、斯特里汉姆（Streatham）、肯辛顿（Kensington）和达尔斯顿（Dalston），都没有用布立吞语后缀-abers、-tors或-thorpes，而是以撒克逊语中分别代表港口、岛屿和住宅的-wic、-sey和-ham/ton结尾。这说明，东英吉利和英格兰东南部早就被日耳曼人所"占据"。

公元6世纪末，出了一件值得注意的大事。公元597年，奥古斯丁（Augustine）前往坎特伯雷，开启英格兰的传教之旅。在宗教方面，英格兰逐渐"回归"罗马统治。奥古斯丁成功说服了肯特国王埃塞尔伯特（Aethelbert）皈依基督教，但当时的教皇格里高利一世（Gregory Ⅰ）一定要在约克和伦敦之间划定一个全新的主教辖区。最终，在埃塞克斯国王塞伯特（Sabert）的协调下，教皇如愿以偿。说到塞伯特，他和埃塞尔伯特既是叔侄，也有君臣关系。在叔父改信基督教后，塞伯特也皈依基督教，而归埃塞克斯王国管辖的伦敦自然就成了基督教的基地。公元604年，格里高利一世来信，任命梅里图斯（Mellitus）为伦敦教区的首位主教。正是这位梅里图斯，一手建造了举世闻名的圣保罗大教堂。据说，梅里图斯为此拆掉了原址上的罗马神庙，也有人说那里本来也是个基督教教堂。

然而，梅里图斯的主教之位"坐"得并不安稳。公元616年，塞伯特逝世，雷德沃尔德（Redwald）登上埃塞克斯的王位。一方面，他可能信仰异教。另一方面，肯特王国的威慑力有所下降。内外因素相加，梅里图斯失去了绝对的话语权，并因拒绝给未受洗的伦敦人发放圣餐被驱逐出城。这个事件亦被看作伦敦人独立意识"觉醒"的起点。梅里图斯被迫逃往高卢避难，于公元 619 年重新回来，但他这次在坎特伯雷落脚，成为第三任坎特伯雷大主教。一系列的阴差阳错下，地处肯特心脏地带的坎特伯雷，凭借全面基督教化的优势，"打败"格里高利一世钦点的伦敦，成为英格兰的宗教中心，并在此后的千年里始终保持着这个地位。

　　基督教开始在埃塞克斯王国重新展露生息，是在来自林迪斯法恩①的塞德（Cedd of Lindisfarne）成为伦敦主教后。塞德是一名传教士，被从北方的诺森布里亚王国派到南方传教。他在布拉德韦尔②修建的小教堂，现在依然存在。这座最不为人知的英格兰早期基督教遗址，背靠荒凉的大海，立于田地之间，有一种经历风雨和与世隔绝的凄凉感。塞德之后，伦敦主教由威尼（Wine）接任，他此前也曾被任命为多切斯特和温切斯特主教。在他之后，爱公华（Erconwald）成为伦敦主教，他去世后成为伦敦的官方守护神。伦敦从这个时期到公元 9 世纪，都隶属于控制英格兰中部的默西亚王国，在奥法（Offa）国王的统治下，这里的商业、贸易生机焕发。

　　对奥法而言，王国的首都坦沃斯位于内陆，伦敦恰好是他所需的对外窗口。伦敦，既可以连接欧洲大陆，也是和查理大帝（Charlemagne）以及法兰克人建立外交关系的通道。在他的统治下，人口源源不断地涌入伦敦，这个一度一蹶不振的老城再次充满

---

①　林迪斯法恩：亦称圣岛，位于英格兰东北部的诺森伯兰郡，其历史可以追溯到公元 6 世纪，许多圣人都曾在此传道。

②　布拉德韦尔：英格兰海滨城市，位于埃塞克斯郡。

了烟火气。相传，奥法在罗马堡垒的原址上建起了用于临时居住的行宫，而他平时祷告和做礼拜的教堂就是伍德街上的圣奥尔本教堂（在巴比肯附近）。

撒克逊人和丹麦人

公元 796 年，奥法去世。公元 814 年，查理大帝去世。二人的相继离世让其他势力蠢蠢欲动，欧洲北部出现了新的威胁——维京人。维京人从不列颠东海岸南部登陆，行军过程中必会经过伦敦。对于维京人的入侵，作为贸易重地的伦敦更加不堪一击。查理大帝在他生命的最后时期，曾这样说道："面对未来，我不知所措，感到悲伤，我不知道那些北方来的人会让我的子孙和他们的人民遭受怎样的苦难。"9 世纪 30 年代，维京人分支之一的丹麦人发动了对伦敦的首次侵袭。公元 851 年，在一片火海和烧杀抢掠中，伦敦沦陷。好在当时的威塞克斯国王埃塞尔沃夫①（Aethelwulf）率兵反击并取得胜利。根据《盎格鲁-撒克逊编年史》记载，这位与阿尔弗雷德大帝②（Alfred the Great）有着父子关系的国王，"对丹麦人进行了前所未有的无情屠杀"。但埃塞尔沃夫的胜利只为伦敦

---

① 埃塞尔沃夫：盎格鲁-撒克逊时期英格兰威塞克斯王国第二位国王，与阿尔弗雷德大帝是父子关系。

② 阿尔弗雷德大帝：盎格鲁-撒克逊时期英格兰威塞克斯王国国王。他在位期间，进行广泛的军事改革，并率众抗击北欧维京人的入侵，使英格兰大部分地区回归到盎格鲁-撒克逊人的统治之下。他也是第一位名副其实的英格兰国王，被后人尊称为"英国国父"。

换来了短暂的太平，真正把丹麦人"赶走"的还是他的儿子阿尔弗雷德大帝。公元 878 年，阿尔弗雷德大帝在今天威尔特郡的爱丁顿与丹麦人展开决战，凭借人力和装备优势大获全胜。随后，他乘胜追击，在公元 886 年夺回了伦敦，迫使丹麦人撤退到东英吉利亚和诺森布里亚的丹麦区，不敢再轻举妄动。

对于阿尔弗雷德大帝重建后的伦敦，我们知之甚少。但可以确定，在这一时期，伦敦既是重要的贸易之地，也是位于威塞克斯王国北端饱受丹麦人侵袭的脆弱之城。丹麦人围绕着利河建立起聚居地丹麦区，就在伦敦城以东，距离只有 4 英里左右。也是因为这个缘故，阿尔弗雷德大帝重新修复了古罗马时期的伦敦城墙，并按照撒克逊设防城镇的标准重新规划建设。动荡之后的伦敦回归平静，不但恢复了与欧洲大陆的贸易，在功能上也更加细分。从诺曼底、佛兰德斯、日耳曼和波罗的海港口发出的特定货物视货物的属性等由不同的码头分别承接。此外，阿尔弗雷德大帝还建起了全新的街道，对伦敦的市场进行规范，其中，主要市场都分布在东市场路、家禽街和齐普赛街。

与朗蒂尼亚姆时期的街道全然不同，阿尔弗雷德大帝规划下的伦敦街道更像是经过时间沉淀，在风俗习惯的基础上发展形成的。除了齐普赛街和恩典堂街这两条街依然延续了罗马街道的风格和结构——以十字街口为中心向外辐射，其他的，无论是街道、庭院还是小巷，都是被"塞"进地块，哪儿有位置就建在哪里。因为道路、广场等属于公共事业用地，由伦敦市民说了算，所以它们没有被破坏，反而在千年间留存下来，成为城市研究者研究阿尔弗雷德大帝时期的伦敦时仅有的调研对象。现代的摩天大楼取代了以前的建筑，改变了历史景观，但无论多么高耸雄伟，在建造时都要"受限于"阿尔弗雷德大帝当年制定的城市规划。所以，透过如今的伦敦市中心，我们依然可以看到这座城市在撒克逊时期的大概轮廓。

伦敦政府以古罗马元老制度为蓝本，在发展中吸收了日耳曼部落定期举行的部落会议习俗。理论上，所有的自由公民都要参加，开会地点就在如今的古罗马圆形剧场遗址处。此外，带有审议性质的市民集会也会定期举行，来裁决商业纠纷。伦敦与丹麦区的贸易往来最为频繁，因此，一些地名出现丹麦语的痕迹也就不难理解了。阿尔弗雷德大帝将伦敦划分为不同的行政区，每个行政区都要负责区域内的生活秩序和公民福利，还要为城市的整体防卫提供人力和财力。框架式的制度和会议随时间的推移缓慢发展着，但伦敦的"自治"传统已经生根发芽。

伦敦的安稳没持续多久。丹麦人的侵袭持续了整个 10 世纪。尽管伦敦的城墙抵挡了大部分的入侵，但很多时候，必须通过金钱手段，缴纳大量的丹麦金①，才能让入侵者离开，而用不了多久，入侵者又会卷土重来。一个个"入侵—收钱—撤退—入侵"的循环就这样不断重复着。公元 1002 年，被称为"无策王"的埃塞尔雷德二世（Ethelred Ⅱ）为了一劳永逸地解决入侵威胁，发动了历史上臭名昭著的圣布莱斯日大屠杀，下令除掉境内的所有丹麦人，丹麦国王"八字胡"斯韦恩②（Swein Forkbeard）的妹妹也未能幸免。而这位丹麦国王穷兵黩武，狂暴好战，是维京首领中响当当的

---

① 丹麦金：中世纪英国的一种税金，从 835 年开始征收。当时，英格兰受到丹麦人和挪威人的持续干扰。为换取和平，公元 991 年，英国埃塞尔雷德二世决定向丹麦人缴付赎金以避免侵略。

② "八字胡"斯韦恩：历史上鼎鼎有名的维京领袖，在位期间拥有对丹麦、挪威和英格兰的统治权。

霸权人物。

屠杀的消息一传到斯韦恩的耳朵里，他立即组织军队进行复仇。尽管伦敦有城墙提供防御，也是唯一能够抵抗住丹麦人武装入侵的不列颠城市，但面对斯韦恩不断增加的兵力，终究还是被攻破。但斯韦恩也没能统治伦敦太长时间。公元 1014 年，斯韦恩去世，此前逃亡至诺曼底的埃塞尔雷德二世趁机向挪威国王奥拉夫二世（Olaf Ⅱ）寻求帮助，希望重新恢复统治。埃塞尔雷德选择奥拉夫二世作为盟友，有两点原因。一方面，后者也是基督徒，共同的宗教信仰有利于开口求助；另一方面，奥拉夫二世与丹麦人有过节，因此不会站在丹麦人一边。相传，为了能逆流而上顺利攻城，奥拉夫二世命舰队撞毁了伦敦桥。在挪威人眼中，伦敦桥的倒塌，暗含着伦敦得到解救，不再受制于丹麦人的意思。童谣"伦敦大桥要倒塌"的挪威语版本，就是以这一事件为背景的："金子是赢来的，名声是鼎鼎的，盾牌声响亮，战号音回荡……奥丁①（Odin）让我们的奥拉夫赢了。"但埃塞尔雷德对伦敦的统治如履薄冰，斯韦恩的儿子和继任者克努特（Cnut）于公元 1015 年率军进犯，交战一年后，攻占了伦敦，并加冕为英格兰国王。一直到克努特去世，伦敦都在他的统治之下。

撒克逊人统治时期，不列颠的政治中心是温切斯特，国王生前在这里加冕，死后在这里入土，这里也是国库的所在地。但克努特的上位改变了这一点，伦敦跃升为最重要的城市。贸易重地身份使伦敦成为金融之都，包括税收、铸币在内的金融活动都在这里进行。伦敦也为克努特的军队提供资金。作为回报，克努特帮助伦

---

① 奥丁：北欧神话中的战神。

敦建立了更为广阔的贸易网络。与波罗的海国家和斯堪的纳维亚半岛的贸易往来繁荣发展，向北可以远达北海和波罗的海之外，到达今天的俄罗斯，向南则可至基辅、黑海和拜占庭一带。

　　克努特的王国信仰基督教，忠于罗马教廷。到他去世时，伦敦的教堂数量已经达到 25 座，其中，差不多有 6 座教堂是奉献给挪威国王奥拉夫二世的；1 座以奥拉夫二世的儿子"殉道者"马格努斯（Magnus Martyr）的名字命名。南华克的图利街，它的名字与圣奥拉夫教堂多多少少有些关系。圣克莱蒙教堂可能对丹麦的军队和贸易商人开放。透过这些教堂的名字，我们大概可以窥探这个时期的城市风貌，尽管它离统治国家的中心相距甚远，尽管它对我们来说依然格外陌生。

西边崛起的第二城

　　1035 年克努特去世后，他的儿子"忏悔者"爱德华[①]（Edward the Confessor）登上王位。爱德华从小在诺曼底生活，被母亲——诺曼底的艾玛（Emma of Normandy）抚养长大。艾玛是诺曼底公爵之女，先后嫁给埃塞尔雷德和克努特两位英格兰国王。爱德华说诺曼法语，生活习惯上遵循诺曼底的风俗，这一切都让他觉得自己和伦敦格格不入，当然，这一点他的父王克努特也深有体会。但最为重要的是，因为与伦敦不亲近，他没有选择生活在伦敦城内，而

---

　　① "忏悔者"爱德华：英国盎格鲁-撒克逊时期的君主，因为对基督教信仰无比虔诚，被称作"忏悔者"。

是在奥德维奇一带的索尼岛上找了一个小本笃会修道院，每天在这里祈祷、斋戒。

但这个本笃会修道院实在是太小了，爱德华决定扩建，在西边新修一座罗马风格的大教堂，并邀请时任坎特伯雷大主教的罗伯特（Robert from Jumieges）来主持。建好的教堂全长 98 米，规模超过了当时任何一座诺曼教堂。爱德华还在教堂附近重新修建了一座修道院，并在教堂的东侧为自己建造了一座宫殿，立于岸边，俯瞰着泰晤士河。伦敦城内，圣保罗教堂周边的皇家领地，在公元 1056 年左右被用作修建圣马丁勒格兰德教堂（St. Martin-le-Grand）。这个看似简单的决定，在历史上起着举重若轻的作用，进一步坐实了英格兰权力中心向伦敦城外转移的事实。这样一来，一个全新的政治中心在伦敦之外崛起，成为英格兰的第二个重心，区分于承担着商业和贸易功能的原中心区。但这种抽离必然会导致以法语为官方语言的王庭在相关事务的处理上有悖于伦敦城市的原有习俗，从而带来不可避免的冲突。而事实证明，二者间的冲突很快就发生了。

公元 1051 年，爱德华的主要谋臣、权倾朝野的威塞克斯的戈德温（Godwin of Wessex），在国王不定期召开的贤人会议①上被弹劾，流放海外。一年后，借着国内兴起的反诺曼情绪浪潮，戈德温率军回到英格兰，与爱德华争夺权力。与爱德华不同，戈德温是土生土长的英格兰贵族，势力网络盘根错节。爱德华被迫议和，让戈德温的儿子哈罗德（Harold）成为最高军事长官，享有王国的实

---

① 贤人会议：盎格鲁-撒克逊时期英格兰的一个重要政治机构，是由国王主持的、不定期召开的、人数不等的高层会议，与会者主要是被称为"贤者"或"智者"的高级教士和世俗贵族。

际统治权。公元 1066 年，爱德华去世，哈罗德随即宣布自己为爱德华的继任者。但实际上，哈罗德并没有合法的继承权，他仅仅是爱德华的小叔子（戈德温为了巩固势力，将自己的女儿嫁给了爱德华），可以统领军队而已。哈罗德的举动惹恼了英吉利海峡对岸的诺曼底公爵威廉（William）。据威廉所言，爱德华生前曾承诺死后会把王位传给他，而哈罗德几年前流亡于诺曼底时也发誓会效忠自己。于是，一场王位争夺战拉开帷幕。

　　中世纪早期的伦敦和罗马时期的朗蒂尼亚姆一样，都没给后人留下什么能用来探寻和研究的东西。万圣教堂①里还能看见一些诺曼征服前的遗迹，考古学家最近也在威斯敏斯特教堂南侧的老僧院区发现了最原始的石器制品。所有留存至今的街道中，最值得一提的大概就是被称作"伦敦脊梁"、贯通如今伦敦金融城的大道，长达两英里，从舰队街延伸至河岸街，终点在威斯敏斯特。自威斯敏斯特教堂建立之后，这条路就成为金钱与权力的通行之路，名义上如此，实际上更是如此。无论是出于仪式还是其他方面的需要，它此后都没有被重修成多么雄伟宽广的大路。它就是一条简简单单的日常街道，像橡皮筋一样有弹性地沿着泰晤士河伸展，从最开始的泥泞小径一路成为英帝国的"动脉"。今天的伦敦公交 11 路，就是沿着这条路线开行的。每次乘坐，我都能感觉到车窗外不断聚涌的紧张政治气氛。

　　由此开始，伦敦的传奇正式衍生为两个城区的故事，每个城区都有自己的关注点，利益不同、居住的部族不同、建立的生活氛围不同、掌管事物的风格不同。威斯敏斯特区的关键词是君主权力；

------

　　① 万圣教堂：伦敦最古老的教堂，靠近伦敦塔，建于 675 年，历史十分悠久。

金融城则掌握了城市的"钱包"，浸泡在市场经济之中。两者不具有可比性，也没有谁比谁更重要这一说，尽管在城市的演变中，经济总是占主导的那一个。作为不可或缺的城市部分，伦敦老城区被赋予了新的名字——伦敦金融城。在之后的写作中，我将其与威斯敏斯特相互区分，两者都属于伦敦，但又不仅仅是伦敦区划那么简单。威斯敏斯特后来也发展为隶属于大伦敦下拥有城市地位的威斯敏斯特市。

第三章

中世纪的大都会

1066—1348

诺曼征服

　　贤人会议刚刚宣布哈罗德为新任国王，他的王权就遭到了挑战。觊觎王位的分别是挪威国王哈拉尔德·哈德拉达（Harald Hardrada）和维京首领罗洛（Rollo）的直系后裔诺曼底公爵威廉。他们都宣称要入侵英格兰并夺取王权。同年晚些时候，哈罗德在约克附近击败挪威军队，杀死了哈拉尔德。但之后，他不得不南下对付从萨塞克斯郡佩文西登陆的威廉。匆忙中，他来不及集结好全部军队就离开了伦敦。1066 年 10 月，他在黑斯廷斯战役中败北并战死，这也成了英格兰历史上最著名的事件。

　　在学校的历史课本上，黑斯廷斯战役被描写成英国人与法国人的战争，但从本质上来看，两位争夺者继承王位的合法性"不相上下"，一位是盎格鲁-丹麦血统，一位是丹麦-诺曼血统。这场战役标志着查理曼口中的"北方人"真正成为欧洲历史舞台的主角。黑斯廷斯一战后，威廉向伦敦进军，但面对其强大的防御工事，有些力不从心。他烧毁了整个南华克地区，却还是无法跨过泰晤士河，只好从上游绕道至瓦林福德再向东行进。在此过程中，他经过的城镇和村落全被摧毁，荡然无存。在伯克姆斯特德，他终于收到了来自伦敦"高层市民"的臣服请求，其中包括哈罗德的继承人、还是一位少年的埃德加（Edgar），他的臣服是威廉接受投降的条件之一。威廉承诺会"仁慈地对待臣服者"。《盎格鲁-撒克逊编年史》在评论伦敦人的投降时这样写道："他们没有早点这么做，实在是太愚蠢了。"

1066 年的圣诞节，威廉加冕为英格兰国王。为了强调其王位获得的合法性，加冕仪式选择在前国王爱德华扩建的威斯敏斯特教堂而不是温彻斯特大教堂举行。威廉获得王位后，追随他的诺曼贵族们开始索要回报，他们认为威廉入侵英格兰属于其私人事务，超出了他们应该承担的封建义务的范畴。为了获取诺曼贵族们的支持，威廉曾承诺，在征服英格兰后，会把撒克逊人的财富分给随他出征的人。起初，这些财富的来源是哈罗德阵营的人上缴的罚款与赎金；但后来，撒克逊人的土地被没收并重新分封给诺曼贵族，最终发展成为英国历史上最大规模的"土地所有权转移"。英格兰蒂斯河以南将近95％的土地从撒克逊贵族和教会的手中转移到了诺曼入侵者的手中。大约 4 000 名撒克逊伯爵、领主和修道院院长的土地被重新分给了 200 名诺曼男爵。1086 年完成的《末日审判书》（Doomsday Book）中记录了这一切。当英格兰东北部为此发生起义时，威廉派人进行了骇人听闻的镇压，这被称作"北方的苦难"。

接下来的两年中，诺曼人的掠夺继续进行。面对"失去继承权"的威胁，英格兰的本土贵族不断发动起义，但伦敦却是个例外，类似的"麻烦"几乎不曾在这里出现。伦敦被特殊对待，排除在威廉的掠夺名单之外。相反，威廉还颁布了保护、尊重其传统权

利的宪章。威廉向伦敦人承诺，其财产继承受保护；他还表示，
"不会容忍任何人不公正地对待他们"。在他精明的政治手段之下，
伦敦的自治权得以巩固，撒克逊人的市议员身份和群众大会的制度
被承认，整个地区开始细分为不同的选区和教区。细分制度下，作
为国王在该区代表的郡督由民众选出，各项条例——特别是和贸易
相关的——都可以自行颁布实施。尽管修道院的土地已由法国教会
接管，但记录在册的伦敦土地所有者依然是撒克逊人，这一情况一
直持续到下个世纪。

商业之城

伦敦的国际化刻在骨子里，与城市的发展相伴始终。以拉丁语
为交流语言的古欧洲人见证了伦敦的诞生。此后，说古日耳曼语的
盎格鲁-撒克逊人和说古诺尔斯语的丹麦人则分别统治过这座城市。
现在，说法语的诺曼人登场了。人口数量上，尽管当时伦敦的 2.5
万人口只有巴黎 10 万人口的四分之一，但和布鲁塞尔以及根特相
比，依然遥遥领先。更何况，伦敦也曾数度繁荣。它的街道名称就
折射出其商业属性：在伦敦，有的街道因专门卖鱼和家禽而得名。
而且，伦敦不仅有售卖衣物、面包、家禽、鱼和煤的传统市场，像
进口丝绸、皮革、毛皮和稀有金属等"稀缺货"也能在这里买到。
要知道，伦敦的商人中，最成功的就是绸缎商、杂货商、布商和葡
萄酒商。

市场的蓬勃发展带来了行业垄断，也催生了行业协会。行业协
会入会门槛高，实行学徒制，有一系列的规章制度，一方面保证了

商品质量，另一方面也筛掉了那些财力不足或没有买卖可做的"圈外人"。行业协会有自己的"规矩"，我小时候曾听老舰队街上的印刷工人们讲过一些。这些行业协会的作用并不仅仅限于把生意人或者手工艺人聚在一起，它们更像是工会，提供从摇篮到坟墓的福利和服务。因为申请成为城市自由人（即可参政公民），第一步就是加入行业协会，所以，行业协会带有政治色彩，并在城市治理中占据主导地位。

因为有了前期的基础，诺曼征服发生后没多久，伦敦与诺曼统治者达成"协议"，通过交税换取城市的自治权。威廉在确保统治不被挑战的前提下，允许伦敦人自行处理相关事务。离开之前，他沿着城市边界建造了三个用于驻扎军队、威慑百姓的堡垒——鲁德门处的孟菲克塔、弗利特河口的贝纳德堡，以及一处叫作白塔的威严塔楼（在伦敦朝海一侧的拐角处）。白塔因外观颜色而得名，一开始用的建材是木头，后来改成了石块，外部还涂了层石灰。这三处要塞都不受伦敦管辖，它们的存在标志着伦敦是威廉的"国中之邦"。公元 13 世纪，国王约翰一世（John Ⅰ）下令拆除了孟菲克塔和贝纳德堡，土地被赠予了黑衣修士修道院。如今，这里建起了酒吧，名字依然叫黑衣修士，装潢设计为鼎盛时期的新艺术派①风格。

威廉能够顺利入主英格兰，离不开教皇的支持。在黑斯廷斯一战中，他还携带了教皇的徽章作为自己的标志。当然，在取得英格兰王位后，他也彻底偿还了欠下的人情。英格兰的教会势力和军事实力一样，出现令人震惊的爆发式发展。在接下来的半个世纪内，

---

①　新艺术派：19 世纪末在欧美流行的艺术风格，反对工业化批量生产的无创造性设计，主张"师法自然"，对建筑、家具、服饰等都产生了重要影响。

几乎每一座撒克逊时期的大小教堂、修道院都被重新修建。诺曼人也新修了一批城堡和修道院，供来此的骑士和修士居住，教会人员和军事人员成为新的贵族。公元 1087 年，撒克逊时期的圣保罗大教堂遭遇火灾，随后被诺曼人重建，成为欧洲最大的教堂之一。公元 1097 年，威廉的儿子鲁弗斯①（Rufus）扩建了威斯敏斯特教堂，使其在规模上称霸同时代教堂。虽然威斯敏斯特教堂的屋顶曾因为年代久远被重新修复过，但被保留下来的部分是对 11 世纪工程技术的最好见证，就这一点而言，欧洲再无出其右者。撒克逊时期，伦敦的教堂、城堡和住宅都是用木头建造的；诺曼征服后，建筑材料都换成了石头，而且大部分石料都是从诺曼底运过来的。

尽管伦敦人对国王的权威并不总是那么尊重，但他们百分之百尊崇教会。伦敦人的身上，可能贴着独立、粗俗、贪财甚至暴力的标签，但他们每一个人都很虔诚。诺曼时期，伦敦新建了 126 座教堂，并在 13 座修道院里增加了礼拜堂。这些新建的教堂，有些相距不过百余码，但每一座都归属不同的主教、男爵、商人势力范围，都试图在城市生活中占有一席之地。

修道院大多集中在主教门和阿尔达门附近。其中比较有名的是圣巴塞洛缪修道院。它建立于 1123 年，在当时伦敦西北一侧城墙外的"平地"上（即现在的史密斯菲尔德）。大约在 1145 年，来自耶路撒冷的医院骑士团成员抵达伦敦的克勒肯维尔并留了下来。同期的圣殿骑士团则生活在舰队街附近，但在 14 世纪，因为信仰等原因开始受到打压，财产被罚没。他们当时拥有的地块，如今

---

①　鲁弗斯：指威廉二世（William Ⅱ），征服者威廉的第三子，1087 年成为英格兰国王。

都"攥"在律师们手里。但圣殿骑士团仿照耶路撒冷圣墓教堂建造的一个圆形教堂保留到了今天。在城市的北边，有圣玛丽伯利恒修道院。伦敦桥以南的伯蒙西和南华克，同时期也建起了一些修道院。

教会与世俗政府联合"执政"决定了中世纪伦敦的政治面貌，这一点体现在王位继承纷争之中。亨利一世（Henry Ⅰ）去世后，出现了一段短暂的无政府统治时期。因为唯一的儿子早亡，亨利一世选择了他的女儿玛蒂尔达（Matilda）作为继承人。但伦敦民众并不接受女性统治者，召开民众大会支持亨利的外甥斯蒂芬（Stephen）为王。尽管玛蒂尔达在温彻斯特完成了加冕仪式，但没有民心支持的她最终还是败下阵来。当国王和主教就教会权威产生争执时，伦敦拒绝偏袒任何一方，例如，亨利二世（Henry Ⅱ）与主教贝克特（Becket）有过一段纷争。后者与伦敦的渊源颇深，他在伦敦出生，伦敦桥上有一座以他的名字命名的小礼拜堂，是伦敦人为了纪念他专门修建的。但即便如此，伦敦也没有卷入他与国王的"纠葛"。对伦敦而言，除非可以分得一杯对自己有利的"羹"，否则，这座城市从不卷入政治纠纷。

12 世纪以后，伦敦形成了由 24 位选区议员组成的治理委员会。但这个大都市中的顶层权力，不在贵族、军队领袖或机构手中，而是攥在商业协会手中。当时，出于防止火灾的考量，议员们讨论并制定了禁止用茅草盖屋顶、房屋建造必须选用石料的法令。根据传教士彼得·科尔丘奇（Peter Colechurch）的设计，全新的石制伦敦桥于 1209 年完成翻修。伦敦桥的完工，是整座城市众多辉煌荣耀中浓墨重彩的一笔，体现了高超神奇的中世纪工程技术。19 座 2 英尺宽的尖顶桥拱依次排列，共同支撑着桥梁，每个桥拱下是扎入河床的桥桩，千百年来被后人不断加固。流淌的泰晤士河水因伦敦桥的存在，在每个潮起之时，形成瀑布一般的景象。后来，为了与新建的吊桥衔接，伦敦桥新加了一个更宽的桥拱——第 20 座桥拱。整座桥梁非常坚实，后来的考证显示，它可以承受 5 层高房屋的重量。一直到 19 世纪 20 年代，经历了 600 多年风雨的伦敦桥才被再次重建，这期间只有过几次简单修补。

1189 年，伦敦产生了首位市长。英文中的市长（mayor）一词，源于法语（major），本意是家中主事的人，也指贵族城堡中的高级官员。首位市长的出任者是亨利·菲兹-艾尔温（Henry Fitz-Ailwyn），任期为 1189—1212 年。他肩负的重要任务就是筹集资金，赎回第三次十字军东征归途中被扣押在奥地利的"狮心王"理查一世（Richard Ⅰ）。理查去世后，继任者约翰一世为了获得伦敦的支持，赋予其自行选举市长的权力。当时，约翰一世对外与法国交战，对内不断加税，盘剥各个阶层，导致全国多地爆发由男爵领导的叛乱。为了获得伦敦市民的支持，对抗反叛的男爵，约翰一世想要"收买"伦敦。但显然，他的如意算盘落空了。伦敦这一次与男爵们站在了一起。1215 年，国王在强大的压力下，于兰尼米德签署《大宪章》（Magna Carta），一系列的"权力和自由"以条文的形式被明确下来。《大宪章》第 41 条规定："一切商人，倘能遵照旧时之公正习惯，皆可免除苛捐杂税，安全经由水道与陆路，出入英格兰，或在英格兰全境逗留以经营商业。"也就是说，国王无权将自己的意志凌驾于《大宪章》的条款之上，以发放执照等形式损害城市商人的利益。

考虑到将权力集中在某个人身上太长时间不利于贸易发展，市长的任期最终被限定为一年，另一个商业发达的城市威尼斯也有同样的规定。"可以参与投票的选民必须言行谨慎、拥有一定的威严和财富,还要足够聪明,和旧时的要求差不太多。"当选者常常出身于"议员"世家,或与行业协会交往颇深。这个时期的市政特征,更符合寡头政治而非民主政治。伦敦市长就职后,为了向国王表示效忠之意,还会举行一项特殊仪式,即延续至今的"伦敦金融城市长就职巡游"。市长和各行业协会的成员会沿着河岸街游行,一直走到威斯敏斯特。各行业协会还经常为了在巡游队伍中的先后顺序发生争执。据说,制衣商和皮革商每次都觉得自己该排在第六位,因此才衍生出英语中的习语"乱七八糟"(being at sixes and sevens)。1515 年,双方终于达成一致——每年轮换一次,现在依然按照这样的传统来执行。表面上看,这场游行是伦敦市民对国王表示臣服,但实际上,这是一种赤裸裸的炫耀,在政治面前炫耀财富。如今,它亦是彰显伦敦金融城重要实力和地位的年度盛典。

亨利三世:叛乱危机

伦敦市民并不情愿为金雀花王朝的开销"买单",尤其是当国王连年征战、战争费用高居不下,并且国王还时不时地试图干预贸易,想要"横插一手"时。从亨利二世引发各类纷争,到举全国财力赎回查理一世;从约翰一世在法国连连败退,开支有增无减,到他与男爵们兵戎相见,这些都无一例外地阻碍了贸易的发展。随后即位的亨利三世(Henry Ⅲ)同样也是不和谐的始作俑者。亨利三世年幼时在法国接受教育,视伦敦为文化死水,认为其亟须引入全新的欧洲大陆建筑风格和时尚活力。他热衷于在欧洲政治中发声，并支持新兴的天主教教派——道明会和方济各会，鼓励在此基础上建立新的宗教秩序。1236 年，他迎娶 13 岁的新娘——普罗旺斯的埃莉诺（Eleanor of Provence）为后，当时的法国国王出席了婚礼。据史料记载，埃莉诺带来了"法国南部的骑士精神和曼妙风情"。由"贵族、侍女、擅长表演的乐师和吟游诗人"组成的陪嫁团成员中，大部分人都期望着在英格兰获得庄园或显赫的地位。

伦敦人对埃莉诺的到来展示出前所未有的敌对和排外情绪。她乘坐的船只经过河流上游时，人们甚至朝其丢掷烂水果。男爵和市民聚集起来，抗议国王用外来的普罗旺斯语代替他们的"英语母语"（他们口中的母语实际上是诺曼法语）。亨利三世在伦敦塔建造了这座城市的首个动物园，园内有熊、大象、犀牛、多只狮子和一些蛇，市民只要带小猫、小狗来投喂这些动物，就可以进去参观。但这一举动，也未赢回伦敦市民的民心。

亨利三世潜心于宗教，娶了一位法国王后。这样的身份背景让他对此前的另一位君主，即同样醉心于基督教、与法国更为亲近的国王"忏悔者"爱德华产生了崇敬的心理。正因如此，亨利决定以法国哥特式风格重建威斯敏斯特教堂，将这里作为朝拜爱德华的圣殿，以及自己和家人逝后的埋葬之地。但重建工程开销巨大，不仅需要对伦敦市民征税，贵族们也要出钱。亨利宣称"只要事情是有意义的，得到了上帝和圣彼得的认可，就不应该在乎花钱多少，也不用考虑对历史或未来的影响"。他对于公共支出的大手大脚，倒是和后来的一些贵族及政府的做法一致，但伦敦市民显然不认同这种铺张浪费。

1245 年，亨利三世决定每年在威斯敏斯特举办两次集市，这一举动被那些视金融城为根基的商人们视为国王想要"分一杯羹"的信号。于是，他们开始反击，一方面让行业协会的成员在伦敦街头闹事，另一方面派武装人员加入西蒙·德·蒙德福特①（Simon de Montfort）的起义军，与国王分庭抗礼。1264 年的刘易斯战役中，蒙德福特大获全胜，生擒亨利三世。1265 年，蒙德福特在威斯敏斯特召开了英国历史上的第一次议会会议，但会议没有讨论出什么实质性的内容，反而在一片混乱中解散。无序和混乱在英格兰蔓延，甚至有 400 名犹太人被无端杀害，当时的编年史作家托马斯·怀克斯（Thomas Wykes）写道："尽管犹太人的宗教信仰与我们并不一致，但无缘无故将他们杀害是不人道和大不敬的行为。"

　　1265 年的伊夫舍姆战役让亨利三世重返权力巅峰。伦敦因为支持蒙德福特，"站错了队"，受到国王的严厉惩罚。伦敦城内最具权威的 60 个家族都被没收了财产，还被处以大量的罚款——尽管这些罚款后来被免除了。一系列的操作后，亨利三世与伦敦市民的隔阂越来越深，以至于在他去世之后，市议员办了一场空前奢华的典礼来庆祝爱德华一世（Edward Ⅰ）加冕。在威斯敏斯特大厅举办的宴会上，有用天鹅、孔雀、梭子鱼、鳗鱼和鲑鱼烹制的食物，后厨还宰杀了 60 头牛和 40 只猪烹制菜品。当时，位于现在金融城区域的齐普赛街上的喷泉不再喷水，取而代之的是交替喷出红葡萄酒和白葡萄酒。

---

　　① 西蒙·德·蒙德福特：法国裔英国贵族。在第二次伯爵战争（1263—1264 年）中，他率领贵族反抗亨利三世的统治，成为英格兰的实际统治者，被视为现代议会制的创始人之一。

不断分化的都市

虽然爱德华一世的加冕典礼受到了伦敦市民的热烈欢迎，但从他坐上王位的那一天起，一个国王和民众冲突不断的时代便开启了。统治期间，他加固了伦敦塔，取缔了很多具有约束力的行业协会规范，把直接对自己负责的官员安插进市政厅以加强自己在城市的话语权，还将伦敦的司法体系纳入皇家法院的管辖范围之内。他要求伦敦市议会吸纳更多达到拥有中等财富水平的商人参与事务讨论。他还不顾伦敦市民的反对，向外国商人发放在英格兰经商的贸易执照。1290 年，他迫使所有的犹太人上缴财产，并将他们逐出英格兰。除了极个别情况，直至 4 个世纪以后，奥利弗·克伦威尔（Oliver Cromwell）上台时，犹太人才重新被这个国家接纳。犹太人离开后，新涌入的意大利银行家在一定程度上取代了他们的位置。来自意大利北部伦巴第地区的银行家和商人设点经营，这才有了赫赫有名的伦巴第街。同样，以德意志商人为主的汉萨同盟也在伦敦设立了分支机构。他们从英国国王处要到特权，在泰晤士河畔建立钢铁商站作为据点，设置围墙，自成一境。

在伦敦的历史上，王权与城市的关系时好时坏，忽冷忽热，戏剧性十足。二者的对立在一定程度上使伦敦固有的约束性规范不断变化，促进了行业内外的竞争。爱德华一世时期，支撑起伦敦乃至整个英格兰经济的是羊毛生意。以往，羊毛都需经过伦敦再销往欧洲大陆主要市场；但现在，从海滨城市赫尔、南安普顿、林肯郡小镇波士顿和海滨城镇金斯林就可以直接船运发出，很多都是直销至佛兰德斯。国王为这些城市的商人颁发经营特权许可，由此产生的税收也归国王所有。

　　这就导致英格兰的城市与国王之间以金钱换取权力的"权钱交易"关系进一步加强。爱德华一世连年开战，尤其需要钱财为在苏格兰和威尔士的战争"买单"。他定期召开议会筹集资金，议会也因此得到筹码，拥有一定的话语权。金融城为威斯敏斯特提供财力支持，威斯敏斯特回赠金融城特权，在这样的格局下，整个 14 世纪，执掌王位的三个名为爱德华的国王都要用"谈判"的姿态来换得城市和民众的效忠。这一做法让金雀花王朝的国王无法"乾纲独断"，为英格兰宪政中形成两个相互制衡的权力中心奠定了坚实的基础。

第四章

乔叟和惠廷顿时代

1348—1485

瘟疫和叛乱

　　由于没有地图或图片保留下来，我们对中世纪伦敦面貌的了解完全基于后来的考古证据。据推测，当时伦敦的人口数量大约有 8 万，比巴黎、阿姆斯特丹、威尼斯和那不勒斯这几座欧洲城市依旧要少上许多，而同一时期真正的"大都市"君士坦丁堡的人口规模超过 40 万人。相比之下，伦敦仍然是个由城墙圈出来的小型定居点，大部分的建筑是砖砌地基、木质结构，只有极为恢宏的宅邸和教堂采用石料建造。污水流过小巷和庭院，空气中弥漫着难闻的味道，尽管有一些最基本的粪便清理措施，但几乎起不到任何除臭的作用。各种疾病肆虐，伦敦的人均寿命处于较低水平——在 30 岁左右。多亏了不断涌入的外来移民，才使总人口没有急剧下降。尽管居住条件之差让人大跌眼镜，但很少有人挨饿。整体来看，伦敦依然在不断向前发展，对这里的人们来说，冒险与机遇并存。

　　对当时的人来说，一旦染病，活下去的可能性很低。1347 年，一场致命瘟疫被可能是传播源的热那亚商船从亚洲带到欧洲，并于

1348 年的秋天在伦敦暴发。这就是历史上著名的黑死病，它在伦敦持续一年之久才慢慢平息，但在 1361 年卷土重来，不过第二次的传播性和危害较之前有所缓和。据估计，大约有一半的伦敦人口死于这场瘟疫，每天被扔进史密斯菲尔德这一处瘟疫坑的尸体就多达60 具。教堂前后的空地上，墓碑密密麻麻排列，数量迅速增加。史料记载，"早上染病，不到中午就没有了呼吸。一旦感染，没人能活过三四天"。牧师宣称染病是因为罪孽深重，呼吁民众忏悔以取得上帝的宽恕；患者则纷纷承诺把遗产捐给教堂。

尽管伦敦总能将国家层面的危机带来的影响化解到最低，但黑死病之后，伦敦还是发生了翻天覆地的变化。劳动力严重短缺导致薪酬水平急剧上涨，就连抑制性劳工法令也无法阻止这一趋势。威斯敏斯特教堂石匠的报酬比疫情前翻了一番。马车夫、手套制作工、蹄铁匠甚至是仆人都出现了短缺。如果非要从中找到些积极的方面，大概就只有城市的拥挤程度得到了缓解。

为了应对疫情带来的冲击，爱德华三世（Edward Ⅲ）允许外地和外国商人在伦敦辖区内进行贸易。而元气大伤、劳动力严重不足的伦敦，除了妥协也别无选择。以往的限制性规定得到放松，来自意大利、佛兰德斯和汉萨同盟的商人，尽管可能经常被本地帮派攻击，但客观上为城市的经济复苏贡献了力量。此外，他们带来的资金还使国王能够维持与法国的战争。伦敦以及其他地区的贵族并不支持国王在一片混乱之时与法国开战，尤其是在胜利希望渺茫，也无法带回战利品的情况之下。

这一时期，伦敦的市政制度走向规范化。市府参事议政厅的 25名议员由选举产生，通常终身任职，他们都是 12 个主要行业协会的资深成员。这种寡头政治确实会带来强烈的个人色彩，但只要有新鲜血液持续注入城市商业，很少会出现某个家族长时间一手遮天的局面。这也是作为海上商业城市的伦敦与很多基于陆地发展贸易的欧洲大陆城市之间的最大不同。伦敦既没有蒙塔古（Montagues）家族和凯普莱特（Capulets）家族①，也不存在归尔甫派（Guelphs）与吉伯林派②（Ghibellines），不过行业协会性质上的改变确实也带来了频繁的冲突，有时候这些冲突表现为伦敦街头的暴力打斗。

市府参事议政厅下设政务议事厅，由来自 25 个选区的 100 名代表组成。随着时间推移，这个机构的氛围愈加活跃，影响力也逐步提升。政务议事厅成员管控城市的自由进入权，是各个行业协会游说和监督的重点对象。虽然政务议事厅对城市没有统治权，但按照惯例，参事议政厅的大小决议都要征求其意见作为参考，特别是涉及金钱的时候。以往，一些小行业协会的作用无足轻重，但随着城市日益多元化，一些过去没有那么富有的阶层也发展进来。到 14 世纪末，大约有四分之三的伦敦男性都加入了行业协会。

黑死病结束之后，各行各业的报酬普遍提高，人们的工作更加稳定。与此同时，行会领导者的影响力进一步凸显，成员不可避免地被有感染力的领导者"带着走"。约翰·德·诺森普顿（John de Northampton）就是其中一个典型。他天生擅长煽动情绪，作为布商代表进入政务议事厅后，一直为小行业协会"发声"。而曾经"低人一等"的小行业协会，后来则在伦敦城的政务中发挥了越来越大的影响力。爱德华三世去世后，他的孙子——年仅 10 岁的理

---

① 蒙塔古家族和凯普莱特家族：莎士比亚著名剧作《罗密欧与朱丽叶》（*Romeo and Juliet*）中的两大对立家族。

② 归尔甫派与吉伯林派：又称教皇派与皇帝派，指中世纪位于意大利中部和北部分别支持教宗和神圣罗马帝国的派别。

查二世（Richard Ⅱ）继承王位，这让伦敦城与王室之间的关系变得更加复杂棘手。

　　两者关系的危机在 1381 年 6 月激化。当时，瓦特・泰勒①（Wat Tyler）率领反抗封建领主剥削的农民起义军从坎特伯雷进入伦敦，诺森普顿的一些追随者站在了起义军一边，参与了持续三天的城市叛乱，城中大量的房屋和修道院被烧毁；而本就备受当地帮派欺压的外地人也未能幸免，成了被攻击的目标。守卫伦敦的民兵注意到，起义军主要在城墙之外进行劫掠，他们的目标是坎特伯雷大主教的住所兰柏宫、圣殿一带的律师群体、理查二世叔叔冈特的约翰②（John of Gaunt）的宅邸索威宫以及伦敦西门监狱和马歇尔西监狱。

　　最终，起义军领袖被国王召见，双方进行谈判。国王假惺惺地答应起义军的诉求，同时秘密集合力量进行反扑。谈判当日，伦敦市长杀死了泰勒，伦敦的民兵围捕了泰勒的追随者。之后，诺森普顿当选伦敦市长，他再一次向国王表忠心，充分显示出伦敦对"见风使舵"的灵活运用。但这一次叛乱也表明，城市中出现了一股新兴力量——暴民群体。如何管理这群人，对领导城市平稳度过动荡时期尤为重要。保存在威斯敏斯特大教堂里的理查二世画像完成于 1390 年。画像中，这位 23 岁的国王看上去心事重重、焦虑脆弱，这大概是英格兰历代国王的画像中与本人最为相像的一幅。

---

　　①　瓦特・泰勒：1381 年英国农民大起义的杰出领袖，攻下伦敦塔后因轻信国王被杀。他死后，起义形势急转直下，最终失败。
　　②　冈特的约翰：英格兰国王爱德华三世之子，理查二世的叔叔，因为侄子年幼，故在 1377—1399 年代其治理国家。他的长子、孙子和曾孙先后当上英格兰国王。

乔叟的伦敦

　　如果说伦敦在农民起义时期还蒙着一层神秘的面纱，那么这份神秘感很快就戏剧性地消散了。在爱德华三世和理查二世统治的动荡时期，杰弗雷·乔叟（Geoffrey Chaucer）既是一名政府官员，也是一位王庭侍臣。他担任过外交官，被派往欧洲大陆，在那里结识了彼特拉克①（Petrarch）和薄伽丘②（Boccaccio）；他作为肯特区代表进入议会下院；他统筹关税的审计工作；他做过国王政务的记录员；他还与冈特的约翰有亲戚关系——其妻菲利帕·罗伊特（Philippa Roet）是后者的小姨子。无论从哪个方面来看，乔叟都是中世纪王权体系中的一员。但就是这样一位具有如此背景的世家子弟，凭借从小积累的写作热情和动力，成为第一位将丰富多彩的世界介绍给当时的英国人的诗人。

　　在乔叟的作品《坎特伯雷故事集》（*The Canterbury Tales*）中，他选择用一群朝圣者讲故事的方式来描述自己身处的时代。这群朝圣者在复活节之日从南华克出发，前往坎特伯雷。他们既非王室贵族，也并非出身卑微，更符合英格兰中世纪晚期新兴起的中产阶级形象，有骑士、律师、商人、磨坊主、女修士等 30 个人物，每一个人物形象都刻画得栩栩如生。这部作品写于 14 世纪 80 年

---

　　① 彼特拉克：意大利学者、诗人，被誉为"文艺复兴之父"。与但丁、薄伽丘齐名，被后人尊称为"诗圣"。

　　② 薄伽丘：意大利文艺复兴运动代表，人文主义作家、诗人。与但丁、彼特拉克并称为佛罗伦萨文学"三杰"。

代，到 1400 年乔叟去世时，没有写完，也没有出版。

《坎特伯雷故事集》中，商人开口只谈自己的财富和妻子与别人的风流韵事；嫁过 4 任老公的巴斯妇人则拥有独立的灵魂，服饰、魔法、坊间传闻和女性地位都能引起她的兴趣；骑士向大家讲述"整个周一都在比武和跳舞中度过，还有侍女无微不至地伴随左右"，但他必须早早入睡才能第二天精力充沛地"观看伟大的对决"；在厨师的故事里，他曾是一个终日嬉戏的学徒，多情而风流，日子过得"像装满了蜂蜜的蜂巢一样"，他最终能拿到学徒结业证明，也只是因为师父不堪其扰，想要尽快摆脱他，而他"脱身"之后继续和朋友通宵狂欢作乐。

这些人物的刻画手法并不夸张，书中形象也并非只存在于过去某个阶段，而是似乎在各个时期都能找到他们的影子，他们有趣、世俗，充满怀疑精神，已经具有社会化的自我意识。去坎特伯雷朝圣在中世纪非常流行，和性相关的话题亦是如此。此外，朝圣者们无所忌惮地抨击世俗规范，他们批判教会、批判权威、批判同时代年轻人和年长者的无稽行为。他们代表着开放社会下的思想独立的公民。

伦敦街头，各种狂欢和消遣无时无刻不在上演。卖淫行为随处可见，红灯区的街道因为这些营生而得名，甚至有"扯裙巷"和"触阴巷"这样露骨的名字，但现在已经找不到触阴巷的最初位置了，大概离齐普赛街一个办公街区不远。在乔叟生活的时代，伦敦也是藏污纳垢之地。来此的外国人可能前一天刚被宴请，第二天就遭遇毒打。在谈及一年一度的巴索洛谬集市时，华兹华斯[1]

---

[1] 华兹华斯：英国浪漫主义诗人，代表作有《抒情歌谣集》(*Lyrical Ballads*)。

（Wordsworth）发问："当半个城市陷入崩溃，充斥着复仇、愤怒和恐惧的情绪，充满了刑罚、纵火，而暴徒、叛党欢欣鼓舞，你又会怎么说？"

　　一直以来，我都想在其他城市找到乔叟生活的伦敦的影子。我能想到的最为接近的样子，存在于 20 世纪 70 年代那又脏又乱的加尔各答，道路则要从现代的约克"移植"过去。或许，在卡尔帕乔①（Carpaccio）和他同时期的画家对 15 世纪威尼斯的描绘中，能找到更为可靠的答案。卡尔帕乔的《真正十字架的奇迹》（*Miracle of the True Cross*）里有一些庆祝场面：老少贵贱，均身着鲜艳的衣服，聚在一起游行。他们神态虔诚，但姿态中透露着自信和张扬。乔叟时期的伦敦，也一定有类似的场景。

教会与政治

　　教会地位至高无上是伦敦这一时期的显著特点。教会拥有城市（今天金融城区域）四分之一的土地和大部分的郊区地块，在国家议会和地方政府中都发挥着重要作用。教会为孩子提供教育服务，向穷人发放食物，替病人治病。但是，由于教皇居住在受法国人保护的阿维尼翁，而英法处于交战状态，这难免让伦敦人对教会的腐败和严苛教条心生不满，典型代表就是约翰·威克里夫②（John

---

　　① 卡尔帕乔：意大利画家，文艺复兴时期威尼斯画派代表人物，作品中有对威尼斯人生活状况的详尽刻画，表现出人文主义精神。
　　② 约翰·威克里夫：英格兰人，欧洲宗教改革先驱，曾于公开场合批评罗马教廷所定的各项规条不合基督教宗旨，创立了罗拉德派。

Wycliff）和他的罗拉德派。威克里夫反对教会的等级制度，反对出售赎罪券，反对极端崇拜圣徒。他嘲讽神职人员懒惰成性。他认为，信仰只能通过《圣经》（*the Bible*）来获得。他的这一主张与几个世纪后宗教改革的早期发起者——布拉格的扬·胡斯①（Jan Hus）、沃尔姆斯的马丁·路德（Martin Luther）——不谋而合。

　　威克里夫对教会权威的挑战不仅得到了普通民众的支持，也受到乔叟、冈特的约翰这样重要人物的认可。尽管如此，罗拉德派的存在时间依然短暂，不及威克里夫去世便草草解散。伦敦人思想开放，却不是激进的宗教改革者。而且，为罗拉德派提供武装支持的也并非王室，而是与威斯敏斯特关系持续剑拔弩张的伦敦城；在这一问题上，伦敦不想介入过多。同时，伦敦市长也恰逢换届，理查德·惠廷顿（Richard Whittington）接替诺森普顿，成为新任市长。

　　惠廷顿出生于格洛斯特郡的一个地主家庭，是典型的"新伦敦人"。他从事布匹绸缎生意，是理查二世的御用供货商。1397—1419年，他四次当选市长，实属罕见。伦敦哑剧中的一个经典角色就是以他为原型的，不过其中渊源早已无人知晓。他与哑剧中那个人物大相径庭，他不是穷人，没有从海格特离开伦敦，更没有养过一只专门捕捉摩尔老鼠的猫。实际上，他是非常重要的外交官，深受理查二世的喜爱。他负责王室的珠宝安全，也保证羊毛税被按时征收，是理查二世、后来的亨利四世（Henry Ⅳ）和亨利五世（Henry Ⅴ）的"捐助者"。除了国王宠儿的身份，他也是伦敦城的

---

　　①　扬·胡斯：哲学家、宗教改革家，曾任布拉格查理大学校长，以献身教会改革和捷克民族主义的大义而殉道留名于世。

利益捍卫者。

1415 年，亨利五世在阿金库尔大败法军，在百年战争中取得了决定性的胜利。迎接其归城的人员中，可能就有惠廷顿。一份不知名的文件记载：亨利五世在伦敦北部的布莱克西斯设宴欢庆。经过伦敦（今天的金融城区域）时，城内挂满装饰用的挂毯，每隔一段距离立着一个人形高的柜子，"里面是一名美丽女子，手中拿着酒杯，看起来像是雕像一样。她们在国王经过时向其头顶吹撒金叶子，欢迎英雄凯旋……红酒的盛装容器从罐子改成了管子，管子阀门直接控制红酒流出"。在奢华享受上，伦敦从不落人后。

惠廷顿后来享誉盛名是因为开创了另一项重要的伦敦传统——用从生意中得到的财富回报社会。由于没有继承人，他把财产几乎都捐了出去，这一点无法单纯地用价值来衡量。他建造了伦敦市政厅，改善了比斯林门一带贫民窟的排水系统，为圣汤姆斯医院里的未婚妈妈们提供资金支持，还资助了一所神职学院。他在河边建造了一个叫"惠廷顿长房子"的公共厕所，有 128 个坑位，靠潮水定期冲洗。至于海格特一带的惠廷顿医院，并不是他本人，而是后人为了纪念他的"回头"而修建的。在哑剧《惠廷顿和他的猫》（*Dick Whittington and His Cat*）中，以他为原型的人物因为听到了教堂的钟声而打消了离开伦敦的念头，也因此才有了这个人物后面对伦敦发展做出的诸多贡献。

英法百年战争随着亨利五世的胜利而暂告一段落，接踵而至的是约克家族和兰开斯特家族对王位的争夺战。这场国内冲突给伦敦带来的更多是痛苦而非灾难。战争的大部分时间里，伦敦是约克家族的支持者，曾公开支持爱德华四世（Edward IV）。1485 年，在爱德华四世去世的两年后，亨利·都铎（Henry Tudor）在博斯沃思战场上击败了理查三世（Richard Ⅲ），取得最终胜利。较理查三世而言，伦敦人似乎更喜欢亨利·都铎，因此在他入城时，特意在肖迪奇准备了欢迎仪式。小号手、诗人排在两边吹奏吟诵，还献上了大礼。从这时候开始，都铎王朝开启对伦敦的统治。

中世纪城市的墓志铭

博斯沃思一战后，伦敦市长和市议员开城迎接获得胜利的亨利。但这个时候的伦敦，相比已然经历了文艺复兴和宗教改革的欧洲大陆来说，依然是个不那么重要的边缘城市。伦敦的人口数量缓慢恢复到了黑死病暴发之前，但仍旧只有巴黎人口的四分之一。此外，伦敦在经济上高度依赖羊毛贸易，劳动力主要靠来自英格兰各地的外乡人补充。关于名字和方言的研究显示，伦敦人在14世纪之前使用的还是盎格鲁-撒克逊语，随后，东米德兰方言开始流行。资料表明，黑死病过后，有四分之一获得自由市民身份的外乡人来自约克郡或更北的地区。

从欧洲的经济结构来看，伦敦也更像是一个局外人。伦敦的贸易合作城市是比利时的安特卫普，但安特卫普的优势不在经济，而在于恢宏的建筑、富有的商人和具有冒险精神的海员。与威尼斯相比，英格兰没有设立在海外的贸易基地。尽管哥伦布发现新大陆之前，在一些关于如何穿越大西洋的传说中，会有人提到"只有那些布里斯托的船长们才知道的地方"，但注意，这里提到的是布里斯托而非伦敦。伦敦出版印刷的英语书籍数量也没有安特卫普的多。

虽然英国也有可以炫耀的事情，比如托马斯·莫尔①（Thomas More）是英格兰人，伊拉斯谟②（Erasmus）也到访并在这里居住过一段时间，但它没有能和丢勒③（Durer）、克拉纳赫④（Cranach）相提并论的画家，没有能与布鲁内莱斯基⑤（Brunelleschi）、布拉曼特⑥（Bramante）比肩的建筑家。当佛罗伦萨的建筑已经转向新潮的文艺复兴风格时，伦敦依然采用中世纪哥特式的垂直风格，似乎在为其谢幕做最后的挣扎。1503 年，一位不知名的匠人为亨利七世（Henry Ⅶ）在威斯敏斯特大教堂里设计建造了一座礼拜堂，从整体来看，绝对是具有代表性的欧式建筑佳作，美中不足的是，它与当时的欧洲流行风格相差甚远。

　　但伦敦有两点对长远发展至关重要的因素：第一，城墙之外土地充足；第二，相对稳定的政治环境也为土地的开发提供了有利条件。与欧洲的其他城市不同，伦敦很少经历被军队围困的危机。古罗马人在伦敦四周修建的城墙，经过阿尔弗雷德大帝的加固和历代国王的修补，对行政区划的意义更加明显。只要有钱，伦敦市民就可以逃离城区拥挤嘈杂的居住环境，到城外的乡村定居。此外，在

---

　　① 托马斯·莫尔：欧洲早期空想社会主义学说的创始人，同时也是才华横溢的人文主义学者和阅历丰富的政治家，以其名著《乌托邦》（*Utopia*）而名垂史册。

　　② 伊拉斯谟：也被称为"鹿特丹的伊拉斯谟"，是中世纪尼德兰地区（今荷兰和比利时）著名的人文主义思想家和神学家，对宗教改革领袖马丁·路德的思想有巨大的影响。

　　③ 丢勒：文艺复兴时期欧洲杰出画家，被誉为"德国的达·芬奇""自画像之父"。

　　④ 克拉纳赫：德国文艺复兴时期画家。

　　⑤ 布鲁内莱斯基：意大利文艺复兴时期颇负盛名的佛罗伦萨建筑师，最大的成就是完成佛罗伦萨花之圣母大教堂的穹隆顶。美第奇家族还委托他设计了圣洛伦佐教堂。

　　⑥ 布拉曼特：文艺复兴时期意大利杰出的建筑家，圣彼得大教堂的最初设计者。

伦敦，政治与经济还没有紧密结合在一起。每一个区域都有独特的地理特征。可以这么说，从根本上讲，伦敦的历史植根于它脚下的这片土地。

伦敦从诺曼征服时期起就享有王室特许的自治权利，但威斯敏斯特比其更为特殊，超脱于任何司法管辖。15世纪时，威斯敏斯特的人口不超过3 000人，大多是王室侍从和神职人员。只有召开议会——通常是国王需要钱——时，贵族、主教、议会成员和他们的随从才会蜂拥而至，而威斯敏斯特则在开会期间提供食宿。拥有并掌管着威斯敏斯特三分之二土地的老修道院，就是凭借议会活动积累了越来越多的财富。随着王庭规模逐渐扩大，很多服务供应商犹豫是在伦敦设点经营还是选择威斯敏斯特。1476年，威廉·卡克斯顿（William Caxton）在威斯敏斯特大教堂附近开办了一家印刷厂，后来获得巨大成功，名留青史。这是因为这里位置特殊，不受城区内印刷行业协会诸多规定的限制。后来，还有一些印刷厂搬到了圣保罗大教堂附近，直到二战爆发才停止搬迁。

早在12世纪，托马斯·贝克特的秘书威廉·费兹史蒂芬（William Fitzstephen）就注意到，几乎所有主教、修道院院长和商贾巨头的府邸都位于泰晤士河岸边。此后，沿河而建的豪宅超过30栋，旅店客栈也是鳞次栉比。水路成为达官显贵进出伦敦的重要方式，与拥挤的陆路相比，其便利程度显然更高。国王居住的威斯敏斯特临河而立，坎特伯雷大主教居住的兰柏宫和约克大主教在伦敦的住所约克坊（后来的白厅）也都毗邻河流。温彻斯特主教也不例外，只不过把官邸建在了河对岸的南华克地区。

沿着河岸街，依次排列着达勒姆主教、卡莱尔主教、伍斯特主教、索尔兹伯里主教、巴斯主教和威尔斯主教的住所。约克坊附近只有一小条区域"顽强"地属于一个叫亚当·斯科特（Adam Scot）的平民，于是人们就把那块地称为"斯科特的土地"，因为与苏格兰的拼写很像，后来就莫名被叫成了苏格兰场，即便从来源和背景上看与苏格兰没有任何关系。弗利特河的正西边是一片小旅店聚集区，住客都是律师，主要是看中了它的地理位置，方便往返于威斯敏斯特和伦敦城区。其中的一些小旅店规模逐渐扩大，还仿照牛津大学学院的建筑结构，有了大厅和方庭，有四个一直保留至今，分别是内殿、外殿、林肯旅店和格雷旅店。

城市东边有圣凯瑟琳医院，紧挨着的是被遗忘的伊斯敏斯特修道院（从名字上就很好判断，它与威斯敏斯特大教堂相对应，分别位于城市的东西两侧）。威斯敏斯特大教堂的英文直译为"西敏寺"，其中的西指的就是方位。同理，伊斯敏斯特修道院也可直译为"东敏寺"。1350 年，爱德华三世从一场海上暴风雨中幸存下来，为了感激上帝，他下令修建了这座"东敏寺"。可惜，"东敏寺"在各个方面都不能与"西敏寺"等量齐观，后来人们在它的原址上建造了皇家造币厂。泰晤士南岸南华克东侧的广阔土地，曾经都属于伯蒙西的本笃会修道院，这座修道院的建立时间可以追溯至公元 8 世纪。围绕着修道院，逐渐形成了穷苦人居住的棚户区，住在里面的有啤酒酿造商、屠宰工人、制革工人、石灰匠和制砖匠。后来，海上贸易也不断发展，从沃平到沙德韦尔都能看到造船商和供应商的身影。他们用的索具都产自卡伯街。至此，伦敦贫富街区的差异越来越大，一条明显的鸿沟开始横贯两者之间。

亨利七世开创了都铎王朝。为了能迅速在欧洲国家中确立英格兰的地位，他为王储亚瑟（Arthur）订下一门婚约，婚约的对象是阿拉贡的费尔南多二世（Ferdinand Ⅱ）与卡斯蒂利亚的伊莎贝拉一世（Isabel Ⅰ）的小女儿——阿拉贡的凯瑟琳（Catherine of Aragon）。通过联姻，英格兰王室也终于和神圣罗马帝国攀上了关系。但亚瑟英年早逝，亨利七世悲痛不已，连葬礼都未能出席。王位继承权随即传到了小儿子，也就是后来的亨利八世（Henry Ⅷ）身上，他很快就与自己的"嫂子"成婚。二人的婚姻早年间幸福甜蜜，但凯瑟琳一直未能诞下王子，由此引发了伦敦历史上自诺曼征服以来的最大剧变。

第五章

都铎王朝的伦敦

1485—1603

改革之都

亨利八世统治初期，国家安定、繁荣、和平。1509 年 6 月，他加冕继位。在加冕典礼的两周前，他和阿拉贡的凯瑟琳举行了婚礼。两人依靠亨利七世留下的充实国库，过着奢侈的生活。年轻的亨利八世身形矫健、学识丰富，在消耗欧洲教会大量精力的宗教争议问题上积极发声。王后凯瑟琳聪明活跃，发挥着外交大使的作用，为西班牙与英国之间的关系添砖加瓦。时任苏格兰驻伦敦使节的诗人威廉·邓巴（William Dunbar），用诗歌描绘这个快乐的城市，在 1501 年写道："伦敦，你是花中之王、众城之最……/你周围石墙耸立……/你被教堂簇拥，钟声响起……/商人财力雄厚……/妻子们白皙美丽，善良而有爱心。"在他看来，派驻伦敦是一份美差。

这一阶段的国家事务主要由野心勃勃的王室顾问托马斯·沃尔西（Thomas Wolsey）主持。他是当时的约克大主教，后来成为红衣主教。很多治国理政的问题，亨利八世都会向他请教。但随着时间推移，亨利八世燃起的雄心壮志让他变得有些不自量力。他改变了以往避免对外作战的态度，重蹈历代英格兰国王的覆辙，陷入与法国开战的麻烦之中。1512 年和 1513 年，他以重夺英格兰对阿基坦大区的所有权为名先后发起了两次战争，但都以失败告终。此前，亲法派的沃尔西一直致力于发展与法国的外交，亨利的发难让他变得格外被动，英国转而与神圣罗马帝国结盟，后者的统治者是凯瑟琳王后的侄子查理五世（Charles Ⅴ）。1520 年，亨利八世与法国国王弗朗索瓦一世（Francis Ⅰ）达成"大和解"，整个和解仪式在加莱外的"金缕地"举行，随行的 6 000 多人共同见证了两位国王之间虚荣心的较量。为了彰显自己的地位，亨利八世要求其他人以"陛下"而非"阁下"称呼自己，"陛下"也从此流传下来，成为王室专属。

　　尽管威克里夫早在一个世纪之前就宣扬了宗教改革时期的理念，但当宗教改革的星星之火真的在欧洲北部的土地上点燃时，伦敦选择充当旁观者的角色。亨利八世本人是一名虔诚的天主教徒，对新出现的新教嗤之以鼻。1517 年，路德将反对罗马教廷的《九十五条论纲》（Ninety-five Theses）贴在了维登堡的教堂大门上，亨利八世随即为教皇发声，写长文予以驳斥。为此，他从教廷获得了"信仰的守护者"的称号；时至今日，英国钱币上依然诡异地印有"护教者"（Fid Def）的字样。时任大法官的托马斯·莫尔爵士对新教徒进行迫害，新教徒的身份一旦暴露，就会被绑在火刑柱上活活烧死。英国宗教改革先驱威廉·廷代尔①（William Tyndale）不得不潜逃到德国继续他的《圣经》翻译工作。1525 年，他翻译的英文

─────────────

　　①　威廉·廷代尔：16 世纪著名的基督教学者和宗教改革先驱，被认为是第一位清教徒。

版《圣经》在德国和安特卫普出版。当时，有人从国外夹带了一本回到英国，被发现后随即被烧毁，廷代尔也被指控为异教徒。

但亨利八世的虔诚信仰依然无法化解他想要有一位男性继承人的执念。凯瑟琳一直未能诞下王子，加上亨利八世 1526 年遇到了安妮·博林（Anne Boleyn），种种因素叠加，让他决定与凯瑟琳离婚。当时，离婚需要得到教皇的批准。但尴尬的是，教皇被凯瑟琳的侄子查理五世关押，所以亨利八世的离婚申请自然就被否决了。一心想要离婚的亨利八世最终与罗马教廷决裂，因此，英格兰脱离罗马教会，实际上与信仰无关，完全是出于国王个人原因。1534 年颁布的《至尊法案》（The Act of Supremacy）使亨利八世成为英格兰教会的首脑，"除上帝之外，拥有世界上最高权威"。对此，托马斯·莫尔一直坚决反对，然而，不但没能阻止，反而在 1535 年获罪被斩首，教皇追封他为圣徒。此后，伦敦意外地成为一座"新教之城"，虽然算是误打误撞，但坐实了和新教的关系。

废除修道院制度

新法案颁布后，亨利八世有条不紊地落实各项具体措施。与罗马教廷分裂，无论是对亨利八世自己还是对伦敦来说，都是利大于弊。1536 年，亨利八世与新上任的大法官托马斯·克伦威尔（Thomas Cromwell）解散了全国大大小小的八九百所修道院，并勒令所有的修士、修女还俗。没收的修道院土地和财产，要么直接进了国王自己的腰包，要么由国王指名赏赐给朝臣和支持者。据历史学家统计，16 世纪初，伦敦三分之一的土地和整个威斯敏斯特

全都归教会所有。解散修道院的法令出台后，伦敦共关闭了 39 个
宗教场所，其中 23 个位于今天的金融城区域内。此举遭到了部分
僧侣的反抗，其中反抗最激烈的 18 个人来自卡尔特修道院，他们
最终因违抗国王的命令被处决，罗马教廷将他们均追封为圣徒。

　　几乎是一夜之间，伦敦及周边区域完成了土地、财产所有权的
转移，达到了前所未有的规模和体量，远超诺曼征服时期。伦敦城
外的大部分财富直接充公上交国库，伦敦城内的财富则主要交给了
贵族、商人和国王亲信。亨利八世拿走了沃尔西临河而建的约克
坊，打算在原址上新建白厅。而汉普顿宫也划到了国王的名下。国
王的小舅子——后来的萨默塞特公爵爱德华·西摩（Edward Sey-
mour）拆除了原本属于切斯特主教和伍斯特主教的旅店，在上面建
造了萨默塞特府。归巴斯主教和威尔斯主教所有的旅店给了诺福克
公爵。卡莱尔主教的旅店在老考文特花园，由贝德福德伯爵接管。
索尔兹伯里主教的地产则划到了多塞特伯爵名下。格拉斯顿伯里、
刘易斯、马姆斯伯里、彼得伯勒和塞伦塞斯特的修道院院长都失去
了他们在伦敦的房产。大法官托马斯·奥德利（Thomas Audley）
分到了原本属于位于阿尔达门的圣三一修道院的地产。有 7 个世纪
历史的伯蒙西修道院被拆除，它曾在 30 年间被转手三次，归不同
的人所有。

　　对伦敦而言，废除修道院既是机遇，也是挑战。尽管严格来说
济贫归地方行政区负责，但修道院在发展教育、救济贫困、帮助残
疾人和病人等方面功不可没。伦敦的代表恳请国王务必保留负责慈
善的部门，或者把这一部分转交给市政府来管理。否则，"穷人、
病人、盲人、老人……都住在街道上，他们身上恶臭阵阵，每个衣
着整洁干净的人经过都会感到被'冒犯'"。

　　亨利八世同意了代表们的大部分提议。1547 年，由修道院改建的慈善机构基督公会成立，主要用来救济和教育孤儿。卡尔特修道院后来改成了救济院，保留至今。圣托马斯和圣巴塞洛缪修道院变成了医院，如今位于史密斯菲尔德的圣巴塞洛缪医院大门上还刻有亨利八世的浮雕。但在伦敦市政府接管圣巴塞洛缪修道院之初，修道院内可以收容 100 名穷人的看护所已经废弃，只有"三四个妓女躺在儿童床上"。亨利八世建造的布里德韦尔本想用作皇家宫殿，后来也转给市政府，成为流浪儿童的避难所和问题少年的教养所。教育方面，雨后春笋般涌现的学校代替了原有的修道院。1510 年，一座位于圣保罗大教堂附近的学校开办。1541 年，荣誉布商工会创办了布商学校。1561 年，商人泰勒捐建的学校成立。再后来，基督公会和卡尔特修道院也都分别成立了学校。

　　亨利八世没收的教会土地还有另一个重要用途，就是改作他在伦敦的狩猎场所。正是如此，才有了如今的格林公园、圣詹姆斯公园、海德公园、肯辛顿花园和摄政公园。要不然，按照后来房产开发的疯狂态势，伦敦很有可能一处中心公园都没有。还真要感谢安妮·博林与亨利八世对狩猎的热爱，才保住了伦敦市中心的一抹绿色。但即便如此，伦敦市中心的空地面积还是不及其他欧洲大陆的首都城市。

黄金铺成的城市

　　亨利八世死后，爱德华六世（Edward Ⅵ）继位，他是位短命国王，没多久也去世了。此后，他信仰天主教的姐姐玛丽继承了王

位，并带来了一场宗教复辟运动。在伦敦人里，不乏虔诚的天主教
徒和坚定的新教徒，两者同时存在。1554 年，同样信仰天主教的西
班牙王子——后来的腓力二世（Philip Ⅱ）——来到伦敦与玛丽举
行婚礼。根据婚约内容，腓力二世得到英格兰国王的称号。英格兰
的新教徒对此非常不满，其中一些甚至在路上朝腓力二世丢掷雪
球。后来，玛丽一世在塔丘上残忍地烧死了 300 名新教徒，但也没
有引发什么暴动或起义。信仰方面，伦敦长期以来的态度都是宽容
开放的，甚至对极端主义也充分包容。信仰新教的历史学家约翰·
福克斯（John Foxe）创作的传世之作《殉道史》（*the Book of
Martyrs*）记述了从 1 世纪到 16 世纪西方历史上基督徒为信仰而殉
难的事迹，其中就提到英国新教徒遭受迫害的情况。玛丽一世死
后，这本书成为排在《圣经》之后的第二畅销书。

　　伊丽莎白一世（Elizabeth Ⅰ）加冕为王，似乎为伦敦带来了
一丝安稳。女王的首席顾问伯利男爵威廉·塞西尔（William Cecil）
对处理王庭与伦敦之间的纠葛得心应手，他的夫人生活节俭，也为
他加分不少。与此同时，亨利八世废除修道院后遗留的土地问题也
亟待房地产市场消化解决。威尼斯驻伦敦大使记录道："许多教堂
和修道院此前都充满修士和修女，现在一片废墟、面目全非。"还
有这样的记载："由于修道院被废除，房屋空置，没有人愿意买下
来。"整个房地产市场就像一个只装了一半水的蓄水池，需要时间
才能把水全都注满。修道院被解散后，在今天金融城区域生活的人
口大约有 60 万，而加上围墙之外其他区域的人口，总数则超过 100
万。到 1600 年，这两个数字分别变成了 100 万和 180 万。看上去，
住在伦敦围墙内的人还是占了大多数，但这个大多数的概念，其实
计算起来也有些名不副实。

伊丽莎白一世统治时期，海外事件对伦敦的影响越来越大。1572 年，法国王太后凯瑟琳·德·美第奇（Catherine of Medici）策划了针对国内新教徒的圣巴托洛缪大屠杀，成千上万的胡格诺教徒被迫逃往伦敦避难，他们当中大部分是手工艺者和商人，到达伦敦后很快就融入了当地的生活和生产。四年后，西班牙在佛兰德斯展开宗教调查和审判，由此引发了西班牙海军对安特卫普的掠夺，7 000 多名市民被杀，史称"西班牙暴行"。作为伦敦长期以来的贸易伙伴和竞争对手，安特卫普在这起事件后一蹶不振，这让伦敦借机获得了一些机会。1588 年，西班牙无敌舰队在争夺海上霸权时不敌英国海军，腓力二世想要将英国教会重新置于教廷统治之下的愿望彻底破灭，伦敦自主强大的形象更加深入人心。

欧洲大陆上接连发生的各种事件让英国将目光投向西班牙、葡萄牙、尼德兰取得的海外领地和其背后的新大陆。当英国的竞争国家还在为宗教信仰将欧洲大陆搞得鸡犬不宁时，伊丽莎白一世的英国舰队已经迎着贸易之风扬帆起航。1577—1580 年，弗朗西斯·德雷克①（Francis Drake）进行了两次环球航行，今天加利福尼亚州的所在地因此成为英国的殖民地。英国政府鼓励他与其他海员抓住每个机会进行海外探索，带回财富。而他掠夺财富的方式更像是海盗，特别是西班牙海军失势之后，他的行为更加肆无忌惮。腓力二世甚至发布悬赏令，以相当于现在 600 万英镑的高价买他的人头。谨慎的伯利男爵曾恳请伊丽莎白女王把掠夺的财富还给西班牙，遭

---

① 弗朗西斯·德雷克：英国著名航海家，在 1577 年和 1580 年进行了两次环球航行。1581 年 4 月，女王伊丽莎白一世亲自登船赐予德雷克爵士头衔。他于 1588 年成为海军中将，曾击退来自西班牙无敌舰队的攻击，因此受封为英格兰勋爵。

到女王拒绝。在伊丽莎白一世的领导下，英格兰迈出了向海上帝国转型的第一步。

伦敦的商人里，有人已经意识到海上航行背后蕴含巨大商机，理查德·格雷沙姆（Richard Gresham）就是其中之一，而且他还做足了准备，蓄势待发。他经营布匹生意，来自诺福克，早在25岁的时候就成了亨利八世的"资助者"。他当选过市议员、市长和国家议会议员。在废除修道院运动中，他还作为伦敦代表团的成员与国王协商，请求保留修道院的慈善职能。他的儿子托马斯·格雷沙姆（Thomas Gresham）爵士是英国驻安特卫普的皇室代理商和大使，个人财富远远超过了他父亲。他擅长投机，不顾道德良知，在当时就被骂作"诈骗犯"和"背信弃义的人"。但即便如此，都铎王朝的四任国王和女王——亨利八世、爱德华六世、玛丽一世和伊丽莎白一世——都依靠这对父子掌管"钱袋子"。

托马斯见证了伦敦取代安特卫普成为欧洲北部商贸中心的关键发展节点。他认为伦敦不应该仇外，上书女王恳请接纳遭受西班牙迫害的佛兰德斯难民，因为这样"会给伦敦带来极大的利益"。他还提议在伦敦建一个规模超过安特卫普的交易所。1571年，一个由佛兰德斯建筑师设计、采用佛兰德斯石材和玻璃的皇家交易所挂牌营业，建筑顶部刻有代表性的蚱蜢标志，将交易所深深打上了格雷沙姆家族的烙印。交易所四面有柱廊设计，是伦敦第一座文艺复兴风格的市政建筑。它的拱廊可以容纳4 000名商人、摆放160个上锁摊位。

在托马斯和其他财富管理者的推动下，伦敦"欧洲中心"的地位日益牢固。这些人自然唯其首是瞻，就连伊丽莎白一世也亲切地称他为"必要的恶魔"，还亲自到他位于米德塞克斯郡的奥斯特利府邸做客。有一次在吃晚餐时，伊丽莎白一世随口说道，要是院子里多一堵墙会比现在好看。结果第二天早上，院子中就真的出现了一堵新墙。当然，这并不是说托马斯有多么顺从和热爱女王，相反，它表明了格雷沙姆家族的雄厚财力。此外，他还创建了能与牛津和剑桥媲美的格雷沙姆学院，后来的皇家学会就是在这所学院的基础上建立的。1579 年他去世前，学院的主要活动在主教门一带的大楼里进行。现在，还有一些讲座在霍本的巴纳德旅馆大厅举办。

至此，伦敦踏出了从商品贸易中心向信贷担保中心转型的第一步，开启了对"货币"的买卖。信用建立在信任的基础上，建立在履行债务的保证上，而具体的操作实施者必须相互了解、相互依赖。对这些人而言，上层的君主制如何风云更迭无关紧要，城市政治结构稳如泰山才是关键。城市政治体系并非由一个人统揽，而是由全体市议员共同协商，市议员的继承制度和终身任期制度让协商结果更具有公平性和民主性。尽管他们之间也会形成派系，但这种派系是相对开放的，因为时不时有外来的年轻人加入进来，之前提到的惠廷顿和格雷沙姆家族成员就是很好的例子。

在动荡混乱的 16 世纪，极端主义和叛乱屡见不鲜，乱象频繁在伦敦上演也情有可原。但不管是亨利八世进行宗教改革，还是玛丽一世发动宗教复辟，伦敦都没有出现战争级别的纷乱。社会历史学家罗伊·波特（Roy Porter）写道："没有出现草根阶级叛乱，说明伦敦尽管由富人阶层掌管城市治理，但管理上不专制，相反，一些措施及时、负责。"最重要的是，"伦敦这座城市，掌握在伦敦人自己手上"。换句话说，这个时候，已经能看到民主的萌芽。对整座城市而言，积累财富和维系政治稳定同样重要。

大都市风范初现

1550 年，伦敦第一幅官方景观图问世。来自佛兰德斯、专门绘制欧洲全景绘画的安东尼斯·范·登·温加尔德（Anthonis van den Wyngaerde）在走遍城市的每条街道后，将城市全貌绘制在 7 张画纸之上。在他看来，从南华克的上空俯瞰，整座城市为圆弧形，一端在威斯敏斯特大教堂，另一端延伸至遥远的格林尼治塔楼。1559 年，铜板材质的地图在安特卫普制作出来。这张不知道何人制作的地图，是第一份真正意义上的伦敦地图，1574 年法兰斯·霍根伯格（Frans Hogenberg）绘制新地图时以其作为参考。大家普遍认为，拉尔夫·阿加斯（Ralph Agas）的著名伦敦木刻地图和 17 世纪的其他伦敦地图也都是比照着这张地图进行制作的。德蒙福特大学用数字影像技术重现了都铎时期伦敦的景象，一座辉煌的中世纪城市栩栩如生。

这些作品展现的伦敦介于亨利八世废除修道院之后、斯图亚特王朝建立之前。主要建筑仍然以教堂为主，圣保罗大教堂作为最高建筑矗立于城中。建筑风格与彼时已经风靡欧陆的文艺复兴风格完全不沾边。伦敦的房屋依然是哥特式的，街道与突出的屋面外围和人字形屋顶平行。相比罗马和巴黎整齐划一的市政规划，伦敦既没有笔直的街道，也没有起点缀作用的小花园，建筑外立面更不是古典主义风格。唯一比较好认的就只有齐普赛街了。此外，在伦敦桥上可以看见一排钉着被处决囚犯头颅的木桩，算是这一时期的"特色"。

城外的建筑也逐渐增多，密集分布在南华克地区。1550 年之后，南华克、法灵顿、克勒肯维尔和霍本被划入伦敦的管辖范围，而再往外的区域都属于乡村。柏罗高街上，牛群时而走过。芬斯伯里的田地间，弓箭手进行射箭练习，他们的周围就是乡间菜园，种出的蔬果会被送到城中售卖。最西侧，兰柏宫立于农田之上；最东端，泰晤士河水蜿蜒流经河畔的居民区，流至格林尼治的王室宫殿，止于哥特式塔楼之前。亨利八世和伊丽莎白一世都是在格林尼治的普拉森舍宫出生的，每逢夏天，他们也都会来这里避暑度假。

从温加尔德和霍根伯格的地图上可以明显看到，16 世纪的伦敦，除了威斯敏斯特教堂和圣保罗大教堂以外，没有什么能为城市锦上添花的建筑，至少不会让前来的外国人为之惊叹。王室宫殿的两侧没有林荫大道，建筑本身的雕刻装饰也谈不上华丽二字。亨利八世曾以弗朗索瓦一世的枫丹白露宫为模板，在萨里郡的尤厄尔建造了一座无双宫，但因为宫殿远离市区，最终还是被拆除了。伊丽莎白一世没有修建什么新的宫殿，她觉得白厅和位于格林尼治以及里士满的王宫就足够了。她的兴趣和创意集中在奢华的服饰和妆容上。与此同时，她允许朝臣大举修建文艺复兴风格的宅邸，大部分的花销都来自之前收缴的修道院财产。比较出名的有罗伯特·斯密森（Robert Smythson）的哈德威克庄园、沃莱顿庄园和朗利特庄园。女王有的时候会即兴到访，当然，到访的开销都由庄园主人承担，女王不用掏一分钱。

文学在这一时期得到长足发展，成为伦敦的关键词。英格兰的文艺复兴植根于埃德蒙·斯宾塞（Edmund Spenser）的诗歌和克里斯托弗·马洛（Christopher Marlowe）及本·琼森（Ben Jonson）的戏剧。当然，最杰出的还是威廉·莎士比亚，他的诗歌与戏剧同样出彩。戏剧在形式上与诗歌完全不同，需要舞台来呈现，一般都是在剧院上演。但伦敦的市政当局对剧院非常排斥，在他们看来，一群人挤在一起，吵吵闹闹，格外扰民。他们曾发布条令抑制剧院的发展，将其与"故事情节污秽淫乱，舞台道具粗糙不堪，演员举止粗鄙恶劣"联系在一起。因此，戏剧演出不受市政当局保护，在城内上演受限，不得不搬到城外靠近泰晤士河的南华克举行。这里位于选区边界之外，氛围自由，很快成为戏剧演出的大本营。但也有特例存在于城区内，比如臭名昭著的皇家合唱团就在布莱克法尔，据说合唱团里的小男孩都是被绑架来的。

1576 年，一个叫詹姆斯·伯比奇（James Burbage）的木匠在肖迪奇一带芬斯伯里的田间修建了第一座木制剧院"剧场剧院"。随后，其附近出现了另一家剧院"帷幕剧院"。1587 年，菲利普·亨斯洛（Philip Henslowe）的"玫瑰剧院"在南华克风生水起，这里还可以观看"斗熊""斗牛"等斗兽表演。据记载，仅在 1595 年一年，"玫瑰剧院"就上演了 36 部戏剧、300 余场表演。伯比奇曾试着把剧院从肖迪奇搬到布莱克法尔，结果没能成功，反而被迫关门停业。于是，他把剧院整个拆除，在南华克新买的地皮上重新搭建，改名为"环球剧院"，在 1599 年开门营业。这里也是莎士比亚的成名之地，他就是从这里的宫内大臣剧团声名鹊起的，伯比奇的儿子理查德也是莎士比亚作品的御用演员。剧院之间的竞争非常激烈，考古证明，剧场的火灾风险隐患极高，因此经常性重建。

剧院的出现，既是文学盛行的表现，也反映了一种流行趋势。即便是穷人也花得起几便士的门票钱。剧作家托马斯·戴克（Thomas Dekker）在创作时，既要迎合富人阶层的口味，也要考虑底层民众的喜好，毕竟他收入的多少取决于作品是否"卖座"。

马车夫、搬运工、天主教徒、清教徒、纨绔子弟、妓女等人群都是剧院的观众，这些人之间还经常发生冲突。除了正常的戏剧表演，斗兽表演、马戏团表演和怪胎表演也都是剧院的保留节目。剧院已经不仅仅是一个娱乐场所，而且是具有社交功能的桥梁，将剧作家、承办方和演员，贵族、乡绅和劳苦大众连接在一起。或许是因为这个原因，枢密院对剧院的监管和审查一直谨小慎微。但最终，更加开明的斯图亚特王室允许剧团在皇宫和威斯敏斯特市演出，南华克的剧院逐渐衰败下来。尽管如此，泰晤士南岸作为伦敦自由、娱乐和天才的代名词，依然值得致敬。

约翰·斯托笔下的城市

伊丽莎白一世统治末期，伦敦最富有的人群中，大约半数都住在市中心之外。一些人住在北边的芬斯伯里，但绝大多数住在法灵顿及以西区域。记录显示，有 121 人拥有"乡间席位"，说白了就是在乡下拥有第二套房产。在这一时期，伦敦出现了独立于王庭和教会之外的中产阶级，他们的财富积累也得益于此前的废除修道院和分散教会财富的运动。到访英国的符腾堡公爵在家书中写道，伦敦人"衣着华丽，极其骄傲和蛮横，因为大部分人，特别是商人，也不去别的国家，平时就待在城里的家中处理生意。他们对外国人漠不关心，即便有接触，也是在嘲笑他们"。伦敦的女性，则"比其他任何地方都要自由，她们深知这一点，也清楚该怎么利用这种优势。她们平时外出穿着极度精美奢华，一门心思都放在领子式样、裙摆褶皱这些地方"。

1598 年，古文物研究学家约翰·斯托（John Stow）对伦敦进行了一次全方位的调查，细致到每个选区的每条街道。他实地走访了伦敦的东西南北以及现在属于市郊的区域。他发现，曾经的空地已经被新建筑填满，小巷里"挤满了小公寓和民房……人们更关心自己的得失，不在乎城市的利益"。斯托所处的伦敦，人心不古，世风日下，糟糕程度前所未有。伦敦的都市宜居性与膨胀发展相互冲突，两者之间的矛盾也成为接下来几百年之中的"持续问题"。

斯托看到，伦敦城内到处充斥着外来人口。"各个郡的绅士都成群结队地涌向首都。年轻一点的想来见见世面，满足下虚荣心；年长一点的……看中这里快捷、现成的市场。"即便是交通，也能引发抱怨连连。"世界已经在轮子上运转，但人们依然宁愿选择步行。"作为伦敦首位城市经济学家，斯托已经看到首都人口飙升的后果——像"很多或者大部分古代城市、城镇那样衰败下去，万劫不复"。与此同时，他认为伦敦限制了其他地区的贸易发展，建议将一些领域的商业贸易强制搬迁至别的地方。但即便是斯托也不得不承认，没有什么能抗衡宫廷的吸引力，"与过去相比，觐见的贵族数量更多，排场也更大"。比如，索尔兹伯里伯爵的随从中，"骑着马的就有 100 个"。有人说，斯托"真正关心疾苦，敢于写出真相"。晚年时，因为生活贫苦，他向伊丽莎白一世的继任者詹姆斯一世（James I）申请一笔养老金，但只得到了一个"调研志愿者贡献荣誉"的证书，这就是他求来的全部。圣安德鲁井下教堂里竖立着他手握一支羽毛笔的纪念雕像，这只羽毛笔被精心看管，一有损坏马上就换上新的。这其实也在传达一种信念和理想——记录者笔耕不辍、永不失声。

规划初现

亨利八世废除修道院后，原来由修道院提供的社会福利出现中断（尽管修道院的慈善行为有时候也并非出于真心实意）。不断增加的人口让几家市立医院和一些教区慈善机构心有余而力不足。对此，当局确实采取了一些应对措施，尽管不那么合乎情理。比如，把包括被遗弃儿童的街头流浪者集中带走，先安置在布里德韦尔收容所，再分批次把一部分人送到海外的殖民地弗吉尼亚。此外，在1576 年还首次对现在的 100 多个教区出台新规：如果穷人比例过高，就要强制交税。这项举动被视为迈向公民福利的第一步，毕竟"穷人税"的高昂费率不是一般教区能承受得起的。

1580 年，伦敦开始正视规划问题。伊丽莎白一世颁布谕令，禁止在距伦敦各城门 3 英里（也就是绿化带那么大的范围）之内建造房屋。她同时禁止分租，"任何房屋不得安置或居住一户以上家庭"。另外，还有规定禁止在米德塞克斯郡腹地新建房屋。尽管规定的惩罚措施十分严厉，但实际上，只要违法成本不高于所得收益，房主还是会按老规矩操作，所以法规没有起到实质作用。

而且没过多久，当局就改口：只要向王室缴纳"补贴"，就可以多人多户居住在同一间房屋内。政府就这样通过既得权利打破规定，从中获利。如何处理这个冲突，伊丽莎白一世没有想出什么万全之策，接下来的历任君主也被这个问题持续困扰，直到今天也是如此。伊丽莎白一世在其统治末期曾抱怨"尽管她的法令高贵仁慈，但因为一些人的贪得无厌和自私自利，无法产生作用。这些人只关心自己的私利，不顾国家利益和公众利益"。女王还批评负责人员玩忽职守，"他们应该追踪落实，尽职尽责"。

　　到了 16 世纪 90 年代，与西班牙交战给贸易造成的负面影响，与其他因素叠加，导致伦敦经济开始衰退。手里拥有此前属于修道院的地皮的那些人，不再为富人建造庄园，而是在上面盖满供穷人居住的公寓。外来人口拉低了伦敦的工资水平，但粮食歉收让食品价格一路飙升。伊丽莎白一世执政的最后十年，食品价格上涨40％。都铎时代结束前，一种新的现实状况已经显现。正如斯托所警告的那样，人口和地产的自由流通对城市扩张造成的压力是王室也没有能力解决的。政府或许只能提供建议，真正的决定权还掌握在伦敦房地产市场手中。

第六章

斯图亚特王朝与内战

1603—1660

君权神授

伊丽莎白一世去世后，英格兰的王位落到了苏格兰国王詹姆斯一世的头上。他的到来，将伦敦从伊丽莎白一世末期清教徒占主导的氛围中解放了出来，增加了更多的自由性。詹姆斯一世的成长经历极为不幸——父亲被谋杀，母亲苏格兰的玛丽一世（Mary I）也被伊丽莎白一世斩首，但这些都不妨碍他成为一名学识渊博、时髦现代、推崇创新的君主。他本人撰写了很多神学和哲学领域的书籍，下令翻译出版了钦定版《圣经》，还把莎士比亚所在的剧团召进宫内演出（后来，这个剧团还被改名为"国王剧团"，还在布莱克法尔又开设了另外一家剧院）。

詹姆斯一世和他对于王权的看法，带领伦敦步入了一个新的历史阶段。伊丽莎白一世的统治非常具有中世纪特征和个人色彩，她时常出访，经常巡视相对更安全的英格兰南部。国家的日常政务由设立在伦敦的枢密院负责，其他地方事务则交由特命大臣全权代为处理。伦敦的政府官员，包括宫廷和国库的人员在内，总共也不到

1 000 人。

　　而在詹姆斯一世统治期间，无论是较其此前规模，还是和英格兰其他城市相比，伦敦都在不断发展扩大。在 16 世纪和 17 世纪，伦敦从欧洲排名第五、六位的城市跃升为仅次于君士坦丁堡的第二大城市。1500 年，当时伦敦的规模是紧随其后的诺维奇和布里斯托的三倍，到了斯图亚特王朝统治时期，这一数字变成了 10 倍多。在 1680 年前后，每三个英格兰城镇居民中，就有两个住在伦敦。

　　伦敦规模的快速扩大让历史学家感到困惑。这背后的原因绝不能单纯地归结为受到贸易和商业的带动，一定也和它是首都同时也是国家行政机构的所在地有关。在詹姆斯一世看来，国王的权力来自上帝，处于整个封建权力体系的顶端。他身边的伦敦公务人员增加了一倍，也因此吸引了律师、承包商等，想要谋求个一官半职者和阿谀奉承之人纷纷前去表忠心，争相效力。这些人需要住宿、吃饭、服侍和娱乐，于是以伦敦为背景的戏剧中出现了越来越多的人物角色，包括牧师、医生、家庭教师、音乐家、画家、公证人、抄写员、秘书、引座员、信使、吟游乐师、珠宝商、图书销售商、假发制作商、马夫和雕刻师。

　　尽管伦敦尚有空间容纳新来人口，但和欧洲其他主要城市一样，它也存在居住环境恶劣的问题，很多外来移民正是因此才不愿前来。根据当时的记载，伦敦道门区的一处房屋内住了 37 个人（其中包括 11 对夫妇）。银街上的另一处房屋，每个房间都住有一整家人，大多数房间还有其他人合租在一起。这些房屋都没有排污系统，各种各样的污水、废物就倒在街道上，等着处理粪便的人晚上统一收拾。伦敦的不同之处在于，只要有钱，就能过不一样的生活，至少可以去条件和环境更好的西边和北边居住。伦敦西边住的主要是王室贵族，一派歌舞升平的宫廷生活景象。正如老话所言，钱流至处，就有为财而来的人。

更好的生活之所

1615 年，詹姆斯一世任命来自威尔士的年轻人伊尼戈·琼斯（Inigo Jones）为王室工程总监。琼斯曾在意大利游学，深受塞利奥[①]（Serlio）和帕拉第奥[②]（Palladio）古典主义风格的影响，反而对以奇异怪诞为特征的风格主义和巴洛克艺术不怎么认同。当时，王室的偏好也发生了转变，伊丽莎白一世时期推崇的文艺复兴主义风头不再，意大利帕拉第奥主义逐渐兴起。1616 年詹姆斯一世为王后安妮修建的皇后之屋和 1619 年完工的白厅宴会大厅都是典型的帕拉第奥风格建筑。非常神奇的是，这两栋建筑完整地保留至今，并为周围建筑的整体风格提供了借鉴和参考（虽然以今天的视角来看，当时做出的革命性改变或许已不是那么明显和亮眼）。

詹姆斯一世时期，男性的着装要求也不像以往那么刻板。透过威廉·拉金（William Larkin）和丹尼尔·迈滕斯（Daniel Mytens）的画作，我们可以看到，王室贵族的穿着比以前大胆另类了许多，"花花公子"形象的丹蒂主义风格在斯图亚特宫廷风行一时。拉金创作了多幅朝臣画像，如今都保存在肯伍德府中，逐一欣赏，俨然

---

① 塞利奥：文艺复兴时期欧洲建筑师。其建筑领域的著作被誉为最具影响力的出版物之一，为之后的建筑师确立了古典主义建筑标准。

② 帕拉第奥：西方最具影响力和最常被模仿的建筑师，创作灵感来源于古典建筑，作品包括位于维琴察的圆厅别墅、威尼斯的圣马焦雷教堂等。

在翻阅当时的 *Vogue* 杂志，每一幅都是时尚大片。詹姆斯一世的服饰开销也奢侈到极致。记录显示，国王在 5 年之内置办了 180 套正装和 2 000 副手套。为了炫耀漂亮衣服，他还下令将自己和其他王室成员平日里的专属散步场所海德公园对公众开放。

詹姆斯一世曾试图通过各种方式让伦敦的生活变得更有吸引力，但很快，一系列问题的出现让他打起了退堂鼓，转而奉行伊丽莎白一世时期的"抑制"政策。当时，差不多有 100 名贵族（占总数的三分之二）大部分时间在伦敦居住，有人向国王进言，宣称这些人"是城市的累赘，令人生厌"。"他们成群结队地出现，在妻子的怂恿下，一心想着如何更时尚，把女儿们打扮得更漂亮，热情好客和乡村的淳朴在他们身上全然不见。"威斯敏斯特召开一次为国王支出筹集经费的简单议会，就有 1 800 人参加。"旅店"遍布已经成为威斯敏斯特的一大特点。

詹姆斯一世坚信，"伦敦将成为基督教世界中下一个最伟大的城市，因此必须要停止肆意新建房屋"。1625 年，新法令出台，要求拆除城门 5 英里以内的违建房屋。只要违建房屋在划归范围内，建造时间不超过 7 年，就要拆除，甚至修建者也会被抓进监狱。而拆下来的部分建材，则会低价售卖给穷人建新房，穷人还可以选择在没拆掉的房子里继续居住 5 年。这项法令既能缓解房屋的密集建造问题，也能缓解穷人的居住难题，可谓一举两得，如今来看也不失为良策。此外，国王还划拨资金修建公共设施，为史密斯菲尔德市场修路，把芜田改建为花园，铺设水管，修建喷泉，恢复医院。就是不允许随意新建房屋，在这方面设定禁令，加以限制。另外，王庭的奢侈生活依旧，标准没有丝毫降低。

但这样一来，大量的工程让詹姆斯一世陷入了巨额债务的泥淖之中。没多久，他就不得不走上了伊丽莎白一世的老路，为那些愿意花钱买房屋建造"许可"的人开后门。现在，花钱买"许可"换了一种说法，成了"交罚款"。土地所有者们排着长队争先恐后地来交款，他们当中，绝大多数人通过废除修道院运动得到了那些原本属于教会的土地，正打算借宫廷贵族和伦敦富人"逃离伦敦"的契机大赚一笔。英国古典经济学创始人威廉·配第（William Pet-ty）形容那时的伦敦"处处弥漫着烟雾、蒸汽和恶臭"。

　　第一个有所动作的是索尔兹伯里伯爵，他在 1609 年获得建造许可，开始对现在特拉法加广场以北、圣马丁小巷周边的土地进行开发。这儿的房屋刚建成，国王就开始抱怨这里排出的污水会流到他居住的白厅。塞西尔街和克兰伯恩街也是索尔兹伯里家族修建的。此外，索尔兹伯里伯爵还沿着河岸街，仿照皇家交易所的样子开设了各种小商铺，今天的邦德街就是由此发展形成的。

精美的王冠

　　查理一世（Charles Ⅰ）对财富的挥霍与其父詹姆斯一世如出一辙，但他不及后者幸运，至少詹姆斯一世没有因为生活奢靡而让王位岌岌可危。伦敦市民多信仰新教，本来就对信仰天主教的王后——法国公主亨丽埃塔·玛丽亚（Henrietta Maria）抱有敌意。1626 年，15 岁的亨丽埃塔嫁到伦敦，她的加冕礼上有 200 名随从，从牧师到侍从，都是天主教教徒。她的嫁妆也极为丰厚：钻石、珍珠和刺绣裙装装满了一车又一车，就连拉车的马匹身上都挂满了马饰。行至泰博恩刑场时，她特意停车，为在都铎王朝宗教改革期间牺牲于此的天主教殉道者祈祷。

查理一世与议会因为"钱的事谈不拢"，关系越来越差。1628年的《权利请愿书》（the Petition of Right）为双方"开战"埋下隐患。此后的一年多时间里，议会拒绝上交税款给国王。国王为了拿到钱，将原本只向沿海城市收取的造船费改为国税在全国征收，结果表明根本行不通。查理一世在此期间还解散了议会，实行"暴君"统治，这种状况一直持续到1640年危机爆发之前。

尽管政治上的紧张氛围不断加剧，但伦敦并未因此停止繁荣发展的脚步。继索尔兹伯里伯爵之后，贝德福德伯爵在1630年也拿到了开发许可，他开发的地块就在前者拥有的圣马丁一带附近，位于河岸街以北，就在考文特花园的旧址。贝德福德伯爵在开发时被枢密院要求负责地块北面长亩街的道路铺设和维护，伯爵认为这非常不合理，除非他可以在这条街上建房作为补偿。作为《权利请愿书》的倡导人，贝德福德伯爵和查理一世算不上朋友。为了拿到开发许可，他一共花了2 000英镑（相当于现在的25万英镑）。而且，这份许可还有附加条件——他必须出资建造一座教堂和一处广场，并且必须由伊尼戈·琼斯担任设计师。贝德福德伯爵对附加条件怒不可遏，他曾对伊尼戈·琼斯咆哮道："（你设计的教堂）长得和谷仓一样！"伊尼戈·琼斯也毫不示弱："就算像谷仓，也是英格兰最漂亮的。"

这个"谷仓"模样的教堂，如今就坐落于考文特花园的西侧。它在外观线条上借鉴了古典主义风格的巴黎孚日广场。周围的街道，包括罗素大街、詹姆斯大街、国王大街和丽埃塔大街，均以王室成员或伯爵家族的名字命名，也算体现了对詹姆斯一世的忠心。为了获利更多，贝德福德伯爵将本来的公共广场改为了售卖水果和蔬菜的市场，但这反而造成地块贬值。这块区域后来变成了红灯区，直到 20 世纪 70 年代。

1638 年，威廉·牛顿（William Newton）买下了林肯旅店以西的一块地皮，成为继贝德福德伯爵之后的又一位开发商。他的做法惹怒了以林肯旅店"为家"的诸位法官。1643 年，他们联名上书，称牛顿开发地块是"牟取私利"，开发工程因此停滞。后来，实际上起内阁作用的星室法庭①再次颁发了开发许可，但同样也有附加条件——伊尼戈·琼斯依然必须是指定的建筑设计师，地块北部还要留出一处空地。这处空地的意义在于"提醒那些贪得无厌的人，每天想着要在仅剩的一点空间内建些对社会无益的建筑，是多么的可耻"。

从上述的这些例子不难看出，星室法庭的思路非常清晰明确：伦敦西区的发展不能照搬老城区。开发考文特花园，需要由指定的设计师绘图，施工遵照规划，还要建造教堂。开发林肯旅店地块也是如此。伦敦不能由着开发商为所欲为，那些对社区无益、只因谋私利而存在的建筑，不必要也不应该修建。换句话说，房屋建设，从建设质量到配套设施，都必须在一定程度上满足公共利益。这个观点后来也成为开发建设的基本标准，在大伦敦区域的地产开发和法律法规中均有体现。林肯旅店地块的 59～60 号建筑，整体设计大概也出自伊尼戈·琼斯之手，留存至今。在伦敦的规划史上，这片区域更是鲜有的早期规划"成果"。不得不说，斯图亚特家族在伦敦的治理上花了不少心思。

---

① 星室法庭：15～17 世纪英国最高司法机构，由亨利七世于 1487 年创设。因该法庭设立在威斯敏斯特王宫中一座屋顶饰有星形图案的大厅中，故得名。

　　除此之外，查理一世还为伦敦留下了另一份经久不衰的遗产。他本人极其热爱艺术，是许多杰出艺术作品的赞助人，英格兰历任君主收藏的画作加起来也不及他一人的收藏。他聘请鲁本斯[1]（Rubens）的得意弟子安东尼·范·戴克（Anthony van Dyck）为宫廷画师。在他的宫殿里，丢勒（Dürer）、莱昂纳多（Leonardo）、曼特尼亚（Mantegna）、霍尔拜因（Holbein）、提香（Titian）、丁托列托（Tintoretto）和鲁本斯等当时最知名画家的作品随处可见。这些画作尽管在克伦威尔执政时期流散各处，但大部分还是在王室复辟时期得以找回，成为如今英国王室收藏品中的核心部分。

　　1647 年，欧洲大陆上的三十年战争[2]让才华横溢的波希米亚艺术家温斯劳斯·霍拉（Wenceslaus Hollar）逃至伦敦避难。在南华克修道院（现在的南华克大教堂）的塔楼里，他画下了一幅幅伦敦风貌草图，并制作成蚀刻板画，同年出版发表。他画笔下的伦敦，与一个世纪前温加尔德所展现的伦敦相比，发生了巨大变化。伦敦老城区四周出现了新的郊区，南华克就是其中发展最突出的一个。威斯敏斯特一带，除了由圣斯蒂芬礼拜堂、大厅和教堂组成的大教堂，还留有些许空地。伦敦中心明显西移。霍拉的作品，可以说是1666 年伦敦大火之前，唯一一幅精准的伦敦画像。

---

　　① 鲁本斯：佛兰德斯画家，巴洛克艺术代表人物。
　　② 三十年战争：由神圣罗马帝国的内战演变而成的一次大规模的欧洲国家混战，也是历史上第一次全欧洲大战。

内战

斯图亚特王朝与伦敦之间的关系并非一直和谐紧密。当议会拒绝为国王提供钱款时，来自伦敦的贷款成了国王的"救命稻草"，也让这座城市成了后者的债主。作为回报，国王给予伦敦更多的"好处"，尊重其自治权。但这项"交易"随着查理一世的继位不了了之。在国王和议会之间，伦敦一开始站在国王一边，毕竟两者之间存在借贷关系。而且，伦敦城内还涌动着一股亲天主教的强大势力，他们自然支持与天主教更为亲近的查理一世。但政务议事厅的意见会左右顶层决策，国王的首席顾问——第一代特拉福德伯爵托马斯·温特沃斯（Thomas Wentworth）——对此意见很大。1640年选举产生的"长期议会"向查理一世提交了《权利请愿书》的加强版《大抗议书》（Grand Remonstrance），上面除了罗列国王未能兑现的一些承诺，还抗议其滥发伦敦建筑许可，而且所获钱款未经议会审查。查理一世拒绝满足《大抗议书》提出的要求，君主与议会之间的关系更加恶化。同年冬天，自1381年农民起义之后便销声匿迹的城市暴民再次出现，街头政治在伦敦死灰复燃。这一次，政务议事厅取代老派的市议员，代表伦敦发声。

1641年，危机加剧，不时有暴徒组织的游行队伍从老城区出发，行至威斯敏斯特，诘问议会，慷慨演讲。他们在街上骚扰议会成员，有时也对王室成员"下手"。那一年的12月，在暴徒的带动下，伦敦民众差一点就"揭竿而起"，几乎每天都有各种各样的请愿活动。受清教徒传教士的煽动，一群学徒和工人向威斯敏斯特提交请愿书，要求把主教从议会中剔除出去。这群人还攻击了坎特伯雷大主教，占领了威斯敏斯特大教堂，毁坏了与教皇有关的物品。

　　一周之后，查理一世试图以叛国罪的名义逮捕 5 名议会成员，但没有成功。这 5 人逃到老城区的市政厅，国王也跟到了这里，但他慑于"涌来的市民"，没有采取进一步行动。后来，与国王交好的伦敦市长被民众关进了伦敦塔，查理一世则逃去了温莎。伦敦则正式与"叛党"结盟，自亨利三世之后首次站在了王室的对立面。伦敦为与国王分庭抗礼的议会军提供支援，二者公开联盟。英格兰内战拉开了帷幕。

　　1642 年，伦敦上演了自古以来前所未有的一幕：市民进入战时状态，做好了被王室军队围攻的准备。当时，不断有消息传来，称王军将要进攻伦敦。一位不曾留下姓名的人记录道："伦敦民众，不管是裁缝还是船工，绅士还是葡萄酒商，抑或是律师，每天都拿着铲子和横幅……淑女小姐和卖牡蛎的姑娘们一起为议会军挖战壕。"几周之内，环绕城市修建起长达 18 英里的防御壁垒和战壕，其间还有 24 个按固定间隔距离分布的炮台。防御壁垒从伦敦塔向北延伸，绕过霍本和如今的牛津街，沿海德公园角和维多利亚区一直抵达威斯敏斯特大教堂。据说，其中一座炮台位于梅菲尔的蒙特街，其名字灵感来源于俯瞰英格兰北约克郡斯卡伯勒的奥利弗山。

　　英国内战是不得已之举，却断断续续持续了好多年。起初，议会军的核心是伦敦民兵，他们从老城的各个选区抽调上来，"一队队训练有素"。1643 年，议会军在关键性的纽伯里一战中大获全胜。军队回城后，市长和市议员带队在舰队街的圣殿酒吧为其庆功，据记录，"大家盛情迎接，成千上万的人欢迎士兵回家，为其祈祷……他们的热情让士兵忘却敌军的残暴"。但到了 1643 年年底，当王军不再对伦敦产生威胁时，以往尽职尽责的伦敦民兵开始变得军纪涣散。伦敦对战争的态度也发生了改变，议会不得不把希望寄托于奥利弗·克伦威尔（Oliver Cromwell）的新模范军——一支大多数人来自英格兰东部、整体素质谈不上专业的队伍。到了 1647 年，伦敦城内出现了呼吁迎回国王的声音。之后，克伦威尔带兵进驻，这一声音才被压制。

实际上，伦敦在这个时候，和以往遇到重大变故时一样，态度是模棱两可、犹豫不决的。伦敦同情清教徒，对英国国教机构，特别是主教怀有敌意。在身为议会议员的约翰·弥尔顿（John Milton）看来，伦敦是"受上帝保佑的避风港和自由之所"。少数行业协会甚至开始支持平等派——这一派的领导者是伦敦出身的约翰·李尔本（John Lilburne），主张宗教宽容、实行普选制，成为 19 世纪变革和改革的先导之音。尽管议会中的 4 名伦敦代表都是清教徒，但受根深蒂固的和平解决危机思想影响，他们仍敦促议会以和平方式与保皇派达成和解。在 1648 年内战接近尾声之际，伦敦申请释放被俘的国王，渴望和平与迫切希望恢复贸易的市议员对此表示支持。

昙花一现的共和国

彼时的欧洲大陆，刚刚经历惨烈的黑死病劫难，百废待兴。一方面，路德的宗教改革浪潮兴起后的一个世纪内，欧洲大陆宗教纷争风云迭起，德语区冲突最为严重；另一方面，1618 年第一次全欧洲大战——三十年战争——爆发，欧洲北部大部分的城镇和乡村，仿佛一夜间倒退回中世纪。被战争折磨得筋疲力尽后，1648 年的《威斯特伐利亚和约》（Peace of Westphalia）和在欧洲建立全新宽容制度的承诺，成为这片大陆唯一的希望之光。相比之下，英国内战要体面很多，最重要的是，它是一场政治斗争而非宗教冲突。此时的伦敦人，只希望国王与议会能和平解决分歧，别再出现流血事件。

但现实永远比理想骨感。1649 年，查理一世被议会临时组建的高等法庭以叛国罪处以死刑。克伦威尔担心，如果将查理一世转运至塔丘行刑，中间途经老城区时会受到阻拦，甚至引发骚乱。所以，他下令在白厅的宴会厅外临时搭建一个行刑架，作为查理一世的刑场。国王被处决，民众没有一丝欣喜。一位在现场观看行刑仪式的牛津大学学生写道："行刑的那一刻……我清楚地听到在场数千人发出低声叹息，那是我从未听过的声音，我也不想再次听到。"而克伦威尔本人，也对这次"不得不做的残酷之举"颇为无奈。

克伦威尔领导下的共和国见证了新教在伦敦的多元化发展，教堂如雨后春笋般涌现，长老会、浸礼宗、公理宗、贵格派、浮嚣派，甚至连分支的分支玛格莱顿派也都修建了自己的教堂。1652 年，荷兰与西班牙恢复贸易往来后没多久，克伦威尔对荷宣战。但这场以贸易为名的战争，并没能得到伦敦市民的支持，因为战争意味着税赋提高。1655 年，克伦威尔允许犹太人回到伦敦居住，这是自爱德华一世下达驱逐令后，犹太人首次被官方"接纳"。尽管面对反犹太主义者与贸易保护主义者的联合抗议，但克伦威尔抵抗住了压力，毕竟他需要犹太人的资金支持。没过多久，在伦敦贝维马克教堂附近就形成了大约由 400 人组成的犹太社区（如今这里依然是犹太人在伦敦的聚居区）。

克伦威尔统治期间，实行了一系列过于严苛的清教徒规定，包括禁止过圣诞节、禁止演奏圣诞音乐和进行戏剧表演等。但和英格兰其他地方相比，伦敦的禁令还算少的，也更温和。作家约翰·伊夫林（John Evelyn）就曾因为庆祝圣诞被短暂逮捕。他在日记中记录了自己如何在公园度过了美好的圣诞节，那里有钢丝表演者、留着胡子的女子，他还观看了一次马车比赛。但克伦威尔执政期间，伦敦并没有变成文化荒漠。克伦威尔出资排演了首部用英语演出、有女性演员参与的伦敦歌剧《罗德岛之围》（*The Siege of Rhodes*）。也是在这一时期，可能是英格兰首个艺术理事会的音乐发展理事会成立。1653 年，伦敦首家咖啡馆开业。

哈克尼马车市场的蓬勃发展和亟须规范监管也侧面反映了首都的丰富生活。1654 年，面对"因哈克尼马车和车夫数量的增加、管理无序所导致的问题不见缓解"，相关法规出台。哈克尼马车夫的名声一向不好，他们行为粗鲁，举止不端。一开始，当局只发放了 200 个马车许可牌照，但很快，发放数量就增加了一倍。

克伦威尔指定儿子理查德在其去世后接任护国公。但理查德能力不足，导致共和国一时间陷入群龙无首的无政府状态，引起了伦敦的警觉。被克伦威尔钦点担任苏格兰总督的乔治·蒙克（George Monk）响应民意，率军南下主持大局，但他没有将自己推上统治者的宝座，而是重新召集"长期议会"讨论如何解决当时的混乱。这一次，议会成员达成坚定共识：迎回查理一世的儿子。流亡在外的查理二世（Charles Ⅱ）为了重回王位，与议会达成一系列附加条件。按照 1660 年签署的《布列达宣言》（Declaration of Breda），议会被赋予至高权力。

　　和以往一样，王室复辟也有欢迎仪式，20 000 名克伦威尔的铁甲军在布莱克希斯作为仪仗队随国王行进。约翰·伊夫林写道："军人挥舞着剑，欢呼雀跃；路上铺满了鲜花，钟声阵阵，满街挂着挂毯，喷泉里流淌的都是美酒。"国王穿过伦敦桥，经由老城区回到威斯敏斯特。"一百多名身着白衣的少女站在路边，等国王行至身前，抛下手中小瓶里的鲜花和香草。"

　　1641 年，伦敦曾存在议会派和保皇派两大阵营，议会派居于主导地位，主张反抗王室统治，并通过强有力的行动付诸实践。纵观历史，这座城市很少表现得像内战时期那样强硬。"暴民"每日走上街头，向政府机关所在的威斯敏斯特游行示威，这不仅让王室陷入恐慌，也大大增加了议会对抗王室的勇气。伦敦是一座和平之城，但在其和平的外表之下，依然隐匿着暴力因子。当国王发起战争时，是伦敦用资金支援着议会以及克伦威尔的军队。

　　历史学家托马斯·巴宾顿·麦考利（Thomas Babington Macaulay）后来总结："如果查理一世不对伦敦抱有敌意，他就不会输给议会。而风水轮流转，要是没有伦敦的帮助，查理二世也无法重回国王宝座。"冥冥之中，伦敦似乎能基于自身利益做出本能判断，选择一条谨慎但长久的道路，安然度过动荡和危险时期。它没有在支持新教还是天主教的问题上过分纠结，也不固执于忠于议会还是国王。没错，这座城市参与了革命，而一旦革命的目的达到，最开始的激情就会转化为理智和常识，常识引导城市要谨慎做决定——是时候收手了。毕竟，战争中损耗最大的是金钱，而金钱是伦敦的核心和关键。几经起伏后，一个权力被适当削减的君主重回历史舞台，是各方面得以回到正轨的最佳选择。当一切尘埃落定，商业贸易终于可以恢复了。

第七章

复辟、灾难、恢复

1660—1688

黑暗过后的光明

　　查理二世一登上王位，就让民众印象深刻。这位新国王在形象上与其父亲查理一世截然不同，和克伦威尔更是千差万别。他打破了大家对国王的固有认知。他身高 6 英尺（约合 1.83 米），举止温文尔雅。早年间因为逃亡，他一直在以热情奔放而闻名的法国和荷兰宫廷生活。他风流不羁，热爱艺术和科学，资助了很多杰出的艺术家和科学家，还积极投身于公共工程建设，当然，换个角度来说，这也导致了他生活奢侈——这是一个重要的缺点。他一共有 7 位情妇。对此，他给出的说辞是因为王后——布拉干萨的凯瑟琳（Catherine of Braganza）无法生育。但这个借口着实不具有什么说服力。官方记载，他的 7 位情妇共生育了 14 个孩子，每个都被封为贵族。除此之外，不知道他是否还有流落民间的"私生子"。

　　查理二世喜欢带着几只猎犬在伦敦的公园里巡视闲逛，遇到有人路过，他还会亲切攀谈聊天。他被称为"快乐王"，也是第一位在首都与民众当街交谈的国王，也正是因此，他才能体会到危难来临时民众的悲惨与痛苦。在传记作家罗纳德·赫顿（Ronald Hutton）看来，查理二世是花花公子类型的统治者，"不太遵循传统规矩，但善良、礼貌、宽容、幽默，追求真真切切，而非物质带来的快乐"。这些美德应该作为统治者的加分项，其影响不应该被低估。

查理二世要求民众同样要重视学习和娱乐。于是，德鲁里巷落成了皇家剧院，林肯旅店的空地上建成了约克公爵剧院。而且，这些剧院上演的剧目中，女性角色一律由女性演员而非小男孩来出演。与此同时，查理二世还赞助成立了由科学家和哲学家组成的皇家学会，学会的首篇文章是伊夫林撰写的《论林木和树木种植》（*A Discourse on Forest-Trees and the Propagation of Timber*）。学会的领军人物包括牛津大学的自由经验主义学家约翰·洛克（John Locke）、物理学家艾萨克·牛顿（Isaac Newton）、化学家罗伯特·波义耳（Robert Boyle），以及科学家、建筑家罗伯特·胡克（Robert Hooke）。查理二世还为这些人在白厅开设了一间实验室。年轻的克里斯多佛·雷恩（Christopher Wren）是皇家学会的另一位创始成员。他涉猎广泛、博学多才，这是其日后取得非凡成就的重要原因。他在牛津大学学习过古典文学、数学和科学，29 岁成为天文学教授，为皇家学会审阅宇宙学、机械学、光学、测量学、医学和天文学论文。

广场的出现

无论君主展现出怎样的野心，那些在伦敦西区拥有豪宅和广阔花园的贵族们总会追随他的脚步。现在，英国有了一个受欢迎的国王、一个朝气蓬勃的宫廷，所以需要一个配得上二者的地方，能够彰显新时代的光辉。在巴黎，类似的建筑都拥有宽敞的庭院，四周竖起高墙，不受周围街道的影响。伦敦的贵族也希望拥有那样的宅邸，皮卡迪利大街一带迅速出现了一批奢华的别墅。

广场的概念也是从巴黎引入的，在英国的首个实践，是内战前由贝德福德伯爵修建的考文特花园。但与巴黎的状况不同，英国的房屋是一个建筑整体，要遵循统一的审美标准。在林肯旅店空地上建造的广场，还有后来的其他广场，设计上更像是私人豪宅的附属品，有宏伟的三角楣饰、装饰性壁柱，外围还砌上了公共界墙，从上空俯瞰，就好像是谁家的私人花园一样。

英国豪宅一般分前后两个门。主人和访客乘坐马车从前门进入，他们的出入情况，住在附近的贵族甚至王室成员都能看得清清楚楚（这也是他们所希望的）。仆人、商贩、车夫、马车和马匹统一走后门，宫里也是这样的安排。后门连着小巷，旁边还有马厩之类的设施。豪宅的周围，会分布着教堂、市场、商店、酒馆和出租房，毗邻的街道则以直角网格状排列，都不是主要干道。

接下来的两个世纪里，伦敦市中心的每一座豪宅几乎都采用这样的布局，就连建在穷人区——伦敦东部和南部的宅邸，也不例外。伦敦规划的标志性特征从此"诞生"。后来，为了让广场更有城中绿洲的感觉，还特意在周围种植了树木绿植，一开始有专人打理，久而久之，也就任其野蛮生长了。20世纪30年代的丹麦城市规划师斯蒂恩·艾勒·拉斯姆森（Steen Eiler Rasmussen）认为，只有体现了伦敦神秘之感的苏荷广场才算真正意义上的广场。他回忆道，在伦敦的夏雾中，"广场视觉上如同海底，交错的树枝如同漂浮的海藻，似乎在努力拼凑出一幅图案，但图案若隐若现"。其实，今天再看，广场也都是这个样子，只不过树木更加繁茂壮大。唯一遗憾的是，很多广场都不对公众开放了。

修建广场是一项高风险的工程。广场不同于排屋，不能根据市场需求随时扩大或缩小规模。拥有土地的贵族们往往不想自己来建造，他们倾向于把地块转租给建造商和开发商，租期通常为99年，这样一来，连带的风险也转移给了后者。尽管贵族们损失了短期收益，但得到了稳定长久的租金和复归价值。

由于广场主人的社会地位高，广场修建颇受关注，修建过程中每一个环节都要小心谨慎，因此早期广场的施工进程都相对缓慢。与后来建在贝尔格莱维亚或布鲁姆斯伯里的广场相比，圣詹姆斯和梅菲尔的早期广场，外观上有明显的拼接特征，主要是因为开工时间不连续，广场只能在夜间施工。因为广场主人局限于贵族阶层，这个领域的市场开发也时常处于饱和状态。

1660年斯图亚特王朝复辟后，南安普顿伯爵托马斯·里兹利（Thomas Wriothesley）立即着手开发了布鲁姆斯伯里广场。这块地就在其位于考文特花园以北的都铎豪宅前面，原来的主人是一个叫威廉·德·布莱蒙德（William de Blemond）的诺曼人，布鲁姆斯伯里这个名字也是得名于原主人。南安普顿伯爵想要给自己修建一个新府邸，府邸的前面和左右两侧都对着广场，后面则连通街道，仆人和商贩通过后门进出，旁边能设立马厩，街上可以进行集市贸易。虽然伯爵手上有开发许可，但从开始修建到完工还是拖了很长时间，前前后后整整耗时6年。

为了不被比下去，圣奥尔本伯爵亨利·杰明（Henry Jermyn）也加入修建广场的大军之中。1662年，他申请开发自己名下位于圣詹姆斯麻风病医院的地块。因为这里靠近国王的圣詹姆斯公园，如何建造也就变得更加敏感。亨利·杰明充分利用了他的人脉——他与王太后亨丽埃塔·玛丽亚在共和国期间相识于巴黎，并建立了亲密的友情。通过这层关系，他在 1665 年顺利获批。除了广场，北至皮卡迪利、西至圣詹姆斯大街的街道也归他开发。他在广场东侧设立了一个市场，因为有牛群，总是堆满了干草，那里后来被叫作"干草市场"。

圣詹姆斯广场得天独厚的地理位置注定了它的成功与辉煌。这里居住过 6 位公爵和 7 位伯爵。对一些人来说，伦敦联排别墅内部上下对齐的特征非常新奇。作家乔纳森·斯威夫特（Jonathan Swift）拜访奥蒙德公爵时发现，他与公爵在楼下交谈，往上一层住着公爵夫人，再往上则是公爵女儿贝蒂小姐的房间。他提议和贝蒂小姐的侍女一同去阁楼参观，"年轻美丽的侍女拒绝了我的请求"，他写道。

别墅的日常管理需要格外用心。一座联排别墅可能配备 20 名仆人，至少在春天的"社交时节"得有这么多人。人数增加后，别墅空间不足，于是广场上就出现了很多低矮小屋、马厩、仓库和小作坊，这个问题即便是伦敦最时尚的广场也无法避免。圣詹姆斯广场上的奥蒙德区和梅森苑，格罗夫纳广场上的三王院和牧羊人之地，最早都是些小矮房子。伯克利广场、卡文迪什广场、波特曼广场和贝尔格雷夫广场也有类似的区域。小一点的广场旁边设有马厩（mew），"mew"这个词是从"Royal Mews"衍生而来的，含义与鹰笼有关，据说，国王曾有饲养猎鹰的习惯，而猎鹰啼叫声音与这个词的发音类似，故而得名。尽管广场的开发受到严格的管控，但开发后的分区用途并不受限。于是，伦敦地产商"钻了个空子"，不再只面对贵族和上流阶层，后来也在伦敦部分穷人区盖房出售。
如今，伦敦的联排别墅之所以排列紧凑、结构整齐，就是因为在建
设时综合考虑了中产阶级和其他阶层的需要。

瘟疫暴发

查理二世统治的第五年，威斯敏斯特的恢复与发展被迫中断。
1663 年，伦敦暴发了一次严重的腺鼠疫。第二年，鼠疫再次肆虐，
愈演愈烈。老鼠及其身上的跳蚤在泰晤士河沿岸拥挤不堪的小巷、
露天排水沟、下水道里大量繁殖。1664 年的冬天，疫情形势似乎有
所好转，但随着 1665 年春季的姗姗来迟，情况再次恶化。每家每
户的大门上都出现了象征祈祷保佑的十字架标志。大街小巷中，
"把你家死人抬出来"的喊声、哭声与运送尸体的车轮声此起彼伏。
处理尸体的任务由当地的 100 多个教区统筹负责，它们自行任命
"教区委员"，挨家挨户把病死的人搬走，堆进挖好的瘟疫坑里。

在所有记载当时情况的史料中，有一个人的叙述格外引人入
胜，他叫塞缪尔·皮普斯（Samuel Pepys），在海军办公室工作，
是位年轻职员。瘟疫暴发的同年，国王重新与荷兰开战，继续克伦
威尔"未完成的事业"——与荷兰争夺美洲的贸易权。这场战争在
1667 年进入白热化阶段，荷兰舰队偷偷驶入泰晤士河口，沿梅德韦
河溯流而上，捣毁了英军的炮台、仓库、船坞等，还抢夺了 13 艘
英国战舰。皮普斯当时正与其他人一同艰难推进海军改革，而这次
事件是英国海军史上的奇耻大辱。他在日记中详细记录了 1660—
1669 年间发生的社会事件和个人生活。

　　瘟疫期间，皮普斯需要继续在伦敦工作。他将妻子送到了乡下，还修改了遗嘱。他的日记中有这样的记录："主啊，街上是多么空旷，充满忧郁的气息。我看到那么多穷苦的病人倒在地上，满身都是疮。所经之处，总能听到太多悲惨的故事，每个人都在说又有谁死了、又有谁病了。"富人们逃出了城，皇家交易所也关门停业。或许不久之后，人死得不剩多少，都没人能处理、埋葬尸体了。皮普斯哀叹，管事的贵族大臣们从"生意场"上一哄而散，逃得远远的，对城内的境况"眼不见为净"，更别提花时间和精力去想办法了。

　　瘟疫对人们的影响反映在各个方面。与皮普斯同时代的丹尼尔·笛福（Daniel Defoe）写道，"伦敦人的脾气变得古怪"，他们认为这一切的发生都是因为罪孽深重而被上帝抛弃，而且大多数罪孽是君主造成的。传教士在街头奔走昭告末世到来，他们的哭诉声传遍大街小巷。哀鸿遍野中，皮普斯反而寻觅到化"危"为"机"的方法，至于他是如何找到的，我们无从得知，但他的财富的确翻了两番。他在日记中总结："我从来没有像在瘟疫期间这般快乐地生活，而且我第一次赚了这么多钱。"1666 年 1 月，寒冷天气的到来让疫情稍稍得到控制，城中又出现了载客的马车和做生意的商人。没人能准确算出这场大瘟疫一共造成了多少人死亡，但估计有10 万人，占城市人口的五分之一。

　　皮普斯是个写日记的好手，他将恐怖的公共事件和个人生活相结合，让严肃的历史多了一份亲切的日常感和人性光辉。他的日记之所以能流传下来而且经久不衰，很大原因在于里面的故事内容，特别是他与妻子的"相爱相杀"、他的社交及两性活动、他看到的死刑执行过程和他的肾结石手术。他喜欢美酒、音乐和女人，不知道如何为自己辩解，更别说改变言谈举止了。偷情被妻子撞破，他坦诚"我不知所措，那个女孩也一样"。他对伦敦的价值，在某种程度上与乔叟一样，是为外界打开了一扇了解伦敦的窗户，让其他人能清楚地看到那个时代的伦敦人的行为习惯和生活方式。

伦敦大火

还没从瘟疫的劫后余生中恢复元气的伦敦，仅仅安稳了 6 个月，就再次遭难。1666 年 9 月 2 日，布丁巷上的一个面包店起火，并借风势席卷全城。皮普斯一听到这个消息，马上将家里的文件、酒和帕尔马干酪埋了起来，把他的日常用品和大键琴装到了泰晤士河上的一艘船上。大部分人要么逃到南边的南华克，要么往北逃至伊斯灵顿和高门一带。皮普斯加入了救火队伍，想要和大家一起把防火隔离带建立起来。一开始，市长对火灾不屑一顾，觉得"一个女人都能将它弄灭"，但火势的蔓延之快让他很快傻眼，他下令拆毁起火沿线的房屋，但没有人顾得上去执行。皮普斯让水手炸毁伦敦塔周围的建筑物，借此遏制大火蔓延，从而保住了伦敦塔。三天后，风向从东南转为西南，他站在河对岸，看到"巨大的火舌从桥的一侧烧到另一侧……火势差不多有 1 英里长"，看上去"火势就像一张熊熊燃烧的弓，向前推进"。

皮普斯的朋友——复辟时期的伦敦编年史作者约翰·伊夫林写道，无数市民头晕目眩、心烦意乱，"只能听到哭声和哀叹，看到人们像失神的动物般逃窜"。他看到圣保罗大教堂在火焰中燃烧，"石料噼里啪啦地掉落，像手榴弹爆炸了一样，熔化的铅一股股淌到街道上，就连人行道似乎都闪着红光"。唯一幸免于难的就是储藏在市政厅中世纪地下室里的文件记录。伊夫林也帮着拆毁了霍本一带的建筑，以阻止火势蔓延。英国精算学会总部就坐落于这一带，如今修复得和之前样子差不太多，算是鲜有的能展现大火前时代特点的遗留建筑。在伊夫林看来，"伦敦再也回不到之前的样子了"。一个住在肯辛顿、距离火灾现场较远的居民表示，"花园里到处是被风吹来的纸屑、亚麻布、灰烬"。

截至大火发生后的周末，伦敦老城区 448 英亩的土地中有 373 英亩被烧毁，法灵顿外围的 60 英亩土地也未能幸免。城中 109 座遭遇火灾的教堂中，有 87 座被焚毁。圣保罗大教堂和其他所有的公共建筑都受损严重，无法修复。毫无疑问，这是伦敦自 1087 年大火后遭遇的最严重灾难（这次烧毁的圣保罗大教堂，就是在上一次被烧毁后重新修建的）。城中 8 万居民，有 7 万人失去了住所。与此同时，绝望的难民们聚集在伊斯灵顿和高门的空地上，挤在帐篷和最简陋的避难所里，眼睁睁看着他们居住的城市在大火中成为废墟。记录表明，火灾的死亡者不超过 12 个人，但被大火吞没的西门监狱死亡人数不明。

凤凰涅槃

尽管关于伦敦大火的记载各种各样，但历史学家怀疑，这次大火的破坏程度并没有记录中的那般严重，伦敦的房屋多为砖头和石头建造，按理说不会因火灾大面积受损。伦敦博物馆官方估计，大火的破坏范围大概占老城区面积的三分之一，这也间接解释了为何城市复建速度可以相对快速。四天之内，聚集在北部高地的难民开始迁移，或搬至更为遥远的村庄，或去往距离之前烧毁家园较近的芜田和克勒肯维尔。不少人回到还在冒烟的家附近，看看是否还能抢救出一些财产来。人们注意到，一种叫"伦敦火箭"的十字花科植物在废墟之上茁壮生长（巧合的是，多年以后，当伦敦遭遇纳粹德国空袭后，城市一片残垣，这种植物也出现了）。

　　跑回来的居民是出于怎样的心理，我们无法得知，但废墟周围很快出现了一群拿着素描本和卷尺的人。9月10日，距离火灾扑灭不到一周的时间，雷恩就向国王递交了重建城市的策划书。13日，伊夫林也向国王提交申请，上面写着"雷恩博士赶在了我前面"。此后的一周内，罗伯特·胡克、瓦伦丁·奈特（Valentine Knight）等人的计划书也纷至沓来。类似的情况在二战后再次上演。诚然，建筑师最渴望的，莫过于得到这种城市重建的机会。

　　国王似乎对雷恩言听计从。雷恩认为，"这片灰烬和废墟中的平地"上可以诞生一个新伦敦，有如文艺复兴时期南欧的璀璨珠宝，耀眼闪亮。他借鉴了教皇西克斯图斯（Sixtus）时期罗马的建筑理念，以皇家交易所和河岸街一带为城市重心，在新的圣保罗大教堂周围规划出呈网格状分布的街道，一圈圈向外辐射。在他的规划里，我们可以看到这样一幅景象：宫殿、教堂、方尖碑等建筑矗立于泰晤士河畔，大街整整齐齐，码头焕然一新，还有娱乐风趣的马戏团作为点缀，目之所及，赏心悦目。

　　伊夫林的策划同样高瞻远瞩。他想要把"惹人烦的贸易"全部搬到城市东边，留出的空地种上芬芳扑鼻的植物。他规划下的伦敦就像一个分明有序的棋盘。伊夫林也是首个关心空气质量的伦敦人。他写道，一个"能征服广阔海洋，触手伸向印度"的城市，不应该"笼罩在烟雾和酸性气体之中"。他说，伦敦人"呼吸着不纯净的空气，被浓厚的雾霾包围，空气中充满了肮脏的蒸汽"。在他看来，伦敦应该用木头，而不是煤当作燃料。作为伦敦的首位园艺家，伊夫林预见，未来的伦敦市郊，植被环绕，绿意盎然。老实说，伊丽莎白一世对绿化也有类似的设想。

还有一些其他的建议，比如威廉·配第（William Petty）提出了"大伦敦"的政府概念：打造花园城市，并将 500 万人口分散在城市和周边的乡村区域。下议院议员伯奇上校提议，国家以强制购买方式对城市进行收购，然后重新建设。皇家学会也提交了一份报告，表示伦敦瘟疫和大火并非神谴，是时候去除陈腐的歪理邪说了，"各处的人们都开始打起精神，思考如何修复老城，建造新城"。

起初，国王打算采用雷恩的建议，并通知市政府，禁止立即重启房屋修建，否则"重建的房屋会被夷为平地"。当时，国王已经看过了雷恩的计划书，并且"非常认可"。但不到三天，国王的想法就又发生改变。也许是意识到，如果把城中幸存的房屋都拆毁，还要考虑无家可归者的安置问题。而且，他"热切期盼这样一座名城能够快速重建，越快越好"。他要求重建时的材料不能用木头，要用砖块和石料，开工前需要获批，但所有的手续应"短时间内办好"。

最值得注意的是，在拓宽街道和进行其他调整时，官员必须到现场检查，出现任何问题，立即提交陪审团裁决，由陪审团确定赔偿方和金额。如果开发项目能为土地所有者带来收益，那么获得的"附加值"需要在评估后交付给社区。任何 5 年内仍然没有重建房屋的土地，理应归乡镇所有、进行管理。当局颁布的一系列政策体现了对私有财产的尊重，但更应该做的，其实是帮助伦敦重焕活力，加强监管，并为更广泛的公共利益收税。斯图亚特政府确立了一整套街区保护、建筑标准、房产检查、陪审团裁决和赔偿的规范。我认为，大火后几个月进行的伦敦城区改造，是历次改造中考虑最全面、最周到的一次。

为了指导城市重建工作，当局设立了一个由 6 人组成的专门委员会，雷恩就是其中一位成员。同一时期，所有建筑家都在呼吁进行变革，但仍有"很大一部分市民固执地不愿对房产进行改造"，他对此感到十分愤怒。1667 年，《伦敦重建法案》（Act for Rebuilding the City of London）出台，严格规范建材只能使用方砖、石块和瓦片。房屋按照所在地和性质划分为四类，每一类有相应的建造尺寸标准和朝向，不同的区域用绳子划定隔开。如若出现"越界"行为，违规者将"在房屋附近被公开处以鞭刑，鞭打到鲜血淋漓为止"。此外，还规定对因街道扩建而受损失的市民进行赔偿，但实际的赔偿金额很少，钱款从燃煤税资金中划拨。

按新规定建造的建筑有建筑师的精心设计，带来了新的风貌，但金融城的小商贩们却没有大把的时间好好欣赏。大火过后，他们只想着赶快从废墟中淘回一些能用的材料，加快房屋修复，尽快开张营业，恢复生活。他们别无选择。一位叫伊丽莎白·皮科克（Elizabeth Peacock）的业主在大火前刚刚花了 800 英镑装修，但大火过后，她只得到了 10 英镑的补偿金。据伦敦博物馆介绍，实际上，房屋重建不过是在"伊丽莎白一世和詹姆斯一世时代的建筑上覆盖一层砖材涂层"。不过，还是出现了一些新的变化，比如着手铺设新的下水道和石子路、在街道旁开挖拱形的排水沟。为了让城市污水能直接排放到泰晤士河，还特意修建了国王大街和王后街。老城区的大部分区域在 4 年内修复完毕，速度决定了样貌。但不得不说，重建工程是一项非凡之举。

继往开来之城

大火突如其来，纵然是威名在外的伦敦市政府，也难免措手不及，有些手忙脚乱。灾后重建工作由威斯敏斯特直接统筹。大大小小的事情，都能见到国王的参与。火灾期间，他骑马在街道上为消防人员打气鼓劲。决策层面，尽管他支持的雷恩重建方案最终没被选中，但至少，在他的身上，人们看到了一位统治者该有的智慧。据说，国王做出的很多决定，包括指定仲裁人员处理灾后纠纷在内等，都得到了伦敦人的支持。这表明，在很大程度上，查理二世获得了民众认可，拥有一定的权威。也正因如此，很多街道才能顺利地按照火灾前拟定的规划方案进行重建。

火灾烧毁了 13 200 座房屋，为弥补缺口，政府新建约 9 000 座房屋。虽然对比之下，居住空间少了许多，但好在一年前的瘟疫造成人口急剧下降，这一问题也就没有特别突出。因为保留了部分原有街道，重新规划时就不能一板一眼。此前，很多房屋都是建在花园里，相互连通就必须新修街巷。约翰·奥格尔比（John Ogilby）于 1667 年绘制伦敦地图，其中的一部分原因就是为了更好地辅助城市规划。地图显示，城市的整体布局与火灾之前略有不同。据地图制作者估算，新伦敦大概有 189 条街道、153 条小巷、522 条胡同、458 块封闭空地和 210 个房屋后院。行政区划依然按照原来的划分，24 个行政区加上一个南华克区，再往下就是细分的 122 个教区。乍一看，伦敦似乎出现了一些新变化，但仔细观察，又好像没什么不同。

借此机会，露天市场得到了规范和整顿，并迁至更加便利的地点。大部分的同业工会大厅和一半数量的教堂得到重建。大火侵袭的109座教堂中，有51座得到修复或重建（24个保留至今）。雷恩作为重建工程的总指挥，大家一般都会把功劳记在他的头上。但佩夫斯纳建筑协会的西蒙·布拉德利（Simon Bradley）认为，大部分的实际工作都由雷恩的助手罗伯特·胡克承担，功劳实际属于后者。在这一过程中，雷恩和胡克遇到了不小的挑战。大部分教堂建于中世纪时期，当时还没有教区合并，而如今情况已经全然不同，他们必须充分发挥创意，来实现理想与现实的平衡。所以，不同区域的教堂规划，有的是正方形，有的是长方形，还有椭圆形和不规则形状的。每一处的塔楼也都各不相同，里面的内饰也各具特色。

布拉德利发现，雷恩在重建时，还进行了一些"科学"探索。他似乎"想找出到底有多少种实用设计适合修建教堂"。有观点认为，圣斯蒂芬·沃尔布鲁克教堂实际是为了修建后来的圣保罗大教堂进行的"实验"。英国桂冠诗人约翰·贝杰曼（John Betjeman）认为，比林斯门附近洛华特巷上的山顶圣母教堂代表了雷恩最完美的内饰设计，"这里有伦敦保存最完整、最精美的内部设计。更让人兴奋的是，周围树木垂悬，砖石结构的建筑历史感十足，仿佛藏匿于市中的一片净土，又有鹅卵石小巷和人行道连接主路"。这座教堂总会让人联想到世界大战之前的老伦敦。1988年，山顶圣母教堂毁于大火，尽管伦敦完全有财力修复，但政府却没有付诸行动，只将其17世纪的一些木质构件保存起来。或许，要有更高一级的要求，市政府才会有所行动。

自公元7世纪开始，圣保罗大教堂就是城市的精神象征。原来的教堂尖顶在1561年倒塌。17世纪20年代，伊尼戈·琼斯重新设计修复，在西面增加了一道古典主义风格门廊。大火之后，雷恩建议在原来的十字交叉处加盖一层穹顶，他觉得，教堂受毁严重是因为木质支架内层加速了火势蔓延。还有人建议应该恢复最原始的哥特式风格，外面刷上黑色涂层。围绕这一观点进行了多轮讨论，但雷恩坚持整体设计应为当时流行的巴洛克风格——通过几何对称展现美感。他希望，在未来的某个时间，这座大教堂可以成为整片区域的点睛之笔。

之后的争论集中在雷恩方案的具体执行上。教会人士承诺很多，但无一兑现，把雷恩逼到绝望境地。火灾发生后的第六年，雷恩做出了大教堂的设计模型，外观是希腊十字形的。但教会认为，这个设计并不能完全符合英国的传统，建议增加大厅长度，缩短翼廊，使外观变为拉丁十字形。最终，国王出面，以必须取得进展为由让雷恩自行把握，"如若必要，可以做适度调整"。重建费用一路飙升至72万英镑，相当于现在的1亿英镑。重建工作耗时30多年之久。

圣保罗大教堂的重建代表着伦敦大火后的复兴，至少在20世纪60年代之前，从各角度衡量，它都是现代大都市的象征。18世纪伦敦著名历史学家约翰·萨默森（John Summerson）充分肯定其古典主义风格在学术层面的影响，"这座不朽之作选址在伦敦而非威斯敏斯特，算得上一件不可思议的事情，毕竟伦敦意味着铜臭和文化贫瘠，威斯敏斯特则拥有更浓厚的宗教气息"。但不管怎样，雷恩总算等到了自己的设计从图纸变成现实的那一天。1711年，在儿子的陪同下，雷恩在现场见证教堂封顶。

毁掉的建筑可以进行复建，但搬走的居民却可能一去不复返。实际上，大火过后，有上千人搬离了伦敦，没有再回来。富裕阶层一开始只想临时住在西边的郊区，但很多人后来就永久地定居在那里。商人们发现，他们在考文特花园也能工作，没必要非得去齐普赛街，而且这两个地点之间的通勤非常便利。威斯敏斯特因为斯图亚特宫廷的存在自带魅力和娱乐性，这一点伦敦老城无法比拟。此外，投机者还将目光瞄准了郊区，看准了需求不断上升的时机，对土地进行开发。东边的霍顿、肖迪奇、芬斯伯里和斯毕塔菲尔德都出现了短租房。而且房价和街道的规整程度往往呈正相关，这一点在斯毕塔菲尔德体现得尤为明显。与此同时，在被污染的泰晤士河沿岸，从圣凯瑟琳大教堂到沃平和沙德韦尔，也出现了一些不那么抢手的房产。据统计，1650 年，沙德韦尔区域共有 700 幢房屋，绝大多数建筑结构为一层或两层。

新建了成百上千的房屋，里面却无人居住，这一现象让市议会感到震惊。1672 年的普查结果显示，大火后修建的 3 000 座房屋一直无人居住。市政府警告市议员，如果他们不住在隶属的选区，将可能失去相应的特权待遇——但这个要求基本无法达到，当时达不到，今天也是如此。城区的行业工会实行开放学徒制，进一步促进了城市的人口流动。伦敦的代表竭力游说政府官员，希望他们反对在上游的威斯敏斯特新建桥梁。他们担心，一旦桥梁建好，外地的商贸货品会绕过伦敦直达肯特和其他沿海城市。他们的游说最终取得成功，伦敦的贸易威胁暂时消除，但南城的发展也因此被搁置了近一个世纪。

即便如此，伦敦城外依然出现了商贸活动，并逐渐形成规模。新到伦敦的手工匠人发现，只要他们不在城内做生意，就不必受到行业协会那些条条框框的限制。于是，各行各业的新据点出现：珠宝商集中在哈顿花园，银匠集中在克勒肯维尔，裁缝集中在考文特花园以北。现如今，哈顿花园依然聚集着大量的珠宝商铺。在城

内，手工业和制造业逐渐衰落，人口数量也从大火前的 20 万下降
到灾后的 14 万。今天，四分之三的伦敦人都住在市中心之外，这
里无可避免地变成了冷冰冰的"中心商务区"。

　　大火对伦敦来说有利有弊。倘若重建时完全采用雷恩或者伊夫
林的方案，复建速度会变缓，伦敦的经济可能会崩盘，那么急于恢
复贸易的行业就会大举搬迁到威斯敏斯特，5 世纪盎格鲁-撒克逊人
的做法将再次上演，老城区也将成为翻版的伦迪威克。如果真的是
这样，老城区将让出自己在政治和经济上的地位，成为一个"被抛
弃的"贫民窟。

　　所以，伦敦向国王建言，根据市场导向进行重建，是明智之
举，虽然最终怎么建是国王拍板，伦敦市政厅只能提供参考建议。
另外，保留中世纪的街区规划也并非一无是处。若是完全按照雷恩
几何对称的设计完成重建，那么在 20 世纪的城市规划中，将被全
盘否定，落得和约翰·纳西① （John Nash）设计的摄政街一样的命
运。即便是现在，城市规划者仍然对历史街道的划分满怀敬意，他
们或许对老旧建筑不感冒，但阿尔弗雷德大帝确立的城市布局不可
轻易改动。

威斯敏斯特的崛起

　　要论伦敦大火的最大受益者，那一定非威斯敏斯特莫属。此

---

　　①　约翰·纳西：英国建筑师，摄政时代（1811—1820 年）伦敦的主要设计者，
作品包括特拉法加广场、圣詹姆斯公园等。

前，伦敦西郊只有牧场和蔬菜种植园。现在，这里建起了砖厂、石灰窑，扎起了工人营地，还有马车时而经过。枢密院取代星室法庭成为权力机构，发放了这一地区的大量开发许可，但即便如此，发放仍然赶不上申请需求。伦敦早期的土地开发投机商，主要是贵族伯爵，代表人物有索尔兹伯里、贝德福德、南安普顿和圣奥尔本。说起他们的故事，就好比打开了《德布雷特贵族年鉴》（Debrett's），要花上一番工夫。大火之后，开发商中出现了一些新的名字。比如，开发了莱斯特广场区域的莱斯特伯爵。又如，在格林公园对面建造了阿灵顿府的阿灵顿伯爵，就是他的府邸后来成了王室宫殿白金汉宫。还有伯克利勋爵、阿尔贝玛尔公爵、科克伯爵和伯灵顿伯爵，这些人也都在公园附近建造了豪华庄园，附近的街道也都是用他们的名字来命名的。当然，投机商中也有不带爵位的非贵族人士。

克拉伦登伯爵失势后没多久，他位于皮卡迪利的庄园就被以汤姆斯·邦德（Thomas Bond）爵士为首的开发商联合买下并拆除。这座庄园由建筑师罗杰·普拉特（Roger Pratt）设计建造，采用帕拉第奥新古典主义建筑风格。麦克尔斯菲尔德伯爵杰拉德（Gerard），参与开发了伊斯灵顿国王广场一带的部分土地。一个叫潘顿（Panton）的上校通过赌博得到干草市场，市场北部的地块则分别落入了理查德·弗莱斯（Richard Fryth）、弗朗西斯·康普顿（Francis Compton）、爱德华·沃杜尔（Edward Wardour）、威廉·普尔特尼（William Pulteney）和托马斯·尼尔（Thomas Neale）的手中。在伦敦的地图上，你会看到这些人的名字，他们比那些在威斯敏斯特教堂中立碑的人物更被人们熟知。

尼古拉斯·巴本（Nicholas Barbon）是这些人中最努力、最具传奇色彩的一位。他不是贵族，父亲是信仰浸礼宗的议员。巴本在

1640 年生于荷兰，他学的是外科医学，并从 1664 年开始在舰队街生活。他是伦敦第一位"专业"开发商。整个威斯敏斯特都是他的"狩猎场"。他看中哪块地皮，就会通过施以小利、贿赂、威胁恐吓等方式拿到手里。如果对方胆敢拒绝，他甚至能干出连夜把人家房子拆了这样的事情来。历史学家克里斯托弗·希伯特（Christopher Hibbert）写道，即使有人起诉，"他也有各种各样的手段让对方败下阵来，他会上诉、反诉、不出庭，还会道歉、撤诉、撒谎，即便是公开对证，他的回答也是言不对题"。和伊丽莎白时期的格雷沙姆一样，他也是个不折不扣的"流氓"。

什么事都少不了巴本的"掺和"。埃塞克斯伯爵去世后，其离河岸街不远的府邸被拆，埃塞克斯大街和德弗罗大街被整合为一条街道。白金汉公爵在查令十字有处房产，也面临街道整合需要拆除的情况。公爵恳请巴本，至少在区域内留下其家族名字。巴本的做法是修建街巷，以公爵的名字命名。于是，便有了现在的乔治街、维利尔街、杜克街和白金汉街。当时还有一条小巷叫属于巷，现在已经不存在了。因为开发事宜，巴本还和律师们打过架。他带着200 名工人在红狮广场和旁边"常驻"格雷旅店的律师们来了场真刀真枪的激战。此外，霍本以北圣殿和贝德福德城附近的街道也是他负责开发的。和其他开发商一样，他心有余而钱不足。面对指责和批评，他给出了开发商的标准回答——都是"需求惹的祸"。

1669 年，雷恩出任王室工程总监，他的首要任务就是替国王修建宫殿。查理二世在流亡期间到访过很多其他国家的宫殿，他对这些宫殿赞不绝口，因此自己也想修建一处能与之媲美的寝宫。雷恩上任后，第一个大动作就是改造白厅。白厅当时的规划比较无序混乱，既包括一块块封闭的庭院，也有王室住所区域，受宠的权臣和仆人还可以自行扩建房间。白厅曾享有欧洲最大宫殿的美誉（但很快就被扩建后的凡尔赛宫超越），占地 23 英亩，拥有 1 500 个房间。伊尼戈·琼斯曾想为詹姆斯一世建一座"泰晤士河上的杜伊勒里宫"①，但最终只建成了白厅的宴会大厅。

查理二世最初想把宫殿向西扩建到海德公园，并请法国景观设计师安德烈·勒·诺特（André Le Nôtre）对老圣詹姆斯麻风医院的部分区域进行规划设计。因为喜欢一种源自意大利的槌球运动，他想新建一处专门的球场，不再继续在帕摩尔街上打球。新址还计划增加运河和街道。海德公园的西端，原本是詹姆斯一世的桑树园，本来打算养蚕，但没有成功。后来，这块地先给了阿灵顿伯爵，又给了白金汉公爵，后者在此处修建的府邸，就是赫赫有名的白金汉宫。

改造后的白厅，只能看到零星的变化，既不是"泰晤士河上的杜伊勒里宫"，也达不到雷恩心中"水上凡尔赛"的期待。而查理二世的钱也都花没了，资金断流了。1691 年，查理二世去世，胞弟詹姆斯二世继位没几年就被赶下了台，流亡到了法国，而白厅除了宴会大厅以外都被大火烧成了灰烬。后来，威斯敏斯特的污染程度越来越严重，君主都搬去了其他的地方居住。

伦敦大火后修建的房屋，只有极少数保留到了现在。位于老城区之内的，有那么几处，包括 1672 年修建的圣保罗大教堂主持牧师府邸，离教堂墓地不远；还有附近的纹章院和一些同业公会的办公大厅。霍本的英国精算学会总部也是在大火之后修建的，史密斯

---

① 杜伊勒里宫：巴黎的一座宫殿，位于塞纳河右岸，从亨利三世（Henry Ⅲ）到路易十三（Louis ⅩⅢ）的历任法国国王均在此居住，1871 年被巴黎公社焚毁。

菲尔德布展街上的房子可能建于大火之前，属于 17 世纪中叶伦敦建筑的"代表"，宽大的菱形窗户嵌在砖面墙体上，从楼上的房间向外望去，迷宫般的街道和小巷一览无余。尽管留存的建筑不多，但复辟时期的整体风格如今依然有迹可循——独栋的房屋一般有四五层高，露台与隔壁相连，每户都有单独的前门，一层和二层用作接待室，再往上才是卧室，有的附带地下室，有些则不带。恢宏广场边上的房屋，气势上更加巍然；建在后街小巷的，规模也相应缩小。房子不招摇，广场不空旷，一切恰到好处，看上去高雅、时髦。这种建筑在 18、19 世纪伦敦的大街小巷比比皆是，不过，贫民窟除外。维多利亚统治晚期，新的公寓风格出现，一直到今天都颇受大众喜爱。

伦敦在 18 世纪成为全欧最现代化的城市。所有的房屋建筑，无论是在富人区还是在穷人区，大多建于 17 世纪。而同时期的欧洲其他城市，房屋建筑依然带有浓重的中世纪风格。这样一个时间差，就导致 19 世纪欧洲城市开始"大改造"后，修建了很多高层公寓。而伦敦的街道上，居住密度较低的联排别墅依然是主流。这意味着，伦敦若是想容纳继续增长的人口，就需要更多的土地建房。幸运的是，伦敦并不缺地。

第八章

"荷式"勇气

1688—1714

继承人危机

斯图亚特王朝复辟后的那段时间，在历史上被称为"小冰河时期"。当时，伦敦的平均气温下降了 2 摄氏度，为保证供暖，城市购入了大量的煤炭。与今天相比，当时的泰晤士河河面更宽、水流更慢，河面上的老伦敦桥看上去就像是一个大坝。寒冷的气候使这段河面经常结冰。在 1683 年的年末到 1684 年的年初，泰晤士河封河的时间长达 6 周，伦敦还举行了冰冻博览会。商贩们把马车装满货物，在街上搭建临时的摊位，从圣殿一直到伦敦桥，就像是一个超大的集市。

从伊夫林的笔下，我们可以感受到当时的节日气氛，"有的人在摊位上烤肉……有的人在滑雪橇、滑旱冰，有的人观看斗牛、赛马和赛车比赛，有的人观看木偶剧表演，有美食、有烈酒、有娱乐嬉戏，一场'酒神节'般的狂欢正在上演"。就连国王和王后也捂得严严实实，在白厅附近吃起了烤牛肉。严寒给伦敦增添了别样的乐趣，也带来了问题。"寒冷的天气下，很多鹿园无法生存；燃料价格昂贵，政府花费大量财力物力保障伦敦的穷人也不至于冻死……冷空气还阻碍了燃煤烟雾的扩散，空气都变成了黑色，让人无法呼吸。"

查理二世的统治也进入了波折的"黑暗"期。一方面，因为修建宫殿耗资巨大，他与议会之间的分歧不断。另一方面，因为他的弟弟和继承人约克公爵詹姆斯信仰天主教，所以出现了国王也秘密改信天主教的谣言，而且愈传愈烈。议会在这一问题上反应强烈，与查理二世几经交涉，并在 1682 年公开反对将詹姆斯作为王位继承人。大部分的伦敦人，这一次选择支持议会。尽管伦敦曾积极推动王政复辟，无意掀起也反对任何类似内战的冲突发生，但总的来说，新教在伦敦根基很深，伦敦人也不想拥立一位天主教君主。

面对议会的发难，愤怒的查理二世撤销了伦敦行业协会的特许经营权，这是历史上的首次。随后，伦敦各公司的特许经营权也被撤销。伦敦方面不满国王的行为，选择诉诸法律途径，但因为审理案件的法官是一个保皇派，只落得个败诉的结果。英国皇家首席大法官杰弗里斯（Jeffreys）评价伦敦："不过是个稍微大点的乡村罢了"，"还是归英格兰国王统治"。这样的言论，伦敦市议员还是头一回听说。

1685 年，法国国王路易十四（Louis ⅩⅣ）撤销了爷爷亨利四世（Henry Ⅳ）颁布的、承认新教信仰自由的《南特敕令》（Édit de Nantes）。这一举动驱使大批胡格诺教徒离开法国，逃至英国。上一次有类似的事件发生，还是在圣巴托洛缪大屠杀事件之后。这些流亡者或多或少都遭遇过一些惨痛迫害，主要生活在苏荷和斯毕塔菲尔德，那里是法国移民的聚居区。同年，查理二世去世，信仰天主教的詹姆斯二世继位。登上王位后，他没有做出任何打消公众怀疑、安抚公众情绪的举措，反而大举提拔在政府、军队、公务员机构和牛津大学里任职的天主教徒。对于法国迫害新教徒的行为，他似乎也表示支持。

智勇计谋、个人魅力均不及哥哥查理二世，加上再娶的王后——摩德纳的玛丽（Mary of Modena）也虔诚地信仰天主教，詹姆斯二世的王位很快就变得岌岌可危。尽管他有伦敦部分天主教势力的支持，但他没被赶下台的主要原因，是有个信仰新教的继承人——女儿玛丽·斯图亚特（Mary Stuart）。玛丽的丈夫，是法荷战争中的新教英雄——奥兰治的威廉（William of Orange）。人们觉得，尽管詹姆斯二世信仰天主教，但有玛丽在，"下任君主一定是新教徒"。可惜，1688 年，詹姆斯二世喜得麟儿，新出生的小王子取代玛丽成为第一顺位继承人。这样一来，英国就极有可能继续被天主教君主统治，下任国王或许会和路易十四结盟，与奥兰治的威廉为敌，这是伦敦所不能接受的。

17 世纪 50 至 60 年代，因为争夺贸易权，英格兰曾与荷兰进行海战。尽管如此，相比激进的法国天主教徒，大多数英国人还是对荷兰新教徒更有好感。所以，复辟时期，"荷式"风格走俏伦敦，"法式"潮流热度不再。大名鼎鼎的邱宫，最早的名字就是"荷兰之家"。当时，彼得·莱利（Peter Lely）和戈弗雷·内勒（Godfrey Kneller）垄断了伦敦的肖像画市场，贵族们的乡村豪宅全景图也都是邀请扬·基普（Jan Kip）和伦纳德·克尼夫（Leonard Knyff）主笔创作，他们都是荷兰画家或师从荷兰画家。在国内政治出现动荡之际，英格兰将求助目光投向了北海对面的荷兰，而非英吉利海峡对岸的法国。

入侵、政变和新政权

奥兰治的威廉在伦敦有一位代理人，叫汉斯·威廉·本廷克（Hans Willem Bentinck）。就是在他的怂恿下，一群辉格党人"邀请"威廉入主英格兰，夺取了詹姆斯二世的王位。威廉同意得也很快，这件事没怎么费周章就被敲定了。1688 年 11 月，威廉率领一支庞大的舰队起航，其规模是当年西班牙无敌舰队的两倍。他们向西航行至德文郡，在布里克瑟姆登陆，再前往伦敦。之前的计划是，威廉会在途中与反对詹姆斯二世的起义军汇合。但实际情况是，他们并没有碰到什么起义队伍，就连国王的军队也只是象征性地抵抗了一下。后来被封为马尔博罗公爵的王军指挥官约翰·丘吉尔（John Churchill），早就见风使舵地倒向了威廉这边。

诺曼征服之后，伦敦一直是"窝里斗"，并没有遭遇过外国势力入侵。而威廉，就成了这么长时间以来出现的首个外国入侵者。在这场对峙之中，威廉和詹姆斯二世都表现得极为谨慎。詹姆斯二世此时依然待在白厅，虽然手上没有可以调遣的军队，但他行动不受限，想要逃到法国，随时都可以。威廉这边，则为自己造势，发表宣言，重申支持内战前议会的两大文件《权利请愿书》和《大抗议书》。他标榜自己是"再三考虑之后，怀着极其谦卑之心"来到这里的，目的是将英格兰从詹姆斯二世"邪恶顾问"的手下拯救出来。他还找来了约翰·洛克为其"背书"，洛克在 1689 年的《政府论两篇》（*Two Treatises of Government*）中歌颂威廉为"伟大的秩序恢复者"。他写道，威廉"拯救国家于奴役和灭亡的边缘"。这样就巧妙地洗白了威廉的"入侵"行为。

复辟后，查理二世一直在伦敦老城居住。但威廉并没有选择住在这里，他担心城中的詹姆斯二世的支持者会对自己不利。经过精心筹备，威廉的欢迎仪式在圣詹姆斯公园举行，民众手持橙色丝带，荷兰士兵列队白厅两侧。对于威廉取代詹姆斯二世进行统治，官方的用词也比较讲究，用的是"解放"而非"占领"。但实际上，荷兰军队入驻伦敦各大要塞，替换了原来的英国驻军，有没有占领的意味，其实并不难判断。伊夫林就感到纳闷："要不是我目睹了一切，很难想象这个可怜的国家已经沦落到这个地步，这在任何时代都前所未有。"

威廉"入侵"还有个好听的名字，叫"光荣革命"。诚然，其结局很好，在千钧一发之际，有效地避免了议会和斯图亚特王朝之间冲突再起。但在很多托利党和天主教徒眼中，威廉就是篡位者，他们仍在积极密谋，想要让詹姆斯二世重回王位。幸好，辉格党人在议会中把持大局，并颁布了像"王位继承人必须为新教教徒且得到议会认可"这样的一系列规定，稳固了威廉的统治。而成为新国王的威廉，对此也表示认可。就这样，奥兰治的威廉成为英格兰的新国王威廉三世，与妻子玛丽二世遵循议会法令联合统治，直至1694 年玛丽去世。1690 年，新法令出台，规定"不得因任何原因撤销伦敦的特许经营权"，金融城的特许经营恢复。光荣革命是伦敦在民主旅程中迈出的重要一步，没有流一滴血就取得如此巨大的胜利。但在接下来的几年里，苏格兰和爱尔兰则出现了很多流血事件。

从一个郊区到另一个郊区

自"忏悔者"爱德华开始，历任英格兰国王都居住在首都的上游区域，即威斯敏斯特的米德塞克斯教区。这里最早被爱德华选中，下令修建威斯敏斯特宫，如今，它也是英国议会和皇家法庭的所在地。到了都铎王朝和斯图亚特王朝时期，王室把"家"搬到了不远处的白厅，白厅周围布满了新旧不一的建筑，里面住着王室侍从和宫廷大臣。

威廉和玛丽夫妇既不喜欢白厅，也不喜欢作为"第二府邸"的圣詹姆斯宫。威廉患有哮喘，玛丽觉得白厅太寒酸，"只有墙和水"。这对夫妇决定一起搬离伦敦，他们在肯辛顿村附近买下了诺丁汉豪宅，并请雷恩重新设计，凸显皇家风范。为了体现"联合执政"的特性，国王和女王都有自己的卧室和王室接待室。汉普顿宫还分别设立了国王通道和女王通道，方便两人各自入场。

威廉和玛丽的"搬家"，被视为王室彻底离开了伦敦的核心区。不管是威廉、玛丽，还是之后的继任者安妮，都没有再回圣詹姆斯宫居住。这种政治地缘的变化，和宪法的发展演变不谋而合。1689年，在如今的议会所在地威斯敏斯特，签署了明确议会权力的《权利法案》（Bill of Rights）。威斯敏斯特，这个曾经只有王室才能"染指"的地方，开始成为议会的象征。议会地位提升，王室显露颓势，不再占据市中心，而是向西迁移。王室的辉煌，有如肯辛顿花园上空的积云，一点点飘散而去。

之后的统治者安妮女王（Queen Anne）是玛丽的妹妹，她和姐姐一样，也喜欢在城外居住，她生活在汉普顿宫。诗人亚历山大·蒲柏（Alexander Pope）曾在诗歌中热情表达过对这座宫殿的喜爱："统领三个王国的伟大安妮在此/有时商议国事，有时饮茶闲乐"。因为安妮女王总是在私人房间接见大臣，所以才有了内阁成员一说。1707 年，《联合法案》（Act of Union）颁布，英格兰（及威尔士）与苏格兰两国合并，伦敦成为统一后的新首都。在圣保罗大教堂，安妮女王穿着配有苏格兰蓟花勋章的长袍，兴高采烈地宣布"两国成为一国，两家人成为一家人"。但英格兰和苏格兰真正消除敌意和偏见，更像是一种美好但渺茫的希望。法案颁布后，议会吸纳了 45 名苏格兰议员，辉格党的优势进一步加强，并保持了近半个世纪。

谈"钱"

大火过后，伦敦城市人口锐减，此前的传统制造业也随之衰落。工厂关闭，工匠离开，剩下的劳动力只能转向银行业，做些货币交易。银行一词源于意大利语，本意指长凳。放贷时，钱会在长凳上，大家都能看到。它出现之前，人们想要借取黄金和白银，都要通过抵押物品来实现。1694 年，英格兰银行成立，最开始是私人企业，主要为政府管理债务。两年后，它发行了以黄金储备为担保的纸质银行券，说白了，就是今天的国债。后来，随着东印度公司和南海公司的成立，国债的发行规模和数量不断扩大，银行家、大臣、公众均可购买。

中世纪的威尼斯，凭借海上贸易获取了巨额财富，英格兰也是如此。在英格兰，信息越来越值钱，伦敦市中心则成了交换信息的绝佳地点。新的银行机构取代过去的同业公会。除了金匠和布匹商人，其他人也可以成为银行家。以往，成为银行家就意味着成为拥有市民权的自由人，只有是自由人，才能参与伦敦的各项政治活动，所以银行家的身上肩负着所谓的政治职能。但这项职能正在逐渐弱化，当银行家不再局限于某类人，一些没什么政治野心的人成为银行家，他们不想获得个什么身份，更别提参与政治活动了。英格兰银行最初有 26 名董事，其中 6 名是胡格诺派信徒，一半的信仰非国教。这些人发家，靠的不是行业工会的人脉资源，他们在康希尔街和针线街上的咖啡馆获取信息。也是从这个时候开始，伦敦行业协会对贸易的影响逐渐减小，越来越像俱乐部了。

到了 1700 年，在伦敦，有超过 500 家咖啡馆，很多特定商品和服务的交易都在这里进行，进咖啡馆还要交"入场费"。比如，劳埃德咖啡馆的人主要做保险业务，在乔纳森咖啡馆谈的都是牲畜买卖。有人说，"股票市场"一词的英文之所以写作"stock market"，就是因为以前的交易场所附近挨着惩罚犯人的刑场，布满了刑枷（stock）。1698 年，在乔纳森咖啡馆，诞生了首份名为"交易所与其他事项过程"的股票与商品价格清单。1702 年，英国首家日报《每日新闻》（*the Daily Courant*）创办，办公地点就在舰队街。

伦敦的新闻业深深植根于金融行业，市面上的各种报纸充当着资本市场的喉舌。富人们会选择在空气清新、宜居舒适的郊区生活，但这并不妨碍他们聚在城里的咖啡馆讨论交流。从口口相传到把信息印在纸上相互交换，不同区域有不同的信息提供方式。在电报发明之前，老城区凭借靠近码头和市场的独特优势，在信息传播上独胜一筹。

基于多个方面，伦敦金融城形成了独特的世界观，与威斯敏斯特看待问题的角度全然不同。比如，在英国是否应该参与西班牙王位继承战争这一问题上，金融城与威斯敏斯特就存在分歧。马尔博罗公爵取得的军事胜利的确让人欢欣鼓舞，但金融城对待战争的态度与托利党更为一致，那就是反对战争，渴望和平。1714 年签订的《乌得勒支和约》（Treaty of Utrecht）就是最好的体现。英国在和约里的关注点是贸易，而欧洲大陆上的国家则对领土争夺更感兴趣。按照和约，英国得到了直布罗陀、梅诺卡岛和纽芬兰，进一步明确在牙买加、百慕大和美洲殖民地的势力。同时，垄断非洲与西班牙美洲殖民地之间进行的奴隶贸易，虽然带来了诸多争议，但也让英国获利颇丰。

向西迁移

大火过后，建筑业发展势头减缓，伦敦市中心住房过剩，而郊区的发展依然受到抑制。1703 年，萨尔顿的弗莱彻（Fletcher of Saltoun）到访伦敦，他与都铎时期的约翰·斯托的观点不谋而合。他认为，"英国就像一个走起路来摇摇晃晃的孩子，脑袋和其他身体部位比例失衡。伦敦是那个几乎聚集了全部营养的脑袋，奇大无比。而没有分到营养的其他部位——英国其他地区——不可避免地出现了一连串混乱"。对此，议会的对策就是限制和规范伦敦的房屋建设，仅此而已。1707 年和 1709 年，两项法律出台，规定为防范火灾风险，禁止使用突出形状的木料作为房屋建材。同时，窗户需要嵌到墙壁内，以遏制外部的火势蔓延。如今，在伦敦的劳伦斯庞特尼山街、威斯敏斯特的安妮女王之门大街和史密斯广场上，还都能看到 1707 年之前建造的房屋，它们有着独特的精致门篷。1695 年左右建在帕摩尔街道的绍姆贝格府在这一时期的建筑中知名度最高，作为目前威斯敏斯特仅存的 17 世纪豪宅，它最早归一位荷兰的胡格诺派信徒所有。如今，这座豪宅被拆分成了三个部分。

新郊区的问题主要是教堂太少，虔诚度遭到质疑。开发商修建的教堂不够，部分原因在于现有教区担心，一旦有了新的教堂，自身的教众就会流失。马里波恩和梅菲尔这样的区域，因为没有教堂，不得不在礼拜堂举行各种仪式。东部和北部的郊区更惨，连宗教场所都寥寥无几。1710 年，按照议会法案的要求，专项委员会成立，推进新建 50 座教堂的工作，新建教堂的资金来自煤炭税，这项税目的设立初衷是为了大火后的城市重建。

一开始，只在威斯敏斯特和斯毕塔菲尔德、斯特尼、莱姆豪斯、格林尼治、德普特福德等贫困教区修建了 12 座"安妮女王教堂"。这些教堂的设计者都是当时最优秀的建筑师，继承并发扬了雷恩的英式巴洛克风格。比如，尼古拉斯·霍克斯穆尔（Nicholas Hawksmoor）打造了斯毕塔菲尔德教堂，东区圣乔治教堂和金融城内的伍尔诺斯圣玛丽教堂，分别从不同角度展现巴洛克风格的内涵。托马斯·阿彻尔（Thomas Archer）设计建造的圣约翰史密斯广场教堂，带有 4 座塔楼，被戏称为"安妮女王的脚凳"。据说，之所以得到这样一个外号，是因为在就设计征求女王意见时，女王踢了踢脚凳作为回复。詹姆斯·吉布斯（James Gibbs）设计的圣玛丽·勒斯特兰德教堂，集罗马艺术家贝尼尼①（Bernini）与博罗米尼②（Borromini）的艺术风格于一身，如今依然是区域内的一颗明珠。在雷恩和纳西所处的年代，教堂是建筑师在政府的资助下创作出来的最佳作品。

金融城之外的宗教生活实质上依然由米德塞克斯和埃塞克斯的教区委员会管理，这些区域附近通常坐落着古老的庄园豪宅。一般来说，教区的牧师主持日常工作，负责区域的法律事务、秩序规范、福利措施和公共设施。但随着数以千计的新移民——不少人在建筑行业和老城区散布的工厂做工——持续涌入，教区委员会对管理感到心有余而力不足。

新伦敦没有延续老伦敦设立选区与行业协会的传统。新开发的区域，有的还能做到管理有序，有的实际上处于一种"无政府"状态。街上经常发生骚乱，贫民窟的爱尔兰裔居民与反天主教的城市暴徒经常打架斗殴。1709 年，英国国教高级牧师亨利·萨谢弗雷尔（Henry Sacheverell）举行了一次煽动性的布道，导致 5 000 名城市暴徒发动了持续数天的暴力袭击，袭击对象为有不同宗教信仰的非国教信徒和胡格诺派信徒。类似的恶劣事件接连发生，催生了严苛的法律，1714 年的《取缔闹事法》（Riot Act）就是在这样的背景下颁布的。根据规定，米德塞克斯的执行法官当众"宣读"法令后，可以立即解散 12 人及以上的集会，聚集者若不服从，则会受

---

① 贝尼尼：意大利雕塑家、建筑家、画家，早期杰出的巴洛克艺术家，17 世纪最伟大的艺术大师。代表作有雕塑《大卫》（*David*）、《阿波罗与黛芙妮》（*Apollo and Daphne*）等。

② 博罗米尼：意大利巴洛克艺术风格建筑师。其与贝尼尼合作设计的建筑常被视为罗马巴洛克风格建筑的巅峰。

到处罚甚至被判刑。

在斯图亚特王朝的统治下，伦敦人口从 20 万一度增加到 60 万，但进入 18 世纪后，人口再次衰减。外来人口的增加也无法弥补出生率的降低。更糟糕的是，死亡率不断攀升。这一系列的罪魁祸首竟然是杜松子酒。为了打击政敌法国，威廉三世免除了杜松子酒的关税，希望能以其取代白兰地。此外，他还打破了以往蒸馏产业的垄断局面，允许商家无执照也可生产杜松子酒。一夜之间，白兰地销量骤跌，笛福写道："蒸馏商们找到了捕获穷人味蕾的新方式，这种新潮的杜松子酒刮起了一股潮流之风。"杜松子酒在 18 世纪早期对伦敦的影响让人无法想象，就连安妮女王也杯不离手。

第九章

汉诺威的黎明

1714—1763

辉格党的优势

伦敦人对于乔治一世（George Ⅰ）的到来，与其说是热烈欢迎，不如说是长舒了一口气。54 岁的乔治一世，此前是德国一个小地方的选侯。按照王位继承顺序，他前面本来有 55 个继承者，但因为这些人都是天主教徒，不符合继承者需要信仰新教这一最重要的条件，所以王位最终落到了乔治一世的头上。乔治不怎么会说英语，继位之前也只来过伦敦一次，而且据他回忆，他"一点都不喜欢"那次经历。和乔治一同前来的还有他的两名情妇，一位因为丰满无比被叫作"大象堡"，另一位则身形纤瘦被称为"五朔节花柱"，据说乔治每隔一晚就会和两人一起打牌玩乐。这次王位的更迭平淡无奇，在彼时的欧洲尚属罕见。

乔治先是在圣詹姆斯宫安顿下来，但不久，他就像前代的玛丽二世和安妮女王一样，因为伦敦西部空气清新而更钟情于那里。当时，伦敦西部的肯辛顿宫已经在伦敦大火后由著名建筑师克里斯多佛·雷恩爵士改建完成，但为了乔治的入住，又请来柯伦·坎贝尔

（Colen Campbell）和威廉·肯特（William Kent）进行再次设计。从此，肯辛顿宫就成为汉诺威王朝的主要寝宫，直到 1760 年乔治三世（George Ⅲ）搬到白金汉宫居住。作为新国王，乔治一开始还尝试召开内阁会议，用法语和大臣们交流，但很快他就放弃了，把政府事务交给一群辉格党人来处理。这群人在下议院的领导者是罗伯特·沃波尔（Robert Walpole）爵士，他是第一财政大臣，看上去和蔼可亲，但实际上精明敏锐。乔治一世与他的儿子威尔士亲王乔治长期不和，他还把后者从圣詹姆斯宫赶了出去。后者在位于莱斯特广场的家中聚集了一批拥护者，与父王分庭抗礼，那里还成了对当局不满者的避难之地，就如今天的伊斯灵顿一般。

　　事实证明，乔治一世一点儿也不蠢，他小心谨慎地按照 1688 年光荣革命后议会制定的一系列规则行事。但就像威廉三世会为了荷兰的战争向英国民众征税一样，乔治一世也不断加收税费为在德国的战争服务。因为在战争和征税问题上与国王意见产生分歧，沃波尔最终请辞。但在 1720 年金融危机期间，他重回政坛。这次的危机由南海公司股票泡沫和崩盘所引发，多位大臣卷入其中，事态极其恶劣，以至于议会不得不出台法规控制伦敦混乱的局面。一份城市公报要求把银行家"绑起来放入装满蛇的麻袋，扔进浑浊的泰晤士河"。这也说明，如今举重若轻的银行业也曾一度脆弱不堪，好在这一行并未随时代的推移而消亡，反而有了长足发展。

　　作为英国历史上的第一位首相，沃波尔在 20 年间享有绝对的政治权威，这在很大程度上是因为汉诺威王朝一向不关心政治。议会在政治中的作用越来越重要，批判性新闻也日渐在伦敦兴起。一大批讽刺作家用作品对沃波尔进行嘲讽，比如写下《乞丐歌剧》（Beggar's Opera）的约翰·盖伊（John Gay）、乔纳森·斯威夫特

（Johnathan Swift）、丹尼尔·笛福、亨利·菲尔丁（Henry Fielding）和塞缪尔·约翰逊（Samuel Johnson）。在他们眼中，沃波尔就像是歌剧中的"知更鸟"，很快会被"杀死"。这类对政治的质疑为伦敦的公共生活注入了活力，欧洲大陆国家的新闻审查并没有出现在英国。伦敦见证了太多自由言论与法律规定之间的"碰撞"。对政府的批评，就如同英国政治文化中"忠诚的反对派"一般，延续下来成为传统。

尽管贵为首相，但在伦敦的住处问题上，沃波尔依然需要君主的帮助。1732 年，乔治二世赐给他一栋不太起眼的排屋，位置在白厅大街（即唐宁街）5 号，由斯图亚特王朝复辟时期的大臣乔治·唐宁（George Downing）爵士所建，本来是打算用于投机获利。沃波尔将三座房屋合并成一座，并委托知名设计师威廉·肯特对房屋内部重新进行设计，使其正面朝着皇家骑兵卫队阅兵场。如今的唐宁街 10 号的前门是后修的，本来是 5 号的后门。尽管这是沃波尔收到的私人礼物，但他一直将其作为首相的办公府邸。一直到 20 世纪，大部分沃波尔之后的首相都在此办公。

联姻与地产

此时，威斯敏斯特在面积和人口上都超过了伦敦金融城，但两者在一个方面有共同之处——金融城里没有能体现资本主义的标志性建筑，而威斯敏斯特也没有能体现首都身份的代表建筑。白厅破破旧旧，徒有其名；圣詹姆斯宫就是一个都铎式的大杂院；泰晤士河沿岸看不到任何让人印象深刻的景观建筑，也没有足够气派的街道、桥梁和皇家宫殿，无法找到像杜伊勒里宫、克里姆林宫和埃斯科里亚尔修道院那样能作为国家标志的建筑物。伦敦没有华丽的宫殿，只有安静的广场，广场周围通常是富人或者中产阶级居住的排屋，一座挨着一座。伦敦的建筑中，真正能用恢宏壮观来形容的只有威斯敏斯特大教堂和圣保罗大教堂，但这两处都不是国家财产，而归教会所有。每一幅描绘伦敦地貌和景观的图画，都无一例外地把圣保罗大教堂作为焦点，这座教堂仿佛悬浮于城市上空的守护天使，为城市保驾护航。教堂一侧，钟楼的尖顶高耸入云，仿佛通往天堂。在威尼斯画家卡纳莱托①（Canaletto）的画作中，教堂矗立于河岸，银色的泰晤士河在阳光的照射下清澈无比、闪闪发光。

威斯敏斯特的发展主要集中在梅菲尔和圣詹姆斯一带，17世纪左右，一些王室贵族先后在这里建造了府邸和庄园。所以，它并不能算作伦敦的郊区，而是一个由政府管理、汇聚精英人才、具有休闲和娱乐功能的"第二城区"。1709年，曾有相关法令出台，限制区域开发。但在一片请愿声和反对声中，法令很快被撤回。也是从那时候开始，星室法庭和枢密院没有再下发过阻碍威斯敏斯特发展的规定或命令。相反，开发商们在政府门前排起长队，申请该区域的开发许可。一些财力雄厚的，就省去排队的时间，直接通过议会里的朋友花钱买到了许可证。从这儿可以明显看出，威斯敏斯特的规划，由英国政府说了算，伦敦政府基本没有话语权。毕竟，首都是国家的首都。

与如今的开发商不同，当时的开发商并非真正对土地交易感兴趣。很多贵族家庭都有把地产留给继承人的传统，因此不会买卖土

---

① 卡纳莱托：意大利风景画家，尤以准确描绘威尼斯风光闻名。

地。这就意味着，不管一位庄园主人多有进取心，他都不怎么可能买到地。所以，如果想要拥有更多的地产，就只能通过联姻，而联姻之后能不能带来真爱，没人能保证，这可能只是一场掺杂着阴谋和算计的交易。所以，伦敦在 18 世纪的发展走势，实际上是由适婚女继承人来决定的。这一时期，待嫁的女性贵族数量异于寻常。

1669 年，诞生了首对以这种方式强强结合的新人夫妇。男方是贝德福德伯爵（现在这个头衔已经升为公爵）的继承人威廉·罗素（William Russel），拥有考文特花园一带的地产；女方是南安普顿伯爵的继承人蕾切尔（Rachel），名下地产在布鲁姆斯伯里一带。双方结合后，共同拥有考文特花园广场和布鲁姆斯伯里广场。现在，这两个广场周围还建有许多小公寓和果蔬种植园。

8 年后，类似的联姻再次出现，这次甚至被戏谑地称为"出售玛丽·戴维斯（Mary Davies）"。玛丽·戴维斯是休·奥德利（Hugh Audley）的继承人，而后者作为斯图亚特王室的御用律师，家财万贯。他拥有一处豪宅艾尔庄园，位于威斯敏斯特，是从米德塞克斯伯爵手中买来的，不过庄园现在已经不复存在。在当时，这座庄园占地辽阔，横跨整个西伦敦，西起泰晤士河岸边的米尔班克，北至海德公园角。梅菲尔以北和泰伯恩路——即现在牛津街以南的区域——也都属于庄园的范围。庄园以老干草山农场为分割线，另一侧的土地归圣詹姆斯医院所有。

玛丽有一个为了钱可以不择手段的母亲，1672 年以 8 000 英镑的价格（相当于现在的 100 万英镑）把 7 岁的玛丽"卖"给伯克利勋爵，作为其 10 岁儿子的未来妻子。伯克利勋爵在皮卡迪利拥有一座庄园。这次联姻，意味着他能得到如今梅菲尔和贝尔格莱维亚区域一大笔地产的所有权。但由于伯克利勋爵没能交付 3 000 英镑的尾款，玛丽的母亲单方面取消了这笔交易。大概又过了五年多，玛丽在海德公园的街边被公开"出售"（能在这条街上游乐嬉戏的，都是贵族名流）。最终，21 岁的柴郡贵族托马斯·格罗夫纳（Thomas Grosvenor）爵士"竞拍"成功。

年仅 12 岁的玛丽与托马斯在河岸街上的圣克莱蒙教堂成婚。她的婚后生活充满了悲伤和痛苦，她这一生都在打官司，还饱受痴呆疾病的困扰。而格罗夫纳家族，一向对地产开发兴致勃勃。托马斯的儿子理查德（Richard）爵士，在 1710 年拿到了梅菲尔地区的开发许可，但一直拖到 1720 年才正式动工。他在贝尔格莱维亚的项目也是等了一个世纪才最终启动。梅菲尔的区域开发，是英格兰面积最大、投资最多的私人地产项目之一。

家族地产与城市风貌

伦敦的发展已经有了自己的节奏。不管是城市房产还是乡村庄园，房东都更看重房产的永久性。他们把房屋交给中介打理，以家族名字为房屋周围的街道、广场和村落命名。伦敦历史学家唐纳德·奥尔森（Donald Olsen）谈及布鲁斯伯里时有这样一段表述："如果不是因为有继承庄园的传统，而且要求地产不要贬值，而是尽可能地升值，就不会出现地产经纪这样的行业。"

大部分的地产所有者选择了更为稳妥的方式，他们不自己开发，而是根据建筑租赁制度将地皮出租出去，与承租者签订长期租约，后者租下土地后，自筹资金在上面建房。由于租赁协议到期后，地产所有者将自动拥有后建建筑的所有权，所以，签订双方都对房产保值增值负有一定的责任，只不过在这里面，承租人承担的责任和风险更大。出于保护自家地产的长期"声誉"，贝德福德公爵一家禁止在布鲁姆斯伯里的租赁地块上开设任何商店或酒吧。从尤斯顿广场到大英博物馆，一路上的商铺只有一间书店。

贝德福德和格罗夫纳家族在地产领域的"兼并"动作引发了伦敦西区的开发狂潮。1714 年，伦敦迎来了汉诺威王朝的首位君主，辉格党人斯卡伯勒伯爵为讨好国王，修建了一座不同寻常的烟斗形广场作为欢迎礼物，位于伯灵顿伯爵的皮卡迪利庄园以北。广场被命名为汉诺威广场，上面还建有与国王同名的圣乔治教堂，就连教堂窗户下的装饰都参考了德国的"围裙"设计。今天，站在教堂对面的露台上，还能清晰地看到这些小细节。

1710 年，纽卡斯尔公爵约翰·霍利斯（John Holles），也就是玛格丽特·卡文迪什[①]（Margaret Cavendish）的丈夫，买下了半个马里波恩庄园，庄园位置在汉诺威广场的北面。他去世时，因为没有男性继承人，所有的遗产就都留给了女儿亨丽埃塔（Henrietta）。亨丽埃塔有位心上人爱德华，后者的父亲是当时知名政治家、牛津伯爵暨莫蒂默伯爵罗伯特·哈利（Robert Harley）。亨丽埃塔与爱德华成婚后，继承的财产就归到了公公罗伯特名下，包括半个马里波恩庄园，以及霍利斯在诺丁汉郡修建的维尔贝克庄园和在剑桥郡修建的威姆波尔别墅。马里波恩的今天，离不开哈利、卡文迪什和霍利斯这三个姓氏。这三个家族，分别在博尔索弗、卡布顿、克里普斯通、曼斯菲尔德、莫蒂默、维尔贝克和威格莫修建了乡间

---

　　① 玛格丽特·卡文迪什：17 世纪英国贵族、作家，亦被称为首位女科学家，17世纪最具颠覆性和娱乐性的女性代表。

别墅。

哈利一家支持保守的托利党，斯卡伯勒伯爵属于南边新崛起的辉格党阵营，他们之间针锋相对。1717 年，斯卡伯勒伯爵的汉诺威广场刚开工，哈利就表示也要建个广场，即卡文迪什广场。哈利的政治盟友，如卡纳文（Carnarvon）、达特茅斯（Dartmouth）、钱多斯（Chandos）、哈考特（Harcourt）和巴瑟斯特（Bathurst）都承租了广场的部分区域进行开发。开发工作由地产商约翰·佩雷斯（John Prince）和建筑师詹姆斯·吉布斯（托利党人和天主教徒）共同完成，这两个人都野心勃勃，他们的联手也被称为迄今为止伦敦"野心最强"的组合。钱多斯打算在广场北侧修建一座庄园。而在广场南侧的维尔街上，一座简便安逸的圣彼得礼拜堂拔地而起。尽管南海泡沫事件后，钱多斯的庄园没了下文，但整个区域的建设进程没有搁浅。街道上，一座座排屋整齐排列，西至马里波恩大道，东至伯纳斯勋爵位于苏豪区以北的府邸。为了突出"乡村"特色，佩雷斯甚至在广场上开辟了一块牧羊区。

爱德华和亨丽埃塔也没有男性继承人，他们的女儿玛格丽特继承了遗产，成为全英格兰最富有的年轻女贵族。1734 年，她嫁给了 24 岁的威廉·本廷克（William Bentinck），后者的爷爷前文提到过：光荣革命前，他是威廉三世派驻伦敦的代表。1688 年的光荣革命给本廷克家族带来了无数殊荣，家族人员分别受封波特兰公爵、提奇菲尔德侯爵和伍德斯托克子爵。除了出身蓝血，有家族光环，威廉还被视为"英格兰最英俊的男士"。最富有的女贵族与最英俊的男贵族，旗鼓相当的两个人，走在一起成了水到渠成的事。玛格丽特还给威廉起了个爱称，叫"甜心威尔"。现在我们看到的波特兰农庄，在当时占据了马里波恩区域的一半面积，都是玛格丽特的嫁妆。

　　玛格丽特是位了不起的人物。她的祖父罗伯特·哈利是知名的书籍和手稿收藏家，她继承了书稿，也通过大量的阅读掌握了丰富的知识。她还把位于伦敦郊外布尔斯洛德的房产改造成动物园和植物研究中心。当时，让-雅克·卢梭（Jean-Jacques Rousseau）是公认的"行走的百科全书"，他到访伦敦时，放言没有女性可以成为科学家。玛格丽特驳斥了这一说法，并用坚决果断的态度和风范，让卢梭深深折服，甚至询问是否可以为其工作。玛格丽特与伦敦贵妇伊丽莎白·蒙塔古（Elizabeth Montagu）创办的蓝袜社①渊源颇深。后来，玛格丽特的遗产几经分割和继承，大部分地产划到了霍华德·德·沃尔登（Howard de Walden）的家族名下，直到今天仍是这样。

　　汉诺威广场和卡文迪什广场动工没多久，一向不爱掺和的格罗夫纳夫妇突然变得活跃起来。他们打算修建格罗夫纳广场，并在1721年确认了规划方案。方案中，格罗夫纳广场的面积是汉诺威广场的两倍，四周将建有50栋四层高的房屋。广场将拥有一处古典主义风格的建筑群，大概与后来修建的贝德福德广场和纳西设计的摄政公园感觉差不多。科伦·坎贝尔（Colan Campell）甚至还出具了一份更加细致的设计方案。但到了18世纪20年代，整个房地产市场出现疲软，格罗夫纳广场的修建变得断断续续，只有在找到合适的

----

　　①　蓝袜社：1750年，伦敦贵妇蒙塔古夫人在自家府邸设立了第一个文艺沙龙。一名当时还不太出名的园艺师兼翻译家本杰明·斯蒂林弗林特（Benjamin Stillingfleet）也受邀参加，但因为家境贫寒买不起上流聚会所需的礼服和黑色长袜，便穿着日常衣服和普通蓝色长袜出席。当时的一些保守人士认为一帮女人和穿蓝色长袜的平民高谈阔论高雅的文学是对文学的亵渎，因此大加讽刺，将这种沙龙称为蓝袜社。

买家后才会开工，否则就停工。这就导致整体广场建筑的风格呈现拼接状，不统一。当代的一位批评家评论："这个广场的构想非凡，但现实与构想偏差太大。"直到 20 世纪，格罗夫纳家族才硬是将广场风格统一为古典主义。无独有偶，伯克利勋爵在南边修建伯克利广场时也遇到了同样的问题。从 1739 年开始，伯克利广场也是建一阵停一阵，但不得不说，其中有一栋排屋特别精美，是肯特设计的，位置在广场第 44 号。

1755 年，许多土地所有者和地产中介联名请愿，要求在马里波恩庄园以北新修道路，以缓解泰伯恩路的交通拥堵状况。他们认为，成群的牛羊从庄园门前经过，对房产销售不利。于是，伦敦城内出现了这样一条街道，它是各方规划的产物，起于帕丁顿，穿过现在的马里波恩，延伸至尤斯顿路和彭坦维尔路所在的区域，最后止于金融城的摩尔门。这条道路一度是收费的，伦敦地铁大都会线也选择了这条路线。直至今日，伦敦交通当局依然会重点监测这条道路，确保其通畅不拥堵。

切尔西庄园是 18 世纪真正挂牌售出的房产，原主人叫威廉·夏恩（William Cheyne）。这处庄园距离市中心相对遥远，被夏恩的父亲在内战后购入。1709 年，夏恩修建了夏恩街，并退了休搬到白金汉郡养老。1712 年，他把庄园卖给了汉斯·斯隆（Hans Sloane）爵士，后者有多重身份：内科医生、古文物研究家，以及大英博物馆的创始人。

或许是为了感谢能买到这样的房屋，斯隆沿着泰晤士河修建了一条小路，取名为夏恩小径。1753 年，他将庄园一分为二，西半部分给了女儿莎拉，东半部分给了女儿伊丽莎白。伊丽莎白的夫家是中世纪的威尔士军阀，其丈夫是卡多根勋爵。继承庄园后，卡多根勋爵邀请建筑师亨利·霍兰德（Henry Holland）在骑士桥北侧打造了汉斯小镇，感谢岳父的慷慨赠予。卡多根勋爵的另一座庭院也是霍兰德设计的，就在如今的亭阁路上。19 世纪 80 年代地租到期之际，汉斯小镇被下令全面改造，整修为维多利亚时期的新荷式风格。卡多根庄园则保留至今。

启蒙的都市

从乔治王时代①中期到拿破仑战争之前，是伦敦的"黄金时代"。但这一阶段，各种混乱与无序也在伦敦上演。牧羊人和园艺工曾经散步的地方，空气中尘土弥漫，环境里充斥着噪声。在这里购置新房的人抱怨称，开发商承诺会呈现乡村风情。但实际上，在马里波恩，房子一座挨着一座，几乎是无缝衔接。在散文家理查德·斯梯尔（Richard Steele）的作品《撒谎的爱人》（*The Lying Lovers*）中，有位身份为学者的角色就表示没必要从牛津回伦敦，"再待上一年，那些人就把房子从伦敦建到牛津了"。

这个时期的伦敦并不是一座传统意义上的城市。社会历史学家雷蒙·威廉斯（Raymond Williams）认为，伦敦"突出呈现了新的景观面貌和社会形态"，城镇和乡村的特征都有体现。城镇与乡村在很多方面存在差异，这种差异也贯穿乔治王时代的伦敦。政治领

---

① 乔治王时代：指英国一段历史时期（1714—1830 年），其间四位名为乔治的国王先后在位。一般习惯将威廉四世（William Ⅳ）在位时期（1830—1837 年）也算入乔治王时代。下启维多利亚时代。

域，有托利党与辉格党的对立，有老"爱国派"斯图亚特党与新"欧洲派"汉诺威党的抗衡；宗教领域，隐匿于城市中的天主教徒继续与占主导地位的新教徒对峙。这一时期，诞生了现代报纸的先驱——艾迪生①（Addison）和斯梯尔创办的《旁观者》（Spectator），这份报纸从 1711 年开始发行，每周出版 3 期。这类以质疑时事为主题的期刊繁荣发展起来。

艺术领域，出现了英式巴洛克主义与帕拉第奥主义复兴派的风格大战，前者的代表人物有雷恩、霍克斯穆尔和吉布斯，后者的代表则是伊尼戈·琼斯。帕拉第奥主义复兴派在《乌得勒支和约》签订之后兴起，和平的到来让英国贵族子弟又能在欧洲大陆进行教育游历之旅了。以伯灵顿伯爵和莱斯特伯爵为首的年轻贵族们带回了意大利和法国的画作和家具，以及古罗马建筑师维特鲁威（Vitru-vius）的设计图稿。1719 年，伯灵顿伯爵与身为建筑师的好友坎贝尔和肯特一起，对家族位于皮卡迪利的庄园进行改造重建。改造后的庄园增加了花园，向北一直连通到汉诺威广场。新修建的街道也都以伯灵顿家族成员的名字命名，比如科克街、克利福德街和萨维尔街。另外，他们还在奇斯威克的河流附近修建了帕拉第奥风格的别墅和公园。

以伯灵顿伯爵为首的这些人视自己为时尚标杆，但在托利党的眼中，他们可笑至极。伯灵顿伯爵一伙人聚在奇斯威克搞建设，让外号为"英国斗牛犬"的艺术家威廉·霍加斯（William Hogarth）大为恼火。他的作品《时髦婚姻》（Marriage A-la-Mode）和《浪

---

① 艾迪生：英国散文家、诗人、辉格党政治家。曾在牛津大学求学和任教，并去欧洲大陆旅行多年。与斯梯尔合办了一些刊物。

子生涯》（*The Rake's Progress*）都是以前者为主题形象，充斥着嘲讽色彩。但伯灵顿伯爵这边有教皇支持，后者称赞"他展现了罗马的辉煌，并非单一的富丽堂皇，而是实用性与华丽性兼具"。这样的评价对霍加斯来说可谓火上浇油，他创作了另一幅以伯灵顿伯爵等人为原型的讽刺作品《品味之选》（*Man of Taste*）。画中，伯灵顿伯爵正在用白漆粉刷伯灵顿庄园的大门，而钱多斯公爵（托利党人）的马车从门前经过，结果油漆浇了一马车。

　　霍加斯的批评对象还包括辉格党统治下的新伦敦和他见到的堕落衰败景象。他是典型的伦敦中下阶层人士，父亲是一位拉丁文教师，因负债入狱。他做过学徒，学习名片雕刻。在他的自画像中，除了自己，还有他最喜爱的巴哥犬。他对待任何事情的态度，都是不折不扣的托利党沙文主义作风。他笔下的法国人，神态谄媚、身形消瘦、迷信、吃青蛙，总受到外号为"约翰牛"①的英国人威胁。除了法国人，他还以伦敦为主题进行讽刺创作，从圣吉尔斯的炖肉到圣詹姆斯的沙龙，都一一出现在作品中。他还是之后发起的反对杜松子酒运动的领导者。他是继乔叟和皮普斯之后又一个用自己的方式记录伦敦面貌的"观察家"。我们今天依然可以站在他位于奇斯威克的花园中，远眺隔着一座庄园的伯灵顿豪宅，想象他当时发怒的场景。

---

　　① "约翰牛"源于 1727 年由苏格兰作家约翰·阿布斯诺特（John Arbuthnot）所创作的讽刺小说，主人公名叫约翰·布尔（John Bull），他性情执拗，脾气急躁，喜欢虚张声势，如果谁对他稍微流露出一点儿不满，他会立即摆出一副要与之决斗的架势。但他的人品不错，正直诚实、心地善良。由于他的名字"布尔"在英文中是牛（bull）的意思，故译为"约翰牛"。随着这一文学形象越来越深入人心，人们开始用"约翰牛"来称呼英国人。

伦敦与巴黎之间的竞争已经不再局限于在艺术品位上一决高下，这两座城市，一个是后起之秀，一个名满欧洲。1715 年路易十四去世后，法国迎来了前所未有的思想解放潮流。狄德罗（Diderot）、伏尔泰（Voltaire）、孟德斯鸠（Montesquieu）、卢梭这几位百科全书式的人物发起了法国启蒙运动，在欧洲掀起一股追求新知和理性的思想之风。但几位倡导者也承认，启蒙运动存在瑕疵，根源在于法国不允许进行公开辩论。启蒙运动遭到了欧洲皇室和教会的连番轰炸。与这一时期的法国相比，皇家学会主导下的伦敦思想界似乎有些黯然失色。但随着启蒙运动的接力棒从科学领域传向文学领域，英国的文学家们开始大放异彩，蒲柏、斯威夫特、德莱顿（Dryden）、吉本（Gibbon）等人崭露头角，霍加斯、塞缪尔·约翰逊更是以笔为武器，以作品让世人了解乔治王时代的真实伦敦。

约翰逊与霍加斯同为托利党人。约翰逊身形高大，略有些笨拙，视力几乎为零，还有些耳聋。他还患有神经性抽搐、痛风、抑郁症和睾丸癌。平日，他大量饮用红酒和茶，经常与各式各样的人交谈至深夜。他很幸运，有一位叫詹姆斯·博思韦尔（James Boswell）的仰慕者，会在一旁随时将他的思想转化为文字，记录下来。除了评论家、散文家和诗人的身份，约翰逊也是第一部英语词典的编纂者。他富有理性，却也充满了热情与执着。他曾说："人人都有权利为其认为的真相发声，而其他人也有权利对其进行驳斥。"在他的众多名言中，有一句对伦敦的评述流传最广——"如果一个人厌倦了伦敦，他就厌倦了生活，因为伦敦有生活能赋予人的一切。"他坦言："聪明的人不会想要离开伦敦。"他的故居位于现在的舰队街附近。

从欧洲其他国家到访伦敦的人也有同样的感受。另外，伦敦文化出版领域流行的讽刺文学也让他们感到惊讶，他们不敢相信，出版商真的一直在小房子里办公。1726 年，被法国驱逐的伏尔泰来到伦敦，他高度赞扬伦敦，"在这里，所有人都可以畅所欲言"。在法国，帕斯卡①（Pascal）"在开玩笑前都要铺垫自己信仰上帝。但在伦敦，斯威夫特拿全人类调侃都无伤大雅"。启蒙思想家狄德罗抱怨："伦敦哲学家受到公众尊敬，死后可以与国王葬在一起。但在法国，等待哲学家的只有逮捕令。"18 世纪 50 年代前后，苏豪区差不多有 800 间房屋里住的都是从法国逃来的难民。我们可以通过斯毕塔菲尔德区域法盖特大街上的丹尼斯·西弗斯（Dennis Severs）故居了解当时的居住情况和生活氛围。这座故居就像是一枚"时间胶囊"，还原了 18 世纪 20 年代一户胡格诺派丝绸商人的家庭生活。

与此同时，伦敦的娱乐业也蓬勃发展。位于德鲁里巷的皇家剧院在演员兼经理科利·西伯（Colley Ciber）的管理下风生水起，尽管教皇攻击他的所作所为是对"莫里哀（Moliere）和不幸的莎士比亚的二次伤害"。到了晚上，拉内拉和沃克斯豪尔的花园总有赌徒聚众豪赌。所有人都能参加日常舞会和化装舞会（但不是全都免费），最著名的表演者叫特蕾莎·科内利斯（Teresa Cornelys），她来自威尼斯，是意大利传奇冒险家、作家卡萨诺瓦②（Casanova）的情人，在苏豪广场的卡莱尔屋有专场演出。此外，乔治一世的宫廷作曲家乔治·弗里德里希·亨德尔（George Friedrich Handel）

---

① 帕斯卡：法国数学家、物理学家、思想家。
② 卡萨诺瓦：极富传奇色彩的意大利冒险家、作家、"追寻女色的风流才子"，18 世纪享誉欧洲的大情圣。

也格外受大众喜爱，人们称其为乔治一世送给伦敦的"精美礼物"。

1717 年，国王委托亨德尔创作的《水上音乐》（*Water Music*）在泰晤士河畔举行公演。公演当日，泰晤士河上船只遍布，有如等待命令的舰队，"船在波浪中漂着，一直排到切尔西"。《每日新闻》（*Daily Courant*）报道，国王对乐曲"爱到不行，前前后后演奏超过三次"。但伦敦市民对演出人员有些不满，他们责怪亨德尔用的都是国外乐手，而没有英国本土的。根据亨德尔的地位，参与他的作品演出，每季可以拿到 2 000 英镑（相当于现在的 25 万英镑）的酬劳。18 世纪 40 年代之后，亨德尔的歌剧受众流失，他转向清唱剧领域，同样大获成功。

汉诺威王朝格外重视英格兰国教的领导地位。乔治一世将此前未能如期完成的"安妮女王教堂"工程继续做下去。1721 年，圣玛丽·勒斯特兰德教堂的建造者——信仰天主教的建筑师吉布斯受命建造圣马丁教堂。圣马丁教堂将不同寻常的尖顶设计叠加在古典风格的建筑门廊上，其他英语国家在修建圣公会教堂时也普遍采用了这种形式。然而，教会虽然有王室的资金支持，却一点点走向懒散与腐败。富人去教区的教会做礼拜，可以（花钱）坐在长椅上，但穷人却只能站在过道上。霍加斯在作品《瞌睡的会众》（*The Sleeping Congregation*）中对这一现象进行了揭露和讽刺。

英格兰教会依然是各方攻击的靶子，天主教认定它的存在即不合法，约翰·卫斯理（John Wesley）的循道宗不认可其布道方式。卫斯理与威克里夫（Wycliffe）、路德一样，都坚持"凭借内心的信念就能获得救赎"。他总强调自己对英国国教饱含虔诚之心，但他被禁止进入教堂，只能在公开的空地布道宣讲，当然，这其实对他更为有利。他在伦敦芬斯伯里的芜田宣讲，来的信徒成千上万。即便是塞缪尔·约翰逊这么挑剔的人，也折服于卫斯理"朴素亲切"的传教方式。乔治三世还拿出了德普特福德造船厂的桅杆，用来作为卫斯理城市路上礼拜堂的支柱。

法律、秩序和杜松子酒

许多伦敦人第一次意识到，他们城市的大部分区域状况都不是很好。泰晤士河沿岸的贫民窟，从都铎时代开始，就一直是一个样子。约翰逊对伦敦市民的描述十分夸张，他不能相信自己和这些人生活在同一座城市："这些人没有礼貌，也不受政府管制，是一群野蛮人，和南非殖民地的霍屯督人相差无几。"约翰逊的很多言论都和底层市民相关，他常自诩为穷人。伦敦街头的堕落景象同样让小说家塞缪尔·理查逊（Samuel Richardson）大吃一惊。他注意到，泰伯恩刑场的行刑之日算得上伦敦城学徒们的"官方假日"，大家都聚在刑场附近，由此才产生了"泰伯恩集市"一说。有一次，他遇到差不多 8 万人一起向刑场涌去。死刑犯会在途中的酒馆停留，和朋友们豪饮道别，喝得醉醺醺的。理查逊表示："其他国家确实也有类似的现象，但到场的都是行刑必备的工作人员和囚犯的朋友，很少有不相关的人前来看热闹。"但在伦敦，行刑就好比过节，大家还会争着去抢尸体，卖给外科医生用作解剖实验。"同胞的行为超出了我的理解范围"，理查逊说。1783 年，为了控制现场人数，行刑地点搬到了新门，但没起什么效果，爱看热闹的人跟到了新门。

金融城与其他区域在治安维护上的差异最为明显。金融城内，每个选区都有警察巡逻，一旦发生紧急情况，还可以召集接受过训练的志愿者小分队。而负责威斯敏斯特和其他区域安全的，都是年龄较大的志愿者。和莎士比亚戏剧里的情节类似，他们只想着自己不卷入麻烦，拿些好处，对犯罪行为睁一只眼闭一只眼，其他的什么都不做。卡萨诺瓦去苏豪一带时，朋友甚至建议他随身携带两个钱包，"遇到抢劫的，就把小钱包给劫匪，大钱包留着备用"。1720年，威斯敏斯特教区曾试图建立永久警戒制度，但遭到教会和议会的一致反对，反对原因似乎只是因为这么做没有先例可循。1735年，圣詹姆斯的皮卡迪利教区委员会和圣乔治的汉诺威广场教区委员会开启先河，花钱雇用警察巡夜。

　　1748 年，小说家亨利·菲尔丁受命出任博街法院的治安法官，他是首位有工资可领的治安法官。在他的努力下，警察巡逻和治安状况有所加强。他的年薪在 550 英镑（约合现在的 6.5 万英镑）左右，因为担心收入较低的警察们会对他的薪酬不满，所以具体金额一直对外保密。菲尔丁既是一位伟大的作家，也是一名杰出的官员。在历史学家多罗西·乔治（Dorothy George）看来，他是"一名富有同情心的小说家，也是一位专业素质过硬的律师，穷人的悲惨生活和法律的扭曲都被他看在眼里"。1751 年，他先后完成《汤姆·琼斯》（*Tom Jones*）和《关于近期抢劫案增加的原因的调查报告》（*An Enquiry into the Causes of the Late Increase in Robbery*）。他对"人们只关注穷人做了什么坏事，而不关心背后的悲惨生活"感到愤怒。穷人"挨饿、受冻、生存状况恶劣，他们只能去乞讨，去偷、去抢那些条件比他们好的人"。菲尔丁因此成立了可以让流浪男孩在船上生活的海上协会，以及收留被遗弃女孩的孤儿院。

　　18 世纪 50 年代，伦敦遭遇了一场杜松子酒危机。这种酒价格低廉，大量伦敦民众嗜酒如命。在金融城，10 家店铺里就有一家酒馆。到了威斯敏斯特，这一比例变成了 8：1，而在圣吉尔斯这样贫民窟集中的地方，四家店里就有一家酒馆。卖酒的人中，四分之一都是女性，这一事实也让人极度惊讶。酒精成为瘟疫一样的存在，坊间还流传着"一分钱喝个饱，两分钱喝到倒"的说法。据估计，当时伦敦有 10 万人每日靠酒过活，每年因饮酒死亡的儿童达 9 000 人。

菲尔丁宣称："未来 20 年，这种'毒药'会继续对人们产生影响。终有一天，将剩不下多少正常人。"他对问题看得很清楚。他认为，根源在于立法者纵容杜松子酒供应商，他形容前者为"死神"，而因过量饮用杜松子酒死亡的人数超过了战争或瘟疫导致的死亡数量。面对这样的情况，1739 年，慈善家托马斯·科拉姆（Thomas Coram）在布鲁姆斯伯里地段的东侧建立了育婴堂，用来安置那些因父母嗜酒而被遗弃的孩童。伦敦贵族纷纷跟风参与，霍加斯给育婴堂设计服装，亨德尔专门创作了会歌。1741 年，育婴堂正式运营，其门口堆满了弃婴。尽管现在它已不复存在，但它在当时的重要作用依然被人们记得。

伦敦的人口数量在 1720—1750 年没有出现增长，婴儿死亡率上升，因杜松子酒而死亡的人数飞涨。霍加斯在 1751 年创作的《杜松子酒巷》（*Gin Lane*）描绘出当时的可怕景象。瘦削的醉鬼们在街上随处可见，喝醉的母亲把孩子丢下楼梯，旅店的标志变成了棺材或用来象征当铺的圆球。不远处的布鲁斯伯里圣乔治教堂俯瞰着圣吉尔斯居民区，其背靠之地即为城市最时尚的区域。霍加斯的另一幅作品《啤酒街》（*Beer Street*）画风则相对温和——啤酒被认为是"英国人与生俱来的一件必需品"。这些作品在展现艺术性的同时，具有鲜明的政治色彩。霍加斯曾在公开辩论中谈到它们的

影响，"我为创作出这样的作品感到骄傲，至少我画的和拉斐尔①
(Raphael) 的壁毯画不一样"。

　　菲尔丁和霍加斯发起的运动着实产生了一定的成效。1751 年，
政府通过法案，对杜松子酒收取高额税款，并规定售卖者需要高价
申请许可。据记录，在之后的 7 年内，人们逐渐从喝杜松子酒改成
了喝啤酒，而啤酒可能比伦敦当时的自来水还要安全，对健康的影
响也更小。杜松子酒的饮用数量从 1751 年的 1 100 万加仑下降到
1767 年的 360 万加仑。5 岁以下孩子的死亡率从 18 世纪 40 年代的
75％下降到 18 世纪 70 年代的 31％。被丢弃在育婴堂的孩子数量也急
剧下降。多重因素之下，伦敦的人口逐渐回升，在世纪之末达到 100
万。在杜松子酒问题上，当局采用了聪明的办法，即对有害消费行为
进行有效管治，而不是一刀切地全部禁止。

　　1754 年，亨利·菲尔丁去世，治安官职位由其兄弟约翰·菲尔
丁（John Fielding）爵士接替。约翰虽为盲人但同样精力充沛，一
干就是 25 年。菲尔丁组建了一队警察，一开始被称为"菲尔丁的
手下"，后来改名为"博街捕快"。约翰说："他们是勇敢可信之人，
随叫随到……时刻准备好在一刻钟之内到达城市的任何地方。"尽
管这组人只有 8 个，但他们声誉良好、纪律严明、诚实守信，广受
赞誉。他们把发生在伦敦周边公路上的事件记录在案。一周内芬奇
利、帕丁顿、冈纳斯伯里、赛昂、特恩汉姆格林、豪恩斯洛希思、
汉普斯特德和伊斯灵顿发生了多少抢劫旅行者案件，他们都清楚。
菲尔丁一家是伦敦历史上伟大的改革者。

----

　　①　拉斐尔：意大利画家、建筑师，与达·芬奇（da Vinci）和米开朗琪罗（Mi-
chelangelo）并称"文艺复兴三杰"。

跨过泰晤士河

犯罪率的增加并不是伦敦经济发展的唯一代价，随之而来的还有交通拥堵。现在看来，伦敦政府对金融城实行的长期管控举措荒诞可笑。一边是金融城政客忙碌于议会的议员之间，努力游说反对在肯辛顿以南新建桥梁；另一边，伦敦桥"堵"到人神共愤的地步。渡轮船主也开始为了自己的利益奔走，其中包括最有权势的坎特伯雷大主教，他想搞一条从兰柏宫到米尔班克的线路，以马匹作为动力拉船。最终的结果还是暂不开发泰晤士河南岸。南岸是一片寂静的空地；而 100 码水域之外的北岸，港口泥沙堆积，公寓鳞次栉比。

1722 年，另一项拟在威斯敏斯特修建渡桥的提案被金融城方面阻挠后夭折，相关人员直言这是"对伦敦自由民人权和特权的蔑视"。建桥实际上意味着"从金融城（的嘴里）抢肉吃……这样将导致威斯敏斯特的发展越来越好，而金融城衰落成荒漠"。但即便千防万防，还是没能阻止金融城江河日下，这些举动也被看作最后的挣扎。之后不到四年的时间里，议会通过了帕特尼大桥的修建提案。1736 年，议会又批准修建威斯敏斯特大桥。

受到重击的金融城不得不做出改变，以跟上时代的潮流。1733年，弗利特沟渠加装了排水系统，表面被填平，上面成了集市。这一工程的鉴定人包括帕拉第奥新古典主义风格的建筑师乔治·丹斯（George Dance）、丹斯的儿子小乔治，以及建筑师兼市议员罗伯特·泰勒（Robert Taylor）爵士。1739 年，丹斯设计建造了全新的市长住所——伦敦市长官邸，总算是为金融城增添了一座与身份相衬的建筑。

　　但这样还不够。1754 年，经济学家约瑟夫·马西（Joseph Massie）抨击伦敦"不思进取、全无创新"，再这样下去，就会被"国内外的其他城市"赶超打败，在别人的光环下黯然失色。他建议，拆掉老旧的中世纪城墙和城门，拓宽街道，拆除伦敦桥上的房屋以便利交通。他认为，金融城还可以在布莱克法尔再修建一座新桥。

　　这一次，伦敦没有固执己见，而是虚心接受了建议。在议会法令的保障下，伦敦拓宽了街道、清除了伦敦桥上虽别具一格但摇摇欲坠的房屋。也正是因此，这座已经见证 600 年风风雨雨的桥梁增加了 60 年的"寿命"。威斯敏斯特的新建渡桥由瑞士著名桥梁工程师查尔斯·拉贝尔（Charles Labelye）打造，于 1750 年竣工通车。1769 年，布莱克法尔的收费大桥也修建完毕。这些桥梁设计精美，用料上乘，是建筑中的优秀代表，它们以抛物线的造型横跨于泰晤士河之上，看起来赏心悦目。寂静许久的伦敦南岸终于打开大门。

第十章

黯淡时期

1763—1789

新时代，新政治

　　乔治王时代的伦敦并没有做好进入工业化和世界贸易时代的准备。这一时期，伦敦建筑进行了翻修，市中心过度拥挤的问题通过向郊区扩张得到了缓解。但城市治理依然处于无为或缺位的状态。金融城和威斯敏斯特要依靠议会法案才能拓宽街道、修建桥梁，从这一点上就不难看出管理方式的过度僵硬。此外，市政当局没有对脏乱的贫民窟进行清理，也没有安装合适的排水系统，在城市供水和治安方面也都毫无作为。

　　政治生态的改变已经刻不容缓。1756年，在威廉·皮特（William Pitt）的领导下，英国加入了七年战争。对英国来说，1759年是一个惊喜不断的年份，就像一位维多利亚时代的历史学家所言，英国"心不在焉地"完成了身份的转变，跃升至帝国。首都伦敦已经把商业焦点从欧洲大陆转向了全球。原有的主要生意，如羊毛、布匹、毛皮和稀有木材贸易让位给了新兴的煤炭、锡、糖、棉花贸易。与此同时，英国的工业中心北移，因为北面的煤炭资源丰富、港口直面大西洋。总的来说，伦敦商业重心已经从商品贸易转型为货币交易，亟须政府层面的相应调整。

1761 年，24 岁的乔治三世（George Ⅲ）继位成为新王，他在仓促之下做出了罢免皮特的决定，联合曾经的导师比特伯爵（Earl of Bute）组成贵族执政班子，引发了一场政治危机。面对国王试图恢复君主特权的不明智之举，伦敦的态度是反对。伦敦面对的问题一点也不少，既有物价的上涨，也有人口增加带来的食物和住房压力，以及工业动荡的不断加剧。以往，金融城雇主与雇员之间签订并维持长期合约，并由行业协会来担保，但这种做法正在分崩离析。工人的工资因为新学徒的涌入和新机器的大量使用被压低，为此，他们示威表达不满。

新到威斯敏斯特郊区定居生活的富裕阶层可能还不怎么关心城市政治，但在 18 世纪 60 年代，伦敦金融城已然出现震荡。街头骚乱频繁发生。暴徒团体像幽灵一样，重返城市舞台。1763 年，伦敦东区的 76 台胡格诺织布机一夜之间被砸毁。伦敦急需一位有能力的激进领导者上台。不出所料，乱世之下，伦敦就出现了这样一位人物——约翰·威尔克斯（John Wilkes），他是一位记者，也是艾尔斯伯里的议员，曾因诽谤比特伯爵被捕。

威尔克斯身材矮小，长着一双斗鸡眼，并不讨人喜欢，甚至被认为是"英国最丑的男人"，但这并不能掩盖他非凡的煽动力。为免遭迫害，他一度逃亡法国，但最终在 1768 年回到英国。他的追随者众多，所到之处，总有一群人尾随，场面几乎失控。就在他成功当选米德塞克斯议员的那一年，南华克的圣乔治菲尔迪区域爆发骚乱，暴徒砸碎了伦敦市长官邸的每一扇窗户，6 名男子在暴乱中被民兵开枪打死。悲痛的路人在街上纷纷高喊"威尔克斯和自由"。

在某些人的眼中，威尔克斯更像是公共秩序的"毒瘤"。他三次申请成为下议院议员均遭拒绝，他提出的"议员选举理论"——议员的选择应该代表选民而不是部长的利益——产生了广泛的影响。广大群众，包括皮特，都对他的落选表示同情。

威尔克斯绝非普通的政治煽动者。他出身于富裕家庭，是皇家学会的成员，也是贵族专属的地狱火俱乐部会员。在各种势力的支持下，他先是当选市议员，并最终在 1774 年成功进入国家议会；也是在这一年，他成为伦敦市长。1776 年，他提出了首个选举改革草案。之后的半个世纪里，他倡导的选举改革事业得到辉格党人的进一步推动，这个话题也一直是公众和议会讨论的焦点，直至 1832年，托利党做出让步，相关法案出台，选举改革取得成功。有意思的是，不管威尔克斯的"暴民信徒"如何兴风作浪，议会一直把控着舆论的风向。

戈登动乱

暴民问题似乎比选举改革更亟待解决。问题的产生是因为政府立法放松对爱尔兰天主教徒的管控，不过也有人说，真正的原因在于爱尔兰工人一窝蜂地涌进伦敦本来就支离破碎的劳动力市场，加上人们普遍同情美洲殖民地的独立运动，多种因素叠加共同导致了伦敦的治安问题。1780 年，伦敦出现了突如其来的混乱，反天主教的苏格兰人乔治·戈登（George Gordon）策划暴乱，参与人群中包括 6 万名学徒。他们手中持有地方法官、议员和那些支持天主教"解禁"人士的家庭住址，在首都"打砸抢"房屋。大多数欧洲城市中，统治阶级的住所前都设立空墙和厚重的大门。但伦敦并非如此，达官贵人的家通常都正对着街道，门窗也没有防护。因此，这些人家的窗户频繁地被攻击。

面对戈登动乱的发起者，诺斯勋爵领导下的政府毫无准备，也毫无作为，他们既不妥协也不镇压。政府官员们被吓得不知所措。一个叫伊格纳修斯·桑乔（Ignatius Sancho）的伦敦人作为见证者，记录了当时的情景。伊格纳修斯·桑乔在奴隶主的船上出生，做过蒙塔古公爵的管家，和演员大卫·加里奇（David Garrick）是好友，庚斯博罗①（Gainsborough）为他画过人物像，文坛大师劳伦斯·斯特恩（Laurence Sterne）与他通过信。他写道："（这是）前所未有的疯狂时期，人们像疯子一样……在街上'游行'的人贫苦、悲惨、衣衫褴褛，年龄从 12 岁到 60 岁不等，随时都能制造混乱。"最后，民兵组织介入进行镇压。据估计，这场动乱，因肢体冲突、使用私刑、放火，加上之后处决所导致的死伤人数超过 500 人，也有人统计是 850 人。这是伦敦现代史上最为恶劣的一次城市暴力事件。

诺斯政府彼时正在被北美殖民地的贸易问题搞得焦头烂额。双方最开始只是有点小情绪，后来矛盾激化，英国开始遏制波士顿方面的商业利益。1715—1783 年，美洲殖民地在法国的支援下集体反抗。查塔姆伯爵皮特（Pitt）、激进派人士查尔斯·詹姆斯·福克斯（Charles James Fox）和托利党议员埃德蒙·伯克（Edmund Burke）等议会和伦敦金融城重要人物都公开支持殖民地叛军。伯克对乔治三世尤为愤怒，指责"这个德国佬，把英格兰弄得鸡飞狗

---

① 庚斯博罗：18 世纪英国著名的肖像画家和风景画家。

跳"。最终，大英帝国失去了美洲殖民地这颗明珠，乔治三世颜面尽失。走投无路之际，他力邀查塔姆伯爵的儿子——年仅 24 岁的小威廉·皮特（William Pitt）出任首相。

在美洲殖民地独立一事上，伦敦的态度非常明确。商人竞相与新独立的美国开展贸易。伦敦首次出现大规模的黑人移民——这些人本来是奴隶身份，因为在战争中为王室效力而被允许在伦敦生活。到了 18 世纪末，伦敦的黑人数量大概为 5 000 人至 10 000 人，霍加斯的画作中也频繁出现黑人形象。塞缪尔·约翰逊自己还雇了一名黑人做仆人。又过了两年，首位美国驻英国大使约翰·亚当斯（John Adams）来到伦敦，住在格罗夫纳广场拐角的一栋房子里（如今房子依然存在）。他受到乔治三世的友好接待，后者显然已经无奈地接受事实。但伦敦民众则有些傲慢，大家都觉得美国独立不过是昙花一现，因此对亚当斯的态度也就并不十分友好。

向"好"进取

英国政府的整体稳定性因小皮特的出任在一定程度上有所提升。但 18 世纪 80 年代，整个欧洲都处于动荡期。持续有移民从路易十六（Louis XVI）统治下的法国迁居来英，数量显著上升，不断有消息称波旁王朝将被推翻，受到美国革命影响的法国即将出大乱子，法国政府处于垮台的边缘。而伦敦，刚经历完威尔克斯和戈登造成的混乱，尚在恢复期，自然也格外紧张。议会之中支持改革的声音高涨，加上失去了美洲殖民地，政治气氛格外敏感。

这种敏感体现在人们对伦敦实力的怀疑上——这座大都市能否

容纳得了不断增加的移民，并保证现有市民不产生过激反应？约翰·格温（John Gwynn）1776 年出版的《伦敦和威斯敏斯特的改变》（*London and Westminster Improved*）一书广受关注。在书中，他哀叹缺乏规划使本就拥挤的伦敦西区情况越来越糟，他提醒"现在机会宝贵难得，一定要充分利用，改变这乱糟糟的一切……"，被随意开发的新伦敦"不方便、不优雅、不华丽，也没有光芒"。他重提斯图亚特时期的倡议——"设定合理的边界，缓解建筑商之间因同业竞争产生的矛盾，也要防止出现大规模的扩建工程……虽然这一情况依旧持续存在"。另一位作家乔纳斯·汉威（Jonas Hanway）指出，伦敦曾经的乡村景象不再，现在"不仅视觉上惨不忍睹，还有一股难闻的味道，附近的一连串砖窑，看上去就像天花留在皮肤上的伤疤"。

格温的意见得到了当局的重视。这一次，就连一向懒得有所作为的米德塞克斯教区也行动起来。18 世纪 60 年代至 70 年代，100 多部相关"改善伦敦现状"的法案获批通过，大部分聚焦治安、济贫所和道路修缮方面。1762 年的《威斯敏斯特铺路法案》（The Westminster Paving Act）规定得比较全面。根据法案，金融城西侧圣殿酒吧一带的排水、街道照明和清洁设施由指派的新官员负责。路边还需要修建石头路缘，用来保护行人、保证雨水流进排水沟排走。林肯旅店一带是当时的"乞丐和小偷的温床"，"卑鄙和可怕的"行为在这里频频发生。甚至连这类事情，都需要王室介入干预，伦敦地方政府的办事能力不言而喻。

威斯敏斯特大桥的建成，让伦敦政府官员产生了扩建白厅的想法。白厅实际上指的是一条不到 1 千米、南北向的街道，英国的重要政府机关都集中在这里。他们想把这条街道延长，穿过旧宫殿的大门，一直扩到现在议会广场的位置。但即便是今天，白厅的官方范围也是到唐宁街为止。此外，为了能将大桥和圣詹姆斯公园连接起来，还新修了一条十字街——一个专属于政府的区域，在威斯敏斯特的心脏地带。

两座新建桥梁的通车，终于让伦敦南岸走上了发展的快车道。1771 年，担任金融城监理的罗伯特·迈尔恩（Robert Mylne）计划在兰贝斯的沼泽地上盖一处宽敞的建筑群，和老南华克的"浴室房和廉租公寓"全然不同。这在伦敦的民居建筑史上可谓前所未有的创新，再往前，只有雷恩胆子这么大过——给圣乔治广场修建了一处在当时不合传统的圆顶方尖碑。按照规划，以主建筑为核心，四周将形成辐射效应，还能直通威斯敏斯特、布莱克法尔和伦敦桥。规整的路线设计就是雷恩本人看了，也会感到欢欣鼓舞。

事实证明，在伦敦的规划者眼中，迈尔恩的方案只能作为设计初稿，这点倒是和阿尔弗雷德大帝对待古罗马街道的态度如出一辙。迈尔恩划定的辐射区域里，有连片的排屋，甚至还有零星的广场——西广场和三一教堂广场。伦敦南部的发展实在是耽搁太久了。而前文提到的圣乔治广场和方尖碑，也命运不济，虽被保留，但毁坏严重，后来因为交通上的规划也被迫进行了调整。南岸永远都比不过作为城市心脏的北岸。

1774 年建筑法案

由伦敦建筑师乔治·丹斯（George Dance）和罗伯特·泰勒（Robert Taylor）爵士起草的《1774 年建筑法案》（1774 Building

Act）成为展现伦敦创新发展的点睛之笔。这部法案自伦敦大火之后便开始酝酿，对以往的老旧条款进行了更新，并在 1707 年和 1709 年经过两次修订，规范性十足。它规定伦敦排屋分为四个等级，每个等级有相应的维度、共用墙、材料和防火标准。除了门周的一圈，屋外的裸露部分不得使用木制品。每条街道都应规整统一，房屋之间的区别仅限于大小。房屋前面应留有空间，既可以储煤，也能保证仆人宿舍的采光良好。房屋后面应设立不带建筑物的小院儿。无论豪宅还是贫民房，结构上都应统一，监管的标准也应保持一致。两者的不同，就是一个豪华、一个简陋而已。

这些可翻修、可扩建、外形美观的房屋共同组成了关系和睦的社区，每个个体也保持了相对的私密性，与新城市的社会等级制度完美契合。不管有多不起眼，每一个面朝街道的房屋，都是伦敦人的"城堡"，是伏尔泰城市自由主义的体现。最与众不同的是，这些房屋既要获得同时代居民的芳心，也要经得住历史的考验，被后人喜爱。今天，即便是那些深受柯布西耶现代主义影响的建筑师，也喜欢在工作之余，选择在那个时代的排屋中生活与放松，可见这些建筑的受欢迎程度。金融城内的高楼大厦并非全伦敦价格最贵的办公场所，梅菲尔区域的那些按《1774 年建筑法案》评得上"一级"的建筑才是。

这部法案的不足之处在于，它无法解决城市中贫民区和人口过度集中区域的现存问题。沃平、沙德韦尔、斯特尼和南华克都不适用于这部法案，针对这几个区域的相关法案，又过了一个世纪才出台，由国家从私人慈善机构接手进行监管和救济。另一点不足是过于沉闷，这个缺点随时间发展愈发突出。在萨默森看来，法案规定下的"伦敦街道过于千篇一律，这种单调感无法描述，但一定会在某段时间产生无法摆脱的影响"。本杰明·迪斯雷利（Benjamin Disraeli）后来指责该法案造成"街道平淡无奇，犹如一个模子刻出来的一般，毫无生气，就好像一个大家庭中，全是些相貌平平的孩子，没有各自的特点"。维多利亚时代，这种状况得到纠正和改善。

不过，苏格兰建筑师罗伯特·亚当（Robert Adam）在一成不变中做到了别开生面。他认为，乔治王时代的建筑，从伯灵顿庄园开始，一直到威廉·钱伯斯（William Chambers）（乔治三世的建筑总监）的设计，都受限于"帕拉第奥的结构框架"。当时，位于克罗地亚的戴克里先宫，有部分遗迹出土，受到启发的亚当在《1774 年建筑法案》的规定下大胆创新。由他设计的伦敦房屋外观上多了天窗、圆形壁板和灰泥盖梁，内饰上增加窗饰、丝带、纱罩和立柱元素，"造型轻盈优雅，设计精致丰富"。一经推出，风靡一时。

亚当叫板钱伯斯，一下子成为大街小巷的热议话题。钱伯斯的背后，是固守汉诺威建筑风格的传统派。1775 年，钱伯斯作为首席监理启动了一项宏大的工程，在老萨默塞特府旧址上为伦敦增加一栋"国家级建筑"，作为不断壮大的公务员队伍的办公场所。一座"政府机关版"的瓦尔哈拉神殿由此诞生，进驻的政府部门负责"盐业、税务、海军、给养、博彩"事务。钱伯斯领着众人观摩了建于原址之上的伊尼戈·琼斯故居，逐一分析出彩之处，之后才下令拆毁。

不远处的上游，亚当也做好了大展身手的准备。他操刀的阿德菲尔项目，以他本人及其兄弟的名字命名，属于私人投机性质地产。但最终结局不是太好，要不是因为中了彩票，就因资金链断裂而破产停工了。亚当和钱伯斯都选择把建筑修建在泰晤士河岸边，而以往的建筑师最多也只是在河边建个小花园。正如萨默森所言，"潮湿的泰晤士河边，崛起了雄伟的建筑"——这些建筑如今依然矗立于此，就在后来形成的堤岸区一带后面。

钱伯斯认为，亚当自命不凡，作品华而不实、矫揉造作。所以，当亚当申请进入 1768 年成立的新皇家艺术学院时，他果断地一票否决。10 年之后，皇家艺术学院迁址，新址为萨默塞特府。尽管如此，亚当依旧成了时尚潮流的宠儿，他设计的建筑美轮美奂，遍布伦敦和周边，在奥斯特利、肯伍德和赛昂这些地方都能见到。他的作品，以波特曼广场、圣詹姆斯广场和安妮女王大街（遗憾的是，现在已经无法进入）上的排屋为代表，最负盛名，是伦敦设计史上的高光时刻。但相比之下，钱伯斯似乎笑到了最后，他的萨默塞特府如今依然辉煌明艳，屹立于泰晤士岸边。而亚当的阿德菲尔项目则毁于战争。

地产领域重焕生机

《1774 年建筑法案》下最令人瞩目的成就要属贝德福德公爵的布鲁姆斯伯里地产。不同于零碎、拼接式的格罗夫纳广场、伯克利广场和卡文迪什广场，贝德福德广场四面连贯一致。广场的房屋均按一级标准建造，三个隔间宽，四层高，还装有嵌入式门框。大门的四周镶嵌了新型的石膏装饰，这些石膏来自埃莉诺·科德（Eleanor Coade）的兰柏斯工厂。埃莉诺·科德是位了不起的女商人，来自德文郡，最早做过亚麻布制品生意，也当过雕塑师，后来她发明了一种既能浇铸也能火烤的复合石膏，在乔治王时代的伦敦被广泛作为装饰用料用于房屋、教堂和公共建筑上。在埃莉诺的"装饰"下，贝德福德广场完美闪耀，现在风采依旧。

离蜿蜒流淌的泰伯恩溪不远，是平行修建的马里波恩巷。小巷的西侧，是威廉·波特曼（William Portman）修建的波特曼广场。广场于 1780 年动工，为了彰显地位，威廉还请亚当在广场的西北侧建造了一座府邸，府邸主人为休姆伯爵夫人，她是牙买加一位糖业大亨的女儿。这位伯爵夫人热衷于举办各式喧闹的派对。她家的内饰设计，可以说是亚当作品中最为精致的那个；现在看来，依然如此。同一时期，社交达人伊丽莎白·蒙塔古也从梅菲尔的希尔街搬到了波特曼广场居住，她的住所由苏格兰建筑师詹姆斯·斯图亚特（James Stuart）设计建造，她和伯爵夫人成了邻居。前文提到，伊丽莎白是蓝袜社的创始者，同时也是废奴运动的积极倡导者，所以，她与身为糖业大亨女儿的伯爵夫人的关系自然不是很好。

波特曼的房产迅速遍布马里波恩西区。每一处房产，他都以祖先的名字来命名，有的叫西蒙，有的叫菲茨哈丁，有的叫温德汉姆。他在多塞特的"那一堆"庄园，比如兰德福德庄园、布赖安斯顿庄园、克劳福德庄园、布里德波特庄园和杜韦斯顿庄园，起名时也遵循了同样的原则。蒙塔古广场则打破了这种命名传统。它的得名和公爵或者哪个家族无关，而是单纯为了感谢伊丽莎白·蒙塔古——她每年都为这一地区的烟囱清扫工举办慈善派对，着实让人感动。巧的是，其中有个叫大卫·波特（David Porter）的清扫工，后来成了广场的开发商。

广场东侧，波特兰庄园的建设已经接近尾声。1778 年，亚当兄弟受雇开发福利府北边的空地，这块土地被福利男爵长期租赁，他觉得这样就能保证自己的府邸北侧不出现阻碍视野的建筑。为了实现男爵的要求，亚当兄弟设计修建了伦敦最为宽敞的街道波特兰大街。一切本来都很和谐，直到战争期间霍华德·德·沃尔登家族横插一脚，打破了这样一番城镇景象，好比是将一个好看的姑娘划伤了，令其留下一道伤疤，实属一场悲剧。

这一时期的建筑商，目光更加长远。查理二世的私生子，继承了格拉夫顿公爵头衔的菲茨罗伊（Fitzroy）对自家的托滕霍尔庄园进一步改造开发，其范围从牛津街向北，经过新路，一直延伸到卡姆登侯爵的地产边界。1791 年，亚当重新设计的菲茨罗伊广场开工，但建设期间，因为受到拿破仑战争的影响，各行各业都萎靡不振，施工也数度停滞。当时，开发商都在传“马里波恩地段完蛋了”。菲茨罗伊广场带有明显的 18 世纪风格。格拉夫顿公爵还在新路的另一侧修建了更加宏伟宽阔的尤斯顿广场，与他在萨福克郡的府邸同名。后来，因为要建新车站，尤斯顿广场最终被拆除。

尤斯顿广场再往东，是布伦瑞克广场和梅克伦堡广场。这两处的所有者为创办育婴堂的科拉姆，他在 1790 年把地租给了雄心勃勃的开发商詹姆斯·伯顿（James Burton），后者一下子在上面建了 600 多套房子。但这些房子，一般的小租户可住不起，它们是专门盖给医生、律师、商人一类的“中产阶层”的。在简·奥斯丁（Jane Austen）的《爱玛》（Emma）中，主人公的姐姐就一直觉得住在布伦瑞克广场能高人一等，“比住在其他地方要高大上……从街区到空气质量都让人心情舒畅”。

伦敦西区的地价这个时候也飞速上涨。一个啤酒商最初花 30 英镑在皮卡迪利买下一小块地，卖出价达到了 2 500 英镑。安妮女王时期，梅菲尔干草山的一块地还只有 200 英镑，等到了 18 世纪

60 年代，价格已经涨到 20 000 英镑。当然，涨价的并非只有伦敦市中心。一些通勤较为便利的村庄，也成了开发商关注的对象。早在 18 世纪 20 年代，斯托克·纽灵顿、汉普斯特德的教堂街、肯辛顿的荷兰街和里士满的伴娘街就都出现了具有乔治王时代风格的排屋。等到了 18 世纪 70 年代，这类房屋在奇斯威克、坎伯韦尔和格林尼治已经随处可见。只要空气清新，只要乘马车能到达伦敦，就可以盖房子。

虽然马车是一种很原始的交通工具，但在那个时代，马车还是很受欢迎的。1750 年，一名作家称，在特恩汉姆格林地区，"每个职员都住着别墅，每个商人都有乡间庄园"，这些人要么每天通勤，要么一周才回家一次。1791 年，住在特维克纳姆的英国作家霍勒斯·沃波尔（Horace Walpole）写道："很快就会修建一条道路，从伦敦直通布伦特福德……附近 10 英里范围内的每一个村庄都能被覆盖。卡姆登侯爵刚刚租下了肯特镇，这里将会再建 1 400 套房子。"有一次，沃波尔看到街上人来人往，还以为是暴徒，特意把马车停在了皮卡迪利，但其实，那些人不过是路上的上班族罢了。

新潮的都市生活

18 世纪 90 年代，伦敦的居住人口接近 100 万，与一个世纪前相比，各个方面变化明显。伦敦西区曾经是达官贵人的临时居所，他们只有来参加议会或出席"社交季"活动时会在这边落脚，但现在，这里俨然成了大都市的生活中心。《鉴赏家》（Critical Review）刊文称，"几乎每家都有带两个灯芯的玻璃灯……人行道下面是巨大的排水管道，七扭八拐地将城市污水排放出去，而其他城市的污水还都排在地面上，让人见而生厌"。最值得注意的是，"居民用水都先用木制管道统一输送，再用铅制管子接进每户的厨房或地下室，供水充足，一周三次，价格非常便宜，每个季度才收 3 先令"。据说，开着灯的牛津街比整个巴黎市区还亮。摩纳哥王子访英时，还自作多情地以为是为了欢迎他特意搞得这么灯火通明。

但伦敦只有那么几个地区才能享受到这种福利。老城区一直在努力提高居住条件，但居民的居住意愿仍然直线下降。乔治·科尔曼（George Colman）的剧作《秘密婚姻》（*The Clandestine Marriage*）中有这样一段描写：一位女子抱怨，自己的住处周围都是"奥尔德斯门街、齐普赛街、灯芯街和法灵顿街这样沉闷的街区"，没有一丝生气，而她最想住在"高端贵气的格罗夫纳广场一带"。伦敦西区内部其实也有明显的分级。切斯特菲尔德伯爵的庄园建在皮卡迪利相对偏远的位置，他觉得周边人烟稀少，甚至要求"弄只狗来做伴"。

约翰逊的传记作者詹姆斯·博思韦尔再三强调，在邦德街靠东的位置租一间合适的公寓是有多么不容易。他说，租房就像"找老婆一样……2 畿尼①一周，能找个富人家的精致小姐，1 畿尼找的则是骑士的女儿"。他一年的房租是 22 英镑（相当于现在的 2 500 英镑），他自称"娶到了一位出身中等家庭的绅士之女"。诗人拜伦（Byron）的故居位于阿尔巴尼附近，那里足够宽敞，"有空间放书和军刀"，在他看来，伦敦是"全世界唯一有趣的地方"。卡萨诺瓦也是这么觉得的，他形容这里的妓院是"寻欢作乐的圣地，只要 6

---

① 畿尼：英国旧时金币或货币单位。

畿尼，就能体验非凡之感"。

　　伦敦的乐趣形式多样。查尔斯·兰姆（Charles Lamb）和华兹华斯（Wordsworth）是好友，后者离开伦敦，定居在北部的坎布里亚郡。兰姆说，华兹华斯离开伦敦是"死亡之举"，错过了很多乐子。"河岸街和舰队街上的商铺灯火通明……考文特花园周边人来人往，这里喧嚣吵闹，也充满着邪恶与罪恶。风尘女子、守夜人、醉酒、喋喋不休的说话声、清醒后的生活……夜晚的每时每刻都与沉闷无关……这里有熙熙攘攘的人群，有泥泞的街道，太阳照在人行道上……咖啡馆遍布，厨房中热气腾腾的汤生成一道道白烟，还有哑剧演出。"兰姆说，"哑剧和化装舞会风靡伦敦"。我们不知道，华兹华斯在看完兰姆的描述后，是怎么回信的，但从他的十四行诗《威斯敏斯特大桥上有感》（*Upon Westminster Bridge*）中，不难发现他对兰姆口中的那个伦敦充满着向往与认同——"世界上没有什么能比威斯敏斯特大桥更为壮丽了"。

　　伦敦有两大游乐园，分别是沃克斯豪尔花园和拉尼拉花园。一方面，它们展现了伦敦的活力；但同时，它们也被视为"道德沦丧"之地。沃克斯豪尔花园于 1729 年开业，位置在沃克斯豪尔；而拉尼拉花园在 1741 年迎客，位于米尔班克附近。两个地方的入场门槛都很低，门票不过 1 先令，而且谁都能进，在场内和谁社交攀谈也没有限制。1772 年，牛津街上举办了英格兰最大的室内活动"冬季拉尼拉"，其中的化装舞会项目有 1 700 人参加。化装舞会在晚上举行，一个季度举办 12 次，收费 6 畿尼。霍勒斯·沃波尔觉得，举办地点拉尼拉花园是"英格兰最美的建筑"，美得不可思议。类似的活动，也会在一些贵族的家里举办，但举办目的往往只是为了看看到底能来多少人。有一次，一位德国人参加了在诺福克宫举办的化装舞会，他抱怨里面人山人海，去得一点都不值，"每个人都说太挤了，舞会的快乐大打折扣"。还有人说，"里面没人打牌，没人奏乐，人太多，总是被旁人的手肘撞到"。

艺术领域，越来越多的人开始请画师画像，由此催生了一批艺术家，其中最著名的是约书亚·雷诺兹（Joshua Reynolds）和托马斯·庚斯博罗。1765 年，年仅 9 岁的莫扎特在伦敦登台演奏。同年，人称"伦敦巴赫"的约翰·克里斯蒂安·巴赫（Johann Christian Bach）搬到汉诺威广场居住，并举办了演出。1790 年，作曲家约瑟夫·海顿（Joseph Haydan）从奥地利来到英国。但这一时期的观众往往很吵，还会起哄。18 世纪 40 年代至 70 年代，戏剧界最受欢迎的演员是加里克（Garrick）。但 1754 年，他筹备的中国文化节却发生了事故，围绕演出团队中的外国演员传出了一些谣言，引发了骚乱，导致舞台被砸毁。另外，很多剧院在这个时期频频发生火灾，就连位于干草市场、考文特花园、德鲁里巷和林肯旅店的那些，也未能幸免。

购物在女性社交活动中的比例逐渐上升。1707 年，威廉·福特纳姆（William Fortnum）和休·梅森（Hugh Mason）合伙开办了食品杂货店；1760 年，威廉·哈姆利（William Hamley）的玩具店开业；1766 年，詹姆斯·佳士得（James Christie）成立了拍卖行；1797 年，约翰·哈查德（John Hatchard）的书店开始营业。简·奥斯汀就坦言自己是个购物狂，最经常购物的店铺在考文特花园的丽埃塔大街上，店名叫丽顿和希尔斯，有时候一天就能消费 5 英镑。

类似的活动打破了以往分明的社会等级界限，至少新来到伦敦的这波富人里没有所谓的阶层概念。在伦敦之外，人们只能在同阶层自由交际，所以他们愈发被开放的伦敦所吸引。游乐园、剧院、音乐会和公园兼具娱乐功能和社交功能。乔治二世（George Ⅱ）的王后卡洛琳（Caroline）曾想把对公共开放的圣詹姆斯公园变成王室专属场所，她向沃波尔打听，这么改造得花多少钱。沃波尔告诉她，估计要拿王位来换才可以，她要是这么做了，人们肯定把她从英国王后的宝座上推下去。外国游客注意到，在伦敦，就连乞丐都傲气十足，不会特意给人行道上的绅士让路，好像没什么礼貌，但这正是伦敦人人平等的体现。伦敦这座全新的都市，令人振奋的同时，也充满了不确定性和不稳定性。

第十一章

摄政时代：纳西风格初现

1789—1825

法国大革命和拿破仑

1789 年爆发的法国大革命让伦敦变得兴奋起来。一直以来，在伦敦市民的眼中，波旁王朝统治下的巴黎是个极其微妙的存在。巴黎与伦敦，即便不算敌人，也存在竞争关系。过去的几个世纪里，伦敦接收了来自各国的难民，充当着欧洲的避难所，自诩是欧洲独裁沙漠之中的民主绿洲，并以此为傲（虽然英国政府在对待国内的反叛势力时，态度截然不同，一点也不手软）。巴黎起义的消息接连不断，年轻的华兹华斯受到氛围的感染，写道"在那个黎明，活着是幸福的……幸福感意想不到"。激进派辉格党人查尔斯·詹姆斯·福克斯宣称，攻占巴士底狱是世界历史上最为重大的事件。小皮特也在议会公开表示，这一事件预示着英国将与一个全新的法国实现 15 年的和平友好，这是他鲜有的错误判断。只有埃德蒙·伯克持怀疑态度，认为革命会让法国陷入无政府状态，导致"一些受民众拥护的将军借机建立军事独裁统治"。

面对新成立的法国共和政府，欧洲君主制国家组织了围剿行动，但皮特执政下的英国则延续了以往对待他国政治变革的态度，保持"事不关己高高挂起"的立场，没有参与其中。但巴黎发生的一系列事件还是让伦敦政府感到担心。1792 年，法国公开表示支持并援助所有反对君主制的人士及团体，皮特随即颁布反对煽动性集会和叛逆行为的规定，并更改风向，逮捕革命的同情者和支持者。托马斯·潘恩（Thomas Paine）因此逃往法国。1795 年，英法开战的可能性越来越大，一系列涉及叛国、审查及政治集会的法令相继出台。伦敦吹嘘的自由之光已然黯淡。英国的激进派和保守派一样困惑：巴黎上演的一系列动作，释放了怎样的信号？到底是一场良性变革，还是应该被积极镇压？

1788 年，拿破仑发动政变登上历史舞台，验证了伯克的预言。他对伦敦带有明显的敌意，之后很可能会入侵英国。这位法国皇帝厌恶英国散发出的高高在上的优越感，也憎恨漫画家詹姆斯·吉尔雷（James Gillray）把他画成一个身材矮小的小疯子。他确信，英国人一定也渴望摆脱汉诺威王室的统治枷锁，因此，1805 年，他在布伦集结了 20 万人，准备入侵英国。如果拿破仑能成功渡过英吉利海峡，那么伦敦将没有丝毫抵挡的可能性，等待伦敦的就是被法国军队直捣黄龙。但特拉法加一战终结了拿破仑顺利跨海的美梦。莎士比亚时期修建的护城河也派上了用场。伦敦大举庆祝特拉法加胜利，用这场战役给广场、街道、酒吧命名。30 年后，伦敦还为战役的指挥官——海军上将纳尔逊（Nelson）修建了纪念柱。1815 年，滑铁卢大捷，伦敦人用同样的方式进行庆祝，滑铁卢大桥和车站的得名也是这么来的。

战争经济

与法国的战争对伦敦的影响主要体现为贸易中断。法国曾嘲讽英国人：全国都是"卖货的"。这句话虽然是误译，原话中的商人（merchants）被翻译成店家（shopkeepers），但意思也差不太多。金融城方面担心，拿破仑的扩张主义会威胁不列颠新殖民地的治安情况。尽管英国本国不实行奴隶制，也不从事以黑奴作为劳动力的糖和棉花销售，但英国很大一部分的财物积累实质建立在奴隶贸易之上。实际上，1806 年时英国已废除黑奴贸易。此时，拿破仑可以给金融城造成的最大威胁是封锁英国与波罗的海和俄国之间的海上商贸通道，让英国商船队无法运输货物。拿破仑确实也有这个意图，这就直接导致 1807 年在哥本哈根港，面对法军舰队的封锁挑衅，英国皇家海军正面交锋并将其摧毁。

伦敦很快在欧洲的混乱中找到生财之道。贸易经营过去依靠咖啡馆，现在终于有了专门的交易所，劳埃德保险交易所延续了劳埃德咖啡馆的老名字，波罗的海交易所和南海公司合并，垄断国际市场的商品运输。羊毛、金属、啤酒花、玉米和煤炭交易所也纷纷出现。但伦敦的商业霸主地位首次因地理位置受到冲击。1720—1800 年，英帝国贸易总量增长了两倍，贸易线路开始途经布里斯托、利物浦和格拉斯哥。伦敦的码头在位置上不占优势，设施又陈旧过时，每个码头还都有各自的垄断和限制规则。很多货物要等上几天才能卸货，之后又被堆在仓库里，一放好几周。

1793 年，议会授权金融城购置土地，在伦敦的更东侧建造新的港口。1800年，狗岛上的西印度码头开工建设，两年后，沃平建造了更为雄伟的伦敦码头，还配有皮拉内西风格的柱廊。此后，萨里码头、布莱克沃尔码头相继开工，托马斯·特福德（Thomas Telford）设计了圣凯瑟琳码头，就位于伦敦塔桥附近。码头的位置原来是个贫民窟，1 300套房子被夷为平地。所有的码头都安装了防潮闸门。区域内劳动力需求大增，各种供工人居住的廉价房屋也成片涌现，从卡伯街到高道、窄街，再贯穿莱姆豪斯至波普拉，比比皆是。接下来的一个世纪，伦敦东区成为全英规模数一数二的工人阶级聚集地。但对这块区域，不少伦敦人其实并不了解。

纳西时代

1811年，乔治三世饱受精神疾病折磨，他的儿子威尔士亲王乔治代为摄政。乔治亲王庸俗粗鄙，他披着自由主义的外衣，用浅薄的艺术见解作伪装，掩盖骨子里的奢靡放荡。他崇拜拿破仑，即便后者已经到了败北之地。他效仿后者的一举一动，甚至连加冕用的礼服，也全部按照拿破仑使用的那件制作。此外，这位摄政王子和之前的查理二世一样，也觉得英国的首都应该和巴黎在一个层面上，得有过之而无不及。

有意思的是，这位王子不打算在建造华丽宫殿上做文章，他感兴趣的不是欧洲首都那些气势恢宏的建筑。他提出要在伦敦打造一片前所未有的精致郊区，这与伦敦资产阶级的长期理念不谋而合。1811年，原本作为皇家狩猎场，后来被波特兰公爵承租的马里波恩之外、新路以北那一片地的租约到期，打造精致郊区计划的机会来了。按照王子的设想，摩尔街上建造的新宫殿卡尔顿宫和新公园的别墅区之间会修建一条像香榭丽舍大道那样的林荫路。思路有了，钱也不是问题——王子在议会中有关系，能拿到资金，天时地利皆具，只差设计方案。

约翰·纳西有威尔士血统，在兰柏斯长大，师从建筑家罗伯特·泰勒爵士。因此，他的风格偏向泰勒推崇的帕拉第奥主义，而非罗伯特·亚当喜好的雕饰创新。1783 年，纳西破产，回到威尔士为乡绅建造房屋。他和景观设计师汉弗莱·雷普顿（Humphry Repton）结成工作搭档，汉弗莱进行景观规划，他则为建筑提供整体设计。古典主义、意大利风格、哥特式或城堡式，他都有涉猎。

1798 年，纳西在职业上迎来飞升期，尽管没人能解释一切是怎么发生的。他当时 48 岁，是个鳏夫，个子异常矮小，"脸长得像猴子一样"，但举止文雅有礼，超级幽默风趣。此外，他是如何娶到芳龄 25 岁、美丽迷人的玛丽·安·布拉德利（Mary Anne Brad-ley），也始终是个谜。玛丽在怀特岛上"养育"了 5 个孩子，都姓彭内索恩（Pennethorne），据说其中有乔治王子的私生子。纳西传记的作者也不确定，到底是纳西把"诚实的妻子"献给了王子，还是王子直接给纳西戴了绿帽子，让玛丽做了自己的情妇。我们还知道，纳西与自己的律师约翰·爱德华兹（John Edwards）是难得的密友，后者比纳西小 20 岁。两个人形影不离，两家人也共同住在纳西位于滑铁卢大街的豪宅中。这套房产后来被归给了纳西徒弟的儿子，而这位徒弟给儿子起名时，为了致敬师父，也选了纳西这个名字。

无论是出于怎样的原因，1806 年，这样一位打零工的建筑师突然变成了林木委员会——如今的皇家财产局——的头头。纳西在伦敦和怀特岛分别购置了豪宅，还获得各种资源投资自己的项目。更重要的是，王子对纳西推崇备至，曾有计划对马里波恩进行扩建，打算向北延伸，直至穿过现在的摄政公园，但这一计划后来被否决了。纳西根据王子设想修建的"皇家大道"，起于卡尔顿宫以北，横贯整个西区，一直到新建的庄园为止。

王室布局

纳西的设计既要美观，又必须实用。他需要将王子的设想与伦敦房产市场的现实结合起来，在保证商业需求的同时，体现建筑的宏伟和环境的优美。1812 年，纳西完成方案计划书，在城市规划的部分加入景观规划内容，得到景观设计师布朗（Brown）和雷普顿的称赞。在如此规模的范围内打造"城市乡村"，自然备受瞩目，大概只有雷恩当年的城市重建计划能与之相提并论。伦敦大火后，雷恩曾提交过一份重建方案，但因为种种原因，方案不了了之。

皇家大道的起点为卡尔顿宫，先一路向北，穿过圣詹姆斯公园，途经的老市场被拆掉让位，在皮卡迪利建一个新广场。老燕子街也要拆除，新建一处扇形区域，北至梅菲尔东侧。纳西的意图很明显。他承诺"会把上流贵族和平民百姓的居住区域清晰分开，贵族们的房子周围尽是广场和大街，工人和小商小贩之流只能住在狭窄街道和小房子里"。沙夫茨伯里大道建成之前，从摄政街到苏豪区的老贫民窟只有逼仄的小巷连通。

为避免侵占波特兰家族的卡文迪什广场，纳西对牛津广场的周围街道进行了调整。从广场延伸出来后，街道先拐向左边，一段距离后再拐向右边，之后与波特兰大街连接，再穿过新路继续向前。纳西充分发挥才智，提出修建巴斯的那种圆形广场。他还想在雷普顿式的公园里建造 50 座别墅，每一座周围都绿树环绕。这个设计的目的在于"被树木包围的别墅看不见彼此，但共享公园资源，与公园成为一体"。一片绿意中，湖泊点缀，摄政运河蜿蜒流过。出于开发的服务性要求，纳西还在东侧靠近坎伯兰市场那一带，设计了工人阶级的居住区域。但这片房子在 20 世纪就被拆掉了。

因为这块土地的绝大部分归王室所有，如果改变用途，需征得公众同意，改造涉及的资金还得从公共资金中拨付。好在乔治王子在议会中有人脉，这一点极为重要。但到了 19 世纪 20 年代，财政部不再为建设提供资金，财政大臣一直对政府出资翻修卡尔顿宫一事耿耿于怀。最后的结果就是，乔治王子的改造计划得到了政府的许可，但没有拿到资金。有别于主导罗马规划的西克斯图斯和负责巴黎规划的奥斯曼（Haussmann）男爵，纳西在资金上没有话语权，不能下令征收土地，也无权动用钱款。这意味着，他想继续，就只能依靠地产开发商的投机资本，实际上和伦敦的其他地产开发工程没有区别。从一开始，这就是个自带风险的项目。

鉴于伦敦发展的不连续性，纳西很可能重蹈雷恩的覆辙。但幸好，纳西的方案如期实施，虽然与最初规划有些出入。1812 年规划的圆形广场，后来改成半圆形加方形广场的样式；而规划的 55 座公园别墅，只有 8 座竣工。最麻烦的是新建的摄政街。按照原计划，街上的房屋，底层是商店，上面是公寓，整体建造必须一气呵成、风格统一，否则看上去就像没完工的半成品，也不会有人来买。纳西的代表作——皮卡迪利广场的扇形柱廊，一开始的效果也非常不理想，属于失败品。由于每个建造商/住户都想增加些个性化的元素，纳西只能一一协调，再做出调整，这里加个教堂，那里盖个会议室、酒店，尽一切可能保证建筑在美感上实现统一。摄政街与波特兰街的交汇处，坐落着纳西设计建造的教堂万灵堂，准确地说，它的具体位置是在交汇处的一条短小路段朗豪街上。教堂的外立面四周镶嵌着天使雕饰，至今依然保存完好。

换句话说，这项本来是乔治王子布置的任务，最后成了纳西自己的项目。他不得不冒险把自己的钱投进去，还请来詹姆斯·伯顿一起担任开发商，育婴堂和贝德福德庄园就是后者开发的。伯顿的儿子——建筑师德西姆斯（Decimus）也为纳西工作，负责公园别墅的设计。但公园别墅销售十分困难，而且德西姆斯还调整了纳西的初始设计，新增了一些露台，从外面乍一看好像是座宫殿，但实际上就是个独栋别墅，进深不过和一间正常的房子相当。公园成为马展的官方举办地，还开辟出植物园区，大受欢迎的伦敦动物园也在园区之内。为了不影响公园的氛围环境，动物园区被精心规划成"动物花园"。

排屋从 1820 年开始在伦敦出现，最早是出于经济预算的需要，它的兴起意味着伦敦地产开发进入高潮期。不同的排屋花样各异，切斯特联排有罗马凯旋门样式的拱门装饰；坎伯兰联排有间隔的门廊；萨塞克斯联排有圆形屋顶，两翼呈不规则八边形，集印度风格和古典主义于一身，整体感觉像是没有喷水池的圣彼得堡，而且完全不符合《1774 年建筑法案》的严苛规定。伦敦或许还没有一座建筑能比得过塞纳河畔美轮美奂的宫殿，但它离这个目标已经越来越近了。

如果现在有谁建议设计这样的房子，他肯定会被安上"迪士尼怪胎"的名字。20 世纪 40 年代，保守古板的萨默森批判这些排屋

"设计不用心、外观笨拙……根本不是那么回事儿，让人无法直视，看上去荒唐无比……是以建筑的名义在胡闹"。但即便是萨默森也无法否认，"这些如同被施了魔法一般的排屋，历经'时间的迷雾'，被大众视作'梦幻宫殿'。建筑的宏伟感配上巧妙浪漫的设计，相比之下，整个格林尼治都不够大气，汉普顿宫也显得俗不可耐"。我小时候就住在纳西公园别墅后面的阿尔巴尼街上，目之所及，如梦如幻。阳光透过斑驳的树叶，撒向粉饰灰泥的建筑，它们闪闪发光，如此耀眼。我第一次觉得伦敦的城镇风情是如此曼妙，不可思议。1945 年，因为房屋已经破旧不堪，马里波恩的区议会准备将这片排屋拆除。皇家美术委员会费了好大一番功夫加以制止，一直到 20 世纪 60 年代才拿到了保留所有房屋的批复。

多元与上帝

　　乔治王时代的一大特点，就是英国国教失去了以往的至高无上地位。金融城区域可以做礼拜的宗教场所虽然有小几百，但大部分都建于雷恩时期，后面除了 24 座安妮女王教堂，就再无新建。几乎整个 18 世纪，只有当城区向乡村扩张时，才会建设新教堂，比如哈克尼、伊斯灵顿、汉普斯泰德、帕丁顿和巴特西这些新开发区域建造的那些。在伦敦，"教堂严重不足"。

　　教堂缺失的同时，不从国教派兴起。和犹太人一样，他们也被主流宗教排斥，从而聚集形成了新团体。贵格会、长老会、浸礼宗、莫拉维亚弟兄会和不断壮大的循道宗联合了起来。1720—1800年，英国国教信徒数量直线下降，不从国教派人数却翻了一番。在一些地方，宗教意见相左引发了政见相对。独立教会教徒，来自纽因顿格林的理查德·普莱斯（Richard Price），公开支持美国和法国革命，因为他的观点和演讲，伊斯灵顿被视为激进派地区，这顶帽子现在还扣着。早早就关注废奴问题并发声的威廉·威伯福斯（William Wilberforce）和约翰·桑顿（John Thornton）都属于英国国教福音派。

最终，连主教们也"走下神坛"行动起来。1818年，议会颁布教堂建设法案，和1712年的安妮女王教堂法案一样，也是由政府拨款来建设滑铁卢教堂，但这次的爱国色彩更强，资金有100万英镑。19世纪20年代，新建教堂的数量为30座；到了19世纪50年代，已经达到150座。这些教堂平均分布于伦敦西区和金融城东部、南部的贫民窟区域。和安妮女王教堂一样，这一批教堂的设计者也都由当时的顶尖建筑师担任。著名建筑师托马斯·哈德威克（Thomas Hardwick）的圣马里波恩教堂建在了新路，约翰·索恩（John Soane）爵士的圣三一教堂位于波特兰大街，旺兹沃斯、哈克尼以及温德姆大街上的波特曼庄园都能见到斯米尔克（Smirke）设计的教堂。滑铁卢大桥南岸，在伊顿广场、切尔西、伯蒙西和贝斯纳尔格林的穷人生活区，新建的教堂如雨后春笋般拔地而起。很多教堂都以容纳2 000名信徒的标准设计建造，对一些人口较少的现代教区而言，让教堂坐满俨然是一项不可能完成的任务。

这些建筑开启了伦敦品位层级的新篇章。按照1818年教堂建设法案修建的教堂均是希腊古典主义风格。圣潘格拉斯新教堂入口即为门廊，耳堂在外观设计上复制了希腊卫城的厄瑞克修姆庙。如今，教堂依然坐落于尤斯顿路上，门前的女像柱静静见证街道的喧嚣和人潮往来。并不是所有人都喜爱教堂。萨默森认为，这些建筑

是古典主义复兴的最后一次尝试，"带有根深蒂固的特质"，与安妮
女王教堂给人的友好和温馨之感截然不同。年轻建筑师奥古斯塔
斯·普金①（Augustus Pugin）之后的评价更加直言不讳，他称这
批滑铁卢教堂是"时代的耻辱，价值微乎其微，没有比其更加浅
陋、可悲、不合时宜以及荒谬的建筑了"。每一代设计师都会对前
人的作品品头论足。

　　伦敦西区的咖啡馆逐步演变为达官贵人的私人会所。圣詹姆斯
街上的怀特俱乐部，1693 年成立时本来是个卖巧克力的地方，但很
快变成了绅士们饮酒作乐的专属之地，布多恩金俱乐部和布鲁克斯
俱乐部也都仿效它的样子。还有一家私人会所，由来不同寻常，前
身是卡斯特雷子爵在拿破仑战争时期创办的旅行者俱乐部，当时，
那些本想去欧洲旅行但是没能去成的人，都会来这个俱乐部了个心
愿。当然，还有其他俱乐部的存在，它们提供各式各样的服务，彼
此间相互竞争。1827 年，纳西设计的联合服务俱乐部在滑铁卢大街
上开门营业——风格为罗马式。对于建造罗马风格的建筑，伦敦似
乎非要与法国决出个高下才行。一年后，曾为纳西助手、后来变成
竞争对手的德西姆斯·伯顿打造的希腊风格的雅典娜神庙俱乐部竣
工。如今，这两栋大楼分别立于马路两侧，彼此相对，但入口特意
错开，朝着不同的方向。

　　伦敦在向多元化发展的同时，也不断提升社交私密性。一些社
会群体的活动仅限于在社区内部和俱乐部进行。化装舞会和聚会也
不再对公众开放。圣詹姆斯街上的奥尔马克俱乐部只允许持有"许

---

　　①　奥古斯塔斯·普金：19 世纪英格兰建筑师、设计师、设计理论家。英国议会
大厦重建时，哥特风格的内饰设计是他的代表作之一。

可证"的人士入内，仅提供柠檬汁和茶。相传，德国贵族帕克勒·穆斯柯（Pückler-Muskau）王子到访英国时，因为身份被社交圈视为"座上宾"，每天都有五六份邀请函递到王子的案头。

以博·布鲁梅尔（Beau Brummell）为标志，伦敦男性的着装变得正式起来。他最早被称为圣詹姆斯街上英伦精致着装的开山之祖，后来成为时尚界的标杆。有人曾看到他出现在富人区以东的河岸街，感到大为惊讶，觉得他这样的身份地位怎么会出现在那里，而他自己回应是迷路了。不管怎样，他都是男士风格的引路人。他每天花五小时梳妆打扮，标榜自己是注重个人卫生和着装的"新男性"。他说，绅士的穿着要低调有内涵。一套衣服，包括整洁的白衬衫、暗色的紧身裤、深色的西装外套和高领领结。他的影响力有目共睹，人们为了能有他的同款皮鞋，纷纷向其私人鞋匠乔治·胡比（George Hoby）订购，后者不得不雇了300名工人加班加点生产。

摄政时代，刺绣大衣和长裤曾风靡一时。布鲁梅尔的新风格将男性时装带上流行巅峰。没过多长时间，全伦敦西区乃至全英格兰的绅士贵族纷纷按此标准着装，甚至在全世界也掀起一波浪潮。直到今天，我们还是可以注意到，联合国大会上，与会人士，除了来自一些阿拉伯国家的代表之外，基本上都穿着深色外套、白色衬衫，戴着领带。想必布鲁梅尔仍能因此而洋洋得意。晚年时期，他因为欠下赌债逃亡法国，最终因梅毒客死他乡。但作为最有品位的时尚始祖，他的雕像如今依然屹立于杰明街。

第十二章

邱比特的设计之城

1825—1832 年

邱比特和贝尔格莱维亚

　　就在纳西费力劳心地想要打造出乔治王子的梦想之城时，越来越多的开发商抓住拿破仑战争后经济复苏的时机进入房地产市场，态度更加谨慎小心。1820 年，贝德福德公爵决定在布鲁姆斯伯里广场北面的土地上建造罗素广场、塔斯维托克广场和戈登广场，他找来了年轻但野心勃勃的托马斯·邱比特（Thomas Cubitt）担任建筑商。要知道，罗素广场的景观设计师可是大名鼎鼎的雷普顿。

　　邱比特来自诺福克郡，父亲是一位木匠，他的成就全是依靠自己努力打拼的结果。邱比特在伦敦中产阶级心中的地位，堪比纳西对乔治王子的重要程度。邱比特曾在印度工作，从格雷律师学院路起家，一开始是工地上的建筑工人。和纳西把工程外包出去的做法不同，邱比特有自己的建筑队。纳西的外包人员做事潦草粗心，而邱比特的工人则仔细认真，挑不出一点儿毛病。维多利亚女王（Queen Victoria）位于怀特岛的奥斯本宫就由邱比特打造，女王评价他"人好、心善、简单、谦逊"。

邱比特的野心逐渐膨胀。他很快就把关注点放在了比布鲁姆斯伯里开价更高的地产项目上,成为开发白金汉宫以西地皮的建筑大军中的一员,这一片区域当时需求旺盛、前景无限。除了有新修建的白金汉宫,格罗夫纳家族的埃伯里庄园也坐落于此,庄园平日里主要用来放牧,外加种植蔬果,等成熟后在市场上售卖。特雷弗广场和蒙彼利埃广场的周围,在骑士桥另一侧、韦斯特伯恩河的沿岸,已经建有一些楼宇。卡多根的地块上,也建了霍兰德的汉斯小镇。但从这里到海德公园角,靠韦斯特伯恩河的区域依然有大片的沼泽地尚待开发。

1825 年,邱比特从格罗夫纳家族手中租下了一块土地,面积19 英亩,位于海德公园和国王大道之间。两年后,他又和朗兹家族签订了租约,承租了韦斯特伯恩河两岸的地块。他翻修了老拉尼拉的下水管道,还把修建圣凯瑟琳码头时挖出来的沙土堆进这儿的沼泽给土壤整体加固。如今大名鼎鼎的贝尔格莱维亚和皮姆利科也出自他的手笔。这两处是伦敦历来最为宏大、最具创新性的开发项目。贝尔格莱维亚取名自格罗夫纳家族在莱斯特郡的乡下庄园,而皮姆利科得名于霍顿一家经营麦芽酒业务的酒馆老板的名字(没人知道为什么)。它们与摄政公园齐名,同为伦敦历史上最美观大方的三处城市发展规划。

邱比特手下的建筑工人集聚在贝尔格莱维亚,有几百人的样子。《泰晤士报》(The Times)在 1825 年评论说:"建筑开发的热度有增无减,在皮姆利科和切尔西进行蔬果种植及贩售的人都意识到他们得腾地方了。"但随着市场逐渐饱和,和邱比特共同承接格罗夫纳项目的两个开发商——负责威尔顿街的赛斯·史密斯(Seth Smith)和负责切斯特广场的约瑟夫·坎迪(Joseph Cundy)陷入债务危机。从切斯特广场和周边街道的促狭布局上就可以看出后者开发时有多缺钱。但邱比特坚决表示，不会调整最初的计划，如果不行，就自己出资修建，他一人拥有建筑商、开发商和出资人三种身份。对他而言，设计大过一切。1838 年修建皮姆利科的时候，他尝试在网格状的广场周围，以十字交叉的形式修建斜线型道路，这就导致走在这里像走迷宫一样让人困惑。华盛顿特区的道路网络也让人有相似之感。

这些房屋的设施标准在当时数一数二，全部安上了自来水和天然气，配有通风的地下室和顺畅的排水系统。周边的马路也很平整，或者铺上了鹅卵石。纳西建造的排屋没过多久就开始塌陷，但邱比特的没有遇到这种问题。因为质量问题，纳西建在梅菲尔、马里波恩、贝斯沃特和布鲁姆斯伯里的排屋都受到批判、质疑，被拆毁。但邱比特在贝尔格莱维亚和皮姆利科的那些建筑则在历史的激荡中完好地保存了下来，安然无恙，并以标志性的奶油色墙壁和粉饰灰泥的阳台成为高端生活的代表，受到世界各地富豪的追捧。邱比特传记的作者赫敏·霍布豪斯（Hermione Hobhouse）在书中提过一首赞颂邱比特的小诗，诗的作者是在此居住的一位住户，对邱比特非常仰慕。"应该给你戴上花环，比给雷恩的更漂亮/他建造了一座教堂/但你打造了一座无与伦比的城镇！"的确，现代社会几乎没有哪个住户会这么称赞开发商。

"遥远的"地块

地产开发上，并非只有邱比特"一家独大"。滑铁卢教堂的兴建潮过后不久，伦敦主教就把名下位于帕丁顿和贝斯沃特的空地交给主教监理塞缪尔·皮普斯·科克雷尔（Sameul Pepys Cockerell）打理。这两处在布局设计上与贝尔格莱维亚有几分神似，特别是莱茵斯特大街、波切斯特大街和兰卡斯特门一带。区域内建有方形广场和新月形街道，大街两侧排屋林立，都是灰泥粉饰的意大利风格，有些路段还种植了名贵树木。但贝斯沃特没能取得贝尔格莱维亚那样的辉煌——它离市中心太远了，而且一个世纪之后，因为租约到期，土地被教会收回，原址上那些摄政时期的"高大上"建筑都被拆毁，新建了现代风格的独栋房屋和公寓。

直到现在，伦敦房产的拆建命运仍掌握在建筑鉴定师手中。房屋翻修的脚手架成了新伦敦的一大标识。人们普遍认为，乔治·克鲁克香克（George Cruikshank）于 1829 年出版的漫画作品最大限度地还原了当时的伦敦景象。画作中，伦敦是一支冲向城外的军队（比喻伦敦向郊区扩张）。他看到芬奇利路到汉普斯泰德之间大举修建房屋，受启发创作出了《砖瓦水泥行军》（*March of Bricks and Mortar*）。铁锹、烟囱等拼凑出来的"士兵"组成修建排屋的军团，它们穿过米德塞克斯郡，朝目瞪口呆的村民、牛羊等接连不断地丢掷砖块。

野心最大也最冒进的项目是对诺丁山以西地块的开发，这里距离城区很远。就是这个项目，让拉德布罗克（Ladbroke）一家在 1821 年吃了个大亏。他们把名下的地产租给了建筑师托马斯·阿拉森（Thomas Allason），后者提供的计划比纳西或邱比特的还要宏大。建好后，这里的中心地标将是一处周长 1 英里的圆形广场，位于诺丁山的斜坡上，俯瞰着山谷。整块地将建满别墅，每栋占地 5 英亩，带私人花园。

但现实永远比理想骨感，楼盘完工后没怎么卖出去。1837 年，山顶部分简单改建成赛马场，原本希望能与阿斯克特赛马场平分秋色，但再次被现实打脸。因为这里是黏性土壤，位置又靠近肯辛顿北部的陶厂和砖厂，环境和人群吸引力都比不上伯克郡的阿斯克特。《泰晤士报》评价称"很难再找到比这里更糟糕和惹人厌的地方"，这里的别墅和赛马场项目都以失败告终。1841 年，阿拉森的这些别墅，遭遇了和纳西摄政公园一样的命运——被拆除改建为排屋。诺丁山的地价呈螺旋式下降，这个项目变成了伦敦地产开发领域的"南海公司泡沫"。上千人的积蓄打了水漂。

城北和城东

摄政公园以北的艾尔庄园是比较成功的开发项目。早在 1794 年的土地拍卖会上，就有方案提出要在托马斯·洛德（Thomas Lord）的首个板球场附近建造别墅、独立住宅和半独立住宅。到了 19 世纪 20 年代，艾尔庄园名声大噪，因为居住的都是被达官贵人包养的情妇，被冠以"情妇区"之称。霍尔曼·亨特（Holman Hunt）1853 年的作品《良心觉醒》（*The Awakening Conscience*），画的就是一名情妇在圣约翰伍德与情人分离的场景。这幅画现在被保存在泰特美术馆。

一直到 19 世纪末，毗邻樱草山山坡的地段才获得开发允许，此前，其所有者伊顿公学一直不同意开发。这块地属于伊顿公学名下的贝尔西尔庄园。但附近的菲茨罗伊家族名下的夏克特庄园却早就"如日中天"，建满了大小适中的排屋。18 世纪，这块地皮被转手卖给了萨默斯男爵，萨默斯小镇随之诞生，圣潘克斯以北还出现了阿加尔小镇。以"小镇"为楼盘命名，是出于营销目的。但后来卡姆登伯爵的小镇声名鹊起，萨默斯小镇和阿加尔小镇反而成了陪衬，最终因为修建铁路而被拆除。

亨利·彭顿（Henry Penton）在育婴堂外围可以俯瞰国王十字地区和弗利河谷的山坡地段打造了彭顿维尔，也是个小镇，不过因为名字是法语，所以感觉相对高级。挨着的土地归威廉·贝克（William Baker）及其夫人玛丽·劳埃德（Mary Lloyd）所有，上面建造了高端优雅的排屋，如今是劳埃德贝克项目的所在地。灰泥粉饰下的别墅，外观典雅宁静，加上弯曲的街道设计，使这里成为伦敦最具迷人风情的居住区域。得益于地产开发，伊斯灵顿教区的人口从 1831 年的 3.7 万人增加到 1861 年的 15.5 万人。

克勒肯维尔庄园和坎农伯里庄园同样魅力十足。它们的主人是有着"富有的斯宾塞"之名的金融城贵族乔治·斯宾塞（John Spencer）爵士。斯宾塞的女儿为了和北安普顿郡的贵族康普顿伯爵私奔，藏身在篮子里才从家逃了出来。按照地产商的交易法则，斯宾塞的女儿得到贵族头衔，被称为伯爵夫人，而康普顿伯爵则拥有了伦敦西区之外最具价值的地块。从 19 世纪开始，这块地上先后建起了北安普顿广场、康普顿大街、斯宾塞大街，北侧还修建了加农伯里广场。

金融城东侧的土地，虽然没什么宏伟建筑，价值也相对较低，但市场交易活跃度并不弱。19 世纪 30 至 40 年代修建的斯蒂芬庄园，大部分所有权由默瑟斯公司持有。特雷德加男爵在米尔安德仿造肯辛顿的样子建了一座广场，以自己的名字命名。中产阶级住宅遍布金融城以北的哈克尼、克莱普顿和维多利亚公园。得益于建造了新桥梁，泰晤士河南岸的地产开发也迸发出勃勃生机，坎伯韦尔区域的达利奇学院和克拉珀姆公地旧城区附近都有项目提上日程。萨默森的记录显示，乔治王时代末期，伦敦的边界已经大幅扩展，北起汉普斯泰德，西至哈默史密斯，南到刘易舍姆，东止波普拉。

尽管伦敦多数郊区的区域产业获得明显发展，但大部分伦敦人依旧在金融城和威斯敏斯特工作。他们的通勤情况非常糟糕，大多只能步行，一走就是几英里，街上行人摩肩接踵，还时不时有街边小贩和动物抢道占位，只有富人才坐得起私人马车。1829 年，乔治·希利比尔（George Shillibeer）借鉴巴黎的做法，在伦敦推出公共马车，每辆车上面带有挡罩，3 匹马并排拉动，可载 18 位乘客。从帕丁顿到新路再到英格兰银行，都有马车运行。希利比尔在广告中承诺："马车的车长由德高望重的人士担任"。事实证明，公共马车一经推出就大受欢迎，在火车这个更强大的竞争对手出现之前，一直垄断着公共交通市场。

摄政时代的落幕

乔治三世去世后，先前代为摄政的王子继位，成为乔治四世（George Ⅳ），并从卡尔顿宫搬到白金汉宫居住。在他住进去之前，白金汉宫还只能叫白金汉邸。乔治四世为了让寝宫具有帝王宫殿的辉煌之感，委托纳西进行翻修，白金汉邸因此才升级为白金汉宫。白金汉宫的前身最早可以追溯至戈林伯爵于 1630 年建造的戈林府，阿灵顿伯爵接手后成为阿灵顿府。1761 年，乔治三世买下这里送给王后作为礼物。这个时候的纳西，手上还有摄政街的建设工程没有完工。1 英里长的摄政街上，到处是脚手架和泥浆，纳西疯狂地寻找着买主和租户。面对一次次危机，纳西没有选择放弃，而是靠创意和妥协让项目继续。为了能让议会出资翻修白金汉宫，他拆除了只有 30 年历史的卡尔顿宫，在原址打造了两个大型商业楼盘，建筑样式为排屋，视野开阔，可以俯瞰圣詹姆斯公园，让人联想到巴黎的协和广场。他还重新设计了诺特尔公园，使其改造后能与摄政公园一比高下。原有的运河被改造为人工湖泊，湖泊的南侧拟建更多排屋住房，但这一计划没有最终落实。

在 19 世纪 30 年代铁路出现以前，这个项目一直处于半死不活的状态。多亏了铁路的修建，掀起了伦敦西区最后一波房地产开发高潮，这里才被资本注意到，获得资金。如果说伦敦西区是一块被工业烟雾熏黑的煤炭，那么纳西打造的区域就是煤炭上唯一最引人注目的亮点：灰泥粉饰的奶白色建筑，色彩鲜明，特征突出。它为乔治王时代的伦敦笼罩上一层与众不同的王室光芒，让整座城市更有温度、更加独特。伦敦的王室风情与拿破仑呈现的帝王风范大相径庭。这里没有盛大的阅兵场，没有一望无际的景色，有的是伦敦发展背后一个个跌宕起伏的故事和由之而来的创作灵感。之后的 30 年，无论哪个建筑商，都延续了灰泥粉饰的外观设计。勇往直前的新伦敦，底色由黑转白。

伦敦西区因纳西的工程被搅动得天翻地覆，摄政时代的伦敦终于进入成熟期。新建的南华克大桥、沃克斯豪尔大桥和位于亨格福德市场之上的河岸桥补足了以往泰晤士河两岸交通不便的短板。不过，这些桥梁都建于 1809 年之后，为私人财产，过桥需要交费。而同一时期的欧洲大陆，则是一片战火纷飞。河岸桥后来改名为滑铁卢大桥，设计者是工程师约翰·雷尼（John Rennie），建造费用超过 100 万英镑（远多于现在的 1 亿英镑）。意大利雕塑家卡诺瓦（Canova）称其为“全世界最华贵的大桥”。但这座桥的结局不太好，和伦敦很多拥有辉煌历史的建筑一起，毁于 20 世纪 30 年代的战争之中。

此时，伦敦已经拥有了一些与其首都身份相匹配的公共建筑。1823 年，罗伯特·斯米尔克设计的大英博物馆新馆在布鲁斯伯里开工。原有的旧馆本来是王室图书馆，后来被囊中羞涩的乔治四世卖给了斯米尔克。斯米尔克采用的石柱样式给人一种严肃和僵直之感，就像是在看冷冰冰的纪念碑；相比之下，纳西的排屋更加亲切。斯米尔克还救活了米尔班克监狱项目。该项目开始于 1813 年，设计者是杰里米·边沁（Jeremy Bentham），设计方案非常激进大胆，成本也因此一路飙升，到了 1816 年，项目的总投入甚至超过白金汉宫。同一时期，另一位以创新著称的建筑师约翰·索恩（John Soane）也没闲着，手上有两个工程在推进，分别是老威斯敏斯特宫的法庭室和金融城的新英格兰银行，但这两个都没有保留下来。

白金汉宫本应该成为乔治王时代伦敦建筑的“高光”之作，却高开低走。纳西在前院的入口处设计了一座大理石拱门，但项目实际花费高达 25 万英镑，超出预算一倍，议会也被震惊到，对此展开调查。1828 年，纳西的靠山乔治四世因病隐居于温莎，不理朝政，纳西不得不独自“迎敌”，面对以欺骗手段挪用公共资金的指控。他被控诉为“向君主进谗言的小人”。按理说，经手如此巨大投资项目的建筑师，都能受封爵位。但纳西非但没有受封，反而在 1830 年被工作单位工程部辞退。他设计的大理石拱门后来也被移到了泰伯恩。1847 年，原来位置上建起了由爱德华·布洛尔

（Edward Blore）为维多利亚女王设计的配楼。后来，楼面还进行过翻修。

纳西的最后设计，是惊艳全伦敦的第二条"皇家大道"，起于白厅，一直向北延伸至大英博物馆。1820 年，他把正对着圣马丁教堂的皇家马厩迁到了白金汉宫的后身，对原址稍做清理，准备在上面建造新的皇家艺术学院，即后来的国家美术馆。但此后，美术馆的建设一直停滞，没能继续推进。1835 年，纳西去世。他一生中经手诸多开发，留下来的只有"西河岸改善区"和正对着查令十字街的胡椒瓶形状塔楼。立在那里的塔楼，仿佛容纳了纳西的灵魂，静静地观望这座城市。

国家美术馆最终由建筑师威廉·威尔金斯（William Wilkins）设计完成，与大英博物馆的风格迥然不同，更加本土化，多了些天马行空，少了些建筑张力。纳西的特拉法加广场方案最终由查尔斯·巴里（Charles Barry）执行落实。按照计划，白厅以北的大街是关键地标，但伦敦的工程建设随意性强，无法保证一定能实现预期。完工后的广场看上去有些笨拙、头重脚轻，美术馆好像也是为了填满空间才盖在那里。一直到 1839 年，修建于广场上的纳尔逊纪念柱竣工，人们才举办了庆祝和揭彩仪式。1867 年，纪念柱基座四周增加了埃德温·兰西尔（Edwin Lanseer）制作的四只铜狮。为了达到最逼真的效果，兰西尔特意向伦敦动物园要了一只死狮送到自己的工作室。在制作爪子时，因为狮子爪子过于腐烂，看不出本来的样子，兰西尔只好参考了自己家猫的爪子。

纳西对摄政街的开发，用他的话来说，还是成功的。圣詹姆斯和梅菲尔被划定成"富人区"，这些年，即便是东侧考文特花园和苏豪区的贫民生活区不断西移，地产价值也没有受到影响。圣詹姆斯宫里住着王室成员，虽然他们不是国王和王后那个级别的。宫殿两侧是贵族的居住区域，依次排列着马尔伯勒庄园、克拉伦斯庄园和斯塔福德庄园（后来改名为兰卡斯特庄园）。贵族庄园也分布在格林公园一带，包括克利夫兰庄园（后来改名为布里奇沃特庄园）、斯宾塞庄园、德文郡庄园、巴斯庄园、艾格勒芒庄园和威灵顿公爵的府邸——出租车司机口中的"伦敦一号"——阿普斯利庄园。

　　如今的威斯敏斯特，已经靠"自己的努力"从起初的郊区变成了市区，而且比金融城人口更多、面积更大。1813 年，伦敦第一次有了煤气，威斯敏斯特大桥在新年前夜首先改用煤气灯照明，注意，首个使用煤气的场所既不在金融城，也不是伦敦大桥，而是威斯敏斯特大桥。煤气，由从英国北部运来的煤炭制成，最初仅限用于街道照明，帕摩尔街是最早使用的街道，具体事宜由教区的教堂执事或治安官掌管。煤气出现后，需求迅速增加，两年内，有4 000 盏路灯改为煤气灯。1822 年，伦敦就已经成立了 7 家煤气公司，等到了 7 年后，煤气公司的数量达到 200 家，相当于周边城市的企业数量总和。

谁说了算？

　　截至当时，仍然没有任何迹象表明，伦敦存在一个能统筹一切的权力机构。19 世纪 20 年代和 30 年代的市政改革，绝大多数是从曼彻斯特、伯明翰、诺丁汉等其他城市先开始的，然后才蔓延至伦敦。虽然没过多久，伦敦工人就集结起来，要求更高的工资和更好的工作条件，但他们积极参与运动，很少是出于政治原因。金融城与国家的政治关系依旧紧密，一定程度上可以归因于市政府的模式相对民主，市议员和部长人选皆由行业协会成员民主选举产生。金融城骨子里就讨厌和抵制任何形式的改变，但威斯敏斯特则恰恰相反，它没有什么根深蒂固的政治传统。在威斯敏斯特，12个或者更多的教区共同拥有统一的管理权，其人口结构也因移民的涌入不断发生改变。这些移民不关心政治，只想找个能落脚的地方，抓住赚钱的机会，早点过上好日子。

这就导致：伦敦对于自己是否被给予首都身份，或者到底哪里才算城市中心，并不关心。纵观历史，在不同的情况下，在历次政治变革中，它既拥护过君主，也曾站在后者的对立面。每一次立场转变都基于城市自身利益考虑，与城市本身紧密相关。但有一点，伦敦很清楚——它与威斯敏斯特的国家政府不存在"友谊"。诺曼征服之后，就一直延续着这样的规定：君主不得在未经允许和护送的情况下跨过边界进入金融城。开往桑德林汉姆的王室专列，之所以没有选择更加合理的路线（从利物浦大街车站出发），而是在国王十字车站发车绕行，就是因为利物浦大街车站位于金融城之内。

最终，这种中央与地方的错位导致伦敦治安问题频出。地方警力严重不足。1829年，改革派内政大臣罗伯特·皮尔（Robert Peel）主导的《大都会警察法案》（Metropolitan Police Act）获得议会通过。一支穿制服、拿工资的警察队伍建立起来。之前承担这一责任的是教区执事和博街捕快，前者无所作为、声名狼藉；后者虽被交口称赞，但人手不足。因为创建者是罗伯特·皮尔，所以伦敦警察被叫作"博比"（bobbies）或"皮勒"（peelers）。伦敦警队的组建非常成功，招聘通知发布后就收到了2 000份报名申请，一大部分申请者都是之前的治安人员。因为不想额外征税支付警察队伍的工资, 教区对此表示反对。但"大都会警察"的到来已是大势所趋。

改革接踵而至

　　法国大革命爆发后没多长时间, 就连伦敦也注意到国内政治分歧的上升态势, 尽管这只是暂时性现象。议会之中, 伯明翰、曼彻斯特、谢菲尔德和利兹没有代表席位, 但西南部 6 个郡的代表却多达 168 名。面对人员分配等质疑, 议会毫无招架之力。伦敦在议会中只有 10 个席位, 但按照更加合理的分配原则, 伦敦应该拿到 70 个席位。改革成为公共辩论的焦点主题, 辉格党人是改革力量中的主力军, 甚至大多数托利党人都认为改革在所难免。

　　1830 年, 乔治四世去世, 选举在之后进行。当时, 选举权和选区分配改革成为主要议题。但托利党首相、政治经验丰富的威灵顿公爵却宣称"只要有我一席之地……我始终认为自己有责任抵制"任何改革举措。这番言论成为导火索, 引发了接下来的一连串事件。作为对此的反应, 一部分伦敦人走上街头, 举行声势浩大的抗议活动。威灵顿公爵被迫辞职, 政府交由辉格党人格雷伯爵和约翰·罗素伯爵共同领导。两人提交的改革法案得到了下议院的通过, 却被上议院否决。1831 年进行的第二次选举中, 该法案被再度提交, 却遭遇同样的结果。上议院的贵族做出这样的决定, 显然是"捅了自己一刀", 加速了原有政治体制的瓦解。

　　1832 年是英国最可能爆发革命的时间节点。激进活动的组织者弗朗西斯·普莱斯 (Francis Place) 在给辉格党领袖的警告信中,用尽可能冷静的口吻提醒对方：骚乱一旦爆发，将一发不可收拾。反对者聚集在海德公园角，将威灵顿公爵坐落于此的房子团团围住。威灵顿公爵人称"铁公爵"，与他在滑铁卢战役大败拿破仑没什么关系，而是因为他面对反对者的围堵，不得不在自家窗户上安装金属护窗。而此时的政府甚至没有可以调动的常备军来保卫首都安全。

1789 年法国大革命的余音终于在英国掀起层层浪潮。民众要求新国王威廉四世（William Ⅳ）在议会中增加足够多的改革派成员，以结束这场改革拉锯战。面对这般场景，威灵顿公爵和上议院屈服了。议会和政界听从了民众的意见，暴力起义没有出现在英国。但让改革派感到沮丧的是，通过的《1832 年改革法案》（The Great Reform Act of 1832）规定，只有 60％的男性公民拥有选举权。而且，伦敦没有享受到优待或照顾，议会席位只增加到 22 个。一场更加汹涌的改革潮流即将到来。

第十三章

改革时代

1832—1848

"英式革命"

　　1833 年，新的议会议员经选举产生。如改革派所愿和保守派所惧的那样，议会通过立法对工厂做出相关规定，禁止使用童工，赋予工会合法地位，在帝国范围内废除奴隶制，实行机动车辆靠左行驶的规则。1835 年，议会取消了一部分"衰败市镇"的议员席位，将它们转给了新兴的城镇，但这一改革却未在伦敦实行。金融城和威斯敏斯特辖区内的教区组织抗议，反对改革，他们成功了，成了仅存的"异类"。金融城外的伦敦地区没有被当作"衰败市镇"，从而保留了议员席位。

　　伦敦的变革体现在《1834 年济贫法》（1834 Poor Law）的施行上。长期以来，地方福利不足，一直被诟病。有些教区修建了济贫院，有些则什么都没做。其中，情况最差的是贝斯纳尔格林的织工社区，据那里的一位牧师描述，一个济贫院里就住了 1 100 名失业人员，6 个人睡一张床，还有 6 000 人接受教区救济。教区委员会感到绝望，一方面负债累累，另一方面，"接受救济的人数每天都在增加"，而"以小商铺店主居多的纳税人数量却在不断减少……税费让这些店主的日子也不好过。整片区域都拿不出钱来，一贫如洗"。

以往，济贫以教区为单位进行。新《济贫法》颁布后，救济事宜改由 30 个济贫法委员会负责，委员会选举产生"监护人"来救济穷人和无家可归的人。按规定，"监护人"还应设立济贫所，作为失业者的临时收容所。但实际上，济贫所和之前的济贫院没什么本质差别，不过是换了个名字而已。民众也不看好济贫所，认为政府花钱做这个，仅仅是迫于伦敦中产阶级的压力，接受救济的穷人也不是那些真正有刚需的。最终的结果是，除了提供饭食之类最基本的救济，"监护人"们也不敢有太多作为，否则就会被视为在鼓励穷人懒惰。

熊熊燃烧的威斯敏斯特宫

没人能想到，没过多久，议会也遭遇了"住房危机"。1834 年 10 月，威斯敏斯特宫的一位工作人员在处理过期账目时不慎引发了火灾。周边建筑几乎全被大火吞没，包括建于诺曼征服之前的宫殿、法院、上议院贵族和下议院议员的议事厅、公务人员的办公室等，只有石头建造的中世纪威斯敏斯特大厅得以幸免。这场大火仿佛抹掉了人们对国家的共同记忆。然而，也有不同的看法。在威廉·透纳（William Turner）以此为背景创作的画作中，这场大火被视为对过往的激浊扬清。大火后新建的栋栋楼宇，也预示着新时代和新秩序的到来。

新建筑应该是什么样子呢？19 世纪 30 年代，伦敦正处于建筑风格上的"百家争鸣"时期。诚如我们所看到的那样，乔治王时代，伦敦的建筑涵盖了古典主义风格、希腊风格、罗马风格和混合意大利风格。还有少数建筑，比如霍勒斯·沃波尔建造的草莓山庄属于哥特风格，不过也有人将其归类为如画式风格。但细数就会发现，教堂、博物馆、银行、俱乐部这些，要么是希腊风格，要么是罗马风格，只有这两种。而邱比特设计建造的，则自始至终都是意大利风格。

也是在这一时期，固有的建筑惯例受到来自多方面的挑战和攻击。因为巴黎万神庙和美国国会大厦都是古典主义建筑，所以古典主义成为法国革命与美国共和的代名词。但英国国教会认为，祷告场所要是建成古典主义风格，会让人联想到不列颠接受基督教之前的那段历史，不太合适。21 岁的奥古斯塔斯·普金看着威斯敏斯特宫在火中燃烧，心情复杂，其中夹带着丝丝雀跃和欣喜，因为他不喜欢的那些后建的建筑正"像扑克牌一样倒塌"，而他喜欢的中世纪时期墙体屹立巍然。在他看来，所谓真理，就是先祖的箴言、上帝的教诲和哥特式建筑。他觉得哥特式的样子，就像"双手合十祈祷，与上帝沟通"。英国诗人和评论家柯勒律治（Coleridge）称"哥特式让永恒这个抽象概念具体化，变得可以想象"。在这个被古典主义主导的城市，哥特式掀起了一场建筑上的本质变革。

早在 19 世纪 30 年代初，建筑审美就发生了变化，率先体现在教堂的风格上。伊顿广场上的圣彼得教堂还是古典主义风格，但 12 年后建在威尔顿街上的圣保罗教堂和建在切斯特广场上的圣迈克尔教堂已经换成了哥特式风格。到了 19 世纪 40 年代，贝尔格莱维亚和皮姆利科的教堂几乎全部选用棕色的肯特郡硬质岩石建造，它们又被叫作"坎迪教堂"，得名于格罗夫纳庄园的测评师托马斯·坎迪三世（Thomas Cundy Ⅲ）。阳光照射在灰泥粉饰的建筑上，看上去并不起眼的教堂尖顶直插云端。

威斯敏斯特宫的附近坐落着亨利七世时期修建的威斯敏斯特教堂。出于风格一致的考虑，威斯敏斯特宫重建委员会在1836年宣布新建宫邸的设计风格将在哥特式和"伊丽莎白式"之间选择。尽管在此之前，建筑风格的潮流改变已愈发明显，但这一举动还是引起了不小的轰动。最终，经过权衡，古典主义建筑师查尔斯·巴里（Charles Barry）担任总设计；普金作为哥特风格的建筑师代表，出任联合设计师，负责方案中的哥特元素。1840年，场地如期清理干净，新威斯敏斯特宫开工建设。

巴里选择古典主义风格作为新建筑的主基调，在做完一系列的主要规划后，才让普金加入——他一直不承认普金的联合设计师身份。普金坐了整整4年的"冷板凳"，巴里最后只把墙体外包和内饰这些无关紧要的工作交给他负责。对此，普金选择了顺从和恭维，他赞美道："先生，这座建筑是希腊风格的完美呈现。古典主义外观下，蕴含了丰富的都铎时代的设计细节。"但普金对自己负责的部分一点也不含糊，建筑镶板、玻璃、瓷砖、配饰、织物、地毯等都成为哥特风格的模板和范本，他甚至在王座中也巧妙地加入了哥特风格。总之，他工作起来全情投入。

巴里承诺，新威斯敏斯特宫的项目周期为6年，预计耗资75万英镑，相当于今天的1.2亿英镑。但事实上，整个工程耗时30年，实际开销是预算的3倍。而且后人普遍认为，这座建筑是普金的心血之作，和巴里没什么关系。众所周知的"大本钟"钟楼于1858年竣工，此时距离普金去世已有6年之久。E大调的标准钟声，让"大本钟"成为伦敦乃至大英帝国的象征。2012年，为了庆祝伊丽莎白二世登基 60 周年，政府曾试图将这一地标钟楼改名为伊丽莎白塔，但民众普遍反对改名，认为新名字无法体现钟楼的历史底蕴。

更干净的伦敦

威斯敏斯特发生大火的同一时期，致命的霍乱病毒带来一场瘟疫，在英国暴发。1832 年，仅首都伦敦就有 5 000 人因此丧命。霍乱的传播途径到底是水源、空气、大雾还是人，各方争论不休。持续调查之后，一些机构不断提出申请，要求改善伦敦的卫生状况、供水和排污系统，但从没有得到任何回应。于是，作风果敢有魄力的曼彻斯特人埃德温·查德威克（Edwin Chadwick）发起了相关的改革运动。他曾是《1834 年济贫法》制订委员会的成员，现在，他的注意力转移到改善伦敦的下水道上。

为了遏制霍乱，当时采取了加快排污的做法，伦敦的污水通过下水道排放至泰晤士河。但污水、粪水、垃圾等直接排入河流，反而让情况变得更糟。抽水马桶取代旱厕后，出现了同样的可怕问题。伦敦当时的卫生部门徒有虚名，9 个下水道委员会对抱怨和投诉充耳不闻。很多下水管道已经老化破裂，维修大多由私人业主承担。经过充分科学调研，在掌握了丰富的数据后，查德威克在 1842 年发布了一份调查报告——《大不列颠劳动者卫生状况》（the Sanitary Condition of the Labouring Population of Great Britain）。

查德威克虽非政客，但生性好斗、自命不凡。他和他的作品被小报争相报道。他在报告里描述了伦敦那些未经处理的污物堆满垃圾的沟渠，人行道上污水横流、慢慢渗进地下室，河道里堆满了排泄物。"城市产生的一大半污物都没有通过下水道排走，而是积在污水池、渗进房内或在房外流淌。很难说清在这种地方居住的情况到底多糟。"查德威克的语言有些夸大其词，但形象生动，为读者描绘出一个他们无法想象的城市。此外，他认为，未来流行病对富人和穷人的影响是一样的，所有人都会死。他的报告一经出版，立刻跻身畅销榜榜单。

看到这样的景象，议会也表示了同情和关切，但他们有些爱莫能助，因为他们要说服的对象是向来不愿变革的金融城，以及充斥着保守势力的教区委员会，后者担心任何改变都可能导致税率提高，有弊无利。尽管金融城的霍乱死亡率居伦敦之首，但金融城当局却称其卫生条件是"完美"的。全伦敦此时有 300 个地方政府机构，每一个的职责和分工，都是根据 250 项法案来规定和细分的，但在卫生问题上，它们却能找到理由相互推诿。就拿河岸街这一条街来举例，想要铺设道路，得通过 7 个机构的审批才行。尽管 1832 年的法案迈出了变革创新的一大步，但伦敦政府体系依然一片混乱。这就导致查德威克怎么游说政府都没什么作用。而霍乱病毒，在一段时间后似乎也就自动消失了。

火车风行

我们非常幸运，保存下一份准确描绘 1837 年维多利亚女王登基时伦敦都市样貌的珍贵记录。1838 年，伦敦印刷商约翰·塔利斯（John Tallis）制作出板刻地图，囊括 88 条伦敦主要街道，以及每个店铺和主要经营场所的目录索引（1969 年曾再次印刷）。看到地图的第一眼，会觉得伦敦是个出奇规整的城市，几乎每幢建筑都有三四层楼高，帕拉迪亚风格的教堂和商铺穿插在其中。塔利斯小心谨慎地避开了查德威克笔下瘟疫肆虐、环境脏乱的小巷和空地，他呈现的伦敦俊美、优雅，却有些沉闷单调。

图中的这些街道，自古罗马时期就全靠人工和马匹一点点修建。这些年来，道路条件不断改善。邱比特修建贝尔格莱维亚的道路时，首次使用轧制的沙砾和石屑铺设路面，这一做法随后在伦敦被快速推广。但伦敦街道拥堵严重，交通时不时就中断瘫痪。马车行进速度有限，马匹还会边走边排泄，留在人行道上的粪便每天就达上千吨，经过的人中，男士弄脏皮鞋，女士弄脏裙子。现代城市需要更高效的出行方式，传统交通已经举步维艰。

1830 年，乔治·斯蒂芬森（George Stephenson）修建的利物浦—曼彻斯特铁路开通，随即大获成功。伦敦也不甘落后。一年后，一群投资者提议在格林尼治至伦敦桥的区间内修建铁路，为了避免购置土地产生高额成本，他们主张架起高架桥，让铁路在上面运行。议会批准了这项提议。1836 年，首辆列车从德普特福德车站发车。当地报纸报道：“乐手在车厢上准备奏乐，信号员发令，列车启动，在一片礼炮声和教堂钟声中驶出车站。”居民们都跑上房顶观看。几乎没人意识到，不久之后，火车带来的噪声、煤烟和混乱将是他们生活中要面对的常态。

这个时候，第一条铁路引发的“狂热”已经深深影响了改革派议员，他们想要抓住机会，以伦敦为中心大举修建铁路。各式各样的方案随之而来：有的打算在新路设站，修建连接伯明翰和马里波恩的铁路；有的想建一条从南安普顿到九榆树（后来延伸至滑铁卢）的铁路。1837 年 6 月，维多利亚女王继位，罗伯特·斯蒂芬森的首条城际铁路通车，从伯明翰始发，穿过樱草山的隧道，到达卡姆登镇。之后，火车车厢会被用绳子拖拽到终点尤斯顿广场。传说，火车开起来可以快到吓人，最高时速 50 英里每小时。游客们成群结队地去观看这个跑起来飞快、如"幽灵"一般的东西。

铁路是规划之外的产物，它对伦敦地理的影响也是人们始料未及的，修建铁路的狂潮让伦敦的发展有些不可测、不可控。如果说议会对社会变革的态度是支持赞成，那么它对待修建铁路的态度可以用热情似火来形容。议会中，铁路资本势力最大，游说能力最强，连以往在英国最受重视的地产投资都得靠边站。而且，涉及私人财产的议会法案规定，如若购买私人土地用于修建铁路，土地所有者不得拒绝购买请求，原有地块上的住户更无权反对，除非他们能打通政治关系进行制止。

铁路对伦敦的影响是巨大且深远的。查尔斯·狄更斯（Charles Dickens）在《董贝父子》（*Dombey and Son*）中再现了卡姆登镇的工程场景：

> 房屋被推倒，街道被破坏或截断；翻倒在地、杂乱一团的大车横七竖八地躺在一座峻峭的非自然的小山底下；珍贵的铁器毫无条理地浸泡在偶然形成的池塘中，腐蚀生锈。到处是不通向任何地方的桥梁，道路完全不能通行，像巴别塔一样的烟囱失去一半高度，还有破烂的公寓残骸、未建完的墙壁碎片。

最引人注意的是铁路的盈利能力。当时，储蓄利率一般为 3％到 5％，但铁路公司宣称，其分红可以达到 10％至 12％。这就引发了 1843—1845 年出现的第二波铁路建设狂潮，疯狂程度远高于前一次。它对股市和议会的影响与 1720 年的南海公司泡沫事件相比

有过之而无不及。整个氛围类似于加州的淘金热，每个人都想当
"淘金者"。

　　这股狂潮也终结了斯图亚特时代和乔治王时代伦敦以零碎性为
特征的城市扩张。欧洲许多城市的铁路修建都由市政府或国家机关
组织修建，伦敦却截然不同：不限制行业竞争，也不根据城市结构
来规划铁路线路。目睹了政府在规划方面的态度转变，萨默森评价
称，从 17 世纪开始，政府就关注公共领域，责任感意识尽管微乎
其微，但一直存在，"（这个担子）从贵族的肩上卸下，却没能完全
被资产阶级挑起"。各方开始抢夺伦敦的土地，那些动作稍慢的就
只能争些人家剩下的。

　　1845 年议会开会期间，提交的铁路法案达 1 300 项。当代历史
学家约翰·弗朗西斯（John Francis）写道："每顿晚餐，都有严肃
稳重的人士因风光无限的铁路而感到时间紧迫，他们在报上读到王
子的招标在不断增加，读到贵族成为条款制订委员，读到女侯爵也
加入了建设大军，读到枢密院按照恰当的几何图形分割地块，他们
的职员辞职去做了铁路临时工，家里的仆人也开始阅读铁路期刊。"

　　1847 年，铁路投机泡沫破灭，国内的铁路修建长度已达 4 000
英里，全部由人工铺设，没使用蒸汽挖土机或推土机。大量铁路路
线"冲突"，但议会却懒得去管。泡沫引发大笔财富损失，也出现
了巨大浪费。当时的一幅漫画里，维多利亚女王询问哭泣的阿尔伯
特亲王："告诉我，告诉我，亲爱的阿尔伯特，你投资铁路了吗？"

第十四章

新都市的诞生

1848—1860

伦敦另一面

铁路开通后，伦敦进入了自我觉醒的新阶段。当时，杜松子酒的泛滥正引发危机，菲尔丁兄弟则忙于改善伦敦的治安，人们只是偶尔才会关注生活条件的改善。但不断拉大的贫富差距和显著增加的城市贫困人口越来越让人无法忽视，这很大程度上是因为它们持续给伦敦人的健康情况造成威胁。

首先，贫困的定义和标准非常模糊。《1774年建筑法案》的适用人群并非只限于富人和中产阶级。法案中提到的第四级房屋，其住户即为工作固定但没有仆人的群体，包括熟练手工艺人、商铺店主和在金融城、政府机构做事的职员。如何区分"值得救助的穷人"和"不值得救助的穷人"，成为维多利亚时代城市改革的主要辩题。

伦敦漫画类杂志《笨拙》（Punch）的联合创始人、社会改革家亨利·梅休（Henry Mayhew）最早对这一问题做出评论。19世纪40年代，他进行了大量研究，写出了调查作品《伦敦劳工与伦敦贫民》（London Labour and the London Poor），并于1851年出版。梅休按贫困程度将伦敦的穷人分类，其中手工艺人和劳工群体的差别最为明显，从他们的居住环境就能看出来。"手工艺人房间的玻璃窗下面偶尔会看到小巧的莎士比亚雕像，但劳工的房间里只有泥粒和臭味。"梅休写道，头脑灵活的手工艺人比劳工的居住条件好上太多，"劳工通常做工不间断，非常劳累，吃得很糟糕，住得也肮脏邋遢……熟练手工艺人住在西区，靠体力赚钱的普通劳工则居于东区一隅，两者在精神层面和文化程度上差距悬殊，你很难相信，他们都住在伦敦，同为英国人。"

梅休估计，全伦敦约有四分之一的人口住宿场所"破旧不堪"。他们仿佛生活在地狱里，只要有个空地，就能睡上一觉。他们寄居在城市的夹缝中，沿着被污水堵塞的河道，以飘满垃圾的泰晤士河漫滩为家。木头搭建的简陋棚房里，一层板子叠着另一层板子，院子里挤满了无家可归或是居无定所的人。住在这里的大多是人们口中的"废物"。也有一些人漂泊不定或是时来时走，比如冬天来伦敦煤气厂做工，夏天则跑到肯特郡的啤酒花厂工作。

在这个全新阶段，传记大师查尔斯·狄更斯进入了人们的视线。他出生在朴次茅斯，父亲是一名贫困潦倒的海军职员，10岁前在肯特郡生活，10岁后搬到了伦敦卡姆登。父亲因为欠债被关进马歇尔西监狱，狄更斯从小就生活贫困，没有安全感。也正因如此，狄更斯小说中的人物、场景、声音，甚至是街道，都真实再现了19世纪中叶伦敦的社会状况和市民生活，人们甚至把维多利亚时代的伦敦称作"狄更斯的伦敦"。尽管狄更斯笔下的许多故事都贯穿着一种阴郁暗淡的基调，但城市里的真善美体现在文章中，让凌厉的笔触柔软下来。

狄更斯塑造了很多经典的城市弃儿、小人物和怪人形象。很难想象，《荒凉山庄》（*Bleak House*）里的乔、《我们共同的朋友》（*Our Mutual Friend*）里的利齐以及《圣诞颂歌》（*A Christmas Carol*）里斯克鲁奇的雇员鲍勃·克拉特基特，其原型都是梅休报道中那些"不值得救助"的穷人。狄更斯率先指出《1834 年济贫法》的不足，认为法案从制度上给穷人设置了条条框框。在他眼中，穷人没有那么不堪，他把城市贫困问题比喻成"一条非常虚弱无力的龙，没有獠牙，大口大口地喘着粗气，虚弱到不值得用铁链锁住"。济贫所挨着监狱设立，国家残暴冷酷的意味尽显。但并非所有的济贫所都像狄更斯描绘得这般不堪，它们的出现表明了国家责任意识的进步。政府进一步关注那些在伦敦生活的底层人群，对他们尽职履责。

狄更斯的作品中充斥着他的愤怒与不平，但不乏伦敦式的幽默诙谐。他痴迷于街头语言，《匹克威克外传》（*The Pickwick Papers*）中的萨姆·韦勒（Sam Weller），开口即为伦敦东区考克尼方言。考克尼最早是外地人对伦敦平民的蔑称（考克尼原意为公鸡蛋），后来成为伦敦东区口音的代名词。在伦敦东区出生、听着齐普赛街教堂钟声长大的人们，说的都是考克尼方言。考克尼方言的一大特点是有很多押韵的俚语，比如用猪肉（porkies）/猪肉派（porkpie）指代谎话（lies）；面包和蜂蜜（bread and honey）中的面包则被用来表示金钱（money）。当然，这些俚语在狄更斯生活的时代还没有出现，都是后来衍生出来的。

从排污开始

维多利亚统治中期，伦敦的议题辩论逐渐在社会改革派和关心推进议会改革事业的人中间展开。维多利亚女王加冕一年后，一些激进派议员及社会人士共同起草了一份宪章，要求（在男性范围内）实行普选、不记名投票和议员带薪制度，这些人大多来自伯明翰、格拉斯哥和英格兰北部。为了推进运动，宪章俱乐部、社团和各种"大会"等相继成立。传统政客也关注到这一趋势。在1841年选举中获胜并出任首相的保守党领袖罗伯特·皮尔警告保守党"必须要改革才能继续生存。所有机构，无论是民事机构还是宗教机构，都要改革"。在他的带领下，保守党政府实行自由贸易政策，废除了《谷物法》（Corn Laws），面包的价格也降了下来。

19世纪40年代出现了一系列的宪章运动。1848年，肯宁顿公地集会标志着运动达到高潮。这次集会虽然方式平和，却让当局倍感不安。政府招募了约8万名特殊警员，组成一支"小规模军队"，以保证即便发生了暴动，首都也不至于陷入混乱。英格兰银行加强了防御措施，泰晤士河上的桥梁进行了加固，女王也避走怀特岛的奥斯本宫。但当天的集会却比较平和。那天，天降倾盆大雨，集会组织者同意把请愿书交给警察，用两辆哈克尼马车运送提交给议会。之后，改革就没有了下文。与欧洲其他首都经历的暴风雨式变革相比，肯宁顿公地集会显得无力、可悲。

查德威克组织的城市卫生改善运动则如火如荼。有人说，英国的"革命"从排水管道开始。经过10年的奔走和不懈努力，查德威克终于在1848年收获成果——政府设立了卫生总署和首都下水道委员会，查德威克担任总负责人。按照要求，每座城市都要给房屋配备供水和排水设施，家家户户用得上干净的自来水，污水也有地方排放。但各方对这个事情观点不一，加上查德威克态度偏激，落实过程频频受阻。

1849 年，霍乱卷土重来，斑疹伤寒也在伦敦肆虐，这些因素叠加，卫生改善运动得以加速推进。长期无所作为的金融城政府指定年轻的外科医生约翰·西蒙（John Simon）担任卫生医疗官。人们都说，西蒙对金融城公共卫生的贡献不次于查德威克对英国做出的贡献。改革中，最有用的就是"羞耻牌"，即让相关机构感到羞愧，不得不有所行动。西蒙就是用这种方式迫使相关机构直截了当地解决饮水供应、污水排放、垃圾回收和废物处理问题。

金融城 155 家屠宰场有一半被西蒙关停，以往从史密斯菲尔德直接将牲畜内脏、粪便、血水等垃圾通过露天下水道排至舰队街沟渠的情况就此终结。史密斯菲尔德不再作为活禽交易场所，屠宰场统一搬迁到伊斯灵顿的哥本哈根空地。但金融城也保留了一些食品批发市场，比如史密斯菲尔德的肉类市场（出售屠宰后的牲畜）、林斯门的海鲜市场、勒顿豪的家禽市场和斯毕塔菲尔德的蔬果市场。在金融城强大的商贸垄断体制下，这些市场直至 20 世纪 70 年代都还保持着原有的经营方式，史密斯菲尔德市场在今天仍在营业。

但伦敦仍然缺乏为查德威克改革提供全力支持的手段和措施，而且一段时间后，霍乱和斑疹伤寒暂时得到了控制。1854 年，苏豪区的医生约翰·斯诺（John Snow）指出，使用布罗德大街（如今的布罗德威克大街）公共水泵的人群霍乱发病率最高，而使用管道输送的干净饮用水的人群则较少出现霍乱病例，很显然，这是因为公共水泵的水源受到了污染。此外，南华克区域饮用受污染的泰晤士河河水的居民也普遍感染霍乱。霍乱通过水传播成为不争的事实。约翰·斯诺在这次疫情中的工作被认为是流行病学的开端。

1855 年，议会终于成立了负责伦敦排污管道和其他基础设施工程的大都会市政工程局。为了照顾边远郊区的居民，政府做出让步，在机构名称中删除了"伦敦"一词，而"工程"二字也表明新机构与以往的社会政策机构有所不同。此外，议会还立法直接选举教区委员会，并将周边的一些小教区委员会合并到 15 个"区委会"之中。

大都会市政工程局的人员从金融城代表和教区成员中选出，这些人不怎么关心地方纳税人的权利。和之后的伦敦政府官员一样，他们对待市政工程开支极度"节俭"，甚至到了吝啬的程度。但无论如何，首都的下水道问题已经到了必须治理的地步。维多利亚时代的智者西德尼·史密斯（Sydney Smith）写道："一杯伦敦水下肚，胃里的有害生物数量要比地球上的人加起来还多。"狄更斯也写道，走过滑铁卢大桥，就会闻到"让人头疼胃胀的难闻味道"。

大都会市政工程局真正有所行动，是在 1858 年的"伦敦大恶臭"之后。那一年，异常气候使泰晤士河奇臭无比，并形成雾状气体，久久挥散不去，整个威斯敏斯特宫饱受"摧残"，不得不采取疏散、撤离措施。人们普遍认为是臭气传播了霍乱病毒，尽管此前斯诺的调研证实水源才是传播途径。有人看到本杰明·迪斯雷利（Benjamin Disraeli）从议会的一个委员会办公室跑出来，"用兜里的手帕紧捂住鼻子，半躬着身体，惊慌失措，一路小跑"。格莱斯顿[①]（Gladstone）也是这副样子。调查人员称，在泰晤士河附近发现了 6 英尺厚的粪便。《泰晤士报》评论，恶臭成为"卫生改革者手中最有力的砝码"。

---

① 格莱斯顿：即威廉·尤尔特·格莱斯顿（William Ewart Gladstone），英国政治家，曾四次出任英国首相。

　　大都会市政工程局被勒令借款 300 万英镑（约合现在的 2.5 亿英镑）立即整改市政卫生。在当权者眼中，当议员的生活遭受不便、生命受到威胁时，为解决问题，向纳税人征收多少税费都不为过。这就导致伦敦出现了自纳西之后最大规模的建筑狂潮。工程局的工程师约瑟夫·巴扎尔加提（Joseph Bazalgette）爵士是个比查德威克更激进的人物，决心和力度比前者有过之而无不及。他提议：在泰晤士河南北两侧修建两条总长 82 英里的排污通道；在汉普斯泰德和巴尔汉姆之间加修两条下水道，靠重力将污水排至艾塞克斯和肯特的沼泽地中；在普特尼和肯萨尔·格林之间加修两条下水道，排至东区。如今，当时的泵站依然存在，分别位于艾比米尔斯和厄立特里亚沼泽的克罗斯内斯。它们都堪称工业时代的奇迹。

　　巴扎尔加提的伟大工程中，隧道部分长 1 300 英里，于 1885 年竣工，总投入 460 万英镑，在当时实属天价。他修筑的堤坝极大地缩窄了泰晤士河的宽度，河水流速加快，涨潮时，湍急的水流不断冲刷乔治王时代修建的大桥的桥墩，看上去十分凶险。到这个时候，伦敦已经有 9 家私营自来水公司通过管道为城市的大部分地区输送干净用水。伦敦最重要的现代基础设施虽有些姗姗来迟，但终究到位。大部分设施，现如今依然在运行之中。

铁路 "就位"

　　19 世纪 40 年代大量修建的铁路，大多于 50 年代完工通车。伦敦东西南北都有始发站，但站点位置不尽如人意，西侧的尤为如此。住在西边的都是能在议会中呼风唤雨的达官贵人，他们有足够的势力和实力让那些要穿过自家地块的铁路"改道"。伊桑巴德·金德姆·布鲁内尔（Isambard Kingdom Brunel）的大西部铁路本来想把终点从帕丁顿改到贝斯沃特，后来因为教会阻挠不得不放弃。伦敦和伯明翰之间的铁路既不能直穿尤斯顿以南的新路，也不能往北绕过国王十字进入金融城。大东部铁路修完之后，一开始只能在肖迪奇之内运行，再往外一点都到不了。

在南边铺设线路，阻力就小了许多，主要是因为伦敦南部的土地所有者影响力小、地价便宜。这里的障碍是横在中间的泰晤士河，如何让铁路"过河"成为令人头疼的问题。为此，铁路公司把路线架设得蜿蜒迂回，伦敦桥和滑铁卢之间的轨道像意大利面一样纠缠在一起。有些线路虽然修到了北岸，但就只是到了北岸而已，终点是加农街站、布莱克法尔站和查令十字站，没有继续向北修建。1874 年，只有通往伦敦、查塔姆和多佛的三条铁路穿过布莱克法尔，又往北修到了差不多 200 码的距离，到了霍本。为了过河，铁路公司在鲁德门山车站（后来被拆除）上方随意架了座通车桥梁，圣保罗大教堂的景色就这么被挡住了。

有一条起于伦敦东南，需要穿过伦敦西区的线路面临的修建阻力最大。19 世纪 50 年代初，四家公司都想在铺设轨道时穿过格罗夫纳庄园，从巴特西进入皮姆利科和威斯敏斯特。它们花了 10 年的时间，持续施压，才在 1860 年修到了白金汉宫门口，之后更是全力以赴游说女王，力证没有铁路往来奥斯本是多么不便。对经过自家土地的火车，格罗夫纳家族开出天价"通行费"，但铺设路段施工不易，火车需要从桥上直接下到垂直的陡坡上，一如今天那个样子。还有其他要求：为了避免皮姆利科住家的晾衣绳沾上火车蒸汽的烟尘，铁轨的高度要在屋顶之上，橡胶枕木不能有声音，河岸以北的任何地方都不能鸣笛。如今的哈德逊厅内还保留着维多利亚女王当时的专属登车入口和候车设施，帕丁顿车站专门为女王打造的候车套间也留存在这里（女王去往温莎的话，会从帕丁顿车站出发）。现在这些设施都不再使用，成了古董。

对修建路段的住户和居民进行拆迁，给伦敦房地产带来了自伦敦大火后最为严重的打击。铁路公司背后有议员撑腰，打着"清除贫民窟"的旗号，肆意妄为，完全不考虑那些区域内的居民。公司会在进场拆房前，用钱把土地所有者打点好，对外宣称没有搬迁住户，从而少走一道申报程序。而住在修建路段上的人们，往往几天内就必须搬走，囊中羞涩的人只能在附近找个院子或是公寓，和其他人挤在一起，房间里真是"人满为患"。而且，他们需要和成千上万的铁路建筑工人抢地方住，而这些工人修建的铁路恰恰是导致他们无家可归的元凶。

官方统计，为修建通往肖迪奇的大东部铁路，共有 4 654 名居民被驱逐迁离，实际人数可能远远高出这个数字。兰贝斯和伦敦桥之间的铁路建设导致 4 580 人被迫搬离，但搬迁费只有 1 畿尼。西南铁路为修建滑铁卢段，在九榆树就拆毁了 700 套房屋。为修建到利物浦街、布莱克法尔和查令十字的铁路而拆毁的房屋更是不计其数。这边，查德威克正苦苦宣传过度拥挤对城市卫生的严重危害，那边，议会则通过各种铁路法案，让情况雪上加霜。过不了多久，议会也将束手无策。1853 年，从事慈善的贵族沙夫茨伯里伯爵要求，铁路公司在修建线路前必须划定涉及拆迁的区域范围，研判可能对城市贫民造成的影响。他以为，铁路公司至少会感到羞愧，从而有所收敛。但就像伦敦历史上经常发生的那样，钱比羞愧感有用得多。铁路公司解释说，也许过程不是很光彩，但至少铁路也改善了交通。铁路建设狂潮开启后的 20 年内，伦敦的地面铁路网基本建成。回顾历史，尽管过程残酷，但也依然是一项无比震撼的成就。

地下通行

此时的伦敦，东西南北都有火车站点，但北边和西边的站点与大多数乘客的工作地点之间有两三英里的距离。时任伦敦城市监理的查尔斯·皮尔逊（Charles Pearson）认为，这种设置会给商业带来灾难性的影响。金融城的人口直线下降，1800 年还有 13 万人，到了 19 世纪中叶，只剩下之前的一半。伦敦火灾后建设的房屋，很多从住宅改为了银行和商业办公室。银行站、伦敦桥和布莱克法尔之间新建了街道，以威廉国王街和维多利亚女王街为代表，公共汽车和哈克尼马车搭载着通勤的人们在上面穿行。但与此同时，落后的交通工具也带来了道路拥堵问题，从终点站到马里波恩以北（如今的尤斯顿路）的新路沿线拥堵最为严重。

皮尔逊的梦想是建一条铁路，把帕丁顿、尤斯顿、国王十字和金融城中心都连通起来。但这意味着他得先把马里波恩和布鲁姆斯伯里新建的庄园买下来拆毁才行，而这根本不可能实现。地上虽然行不通，但还有地下，即把铁路修在地下这种方式可以尝试。1853 年，皮尔逊成立了大都会铁路公司，建设起于帕丁顿、途经新路、终抵法灵顿的线路。方案设计出自铁路时代另一位领军人物约翰·富勒（John Fowler）爵士之手，采用了明挖回填技术。也就是说，要先在新路上挖出一条巨大的壕沟，然后用砖块封顶，最后对沟渠进行回填。因为这个工程，涉及区域的交通出现了十年的混乱。

由于皮尔逊的线路不经过原来就有的列车总站，所以地上线路无法与地下线路连通，列车也无法在法灵顿直接进入地面线路去往金融城。乘客需要从地上走到地下，依然很麻烦。伯明翰铁路拒绝在尤斯顿这里修建换乘站，乘客不得不多走 200 码，在尤斯顿广场站换乘地铁（即现在的大都会线和环线）。但不管怎样，这条世界首条地下铁路于 1863 年竣工通车，政治家格莱斯顿也捧场乘坐首发列车。因为是在地下行驶，乘客目之所及一片漆黑，周围烟雾缭绕，所以这趟列车又被叫作"地狱之列"。但自通车之日起，它就被视为一个奇迹，搭载 3 万名乘客往返于金融城，乘客虽满身煤烟，却依旧坐得开心。大都会铁路公司宣称，线路的股票回报率在第一年就能达到 6.5%。

此后，在 19 世纪 60 年代爆发了以地下铁路为主的第三波铁路修建狂潮。投资者纷纷加入，争相修建隧道。铁路历史学家约翰·凯利特（John Kellett）计算，若要把 1863 年提议的铁路都修完，得占用金融城四分之一的土地。在最后一刻，议会终于认清形势，对铁路狂潮叫停。拟建的区域线，起点调整为肯辛顿，一路向东朝着金融城的方向，最后和大都会铁路相连，形成环线闭合。此外，在修建泰晤士河堤岸那一段时，挖沟用到的人力等资源还要与巴扎尔加提的下水道工程共享，后者当时也在建设之中。

大都会市政工程局坚持区域线修建和下水道铺设同时进行，还要求在地面上新建街道和花园，以改善河岸街的景观。于是，巴扎尔加提的堤岸工程成为伦敦鲜有的"合作"项目——由多方协调完工。区域线虽然由官方指定修建，但遇到的问题重重，比如：其中一部分需要经过西区，西区的施工允许就得费力争取。在斯隆广场站，工人们用管道为老韦斯特伯恩河引水，使其改变路径，从站台顶上流过，每次大雨过后，站台上都能听到管子里河水的冒泡声。环线一直到 1884 年才竣工（可悲的是，2009 年环线的部分区段停运，整个环线不再连续）。

1861 年，议会提出了更激进的要求：每新建一条铁路，必须同时开设一辆供工人乘坐的廉价火车，票价为每英里 1 便士。其背后的意图是想让那些因为修建铁路而被赶到更远地方居住的工人可以坐火车上下班。铁路公司当然竭尽所能阻碍法令落实——对它们而言，搭载低收入的乘客往返便宜的郊区地段赚不到钱。当时，只有大都会铁路设有工人列车，每天早上在 5：30 和 5：40 到达帕丁顿车站。不过，新铁路的确让成千上万的伦敦工人从贫民窟中走了出来。有了铁路，城市工人和中产阶级加速向城外迁移。在欧洲的其他地方，那个时候还没有这么多人居住在城市周边。

繁荣与萧条

伦敦的发展陷入了循环阶段。市场好转带动建筑业繁荣，建房潮引发房屋过剩，进而导致市场饱和、出现低迷。这种繁荣与萧条的交错往复，在经济学上又被称为"猪周期"①。19 世纪 40 年代的铁路建设狂潮，使超大面积房屋无人问津；成片的建筑，一望几英里，没有买家感兴趣。肯辛顿一带，各个广场周围和意大利风格街

---

① "猪周期"：一种经济现象，指"价高伤民，价贱伤农"的周期性供应和价格波动怪圈。

道两侧的房屋都是典型代表。在这个时期，连邱比特也找不到项目接盘手。赫敏·霍布豪斯在邱比特的传记中写道，格罗夫纳庄园的收益比皮姆利科的地租还少，更比不过原来花园市场的收入了。而邱比特自己从 1838 年开始就一直拖欠地租，对此，格罗夫纳家族除了原谅他也别无他法。

和破产、灾难有关的故事层出不穷。王室财产局名下有个风险和投资回报双高的项目，选址在肯辛顿花园。但从 1838 年提出建设意见开始，该项目就一直遭到当地居民的强烈反对。景观建筑师约翰·克劳狄·劳登（J. C. Loudon）是设计者之一，他建议把肯辛顿花园与霍兰德伯爵的荷兰屋打通相连，从而打造出一条起于特拉法加广场、终至牧羊丛一带的"绿色走廊"。可惜王室对这个建议不感冒。这一区间内，也没有什么新项目。1844 年，项目被转手给了一位叫布拉什福德（Blashford）的建筑商，但他后来破产了。整个 19 世纪 50 年代，这个项目就这样时断时续、时而推进时而停滞，以至于肯辛顿宫花园周围出现了各种各样风格的建筑，俨然一个大杂烩。沿着花园散步，看到的房屋中，既有维多利亚风格，也有意大利式，还有充满东方风情的，都铎式和安妮女王式的复兴风更是落不下。

朝北而建的拉德布洛克庄园情况更糟。《建筑新闻》（*Building News*）在 19 世纪 60 年代发文称："虽然还能明显看到原有建筑的样子，但满眼裸露的墙体、摇摇欲坠的装饰、残垣断壁上附着黏糊糊的水泥、夏季高温和冬季雨水留下的破坏性印记……街道死气沉沉，甚至被起了个侮辱性绰号'棺材街'。"尽管房屋的销量不少，但多处都是赔本卖出。与之相似，许多投资者的血汗钱在诺丁山的项目上一去不返。虽然也有成功的开发案例，但少之又少，建筑商布莱克（Blake）的项目就是其中之一。他的地块位于山顶山脊沿线。他邀请奢华派建筑师代表托马斯·阿洛姆（Thomas Allom）操刀设计，为肯辛顿花园和斯坦利大街带来了一处贝尔格莱维亚式的奢华楼盘，别样火花在这里迸发。

再说回南肯辛顿，这里的市场更加坚挺。1851 年，阿尔伯特亲王仿效 1844 年的法国工业博览会，在海德公园举办了万国博览会。展览场馆"水晶宫"由德文郡公爵的园艺师约瑟夫·帕克斯顿（Joseph Paxton）设计建造，展出品包括英国本土和世界其他国家的先进科技成果及精良工艺产品，迄今为止发现的最大珍珠、印度的"光明之山"钻石都在其中，共吸引 600 万人前来参观，维多利亚女王自己就去了 42 次。

万国博览会带来了一大笔可观收入，博览会委员将其用作慈善款项。结束后，帕克斯顿的水晶宫被拆掉，改在南伦敦的赛德纳姆重新建造，但被 1936 年的大火烧毁。以阿尔伯特为主导的委员会计划在肯辛顿附近建设一个博物馆区，范围从海德公园以南一直到克伦威尔路，把阿尔伯特音乐厅、工艺和设计博物馆、地质博物馆、科学博物馆、自然历史博物馆和帝国博物馆都包括进去。当时的皇家理工学院后来与其他学院合并成为如今的帝国理工学院。国家层面发力支持区域文化发展，这在伦敦实属罕见。

博览会引发了南肯辛顿的建筑热潮。这里的土地最初被克伦威尔赏赐给秘书约翰·瑟罗（John Thurloe），经过瑟罗后代约翰·亚历山大（John Alexander）的开发，打造出瑟罗广场和亚历山大广场。这两座广场由一条叫克伦威尔路的主街相连——用这个名字是为了表达对克伦威尔本人的感谢和纪念。邻近有一处庄园，范围一直向南延伸至切尔西，归市议员亨利·史密斯（Henry Smith）所有，他建造的初衷是为了给那些"受土耳其海盗控制的贫困奴隶提供个安身之地"（土耳其海盗在当时恶名昭彰，让人闻风丧胆）。周围有些街道，比如昂斯洛、西德尼、萨姆纳、埃格顿和佩勒姆，在命名时选用了奴隶的名字，尽管没有奴隶因此而开心庆祝，但史密斯的财产托管人还是以这样的方式让他们被历史铭记。

19 世纪 50 年代初，当梅休从热气球上俯瞰整座城市时，他感到无比震撼：这个如"利维坦"① 一般的都市，被一层浓厚的烟雾笼罩。他看到，西面有哈默史密斯和富勒姆，北面有汉普斯泰德和伊斯灵顿，东侧有维多利亚公园和博街，南侧有达利奇、赛德纳姆和坎伯韦尔。威廉·科贝特（William Cobbett）将伦敦比作长在英格兰乡村脸上的"大粉瘤"。但梅休却为这座城市感到雀跃，他觉得伦敦汇聚了世界的一切，"邪恶、贪婪……与崇高理想、英雄主义聚合在一起，更多美德、更多邪恶、更多财富、更多欲望，聚焦在伦敦，世界上没有任何一个地方比得上这里"。

避难者的归宿

自 1848 年欧洲陷入混乱以来，前来伦敦避难的难民人数激增，已经从最初的"涓涓细流"演化为"滔滔巨浪"。卡尔·马克思（Karl Max）1848 年前就在肯特镇安顿下来，还找了一份大英博物馆的工作，并在 1848 年出版了《共产党宣言》（*Communist Mani-*

---

① 利维坦：源自圣经故事中的大水怪。上帝创造了这个巨大的、难以杀死的怪物用来唤醒人类的人性。

festo）。这份著作在当时并没有引起人们的注意，也许是因为书写语言为德语而非英语。同一时期，拿破仑的侄子路易·波拿巴（Louis Bonaparte）也来伦敦避难，他后来回到巴黎夺取了政权，成为拿破仑三世（Napoleon Ⅲ）。上位后，他废黜了前国王路易·菲利普（Louis Philipp），后者则化名"史密斯先生"逃到伦敦。奥地利爆发"三月革命"后，时任外交大臣的梅特涅（Metternich）逃亡伦敦。匈牙利民族英雄科苏特（Kossuth）革命失败后逃亡伦敦。意大利统一运动的领导者马志尼（Mazzini）和加里波第（Garibaldi）也在运动夭折后逃亡伦敦。此外，伦敦还接纳了无数来自俄国和波兰的避难者。

法国贵族爱住在特维克纳姆的别墅，比如保存至今的奥尔良屋。大多数流亡者都是一贫如洗，在地下室或者咖啡馆中喝酒、谋划、写作，郁郁寡欢。条件稍好点的住在布鲁姆斯伯里和圣约翰伍德，条件差的则继续留在苏豪区，高尔斯华绥（Galsworthy）形容苏豪区"凌乱无章，到处是希腊人、意大利人、社会渣滓和避难者，野猫乱跑，西红柿、动物内脏随意扔在街上，这里有一些餐馆，二层的窗户上挂满了五颜六色的东西，那些拥有稀奇古怪名字的人从窗口探头望下来"。不得不说，这和我记忆中的苏豪区相差无几。

对很多流亡者来说，伦敦带给他们的更多是失望。他们远在国内的同胞显然没能继续推进他们未完成的事业，未回应其要求起义的呼声。在亚当·扎莫伊斯基（Adam Zamoyski）笔下，伦敦难民"被自己想帮助和解救的人无情拒绝。诞生于 19 世纪 60 年代的伟大愿景，就在伦敦的迷雾中烟消云散……他们仿佛没有上发条的钟表，逐渐失去活力"。

　　全欧洲的难民都集中在这样一座超然于世的城市。自伊丽莎白
一世时期以来，英国历任领导人的执政理念都与大陆政治渐行渐
远，有些表现得很明显，有些表现得更含蓄。因此，困境之中的各
国避难者，把伦敦当成寻求安全与宽慰的理想之地。秉持着不结
怨、不同盟的态度，伦敦接纳了他们，它的温顺与和善亦是一种坚
韧和力量。

第十五章

维多利亚时代的伦敦：走向成熟

1860—1875

伦敦，巴黎，维也纳

19 世纪 40 年代，伦敦终于超过北京成为当时的世界第一大城市。1860 年，伦敦的常住人口达到 280 万，比巴黎和维也纳的人口多出一倍。但后面两座城市与伦敦不同，它们非常清楚自身的缺陷和不足。欧洲最糟糕的贫民窟，就位于拿破仑三世统治下的巴黎。这里，出于防御暴民和隔挡穷人的目的，富人的"豪宅"前都修建了厚厚的围墙。巴黎最宽的街道，宽度不过 5 米，最窄的连 1 米都不到。房子里人挤人，比条件最差的监狱还可怕。7 个新生儿里面，有 4 个活不过第一年。

1854 年，拿破仑三世命令时任塞纳区行政长官的奥斯曼男爵把雷恩想在伦敦实施但没能成功的那套思路应用在巴黎的规划建设上。奥斯曼男爵为了避免人口过于集中，提出建在圆形广场和林荫大道周围的建筑按几何形分布，呈现出"星团状"的发散效果。短短 17 年内，他一共修建了 80 多千米长的林荫大道，打造了全新的供水、排水系统。他的建筑承包商就像军队入侵一样，把 100 万人口中的三分之一"迁到"了城外的河谷或农田。尽管同一时期伦敦也在建造铁路，并成立了大都会市政工程局，但与巴黎的工程规模相比，就是小巫见大巫了。

奥斯曼的设计，既从规划的角度出发，也蕴含了政治上的考量。它好比是在"巴黎的腹部撕开了一条口子，切断了街区之间的联系"，也"从战略层面防止巴黎再次成为革命战场"。奥斯曼修建了四座公园、两处宏伟的大型火车站、一家公共医院和世界上最大的歌剧院。他在林荫道两侧建造公寓，通过销售来提供"建设资金"，尽管这些公寓看上去都是一个样子。维克多·雨果（Victor Hugo）对此感到困惑，他抱怨总是搞不清自己到底在市区的哪个位置——如今，这依旧是个普遍问题。但无论如何，巴黎一夜间成为高密度城市建设的蓝本，它所定义的新城市格局，被布加勒斯特和布宜诺斯艾利斯等城市争相模仿。

20 世纪的建筑商，在开发项目时反而没有参考奥斯曼对于人类居住区的理解，对此，我很不能理解。莫斯科、巴西利亚和北京这样的大都市也都没有巴黎身上的那种魅力。奥斯曼的建筑团队更清楚人们对建材、装饰、道路、绿化和街道设施的期待与需求。与如今冷冰冰的混凝土、玻璃和钢筋相比，当时用的石料更有温度感。巴黎的林荫大道与乔治王时代的伦敦街道，都有些单调和乏味，但从城市建筑的层面看，这已经很好了。

维也纳也不甘落后，紧随巴黎的脚步。1857 年，奥匈帝国皇帝弗朗茨·约瑟夫一世（Franz Joseph I）下诏拆除维也纳老城的防御斜堤和堡垒，在原有区域建造一条环城大道，道路旁还建有一系列彰显帝国风貌的宏大公共建筑。其中包括国会大厦、市政大厅、大学、博物馆、美术馆和绿地公园。1869 年，维也纳国家歌剧院建成开幕，首场演出的剧目是莫扎特的歌剧《唐·璜》（*Don Giovanni*）。后面说到的这些公共机构，规模等都超过了伦敦的那些。伦敦在开放空间上与其他城市的差距愈加明显。就连有着"强盗大亨"之名的纽约，都在 1858 年，从寸土寸金的曼哈顿划拨出 700 英亩土地建造面积是海德公园两倍大的中央公园，由伦敦出生的卡尔弗特·沃克斯（Calvert Vaux）担纲设计。

经济衰退与选举投票

19 世纪 50 年代，伦敦的信心有所回升，但回升势头在 1866 年戛然而止。欧沃伦格尼银行①（Overend and Gurney）倒闭，股市暴跌，失业率直线上升。恐慌持续，直到英格兰银行发布声明，表示会对陷入困境的银行发放救命用的贷款。伦敦东区对此次危机的影响感受最为强烈，这里的第二大产业是造船业。各式铁甲战舰，以及传奇工程师布鲁内尔（Brunel）的"大东方号"（Great Eastern）蒸汽轮船分别从狗岛、德普特福德和伍尔维奇下水启航。当时，伦敦的造船业有 2.7 万个工作岗位，负责全英三分之一的轮船制造。到了 1866 年年底，几乎所有的工人都失业了。靠近煤铁原产地的英格兰北部和克莱德河一带成为轮船制造的新阵地。用不了几代人的时间，伦敦码头也会面临同样的命运，而码头一向是伦敦的经济根基。靠市场经济生存的大都市，正被迫品尝着市场经济体

---

① 欧沃伦格尼银行：伦敦一家批发银行，被称为"银行家的银行"，它于 1866 年倒闭，欠下约 1 100 万英镑的债务，相当于 2019 年的 10.27 亿英镑。

图片来源：© Peter Froste/Museum of London

公元 120 年前后的朗蒂尼亚姆复原图。

图片来源：© Stephanie Wolff

位于库珀街的古罗马城墙遗址，中世纪时期的修补痕迹依然可见。

图片来源：© Historic Royal Palaces

伦敦塔的礼拜堂，诺曼人曾在这里举行宗教仪式，建于 1080 年。

图片来源：Look and Learn/Peter Jackson Collection/Bridgeman Images

画家复原的 1098 年时威斯敏斯特宫的最初模样，背后是威斯敏斯特大教堂。

绸布商、投资人、伦敦市长理查德·惠廷顿和他那只富有传奇色彩的宠物猫。

公元 1500 年前后的伦敦塔，画面上方是伦敦桥。

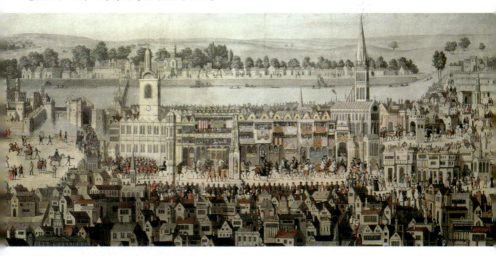

1547 年，爱德华六世的加冕队伍浩浩荡荡地行进中。画中虚构了塔丘、南华克、齐普赛街和老圣保罗大教堂。

图片来源：Chronicle/Alamy

　　1577 年，伦敦桥上的无双宫。无双宫的每一部分都是在荷兰建造，之后再运到伦敦组装而成，1757 年被拆毁。

图片来源：Science & Society Picture Library/Getty Images

　　1585 年，位于霍本的伦敦精算学会总部。1886 年时修复一新。属于建于伦敦大火之前，经历火灾后为数不多的"幸存"建筑。

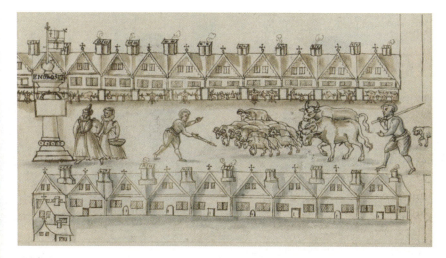

图片来源：the Folger Shakespeare Library

1598 年的东市场路。街上仍有牲畜被驱赶着前往屠宰场。

图片来源：© Rijksmuseum, Amsterdam

伦敦首位金融家托马斯·格雷沙姆爵士。他带领伦敦成为银行业霸主，建立了皇家交易所。

图片来源：Granger/Bridgeman Images

1616 年的环球剧院，位于泰晤士河畔，彼时此处还不归伦敦管辖。

泰晤士河对岸的威斯敏斯特，克劳德·德·琼格（Claude de Jongh）绘于 1631 年，画作中出现了新宴会厅、威斯敏斯特大厅和威斯敏斯特大教堂。

伦敦桥和伦敦塔，取自克莱斯·维舍尔（Claes Visscher）于 1650 年绘制的伦敦全景图。

　　1642 年的伦敦做好准备抵御王室军队的围攻。伦敦和威斯敏斯特周边建起了由 24 座炮台组成的 18 英里长的防御土墙，但并没有真正派上用场。

　　戈弗雷·内勒创作的塞缪尔·皮普斯画像，后者在伦敦瘟疫与大火期间用日记记录下伦敦的真实情况。

　　伦敦大火。鲁德门一带的建筑被大火吞没，市民逃上小船渡河。

图片来源：Bridgeman Images

克里斯多佛·雷恩爵士和他背后新建的圣保罗大教堂。

图片来源：Picture Art Collection/Alamy & Antiqua/Alamy

分别由雷恩和约翰·伊夫林设计的伦敦重建规划图。二者均以意大利城市的街区作为参考，假定在拆除现有房屋和街道的基础上重新建造规划，但都没有被当局认真考虑。

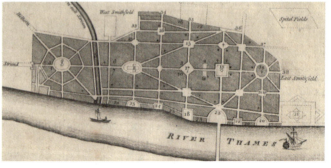

图片来源：© Museum of London

1677 年泰晤士河上举办冰冻博览会，背景是伦敦桥和南华克。当时，伦敦正逢小冰河时期。17、18 世纪期间，泰晤士河频频遭遇冰封。

图片来源：© Crown Copyright: UK Government Art Collection

1680 年前后，查理二世、鲁伯特王子（Prince Rupert）在白厅宫前的场景。画面后方是宴会厅和霍尔拜因门。该画作由画家丹克特斯（Danckerts）完成。

图片来源：Bridgeman Images

考文特花园、圣保罗大教堂和广场。整个项目动工于 1631 年，是伊尼戈·琼斯打造的伦敦首个方形住宅广场。

图片来源：The Stapleton Collection/Bridgeman Images

伦敦最具贵族气派的投资项目——圣詹姆斯广场，由亨利·杰明于 1662 年开始修建。

辉格党人为欢迎乔治一世于1714年登基而建造的汉诺威广场，另有以乔治一世命名修建的圣乔治教堂。

七面钟，位于考文特花园附近，鲜有的乔治亚式星形辐射结构设计，由托马斯·尼尔担任开发商，但一直没能成为预想的时尚之地。

　　卡纳莱托在 1747 年前后完成的画作，展现了伦敦金融城市长就职当日的景象。泰晤士河如同一条繁忙的运河一般，圣保罗大教堂沐浴在阳光下，美得不真实。

　　1788 年的皇家交易所。此前计划在格雷沙姆建造的老交易所原址上新建四个交易所，画中的是第二个。

图片来源：Alamy

霍加斯1751年的作品《杜松子酒巷》。该幅画作描绘了杜松子酒风靡时期伦敦圣吉尔斯街区的情况，推动了国家相关管控和改革举措的出台。

图片来源：Yale Center for British Art, Paul Mellon Collection

霍加斯在1735年完成的自画像。霍加斯属于包括雷恩和吉布斯在内的保守派阵营，他们与聚在伯灵顿伯爵身边的、在海外有过教育游历之旅的、崇尚帕拉第奥主义的那些人互相对立。

图片来源：Alamy

19世纪的圣马里波恩看守所。金融城之外的伦敦仍然由米德塞克斯郡下属的那些陈旧腐败的教区委员会管辖。

　　东印度码头，与格林尼治半岛隔河相望，右侧是狗岛，左侧是利河河口。威廉·丹尼尔（William Daniel）绘于约 1808 年。

　　博·布鲁梅尔是摄政时期伦敦西区的时尚化身，他开创了男士正式场合需穿"深色西装"的标准。

约翰·纳西，摄政时期的建筑师，他设计了从圣詹姆斯公园到摄政公园的皇家大道。

纳西设计的坎伯兰排屋和切斯特排屋，位于摄政公园附近（1831年）。

图片来源：The Stapleton Collection/Bridgeman Images

　　《伦敦冲向城外》（*London Going out of Town*），1829年。作者乔治·克鲁克香克讽刺当时的建筑热潮已经从市区延伸至郊区，穿过田野，达到汉普斯泰德一带。

图片来源：© Charles Plante Fine Arts/Bridgeman Images

海德公园角新建的贝尔格雷夫广场。

图片来源：© National Portrait Gallery, London

　　托马斯·邱比特，格罗夫纳地产项目的开发者（1840年）。

　　1834 年，威斯敏斯特宫起火。复建时，围绕是否选用哥特式风格，爆发了"风格之战"。

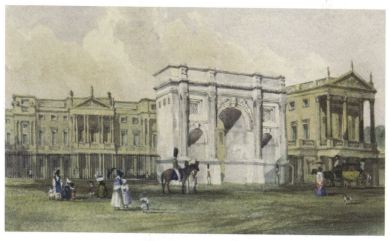

　　纳西在 1835 年打造的白金汉宫，前院本来立有一座大理石拱门，后来被如今的立面建筑挡上看不见了。

罗伯特·斯蒂芬森设计的伯明翰与伦敦之间的铁路，在樱草山修建的隧道入口，画作完成于 1838 年。

诺福克广场，以"毗邻海德公园"的名义招租，但实际上更靠近帕丁顿车站。作为充满意大利风情的伦敦郊区，在当时备受追捧。

巴扎尔加提设计的大型下水道设施，是伦敦污水处理厂的核心设施，外观是八边形，位于厄立特里亚沼泽（1865 年）。

多尔（Doré）绘制的版画，描绘了在贝克街乘坐首列"地铁"的三等车厢乘客。

图片来源：The Stapleton Collection/Bridgeman Images

1897 年的舰队街，从中可以看到早期的公共马车。

图片来源：Science & Society Picture Library/
Getty Images

　　伊丽莎白·加勒特·安德森
（Elizabeth Garrett Anderson），医生，
在 1870 年伦敦教育委员会选举中
获胜，成为伦敦首位女性官员。

图片来源：Historic Collection/Alamy

　　奥克塔维亚·希尔（Octavia
Hill），伦敦慈善住房运动的发起者。
约翰·辛格·萨金特（John Singer
Sargent）绘于 1898 年。

图片来源：London Metropolitan Archives, City of London/Bridgeman Images

　　贝斯纳尔格林的阿诺德圆形广场，伦敦郡议会在公共住房领域的首次
尝试。

图片来源：Shutterstock

　　1903 年的东汉姆市政厅。在早期的行政区中，只有那些最优秀的才会修建市政厅。

图片来源：De Agostini Picture Library/Bridgeman Images

　　宣传戈尔德斯格林的海报——空气清洁，绿树成荫，田野开阔。

图片来源：Historic Collection/Alamy

　　伦敦首张"地铁图"，重要站点都设在西部和北部。

1909 年时斯特尼的普罗维登斯广场。同一时期，贫民窟清理开始进行。

韦伯街学校在 19 世纪 80 年代和 20 世纪 30 年代的学生照片对比。这所位于伯蒙西的学校几十年间整体条件发生了翻天覆地的变化。

图片来源：Keystone/Heritage Images/TopFoto

1934 年，上班族在屋顶边俯瞰泰晤士河、边享用午餐。第一次世界大战和行政岗位的增加，给女性带来了更多的就业机会。

图片来源：Lambeth Archives

市政官方破坏老建筑的行为——赫伯特·莫里森（Herbert Morrison）正在拆下滑铁卢大桥的砖石。雷尼设计的大桥最终被拆毁。

图片来源：Getty Images

伦敦大轰炸中，巴特西遭炸弹袭击（1943 年）。

图片来源：Shawshot/Alamy

伦敦市民不顾政府禁令，躲进地铁隧道躲避空袭。

图片来源：Central Press/Hulton Archive/Getty Images

"豌豆汤大雾天"，皮卡迪利广场（1952年）。

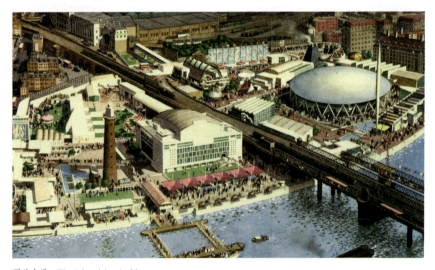

图片来源：The Advertising Archives

黯淡时期的几抹亮色：英国艺术节（1951年）。

战后时期的规划大师帕特里克·阿伯克隆比（Patrick Abercrombie）爵士。

繁荣时期的地产开发商理查德·塞夫特（Richard Seifert）及其身后的国民西敏大厦。

适合开车出行的伦敦：科林·布坎南（Colin Buchanan）规划下的菲茨罗维亚（1963 年）。

图片来源：Getty Images

维多利亚风格的克里克伍德即将经历中产阶级化变革。

DESPERATE ENGLISHMAN & FRENCH GIRL WOULD CONSIDER ANYTHING SORDID – they missed house we sold in Lilyville Rd. 3 months ago. FULHAM or similar. It really *is* urgent, please respond.
15th January 1967

罗伊·布鲁克斯(Roy Brooks ）绘制的时髦住宅广告 [《观察家报》（ *Observer* ）, 1967 年]。

图片来源：© Malcolm English/Bridgeman Images

人头攒动的卡纳比街。这幅画的作者是马尔科姆·英格利希（Malcolm English ）。

图片来源：© David Granick/Tower Hamlets Local History Library & Archives

阿伯克隆比打造的伦敦：斯特尼格林的牙买加街（1961 年）。

"垂直城市"的效果图：巴比肯的人行道设在"空中"。

图片来源：AP/Shutterstock

"不满之冬"：莱斯特广场上堆满了垃圾（1979年）。

图片来源：Daily Mail/Shutterstock

不景气的伦敦：肯·利文斯通（Ken Livingstone）与伦敦郡议事厅（1982年）。

图片来源：Dan Kitwood/Getty Images

爱骑车出行的市长：公共场合下的鲍里斯·约翰逊（Boris Johnson）（2010年）。

图片来源：Alamy

　　焕然一新的城市：从玛德卓特眺望金丝雀码头（2012 年）。

图片来源：Urban Land Institute

　　卸煤场改造完成后的国王十字（2019 年）。

图片来源：Guy Bell/Alamy

市区的天际线：从滑铁卢大桥上远眺金融城（2019 年）。

图片来源：Getty Images

国际化的大都会：诺丁山狂欢节（2016 年）。

制带来的苦涩。

与此同时，选举权改革的激进态势抬头，伦敦这次走在了前列。伴随着欧沃伦格尼银行的倒闭和东区的崩盘，宪章运动有所复兴，全新的改革联盟成立，组织多次集会。1866 年，政治老手、自由党人约翰·罗素伯爵提出一项改革方案，但和 1832 年一样，方案没通过，政府班子集体辞职。街道上的紧张气氛也在加剧。同年 5 月，大约有 10 万人大规模聚集，冲破路障，涌入海德公园。第二年春天，类似的事情再次发生。政府出动了 1 万名警察和士兵进行干预。但这次事件过后，迪斯雷利领导下的政府做出妥协，通过了罗素的提案。毫无疑问，街头行动产生了积极的政治效果。伦敦的确没有奥斯曼的林荫大道，也没有维也纳的环城大道，但当俾斯麦（Bismarck）统领下的普鲁士士兵接连入侵巴黎和维也纳，伦敦找到了另外一条保持稳定的路。这一时期，几乎所有的男性工人都拥有了投票权。

纵观伦敦历史，格莱斯顿第一次出任首相期间（1868—1874 年），首都居民一定格外开心。格莱斯顿谦虚地表示，"这是有史以来，政府打造出的最佳市政面貌"。伦敦从 1866 年的危机中浴火重生。巴扎尔加提负责的下水道和围堤正在铺设。城市街道干净，灯火通明。五岁以下的儿童死亡率降低到了 18 世纪 50 年代的一半，约为 33%。上一次霍乱暴发，还是几年之前（1866 年）。比宏伟建筑，伦敦肯定比不过巴黎、维也纳，但它的地上和地下铁路齐全，还有一些新建建筑，如矗立泰晤士河岸边的议会大厦，苏格兰建筑师吉尔伯特·斯科特（Gilbert Scott）设计的外交部大楼和圣潘克斯车站酒店也都已经完工。

最重要的是，伦敦的人口结构发生剧变。在铁路的修建及其带

来的影响下，伦敦的人口增加了一倍。铁路公司驱逐起贫困住户来
残忍无情。但相比于对市内房屋的破坏，他们的确在郊区新建了更
多的住房，而且新房的卫生条件和空间都要远优于市区的老房子。
这也进一步带动了用工人口的升级转变。以往的"蓝领"工作被
"白领"职位淘汰，制造业岗位被服务业岗位取代，金融行业处于
上游最顶端。

格莱斯顿政府从政策层面对变化做出回应。《1834 年济贫法》
的最大不足在于缺乏关照赤贫者和病人的规定。为此，大都会收容
委员会成立，增加了建立医院和收容所的权利，最早它们只能建立
济贫院。这带来了显著效果。到了 1900 年，伦敦有 74 家依照济贫
法建立的医院，对所有人开放，只有中世纪创立的盖斯医院、圣巴
特医院和圣托马斯医院依然是私立医院。从这个角度看，伦敦至少
在福利制度上全国领先。

一直以来，教会垄断下的教育存在很多不足。1870 年出台的
《福斯特教育法》（Foster Education Act）设立学校董事会，弥补缺
陷。随着 1867 年更多人拥有了选举权，这部法案还被适时地称作
"教育国家未来主人的法案"。伦敦教育委员会有 49 名成员，均由
选举产生，女性也能投票和参选。排在第一位的是伦敦首位女医生
伊丽莎白·加勒特·安德森，紧随其后的是激进派社会主义者安
妮·贝桑特（Annie Besant）。《泰晤士报》曾表示，"如果根据对人
们的影响力来判断，全英格兰就没有比伦敦教育委员会更有权势的
机构了"。因为这个委员会，伦敦走在了社会变革的前沿，为那些
无力负担学费的学生提供义务和免费教育。

与交通上的变化相比，卫生和教育领域的改革只是小打小闹。
由于通勤人数激增，交通拥堵前所未有。数以千计的马车，拉着那

些上班的人，从终点站前往工作地点。一匹马在路口倒下，就可能导致整个街区堵一个小时。大都会市政工程局在堤岸项目修建成功后，开始在西区修路。维多利亚车站与威斯敏斯特教堂之间修建了维多利亚大街。沙夫茨伯里大道和查令十字路横穿圣吉尔斯的贫民窟。诺森伯兰大道将特拉法加广场与堤岸相连，但为了修建这条大道，河岸边留存的最后一座古老宫殿诺森伯兰之家被迫拆毁。

堤岸一带沿线，出现了伦敦城市学校、塞西尔酒店、萨沃伊酒店和国家自由俱乐部等新建筑，不再只有萨默塞特府孤零零地独立于岸边。在圣殿办公的律师们抗议巴扎尔加提的堤岸项目"侵占"了他们的花园，他们长期拥有的"黄昏时分在河边漫步"的权利被新修的道路所侵犯。这一抗议虽然被驳回，但这条新路在修到金融城边界布莱克法尔附近的时候被紧急暂停。一直到20世纪70年代，仍都不断有修路工人在上泰晤士河街的巨型货仓旁边干活。

品味之变

在以乔治王时代风格为主的街景映衬下，伦敦的新建建筑，无论规模还是样式，都给人焕然一新之感。各流派设计荟萃，让人眼花缭乱。一代一代下来，新出现的建筑，总会有种不走寻常路的叛逆意味，风格与之前的差异明显。维多利亚时代的建筑更是将这一点表现到了极致。乔治王时代和摄政时代的伦敦，是古典主义建筑风格的海洋。但到了19世纪60年代，其标志性的黄/黑砖石和灰墁广场变成了乏味和无趣的代名词。拉斐尔前派（Pre-Raphaelite）① 运动的倡导者约翰·拉斯金（John Ruskin）就对位于布鲁姆斯伯里的高尔街不屑一顾，这条隶属于贝德福德地产的街道，被其称为"英国建筑史上的至丑之作"。历史学家唐纳德·奥尔森（Donald Olsen）写道："如果说摄政时代有灰泥粉饰，那么维多利亚时代就只剩下粗糙石料。如果乔治王时代偏爱并不起眼的灰色砖石，那么维多利亚时代的建筑师纷纷把砖块涂成了最为亮眼的大红色。乔治王时代的建筑风格是克制的、统一的、外观为黑白色，维多利亚时代建筑外立面贴上了颜色各异的釉面瓷砖……锯齿状的天际线……什么样子的都有。"

哥特风格继续受到教会和议员的青睐，但在国内市场却完全吃不开。直到 19 世纪 50 年代末，大多数的伦敦住宅还是这个样子——壁柱为灰泥粉饰，窗框风格为意大利式。19 世纪 60 年代，建筑品味发生改变，哥特式失宠，弗拉芒风格、伊丽莎白风格、安妮女王风格，以及任何带有红砖、赤陶和砂岩元素的风格受到追捧。1871 年，伦敦教育委员会聘请建筑师 E. R. 罗布森（E. R. Robson）修建约 300 所新学校，它们看起来就像是通过运河从阿姆斯特丹整个儿"搬"过来的一样，一排排坐落在那里，比连绵的伦敦排屋高出一头，山形墙设计增添了几分威严，打个比喻的话，有点像纪律严明的引座员。如今，从维多利亚车站开出的火车，在经过旺兹沃斯时，还能

---

① 拉斐尔前派：1848 年在英国兴起的美术改革运动。最初是由 3 名年轻的英国画家威廉·霍尔曼·亨特（William Holman Hunt）、丹蒂·加百利·罗塞蒂（Dante Gabriel Rossetti）和约翰·艾佛雷特·米莱（John Everett Millais）所发起的一个艺术团体，目的是改变当时的艺术潮流，反对那些在米开朗琪罗和拉斐尔的时代之后偏向机械论的风格主义画家。

看到一片当时保留下来的建筑。

1853 年，黄砖砌成的国王十字车站建造完毕。隔了差不多 10 年，在 1865 年，旁边开始修建如梦如幻的圣潘克斯车站。历史学家西蒙·布拉德利（Simon Bradley）发现，圣潘克斯车站的外观，凝聚了"布鲁日、索尔兹伯里、卡那封、亚眠和维罗纳"多个城市的特征。南肯辛顿的街道，几乎是在快要修完的那一刻，从既定的传统白灰风格，改成了新荷兰派的红砖设计。梅尔伯里路上的荷兰公园附近，形成了以住户主要为艺术家的高端住宅区。莱顿（Leighton）爵士那座充满异域风情的莱顿之屋（现在成了博物馆），是西伦敦建筑的巅峰代表。格洛斯特路上的哈林顿庄园是荷式建筑，但造型别具一格，至少和我在荷兰看过的都不一样。1877 年，建筑师诺曼·肖（Noman Shaw）在伊灵区贝德福德公园一带打造了一处古雅住宅区，红砖墙体，拉斐尔前派风格装饰。梅达谷区域一英里长的埃尔金大道上，也坐落着体现维多利亚不同时期风尚的房屋。

有些土地的租约是在乔治王时代签订的，对土地所有者来说，续约后要不要改变上面建造的房屋风格，是让人头疼的问题。骑士桥一带，汉斯镇和卡多根广场被夷为平地，大面积重新建造红砖墙体的荷兰风格房屋。切尔西南部，乔治王时代风格的广场和排屋卖不上什么好价钱，也就保持了原有的灰泥粉饰风格。波特兰地块的马里波恩则是什么风格都有，让人看不出名堂。排屋整体没变，但区域的四个角落加盖了带山墙和角楼的"堡垒"。建于罗素广场贝德福德地块上的房屋，迫于压力不得不"翻修升级"，但也只是简单地给房屋门窗加上赤陶色的外檐，并不美观。

纵观所有，最具突破性的项目由金融城打造。看到威斯敏斯特

有大本钟，金融城也想在区域内搞一个类似的设计。1877 年成立的
委员会决定，在伦敦桥下游修建一座横跨泰晤士河的桥梁，配以可
以升降的桥身，以管控船只进出伦敦池①。金融城工程师霍勒斯·
琼斯（Horace Jones）爵士的方案竞标成功，按照他的想法，新桥
梁要能与附近的伦敦塔相匹配，就像大本钟之于威斯敏斯特教堂。
这座新桥就是塔桥，它和大本钟都得到了学术界和民间的尊重，成
为新伦敦的地标。但并非所有的建筑都能被认可，1973 年建在伦敦
塔桥周围的大型"野兽派"风格酒店就风评不佳。

都市的闲暇时光

随着一批土地租约续签，很多房屋得以重建。人们发现，伦敦
市中心的居民想要的依然是前面有大门临街的独栋住房。这种偏好
不可避免地影响了社交行为。奥斯曼设计的巴黎公寓，让住户不由
自主地想去户外，聚集在咖啡馆或饭店里，使用公共面包房和厨
房。伦敦有本土酒馆，但一般都开在小街巷或是贫民区，主要是为
仆人、侍从这类贫民阶层提供餐食。伦敦几乎没有自助餐厅。伦敦
人都注重私密性，把社交和休闲活动办在自己家里。威尔第（Ver-
di）的歌剧《茶花女》（La traviata）和普契尼（Puccini）的歌剧
《波希米亚人》（La boheme），都描写了当时欧洲的一些社交场景，
但这样的景象在维多利亚时代的伦敦找不到。狄更斯、特罗洛普
（Trollope）和高尔斯华绥的作品，也很少用公共场所作为背景

①　伦敦池：泰晤士河从伦敦桥到莱姆豪斯的一段。

［《匹克威克外传》（*Mr. Pickwick*）除外］。小说里的帕利塞一家和福塞特一家都保守内敛，乔治·格罗斯史密斯（George Grossmith）笔下的主人公普特尔也是这样的性格。

中产阶级一般按职业或者专业形成小圈子，决定亲疏关系的可能有政治观念、从军经历、医学背景、法律背景或学术背景，俱乐部则是增进感情的最佳选择。19世纪末，伦敦叫得上名字的俱乐部有100个，其中，军人或海军军官俱乐部8个，牛津剑桥毕业生俱乐部5个，女性俱乐部9个。与此同时，百货商场被越来越多的女性关注。20世纪60年代，牛津街和摄政街出现了很多伦敦人熟悉的"联名"百货商场，比如斯威尔斯与威尔斯、斯旺与埃德加、马歇尔与斯内尔格罗夫、狄更斯与琼斯和德本汉姆与自由团体，每家都有固定的客户群体，每个群体都具有细微差异。

一些新店铺——从来不是平民定位的那种——也开始在城市外围区域设立。"郊区殖民者"威廉·怀特利（William Whiteley）是首个吃螃蟹的人。他在1863年提出了"万能供应商"计划，打算将韦斯特伯恩街打造成"贝斯沃特的邦德街"。怀特利的店里不仅卖衣服和食物，还提供美发、购房和在当时刚刚流行的"一秒净洗"（干洗）服务。万国博览会之后，查尔斯·迪格比·哈罗德（Charles Digby Harrod）进驻骑士桥，建起了他的哈罗德百货，他的电报地址就写着"伦敦的一切这里都有"，但其实直到1901年，哈罗德百货才有了今天的规模和人气。之后，高级百货哈维·尼克斯也营业开放，类似的商场还包括位于肯辛顿的巴克斯、位于切尔西的皮特·琼斯、位于西汉普斯泰德的约翰·巴恩斯和位于巴特西的阿丁·霍布斯。值得一提的是准备开在米尔安德路上的威克汉姆斯，这处商场因为"钉子户"珠宝商斯皮格哈尔特而搁浅，后者拒绝出售自己的商铺，工程因此无法进行。百年之后，当周边的一切都发生了翻天覆地的变化，唯一留下来的只有这家不肯卖掉的小珠宝铺，在那里显得格外奇怪。

伦敦的娱乐活动也从上到下变得更加丰富多彩。城市中涌现了一批像小酒馆、游乐花园、剧院和音乐厅这样的娱乐场所。伦敦剧院此前一直被王室垄断，只有位于考文特花园和德鲁巷的两家。1843 年，营业许可进一步放开，剧院数量激增，集中在河岸街、圣马丁小巷和干草市场。开在伊斯灵顿的沙德勒之井剧院上演了自 17 世纪以来流行的各种剧目。坐落于兰柏斯的柯博格剧院得到了王室的背书和资助，改名为老维克剧院。不久，郊区的每条商业街都开设了音乐厅。画廊的票价也只有几便士。

看剧的观众总是吵吵闹闹。沙德勒之井剧院的记录显示，剧场"回荡着粗俗不堪的语言，咒骂声、嘘声、尖叫声、呼喊声，还有亵渎神明的污言秽语——真正的粗俗表达大杂烩"。据狄更斯描述，经常看戏的人都是"脏兮兮的男孩、律师办公室做着低级复印工作的小职员、在金融城计票所里上班的头脑空空的年轻人……下九流的什么人都有"。《笨拙》杂志的漫画里，主人公喜剧英雄卢平·普特（Lupin Pooter）就因迅速多出这些爱好并沉迷音乐剧让父亲惊讶不已。但喧嚣的剧场里，还上演了奥芬巴赫（Offenbach）、莱哈尔（Lehar）、吉尔伯特（Gilbert）和沙利文（Sullivan）的歌剧，王尔德（Wilde）、皮内罗（Pinero）和易卜生（Ibsen）的戏剧，亨利·欧文（Henry Irving）和艾伦·特里（Ellen Terry）合作的莎士比亚剧作也在莱森剧院上映。

受欢迎的开阔空间

伦敦不断外扩的过程中，同菜园及砖厂一同保留下来的，是其间的一些开阔空地，但这些空地的前景更加堪忧。娱乐用地缩减的背景下，各个委员会呼吁要对留存下来的土地进行保护，哪怕只是为了让穷人"脱离酗酒、斗狗、拳击比赛这样的低级趣味"。如何使用剩余的公共用地，是争论的焦点，它们虽然是私有财产，但按照惯例可以对公众开放。

矛盾最明显的是归玛利恩·威尔逊（Maryon Wilson）家族所有的汉普斯泰德。到19世纪中叶，伊斯灵顿和高门的大部分高地，格林尼治以东和赛德纳姆以南的许多区域，都建起了砖石砂浆建筑。自古以来，汉普斯泰德就是伦敦各界人士的消遣胜地。铁路的畅通和银行假的确立（1871年）让这里更受欢迎。在宣传汉普斯泰德的各式海报上，这里看起来像是布莱顿海滩，上面还有警察在人群中追逐小偷的场景。

从19世纪20年代开始，玛利恩·威尔逊一家就尝试通过法律手段将汉普斯泰德附近的希思山顶周围的土地围起来，像其他郊区庄园那样。但汉普斯泰德太不一样了，威尔逊一家的申请被拒绝，社会各界也联合起来抗议。希思是一块神圣之地，出现在许多文学家的作品里。狄更斯笔下的匹克威克一家"可以循迹至汉普斯泰德的池塘"。济慈（Keats）对其这样描述："若一个人被长久地困在城中/这是幸福的，能看到明净、开阔的天空。"英国风景画家康斯特布尔（Constable）称，从伦敦到汉普斯泰德的风景"全欧无敌"。

雪莱、拜伦、兰姆（Lamb）、黑兹利特（Hazlitt）和激进派的利·亨特（Leigh Hunt）都加入了这场抗议运动。利·亨特曾因攻击摄政王而入狱，他在狱中发表十四行诗，赞美汉普斯泰德为"大自然的土地……村舍山谷间的田野一望无垠/丛丛变暗的松树遮挡着无边的蓝天/清晰可见的小路，每日走过/凉爽的脸颊，明媚的眼睛，晨间轻快的步伐"。

更要命的是，威尔逊一家的家长托马斯（Thomas）爵士还面临着另外一个问题：伦敦超富阶级每周都会来汉普斯泰德过周末。感受过山顶的惬意与乐趣后，银行家、律师和贵族们并不想与其他人分享这里。1871年，终于达成了一项妥协之策，玛利恩·威尔逊一家可以在部分区域建造别墅，后来崛起的菲兹约翰大道就在当时的别墅区。北部和东部的大片土地则被大都会市政工程局收购，作为公共场地。尖锐犀利的活动家奥克塔维亚·希尔之前多番努力都没能"保住"瑞士小屋周围的土地，但10年后，政府把高门边缘国会山附近的土地划归给了希思。不过，大都会市政工程局却不想花钱为希思建造观赏花园，他们告诉管理者，只要"四处走走，撒撒金雀花种"就行了。这样却产生了意想不到的结果——野蛮生长的花草赋予了汉普斯泰德别样的野性魔力。

围绕汉普斯泰德北部的土地规划，争议不断，其他问题也接踵而至。19世纪60年代初，以保护伦敦及周边公地为目的的协会成立。1866年，相关法律出台，禁止庄园所有者增设围禁装置。压力之下的大都会市政工程局不得不先后于1845年和1858年收购了维多利亚公园和巴特西空地，后来又陆续买下位于布莱克希思、哈克尼唐斯、克拉珀姆公地、图庭贝克和埃平森林的公园空地。绿地规模上，伦敦依然无法与其他城市相比，但许多（如果还不算绝大多数的话）居民自家都有屋后花园。伦敦的街道也成了休闲娱乐之地。

没完没了的贫困问题

尽管取得了很多进步，伦敦依然存在一些极度贫困和拥挤的地区。1862 年，俄国作家陀思妥耶夫斯基（Dostoevsky）到访伦敦，对这座城市的鲜明反差感到震惊。一方面，他被煤气照明、汹涌人潮和富人与贫民之间的自由交流深深吸引。另一方面，他惊讶于街头乞丐随处可见，特别是在伦敦西区，到处都有妓女。其中，有些女孩儿是被母亲带到干草市场卖掉的，"年纪在 12 岁左右，会紧紧攥住你的手臂，恳求你买她回去"。还有一些"不到 6 岁，衣着褴褛，打着赤脚，脏兮兮的，脸颊凹陷……身上布满伤痕"。据估计，伦敦当时有 2 万名妓女。她们的艰难处境让不苟言笑的格莱斯顿都为之动容，大晚上还在街头奔走，想要为这个群体找到合适的安置之所。

维多利亚时代社会改革的元老是早期社会学家查尔斯·布斯（Charles Booth），他的助手包括社会主义党人比阿特丽斯·韦伯（Beatrice Webb）和经济学家、女性就业倡导者克拉拉·科莱（Clara Collet），他们共同梳理了相关的城市数据。他们按照街区位置绘制社会等级图，揭示了大庄园周围几码距离外的贫困情况。布斯在 1889 年出版的早期著作《人们的劳动与生活》（*Life and Labour of the People*）中指出，贫困的主要原因是伦敦工作岗位具有的随意性本质。布斯是一丝不苟的记录者，也是犀利的评论员。他写道，作为一个帝国，应该意识到国内的贫民窟就像非洲热带雨林里的野人居住地，那些穷人就像"非洲原住民一样，麻木地接受着被奴役的命运"。三分之一的伦敦人生活在贫穷之中，尽管布斯坦承处于最底端的"被伦敦抛弃的败类、废人、罪犯"只占伦敦东区总人口的不到 2%。

19 世纪 60 年代是狄更斯作家生涯的最后阶段，他不仅把目光聚焦在伦敦西区的贫民窟，也关注到金融城东部泰晤士河沿岸的穷人区，后者的情况鲜有人知。《雾都孤儿》（*Oliver Twist*）中费金提到的雅各布岛，是个真实地点，就位于伯蒙西。"五六所房子合用屋后一条摇摇晃晃的木板走廊，透过木板上的窟窿可以看到下边的淤泥……房间又小又脏，室内密不透风，充满恶臭，用来放置污物都觉得太脏。"狄更斯写道，"这里有触目惊心的贫困，令人恶心的污垢、腐物和垃圾。"

我第一次找到位于泰晤士河入海口处的雅各布岛遗址时，即便面前的仓库已然废弃，我依然感到不寒而栗。如今，仓库原址已经建起了座座公寓。伦敦的旧式公寓和贫民窟也都不复存在。但仍有一些简陋住宅躲过了贫民窟清理行动中的推土机，被保留下来。它们如今的位置就是当初工人阶级的生活区，有些在诺丁山的希尔盖特村，还有的在斯特尼、贝斯纳尔格林、南华克和兰柏斯的后街上。其中，保存最为完好的大概在惠特尔西街附近，前面是老维克剧院，整片区域归康沃尔公爵所有。街上的露台房屋迷你小巧，感觉可以作为电影布景——它们的确也出现在很多影片里。

维多利亚时代的城市，出现了肮脏和混乱的一面，这满足了人们有些病态的好奇心理。狄更斯和其他人笔下的水手、小偷、妓女、酒鬼形象和鸦片窝点等内容让人不敢相信，又忍不住去探究。狄更斯也承认，这是一种"反感厌恶"产生的反吸引力。1888 年，"开膛手"杰克（Jack the Ripper）在白教堂附近残忍杀害 5 名妓女，犯下臭名昭著的"白教堂血案"。这一案件始终悬而未破，此后有近 150 本书籍以此为主题。

第十六章

慈善与国家

1875—1900

奥克塔维亚·希尔

　　维多利亚时代末期，伦敦已然成长为一个庞然大物，整个市区——至少是市中心——已经进入发展的瓶颈期。尽管伦敦的水是干净的，但空气污染严重。这个城市还不能用"俊秀"来形容，甚至"可爱"都称不上。外国人频频吐槽：伦敦潮湿、多雾，冬天阴冷，伦敦人则气质阴郁。约翰·拉斯金称伦敦"像是砖块堆成的一大坨面团，不断发酵膨胀，每一个洞孔都散发出毒气"。狄更斯、柯南·道尔（Canon Doyle）、莫奈（Monet）和惠特勒（Whistler）放大了他们观察到的伦敦缺陷，还加入了合理想象。一向对伦敦赞誉有加的亨利·詹姆斯①（Henry James）也直言："城市沉闷单调、给人沉重之感，市民乏味愚蠢，内心粗俗，行为招人烦。"但他也对伦敦做出了正面的总结："整体而言，这是最接近生活的样子……最大规模的人口集聚——最全面的市政纲要。"

――――――――――

　　① 亨利·詹姆斯：美国小说家、文学批评家、剧作家和散文家。

　　这一时期，伦敦出现了思想认知层面的变化，慈善浪潮日益高涨，人们要求政府改革的态度更加坚决。杰出女性奥克塔维亚·希尔是慈善领域的代表人物，她之前带头组织了伦敦公共空间运动。她个子小小的，出身贫寒，却有着冰霜一般的坚定毅力，早在1865年，她就说服拉斯金为其在马里波恩买下一栋房产，用来安置"值得救助的穷人"家庭，她还拉来一些商业投资人，说服其签订商业条款，为穷人家庭的日常生活提供"救济资金"。没过多久，希尔开始购买那些快到期的房产，不直接拆掉重建，而是二次装修后重再转租出去。对按时交租的租客，希尔贴心细致，各个方面都给予照顾，并主动解决他们遇到的麻烦。她还雇用女性做房屋检查员和收租人。希尔不同以往的做法，得到了梅休和布斯的认同——从道德和非道德两个层面解决贫困，个中差异在维多利亚时代显现得愈加清晰。

　　希尔要求员工，要做到"及时维修、有效管护，不可以多人挤在一起，现款付租，严格记账，最重要的是维护好租户关系，相互帮助"。她的这些规定也成为早期社会性住房的普遍要求。截至1874年，希尔手里有15个租房项目，共计3 000名租户，全部由她的助手管理，可以为投资人带来5％的收益。当时，英格兰国教会在南华克和帕丁顿也有类似的贫民公寓，但饱受抨击，教会找到希尔，请她接手教会名下的租赁项目和5 000名租户。狄更斯的朋友——百万富翁、慈善家安吉拉·伯德特·库茨（Angela Burdett-Coutts）和美国大亨、慈善家乔治·皮博迪（George Peabody）等人也都找过希尔。他们还与改良工业住宅公司和改善工人状况协会等机构合作。总的来看，慈善成为一项不错的投资方式，在良好的管理下，地产稳定保值。慈善的目的，从来不是真正"不盈利"，而是确保财富不流失。

　　伦敦老牌庄园的所有者很快也意识到，庄园门口的贫民区对其土地续约有害无益。而伦敦的大量土地，租约 99 年，下一个到期时间预计在 19 世纪七八十年代。1884 年发表的工人住房报告显示，格罗夫纳家族、北安普顿家族和教会都愿意降低地租，把土地租给慈善机构，由后者对地块周围的贫民区进行改善和清理。在伦敦，几乎每座庄园都得到了皮博迪和改良工业住宅公司的"帮助"。格罗夫纳广场以北和牛津街的两侧，公寓如雨后春笋般涌现，有些一直保留到现在。20 世纪 70 年代那会儿，我曾做过临时的渡船工，把住在塞尔福里奇百货对面的人接去吃圣诞午餐，有次遇到了一些曾经的卖花女，她们回忆起"以前在梅菲尔的日子"。现在，那片区域的大部分建筑都是私人住宅了。

1875 年出台的《克罗斯法案》（Cross Act）进一步细化建房规定，与《1774 年建筑法案》的第四级标准类似，它要求所有住房必须安装现代管道。到这时为止，慈善机构已将 2.7 万人安置在当时被叫作"样板住宅"的房屋之中。有调查统计，伦敦的慈善机构不少于 640 家，负责处理解决穷人住房、向穷人发放《圣经》等方方面面的事情。它们需要的善款达 240 万英镑，对一般公众而言，如果靠征税支撑这笔钱，那可是一项不轻松的负担。但全世界的慈善机构都面临同样的问题——无法跟上都市的发展速度，实时回应出现的新需求。所以，这一时期，每到晚上，光是特拉法加广场，就有 400 多人露宿街头。

政府的反应

其他英国城市正在赶超伦敦，如果伦敦人有所注意，他们应该清醒地认识到这一点。尽管伦敦拥有教育委员会和难民局等机构，但缺乏整体的民主权威。曼彻斯特、利兹、伯明翰和英国的其他城市，同时拥有民众领袖和社会企业，二者共同监管道路建设、学校设立和公共资源配置。其他城市的市政厅也都非常宏伟。1834 年，希腊风格的伯明翰市政厅落成。1853 年，意大利风格的利兹市政厅投入使用。由建筑师阿尔弗雷德·沃特豪斯（Alfred Waterhouse）设计、建成于 19 世纪 70 年代的曼彻斯特市政厅，更被视为哥特式建筑的代表。

伦敦金融城历史悠久，中世纪时期采用的地方民主制在全国首开先河，但时过境迁，已逐渐落伍。激进派哲学家约翰·穆勒（John Mill）认为，伦敦市政厅里结合了"现代的假公济私风气与过时的纨绔风气"。但即便如此，市政厅对于伦敦而言依旧是神圣的。老旧的教区、济贫监理和大都会市政工程局，继续被贵族政客所袒护，在威斯敏斯特地位超然。

到了 19 世纪 80 年代，大家开始意识到，教区委员会的存在时日不多。当时有指责称"教区委员会毫无治理能力，就是在浪费资源"，为了证明言论不实，一些人确实做了不少努力。他们开办了 31 座公共图书馆，设立了 200 座小公园。19 世纪 40 年代，公共澡堂运动兴起，首个公共澡堂开在了靠近伦敦码头的东史密斯菲尔德，第一年就接待了 3.5 万人。《泰晤士报》的文章里充满了惊讶与意外的口吻，"最底层的穷人，那么多年都习惯了身上脏兮兮的，满是污垢，有了公共澡堂，他们立刻'迫不及待'地利用起来，保持个人清洁"。19 世纪 70 年代左右，教区委员会的主要工作之一就是开设澡堂。澡堂外观多为赤陶色，与图书馆一起成为教区委员会的功绩——但很多澡堂都没有保留下来，现在位于旧址之上的大多是高端餐厅或咖啡厅。

1884 年，工会运动的影响日益加剧，12 万人聚集在海德公园，要求重组伦敦政府，规模和力度前所未有。伦敦的工人阶级爆发骚乱，虽然相比欧洲其他城市，工人运动发生的时间已经晚了许多。码头工人领袖本·蒂勒特（Ben Tillett）成功领导了"六便士"运动，为工人争取到每小时六便士的工资。1888 年，700 名火柴女工为了获得更好的工作环境进行罢工，她们都在布莱恩特与梅工厂工作，厂址就在博街一带。煤气工人也组织了类似的罢工活动。这一次，遭殃的不是威灵顿公爵的窗户，而是马歇尔与斯内尔格罗夫百货商店的橱窗。

伦敦地方政府的最大不足在于没有对税收进行重新分配的权力，不能统筹税款，把富裕地区的资金调拨给贫困地区，而英国其他地方并不存在这一问题。比如，圣乔治东方教堂所在的贫困教区，房产税高达 3 先令 9 便士；而圣乔治教堂所在的汉诺威广场，作为富裕教区，税费却只有 6 便士。无法统筹调配，就不可能真正解决贫困问题。伯明翰自由党领袖约瑟夫·张伯伦（Joseph Chamberlain）疾呼，城市应该采取"新的公共责任概念，允许社会事业发展，重新评估社区间的相对义务"。在这一问题上，伯明翰对伦敦提出批评。

伦敦郡

多方压力下，议会最终妥协。1888 年，索尔兹伯里侯爵领导的保守党政府通过法案，撤销无所作为的大都会市政工程局，成立伦敦郡议会，这一操作基本相当于对郡级政府的地方改革。但索尔兹伯里坚决反对在首都建立"单一的"行政机构，他认为，这样一个机构，规模太大，无法有效限制其权力。在其坚持下，未进行改革的金融城同业工会、济贫监理和非选举产生的教区委员会得以保留。他认为，这些都是保守党的坚实"堡垒"，用来制衡倾向改革的伦敦郡议会，以防后者发展得过于庞大、惊人，路线过于偏激，开销挥霍无度。

　　一番操作下来，伦敦郡议会并没有在大都会市政工程局的基础上获得什么新权力。归它管理的，包括一支消防队、泰晤士河上的桥梁、排水管道以及其靠自身资金建造的福利房屋，但学校、医疗或福利机构都不归它管。但也有好的方面：尽管无法对税收进行重新分配，但成立了公共济贫法律基金，用来平衡富裕教区和贫困教区济贫监理的压力。这实际上已经是一个重大突破了。

　　尽管伦敦郡议会权力有限，但它的设立对伦敦政治来说就好像打了一剂强心针。每个议会选区都在议会拥有两个代表席位。议员中，既有昂斯洛伯爵、康普顿伯爵和诺福克伯爵这类老牌庄园主，也有拥护边缘团体费边社①的西德尼·韦伯（Sidney Webb）和约翰·伯恩斯（John Burns），以及自由党人查尔斯·迪尔克（Charles Dilke）。作家萧伯纳（George Bernard Shaw）也是议员之一，他会在激进派报纸《星报》（the Star）上发表批判性的专栏文章。议会主席由自由党贵族罗斯伯里伯爵担任。

　　这一时期，女性可以参与所有的郡级选举投票。当时投票资格取决于财产多少，这样一来，再将拥有土地的女性排除在外显然并

---

　　①　费边社：英国的一个社会主义团体，成立于 1884 年。

不公平。已有女性进入教育委员会或担任济贫监理。伦敦郡议会也有两名女性成员，分别来自博区和布利克斯顿区，尽管其他的男性成员一直想把这两人"踢"出去（理由之一是其名下地产实际归她们各自的丈夫所有）。截至 1900 年左右，伦敦大概有 12 万名女性拥有投票权。在这一点上，伦敦的地方民主程度远远领先于全国。

伦敦郡议会激进派成员的所作所为让索尔兹伯里的担心成为现实。韦伯发表了一份费边社宣言，提醒伦敦警惕"数百万辛苦劳作工人的不满情绪"，并要求采取措施，整治"投机者、教区委员会的营私舞弊者、弄虚作假者、市场垄断者、地主和社会寄生虫"。他将伦敦看作带有前瞻性的自治公社的试验场，是对 1871 年巴黎公社的回应与延续。他希望伦敦从自来水、煤气到电车、码头，再到医院都实行自治。委员会的首位书记员、历史学家劳伦斯·戈姆（Laurence Gomme）激昂地写道，"中世纪《大宪章》的民主精神得以复兴，其秉承的市民传统可以追溯至古老的撒克逊和古罗马时代"。

1892 年，伦敦郡议会进行了第二次选举，选出的成员主要分成自由进步派和保守温和派两个阵营。起初，绝大多数人都是自由进步派。1894 年，自由党政府纠正了索尔兹伯里改革中的失败之处，通过了均等收税的法案，按一定公式对富裕区域征税，从而减轻了贫困区域的压力。加上此前设立的公共济贫法律基金，全市的资源调配发生巨大变化。教区委员会半死不活地又"撑"了 10 年，最终在 1899 年寿终正寝，即便是索尔兹伯里重新掌权，也没有改变这个结局。之后，伦敦被划分为 28 个行政区。实行单独选举的济贫监理和伦敦教育委员会被暂时保留。索尔兹伯里希望，新划定的行政区能像老教区一样具有强烈的保守派色彩。

过去的一千年里，金融城外的伦敦区域都不曾拥有自治的权利，如今，首都终于作为一个整体实现了一定程度的自治。伦敦这个词，第一次正式适用于金融城之外的其他地区。但即便如此，G. K. 切斯特顿（G. K. Chesterton）在讽刺小说《诺丁山上的拿破仑》（*The Napoleon of Notting Hill*）中依然对这些新划定的行政区冷嘲热讽，他预言，金融城和城外区域会在 1984 年爆发战争——乔治·奥威尔（George Orwell）那本反乌托邦代表作《1984》，在取名时就借用了这个年份。在《诺丁山上的拿破仑》一书中，最后的大战，交战双方分别是诺丁山行政区（虚构的）和南肯辛顿行政区，交战地点在卡姆登山的斜坡上，诺丁山行政区最后获胜。但在现实中的 1984 年，诺丁山行政区没有出现小说里的荣耀时刻，让我感到有些遗憾。这些行政区划的存在，是为了证明伦敦政局如今更加强健、有效，比伦敦郡议会以及再之前一些机构存在的时候都强。

改革节奏的不紧不慢充分显示出伦敦政治生态的特征。宪章运动时期，利兹的一家报纸就曾发文抱怨："为什么伦敦总是最后的那个？"19 世纪 80 年代的工人骚乱中，报刊经销商、议员威廉·亨利·史密斯（W. H. Smith）在议会抗议，"人流最多的伦敦西区，被暴徒完全控制了至少一个小时"。他看到暴徒打碎了卡尔顿俱乐部的窗户，非常愤怒。他似乎没意识到，9 年前，巴黎街头发生过类似事件，导致 1 万人死亡。伦敦就是这样活在自己的小世界之中。

卡尔·马克思认为，伦敦的相对被动是因为劳动力分散，缺乏可以更好地组织工人活动的大型工厂。激进派人士弗朗西斯·普莱斯持类似观点，他抱怨工人们住得"太远，许多人家和工作的地方

距离 7 英里"。自传统的行业协会和手工作坊衰落后，伦敦的工人
阶级主要由本地人组成，流动性大，涣散随意。除了码头公司和公
共事业公司，大多数企业都抵制成立工会，并且雇用来自外地的
工人。

　　尽管伦敦在 1832 年、1867 年和 1888 年的骚乱中表现活跃，但
让社会历史学家罗伊·波特好奇的是，即便发生骚乱，"从整体来
看，公共秩序受到的威胁也是微乎其微的"。他的解释是"维多利
亚时代的伦敦太大，工人阶级内部也有所分化"。因为城市太大，
所以运动无法紧密衔接，工人们只能依托各自的"小团体"，组织
策划，开展行动。换句话说，了解伦敦历史，最应该从地理特点切
入。一个城市，如果不能释放压力，它会在发展中毁灭。好在，伦
敦不缺可以释放压力的地理空间。

欢腾的交通

　　地理空间需要交通连接。在交通领域的发展上，伦敦一点也不
拖拉，尽管这和政府没多大关系——新政府、旧政府都没什么功
劳。采用"明挖回填"方法修建的环城线地铁，有一处"中断"地
带，为此，伦敦人不得不步行或乘坐马车通过这里，速度极其缓
慢。1879 年，基于金属线或轨道传导的电力传输装置在柏林问世，
为伦敦解决这个问题提供了可能。在经历几次失败的尝试后，伦敦
城与南伦敦铁路开始挖掘地下线路，从威廉国王街开始，穿过泰晤
士河，经过南华克，直抵肯宁顿和斯托克韦尔。这条地下线路于
1890 年通车，成为世界上首条地下电气铁路线。它的成功引起了不

小的轰动。通车满一年时，它已经搭载了 100 万人次的乘客，后来，它成了伦敦地铁北线的东段支线。

伦敦拥有厚重的黏土土质，非常适合使用工程师布鲁内尔发明的移动式盾构挖掘机进行地下作业。用这种方法建成的那些地铁线路后来被称为"地下隧道线路"（tubes）。而采用"明挖回填"方法建成，位于地下浅层的大都会线、区域线和环城线则叫"地下铁路线路"（undergrounds）。接下来投入使用的是由西南铁路公司开发运营的地面线路，1898 年竣工通车。此前，该公司的铁路终点站一直设在滑铁卢，没能进入金融城。整条线路以滑铁卢为起点，银行站为终点，因为穿过泰晤士河，还被起了个昵称叫"排水线"。同一时期，一家美国财团在伦敦启动了更加宏大的工程——打算修建一条长线，以诺丁山和贝斯沃特以南的牧羊丛为起点，经过牛津街，终至圣保罗大教堂。这条线路，和其他线路一起组成了后来的中央线。当时，修好的站台通过电梯连接，列车座位也都铺着软垫，非常舒适，"奢侈"程度非同一般，这条线路因此得名"地铁中的贵族"。因为它的票价固定为两便士，它也被人叫作"两便士地铁"。

如果说都市铁路的未来是在地下，那么地面铁路时代即将画上终止符。1899 年竣工的中央车站，被看作在最后时刻的逞强挣扎。中央车站是大亨爱德华·沃特金（Edward Watkin）爵士的心血之作，再现了他对铁路建设的执念——他梦想着建造一条奢华线路，并入大都会线，将英格兰北部与伦敦连接起来。他本人正是大都会铁路的主席。按照他的设想，火车从曼彻斯特直接开到贝克街，再经过市中心到达肯特，再通过海底隧道前往巴黎。他手下的工人甚至已经开始了海底隧道的挖掘。但事与愿违，这条线路在马里波恩路画上句号，工程队被抽调安排给罗德板球场挖隧道，工期为一整个冬天。直到今日，沃特金这个看似可以实现的梦想，依然还是一纸方案。

1900 年 5 月，发生在南非的布尔战争以围攻马弗京（Mafeking）为标志进入高潮阶段。多亏了 4 位被困在该镇的英国记者偷偷将报道传递出去，英国民众在国内才能详细了解到具体的围困细节。当晚上 9：30 传来马弗京解围的消息时，整个伦敦疯狂了。伦敦市长官邸发布消息没过 5 分钟，2 万名民众涌上街头。考文特花园的剧院里正在上演瓦格纳（Wagner）的音乐戏剧《罗恩格林》（*Lohengrin*），走廊传出呼喊声，演出中断，演员和观众唱起了爱国歌曲。威尔士亲王还在包间里亲自打拍子。这场歇斯底里的疯狂还催生出英文中表示狂欢庆祝的词"mafficking"。尽管这场战争旷日持久，交战双方都筋疲力尽，但它传出的信息，所有伦敦人都坚信不疑——作为帝国的首都，伦敦仍处在世界之巅，坚不可摧。

第十七章

鼎盛的爱德华时代

1900——1914

怀念维多利亚女王

　　1901 年 1 月，维多利亚女王逝世，如何缅怀这位在位时间长达 2/3 个世纪的女王，成为全国范围内的热议话题。诚然，此时的伦敦可以为帝国之都的地位感到骄傲，它为 600 万人口提供了住房、就业和食物，而且 40 年间人口数量增长了一倍。经历了 19 世纪 80 年代的纷乱之后，这座大都市几乎不再自我怀疑，反而觉得有了炫耀的资本，哪怕是有那么一丝吹嘘的感觉。正如佩斯夫纳（Pevsner）所言，"当维多利亚时代提倡的节俭精神逐渐消退，人们普遍希望威斯敏斯特能撑起大英帝国首都的门面，拥有可以媲美巴黎、维也纳和柏林的辉煌"。于是，圣詹姆斯宫附近的一块王室领地被选中作为体现帝国风范的场地，尽管附近充满了凌乱不堪的排屋，还有一处方形广场俯瞰着纳西设计的摄政公园。

　　建筑师阿斯顿·韦伯（Aston Webb）爵士的方案拔得头筹，他设计出一条林荫道，起于圣詹姆斯公园，经过特拉法加广场，止于白金汉宫。这条路上，还将建造一座凯旋门以致敬英国海军，路的尽头将立起一座维多利亚女王雕像，周围装饰上代表帝国的各式徽章。女王雕像的建造用了三个夏天，都是趁国王不在城内的时候开工，1913 年落成。整体设计呈现古典主义风格，晚上配合着灯光去看，更有感觉。

伦敦现在终于有了可以举行一定规模的国家仪式的场地，尽管这条林荫道并不直通白金汉宫，还需要拐到鸟笼道上去，鸟笼道才是从白金汉宫到国会广场的最短路线。林荫道也打破了纳西对伦敦街区的细致规划，看上去有些格格不入。但无论如何，它都没敢经过王室和贵族的私人花园——即穿过马尔伯勒庄园、途经圣詹姆斯宫，终止于兰卡斯特宫这条线路。直到今日，这三座宫殿各自背对着街道，就好像各有重要的事情要处理一样。

另一座伦敦纪念碑的建造差点成了一场闹剧。它本来是为了重振一项搁置已久的项目，即清理奥德维奇一带、克莱尔市场周围的贫民窟，改建为一条北至霍本的巴黎风情林荫大道。为此，3 000名居民被迫搬离，而他们的原住址是仅存的建于伦敦大火之前的"遗迹"，按理说应该保留并加以修缮。但最终只有一家老古玩店被留存下来，它位于市场边缘、靠近林肯旅店空地那一块儿。狄更斯的小说《老古玩店》（*The Old Curiosity Shop*）就是据此取名的，在狄更斯眼中，这里应该专门存放古老而奇特的物品，特别是藏在不寻常角落和不能被公众见到的珍品。现如今，这栋建筑归伦敦政治经济学院所有，但后者似乎并不知道该如何利用它。

从商业角度看，新铺设的京士威道是失败之作。它没有真正把萨默塞特府和堤岸连通，只有一条电车隧道（现在改成道路了）与泰晤士河相连。1905 年，新国王爱德华七世（Edward Ⅶ）为其揭幕时，发现周围还散落着瓦砾和建筑围板。照片里，爱德华七世骑于马上，好像在战场上。奥德维奇新区，更像是伦迪威克的"鬼影重现"，直到 20 世纪 30 年代才修建完毕。京士威道陷入租赁难题，困境中的地产开发商将政府视为最后的救命稻草，这条路也因此成了政府的主要办公区。京士威道没能成为伦敦的香榭丽舍大道，它成为伦敦市中心在 1962 年之前的最后一条新修道路。霍本则因为介于威斯敏斯特和金融城之间，更像一个夹心的"中间地带"。

新世纪，新风格

伦敦同时进入了以浮华和盛大为标志的爱德华时代，但维多利亚末期开始的乔治亚建筑复兴继续在伦敦的其他区域上演。一切来得简单粗暴，完全没有尊重原有建筑物，更别提进行保护了，这个问题现在也依然存在。一场大范围的拆迁行动浩浩荡荡地持续了半个世纪之久。即便是礼拜堂这类神圣的场所也未能幸免。金融城内，为了给银行腾地方，雷恩建造的 17 所教堂被拆。只有传承历史的行业协会保住了它们古老的从业大厅。其他地方的土地到期后，其上的建筑也是难逃被拆或被毁的命运。1890—1910 年这段繁荣时期，伦敦的主要干道几乎都被翻修过。

人们也渴望改变建筑式样，换掉国内流行的荷式"甜蜜与轻松"设计和安妮女王建筑风格。这些对于一个伟大帝国来说，似乎有些过于温和，不够气派。建筑师约翰·布莱登（John Brydon）呼吁，应该采用具有爱国情怀的英式风格，以被霍加斯偏爱的那些建筑，以及雷恩和凡布鲁①（Vanburgh）的设计为代表。它们身上的英式巴洛克风格"很大程度上已经成为英国的代表，是这个国家的本土语言"。布莱登甚至宣称，巴洛克"是未来的潮流"，他设计的政府大楼就是这个风格，雄伟壮丽地矗立，俯视着国会广场。

实际情况却并非如此。安德鲁·圣特（Andrew Saint）关于19世纪与20世纪之交伦敦状况的研究显示，伦敦建筑多为折中主义风格。他列举的教堂仍是传统哥特式，比如斯隆街的圣三一堂，建于1888年，采用工艺美术雕饰；建于1903年的丽兹酒店，充满了法式文艺复兴气息；1895年建造的威斯敏斯特主教座堂为拜占庭风格；1908年建造的塞尔福里奇百货是美式新古典主义的作品；1913年在国会广场落成的米德塞克斯市政厅，属于佛兰德斯风格；1887年建造的新苏格兰场则有浓郁的苏格兰风情。

伦敦首批大型公寓诞生于1880年，出自建筑师诺曼·肖（Norman Shaw）之手，他设计的公寓楼高耸在街区，毗邻皇家阿尔伯特音乐厅和他本人的府邸洛瑟小屋。这种公寓和奥斯曼为巴黎设计的建筑类似，在维多利亚大街、白金汉宫路、骑士桥、马里波恩路、梅达谷和圣约翰伍德相继出现。住在这种新都市主义建筑里的人，生怕被人认为选择这里是退而求其次，因而尽其所能找借口做掩饰。有评论家指出，居住在公寓"并不意味着失败"，因为"从建筑外观看，没人知道租金可以如此低廉"。

在塔利斯的笔下，19世纪30年代的伦敦街道连贯通达。但如今，伦敦主街已不存在视觉上的连贯性。的确，街道定义了伦敦市容。如今，曾经和谐的街区上建起了一栋栋独立建筑。由于打造建

---

①　凡布鲁：英国17世纪著名建筑师与剧作家，代表作品为布莱尼姆宫。

筑时，委托人是住户而非业主，因此，不可避免地会考虑住户的个人喜好，而不是街区的整体一致性。大多数建于此时期的伦敦标志性建筑，或多或少采用了布莱登推崇的巴洛克风格，包括伦敦中央刑事法院（1903）、伦敦港务局（1909）、白厅战争办公室（1906）、伦敦郡议事厅（1909）、卫理公会中央礼堂（1905）和维多利亚与阿尔伯特博物馆（1899—1909）。在草拟拆除纳西摄政街的计划时，首选替代风格也是巴洛克，想要仿照诺曼·肖设计的皮卡迪利酒店那样，把摄政街和皮卡迪利连接起来。

复兴潮流中，最让人满意的巴洛克作品不是公共建筑，而是零星修建、用来取代乔治亚风格排屋的私人住宅，有的建在波特兰庄园、格罗夫纳庄园里，有的建在马里波恩的维尔贝克街和梅菲尔的帕克街上。曲线的屋顶轮廓，山墙式窗体，华丽的屋檐和门廊，就连偶然出现的雕像都蕴含了小心思，为建筑立面增添一份与众不同的特性。再来看街道上的建筑，爱德华时代的邦德街、阿尔贝玛尔街和皮卡迪利，是商业街区，建筑的立面也呈现出明显的多元化特点。这是复兴主义最后的高光时刻，此后，这个概念就不再是灵感、源泉的代名词，而是和落败、过时联系在一起。乔治亚风格垄断下的伦敦，单调呆板，而这些建筑就如同解药一般，让人看到了希望与多样。

伦敦西区的剧院也发生着"变化"。这个领域的天才设计师是弗兰克·马查姆（Frank Matcham），他主要为斯托尔-莫斯剧院工作。他建造的剧场有洛可可式的吊顶、天鹅绒帷幕，还有石膏雕塑的小天使装饰，吉尔伯特、沙利文、王尔德和萧伯纳的剧目都在此上演。位于圣马丁小巷的伦敦大剧场被认为是其所有作品中最完美的一个。此外，他设计建造了竞技场剧院、守护神剧院和维多利亚宫殿剧院，让考文特花园和德鲁里巷中的老剧场相形见绌。马查姆认为，自己与剧作家"相辅相成"，共同为观众搭建了一个逃避现实的避风港。每每听到人群蜂拥而至，在欣赏演出的同时赞叹他的舞台设计，他就非常开心。

截至这一时期，大部分豪华酒店都由铁路公司专营。布朗酒店可以追溯至拿破仑战争时期，克拉里奇酒店建于 19 世纪 50 年代。1889 年，多伊利·卡特家族利用萨沃伊歌剧院的收益，开办了萨沃伊酒店，并从巴黎的恺撒·丽兹酒店和埃科菲厨师协会聘请主厨。1906 年，坐落于皮卡迪利的伦敦丽兹酒店盛大开幕，这是伦敦首个采用钢筋结构建造的酒店，酒店前街参考了巴黎的里沃利大街。这个时候，高档餐厅的数量超过了家常小饭馆。1898 年，据德国人贝德科（Baedeker）撰写的同名旅游指南统计，伦敦西区的高档餐厅有 60 多家。穷人则会选择更为实惠的餐馆，比如"牛奶和面包"铺、ABC 茶铺和乔·里昂街角餐厅。

1901 年，位于骑士桥的哈罗德百货整修重建，安装了"伦敦第一部移动楼梯"。对于那些乘电梯登顶的顾客，他们准备了免费的白兰地为其压惊。哈罗德的竞争对手塞尔福里奇百货于 1909 年进驻牛津街，建筑设计由芝加哥建筑师丹尼尔·伯纳姆（Daniel Burnham）操刀，原始方案是十分夸张的古典主义，后来调整了许多。创始人哈利·塞尔福里奇（Harry Selfridge）有句经典的座右铭"顾客永远是对的"，这背后蕴含的理念是，购物是一种体验，而不仅仅是买东西那么简单。为了庆祝开业，塞尔福里奇百货在店内展出了一架飞机——法国人路易斯·布莱里奥（Louis Bleriot）驾驶着这架飞机飞越了英吉利海峡。

地方主义

　　爱德华时代的自信色彩在焕然一新的伦敦政府身上逐渐显现。伦敦由不同的行政区组成，这些行政区本来是索尔兹伯里用来制约伦敦郡议会一家独大的，结果政治参与活跃。伍尔维奇、旺兹沃斯、德普特福德、切尔西和兰贝斯的代表一经选出，就着手建造了堪比文艺复兴时期王子宫殿的市政大楼。一些贫困行政区，受益于税费均等政策，开始率先在贫民窟开展卫生检查、设立免费图书馆和公共澡堂。1902 年，仅坎伯韦尔一个区，就有 6 家公共图书馆和 1 家画廊投入使用。此外，自行发电为街区照明的行政区达到 15 个。

　　地处埃塞克斯郡和伦敦交界处的东哈姆是一个多功能行政区，其政府大楼被佩夫斯纳形容为"爱德华时代伦敦地方行政权力和自信的极致展现"。10 年时间里，东哈姆区建造了新的会议室、警察局、审判室、图书馆、医疗中心、消防局、游泳池、技术学院，还开通了新的电车线路。与之形成反差的是，花销仔细的肯辛顿行政区使用的依然是教区时代建造的大楼，牧师办公室、小学、会议厅、救济院和看守所都挤在圣玛丽阿伯茨教堂的墓地周围。沃尔瑟姆斯托行政区保留了一处能让伦敦人想起"一站式"教区政府的场地。爱德华时代，伦敦地方政府的独立发展达到高潮，尽管这股潮流来得快，去得也快。

　　1889—1907 年的 18 年中，伦敦郡议会由占大多数的进步派人士把持。1904 年，伦敦郡议会接管了伦敦教育委员会，这意味着，它的管辖对象加入了技术学院；此外，它还负责征收地方税费和酒类关税，首都的各级教育也归其掌管，940 家学校和 1.7 万名教师都在范围之内。也是由于这个原因，免费午餐制度顺利实行，以往严重的儿童营养不良现象在首都几乎不再存在。

伦敦郡议会的另一项事业——贫民窟清理——也在缓缓推进。所有的行政委员会都被赋权，可以当场清除并重建房屋，两个试点项目由此诞生，一个位于贝斯纳尔格林的界限街，另一个则在泰特美术馆后身的米尔班克。它们如今依然存在，安妮女王风格的山形墙让它们看上去格外美丽。所在街道，两旁绿树成荫，将它们用作时髦公寓也毫不逊色，事实上，有些确实已经变成了私家公寓。两个试点项目建成没多久，就又有 12 个类似项目开工。

这些涉及市政发展的早期试水举措既需要资源支持，也需要政策扶植。当然，没有天上掉馅饼的事情，地方行政也确实"花了不少钱"。受其推动，房价飞涨，但因实行均等税费政策，富裕区域要上缴的税额更多，受到的影响更大。结果就是，纳税人强烈抵制交税。1907 年选举，28 个伦敦行政区中的 22 个改变立场，转而支持温和派（保守党），尽管自由党在当年的大选中以压倒性优势获胜。高昂的地方税将进步派赶下了伦敦郡议会的政治舞台，温和派成为此后 23 年掌握了议会的话语权。

耶基斯的线路

与此同时，伦敦地铁也在飞速发展，再现了 19 世纪 40 年代地面铁路的发展狂潮。尽管地铁对城市基础设施至关重要，但和纽约

或是巴黎地铁不同，伦敦地铁的修建没有政府介入，政府没有提供
方案，也没有协调隧道作业。政府不敢对自由市场的决定断然干
涉。这也让搭上铁路修建末班车的投机者"嗅"到了商机，修地铁
成了"香饽饽"。1900 年，63 岁的美国人查尔斯·泰森·耶基斯
（Charles Tyson Yerkes）是一位前企业家，也是一个花花公子，还
曾因诈骗在费城和芝加哥的监狱服刑。当时，美国各个城市都在积
极组织地铁建设，耶基斯却没有参与的空间，他了解到，英国政府
完全不会干预私营企业建设地铁，便远渡大洋而来。

耶基斯来到伦敦后，立即买下了地铁南北线从汉普斯泰德到
查令十字段的控制权，当时，线路建设还处于提案阶段。之后，
他又收购了东西区域线，迫不及待地将其改造为使用电力运行。
他还创办了大都会区域铁路牵引公司，修建的试点线路即为后来
的皮卡迪利线和贝克卢线。伦敦地铁帝国尽管还未建成，但已经
开始走上正轨，未来的地铁网络有一半都归耶基斯和其他的美国
投机者所有。

地铁建设也是一场泡沫，但不同于 1840 年的那场铁路泡沫。
1901 年，32 个隧道挖掘提案提请议会审批，几乎都没能顺利开
展。伦敦郡议会的进步派人士开始要求管控建设。1905 年，王室
委员会甚至建议成立伦敦交通局专项负责。但 1907 年，进步派
人士在选举中失败，一系列的规划也随之流产。另一边，耶基斯
继续修建他的三条线路，并通过游说议会"铲除"了所有的竞争
对手。

取得进展并不容易。汉普斯泰德从建筑商手中保住了希思，避
免其成为建设狂潮的牺牲品，自然也不想让满载着伦敦人的火车呼
啸穿过这里，无论是地上还是地下，也无论线路制定得多么精细巧

妙。耶基斯保证，他挖掘的隧道会是所有地铁线路中最深的一个，不会影响地面上的住户。但住户并不买账，抱怨修建可能会把地下水排干，让区域成为一处沙漠，或是导致地震，毁坏区域内的林木。但耶基斯没有管这些，直接开工。他把北面的车站建在戈尔德斯格林空地旁的交叉路口处；还在切尔西沿河的罗茨路修建了一个发电站，为地铁供电。当地艺术家詹姆斯·麦克尼尔·惠斯勒（James McNeill Whistler）怒不可遏，叫嚣应该对耶基斯处以"斩首和车裂"。颇为讽刺的是，这座发电站如今在历史保护建筑名单之上。

1905 年，耶基斯在回美途中去世，他没有等到罗茨路上的发电站启动，也没有见到任何一条新修地铁竣工通车。他去世后，线路按规划继续建设。据铁路历史学家克里斯蒂安·瓦尔玛（Christian Wolmar）估算，1903—1907 年的四年间，隧道修建战果惊人，长度总计 50 英里。但没有一条线路带来了投资回报。贝克卢线又被叫作"美丽的失败品"。通车一年后，耶基斯的那些线路股价跌至发行价的三分之一。它们的经历与早期的大都会线及中央线不同，即将普及的公共汽车给它们带来了很大冲击。

伦敦地铁网络此后进一步扩展到郊区，大家比较耳熟能详的，有大都会线增设的欧克斯桥站、沃德福德站和阿默沙姆站——但这些站点的分支线路实际上都是耶基斯主体线路的延伸。他当时敲定了一个地铁建设的五年方案，范围横贯伦敦郊区，堪称"地铁风暴"。瓦尔玛总结说，"一点都不夸张"，没有耶基斯，就没有今天的伦敦地铁。耶基斯之后，直到 20 世纪 60 年代，伦敦才开始新挖隧道修建维多利亚线，银禧线的修建时间更晚，横贯铁路的建成则是这几年的事情。

地面之上

这边，耶基斯的工人使用着挖土机在首都地下干得热火朝天，而另一边，地上交通发展停滞不前。19 世纪 80 年代，有轨电车就已经在欧洲和美国城市中随处可见，但直到 1891 年，伦敦才出现了第一批有轨电车。商人们似乎没有注意到，让车辆在市中心狭窄小道上行驶蕴含商机。直到 1903 年，电车网络才逐渐向外辐射，但即便是这个时候，依然有保守党主导的行政区进行抵制，担心会把一些不良分子带进区域。汉普斯泰德行政区就公开表示，他们不允许有轨电车在哈弗斯托克坡路上行驶。

技术进步催生的公共电车取代了原有的公共马车。自乔治·希利比尔在伦敦推出公共马车，它就一直是街上一道亮丽的风景，还发展演变出独特的双层马车。一开始，上下两层都是连排长座，后来才演变为单独座位。1907 年，伦敦公共汽车总公司推出了第一辆使用汽油发动机的公共汽车，此后的 4 年间，公共马车逐渐从公共视野中消失。1906 年，公共马车按编号的线路运行，但沿线经过的地方，基本都在驾车人居住地甚至是喂食的马圈附近。这意味着，马车从郊区发车后，穿过拥挤的市中心，到达的终点站在另一个郊区，这样也让发车时间表形同虚设。别人告诉我，当时的情景和现在的伦敦 88 路公交车很像——线路又长又迂回。此后一些试图把线路规划得更加合理的尝试，都失败了。

随后登场的是出租汽车。1914 年，伦敦的车辆都改成了汽油动力，马车退出历史舞台，一些商务用车除外。伦敦的街道卫生因此发生巨大改变。马车消失后，一些公共马车线路沿途的建筑被另作他用，有的改为车库，有的当作仆人宿舍。伦敦一些边缘地带风景如画，它们在 20 世纪 60 年代划定保护区域时，得到了很好的保护。但是，机动车的推广也产生了代价。1906 年，伦敦有 222 起死亡事件与机动车有关。到了 1913 年，这个数字上升到了 625，而且多年来不曾下降，直到 20 世纪 20 年代红绿灯出现（第一个安装在国会广场）才有所改善。2016 年，机动车造成的死亡人数下降到116，大部分死者都是骑自行车的人。

界限分明的都市

　　新的交通模式促进了郊区的进一步扩张，催生了都市新格局。金融城和伦敦西区的一些老问题，已经明确并得到解决。亟待处理的矛盾发生在伦敦老工业区和新工业区之间。蓝领行业正在衰落，工程行业格外明显，那些保留蓝领工人岗位的也都是印刷、烟草、珠宝、酿酒、瓷器、家具和食品相关的特殊行业。位于伯蒙西的制革厂连番倒闭。成衣的制作者通常是"血汗工厂"里的外国移民，而非苏豪区的传统手工裁缝。沿着泰晤士河，工厂从巴金建到了布伦特福德，但它们的选址有问题，既不靠近铁路，也不直通公路。更好的选择是进入工业园区，那里位置相对较好，欧洲最大的产业工业园皇家公园就依托阿克顿而建。

　　随着造船业在 19 世纪 60 年代走下神坛，码头也遭遇了商业逆风。伦敦的港口地位在全英依然首屈一指，但它已经没有继续发展的空间。码头艰难地维持着基本功能，需要靠疏浚才能接收大型船只。1902 年，有王室委员会建议将产业收归国有。1909 年，伦敦港务局如期成立。伦敦的电车同样实行国有制，依靠国有身份，码头产业又存活了半个世纪之久。

服务业成为伦敦的命脉。60％的岗位分布在金融、法律、公共管理、休闲娱乐以及由职员、打字员和通讯员组成的辅助领域。由于服务业也涵盖了零售和家用行业，因此伦敦登记的劳动力中，三分之一为女性。但女性员工工资不高，工作场所通常为拥挤的车间、狭窄的阁楼或是阴暗的地下室。但不得不承认，工人妻子和单身女性能够出来工作，着实缓解了伦敦工人阶级的贫困状况。

移民在劳动力结构中的占比越来越大。他们不再局限在以往的移民聚居区居住。法国人从苏豪区搬离，除了法国人，希腊人、意大利人、匈牙利人和在其他欧洲国家受到迫害的人逃难来英时也选择安顿在苏豪区。卡纳莱托、卡萨诺瓦和卡尔·马克思一度在此居住，但这里现在到处是食品商贩和性工作者。德国人搬离了菲茨罗维亚和夏洛特街。意大利人从藏红花山和克勒肯维尔撤走。与此同时，东欧移民进驻伦敦东区，实际数量远高于统计数量。截至 1900 年，据说，光在斯特尼一个地方定居生活的俄罗斯人和波兰人就有 4 万名。

最引人注意的是在俄国"排犹运动"中逃难来此的犹太人，差不多有 10 万名犹太人在白教堂附近定居。他们之中条件比较好的后来陆续去了海布里、伍德福德、史丹福山、亨顿和芬利奇这些更繁荣的地方生活。人们说，提到的这几个地方，依次代表了在城市西北居住的犹太人的等级，每按顺序换一个居住区，就代表在等级阶梯上"往上"升了一级。这些社区都保留了原有定居民族的教堂和餐厅，很多家庭都会在周末回来，做礼拜，再聚个餐。克勒肯维尔坐落着一座意大利教堂，菲茨罗维亚有一座德国教堂，苏豪有两座法国教堂。但有些异域风情十足的休闲场所，比如夏洛特街上的施密特餐厅和白教堂的布鲁姆餐厅，在我小的时候就都已经关门了。

再往东，中国水手从莱姆豪斯登上英国的土地，隐匿于人群之中静静生活。中国城是一个隐秘、自给自足、脱离市中心的地方，一直到 20 世纪 60 年代才从陶尔哈姆莱茨区迁走。在这场非同寻常的"华人大迁徙"中，一部分华人搬到了市中心，在苏豪区的本拉德街安顿下来，那时正值禁止街头卖淫的禁令实行，整条街道都空空如也。我曾想深入挖掘这场华人迁徙的具体情况，但没找到相关华人愿意讲述。波普拉的一位地方委员炫耀，在他的努力下，"生活在这一带的居民终于有了自己的学校"。从 19 世纪 50 年代开始，就有华人在该区域生活。

莱姆豪斯的故事体现出伦敦的另一个特点，小说家沃尔特·贝桑特（Walter Besant）也对此有所提及。1901 年，他在一篇文章中将伦敦东区称为伦敦的"伟大秘密"。东区人口有 200 万，俨然达到大城市的水平，超过英国其他地方性的城市。但是，这个区域"没有绅士、没有马车、没有士兵、没有画廊、没有剧院、没有音乐厅，什么都没有……没有人会来东边生活，也没有人想来看看这里是什么样子，没有人会好奇"。贝桑特也不喜欢伦敦南部，觉得这里像另一个独立的城市；在 19 世纪与 20 世纪之交，生活在这里的全是工人。曾有一名法国人耸肩，对贝桑特表示无法评价这里的市政建筑，因为他只记住一个名字叫"象堡的小酒馆"。

伦敦东区和南区的大部分居民，除了就业在市中心，其他方面的需求，不用出区就能满足。两个区之间还能互相帮衬。我听过很多这样的故事，住在东边和南边的人，一辈子都没到过白教堂以西或是泰晤士河以北的地方，而住在西边的人，则从没去过伦敦塔以东的地方。英国国教会的住房报告指出，东区就像"未经开发的廷巴克图①"。查尔斯·布斯写道："这块神秘的未知地域，应该定义为城市，而不是农村。"与热闹的英格兰北部城市相比，伦敦的地理划分界限格外明显。乔治·奥威尔为了描写伦敦穷人，特意从诺丁山跑到莱姆豪斯，用假名住下，像来此旅行的外国人一样体验生活。

时代的涟漪

伦敦中心区域之间分歧、差异很深，市中心与不断外扩的新城区之间，冲突也在逐步显现。贝桑特或许注意到了伦敦东区的"与世隔绝"，但与新郊区相比，东区根本不算什么。新郊区的居民要靠火车上下班，偶尔会来市中心休闲娱乐，但对于市区的人来说，他们就像是来自陌生国度的外国人。大部分伦敦人知道斯特尼、罗瑟希德和布利克斯顿，但基本没听过卡特福德、图庭和埃德蒙顿。

到了 20 世纪，伦敦的范围已经超过了伦敦郡议会的划定边界，延伸至萨里、肯特、埃塞克斯和米德塞克斯。绝大多数的新居住区，位置还在原来的村落之内，但农田和空地面积已经远远不能满足发展需求。此前的城市扩张，首选方向都是西面，铁路公司延续了这样的思路。以市中心为圆心，在伦敦西北部划定的扇形区域，是专

---

① 廷巴克图：非洲西北部的千年古城。

门留给伦敦中产阶级的，或者说，希望他们在这里生活。大西部铁路拒绝开通工人专列，担心会把低收入民众带进高端生活区。

大多数新房会被开发商出租，但随着房屋买卖逐渐流行，加上1905 年之后房产市场愈加疲软，开发商更鼓励买房而不是租房。1909 年，《晚报》（*Evening News*）上出现了自有住宅的广告，宣称"区域未来的社会地位和稳定可以保证。当一个区域绝大多数住户都是独立业主，地方政府会更加上心，也会避免把税收花在不必要或是冲动性的项目上"。这些区域，愈加具有凝聚力，在 20 世纪的前 30 年发展壮大，成为中产阶级的主要居住地段。

伦敦东部和南部也有类似的地产项目，但引发了不小的争议。历史学家约翰·凯利特（John Kellett）记录了大西部铁路拒绝为郊区线开通工人专列后，大东部铁路的反应和举措。大东部铁路的经理威廉·伯特（William Birt）表示，开设的列车"让普通人享受交通的便利，却彻底摧毁了我们的社区"。为什么只有大西部铁路可以拒不开设呢？他也采取了同样的策略，禁止工人专列经过埃平森林周围的中产阶级居住区，特别是不能途经伍德福德环线上的奇格韦尔、清福德、海诺和万斯特德这几站。

这几个区域是伦敦的小众宝地。伍德福德格林是奢华的新都铎风格，万斯特德则林立着乔治亚风格的排屋，最惊艳的是罗姆福德附近的吉达公园，修建于 1904 年，风格上明显模仿汉普斯塔德花园，这里有各式各样的现代住宅，参与设计的建筑师达 100 名。房价分两档：375 英镑和 500 英镑。建筑设计上，既有英式复兴主义，也能看到阿什比（Ashbee）、克劳夫·威廉姆斯·埃利斯（Clough Williams Ellis）、贝利·斯科特（Baillie Scott）、柯蒂斯·格林（Curtis Green）、泰顿（Tecton）等人的工艺美术装饰风格。所有建筑领域的知名人物都被召集起来，共同抵制铁路公司开发沃尔瑟姆斯托、莱顿斯通和庄园公园。

泰晤士河以南，也能看到类似的举动。乔治亚风格笼罩的格林尼治和布莱克希思试图牵制新十字和刘易舍姆的发展。达利奇和坎伯韦尔则联手对抗佩卡姆、南华克和沃尔沃斯。就连优雅高贵的里士满和温布尔登也对日新月异的普特尼和巴恩斯虎视眈眈。轮廓代表着一切。一排排别墅就如骑兵连一般驻守在高地，保卫着住户。它们的周围，半独立和独立式排屋先后拔地而起，好像随时会发动总攻。一切都受制于市场。17 世纪威斯敏斯特经历的变化正在伦敦郊区上演，不过，这一次的规模更为宏大。

新建的伦敦外沿没有社区概念，缺乏配套的基础设施。一开始，商业街、学校、教堂、店铺或诊所的存在数量几乎为零，开发商没想过要进行城镇或村域规划，至少不曾考虑基础设施，直到某一天，有位开发商"大发善心"，觉得修建个差不多的购物中心或许会带动房屋销售，这才稍微增加了些烟火气。项目的核心就是房子。开发商不管房子的外观，新楼的设计图里既有新乔治亚式、新都铎式，也有新雅各布风格和新安妮女王风格。关键词就是整齐，每一寸土地都要充分利用，在上面建房，再卖出去。没有必要把宝贵的土地资源留给公共区域。

房屋定价上，参照《1774 年建筑法案》对房屋分级的办法划分出不同区间。但法案是以街道为单位对房屋评级定标，而郊区却在整个区域内实行同阶房价。住在乔治亚风格的郊区居民要求划定不同社会等级的居住区。住在爱德华风格郊区的人，家里没有仆人，越来越觉得要靠汽车和相应的基础设施才能在此生活。庭院设计毫无隐私可言，露台也少了邻里氛围。到访者普遍觉得住在这儿倍觉孤单。H. G. 威尔斯（H. G. Wells）在小说《托诺-邦盖》（*Tono-Bungay*）中写道，"在伦敦，没有邻居一说"，每个人都是一座孤岛，每个人都住在自己的城堡之中，"他们不知道旁边住户的名字"。这就是英格兰版的"新城忧郁症"。

但无论如何，郊区算是实现了千年来伦敦人的心底呼唤——逃离肮脏的市区，在空气清新的乡村找到属于自己的一席之地。1906年《每日邮报》（*Daily Mail*）上连载的畅销小说《瑟比顿的史密斯一家》（*The Smiths of Surbiton*），以郊区幸福生活为主题，完美体现了这个核心。我在美国抵制旧金山和洛杉矶城市西扩运动中，也看到了类似的对"逃离市中心"的渴望和对自由的向往。唐纳德·奥尔森的打油诗展现了人们的满足感：

> 他倚靠着狭窄的墙壁，
>
> 墙壁阻断了他的土地，
>
> 想到这一切，惊叹不已，
>
> 他可以收获多少乐趣。
>
> 只有幸福二字才能表达他的心情；
>
> 抽着烟斗，感谢天上的星星；
>
> 还有什么能美过于此？
>
> 他祝福那呻吟着、弥漫着臭气的汽车。

距离现在最近的一次扩张狂潮，出现在 19 世纪 70 年代，1910 年结束。这个大都市再一次因过度扩张而精疲力竭。运输能力过剩，房屋销售困难……1899 年，在建房屋有 27 000 座，到了 1913 年，数量下降到 8 000 座。数以千计的建筑工人失业。机构的普查认定，伦敦的扩张已经到达峰值，不会再向前推进。现在，轮到全国其他城市和地区发力赶超了。

　　泰晤士河沿岸都属于伦敦，但这个大都市依旧持续面临贫困问题，大部分穷人，只要不是食不果腹，其实可以依靠政府提供的养老金和国民保险维持生活，这两项均由劳合·乔治（Lloyd George）推出，分别从 1909 年和 1911 年开始实行。社会各阶层的生活状况都和一个世纪之前发生了天壤之别，是前人所不可想象的。乔治王时代的伦敦人，和伊丽莎白时代以及斯图亚特时代的伦敦人一样，还在用明火取暖和照明，从河里取水，靠马匹出行。

　　而生活在 20 世纪的伦敦人，不再需要步行跋涉到工作地点，可以乘坐地铁或是以汽油为动力的公交车、出租车和私家车。有房一族数量空前，房屋带有正门和花园，安装了下水道、用上了自来水和中央供暖。电灯、煤气和热水成为必备。衣服也都由机器缝制。储物柜里堆满了进口食品。办公室里配备了打字机和电线。伦敦的电话用户数量比法国全国的电话使用人数还多。

　　人们的文化生活也在与时俱进。美国一改后殖民时代的一潭死水状况，开始向文化需求旺盛的伦敦出口音乐剧和电影。拉格泰姆音乐①、单步舞和小兔舞②都掀起热潮。伦敦人可以用留声机听录制唱片，可以在当地的公共图书馆、游泳池、技术院校和电影院休闲消遣，可以通过报纸足不出户就了解世界发生了什么。短短的 25年间，史无前例的技术革命带来了互联网时代来临前最为剧烈的大变革。

———————————

　　①　拉格泰姆音乐：20 世纪初由北美黑人乐师演奏的流行乐，用散拍节奏演奏。
　　②　单步舞和小兔舞：切分节奏的舞厅舞，配乐常为拉格泰姆音乐，20 世纪初在美国流行。

　　政治对城市来说是一把双刃剑：城市可以驾驭于政治之上，也会遭后者拖累。这一时期的伦敦人，甚至英国人，都被定位成扬扬得意的形象，因爱德华时代出现的短暂繁荣而自命不凡。他们怎么都不会想到、更无法抵抗接下来长达 30 年之久的世纪双重灾难。历史学家芭芭拉·图赫曼（Barbara Tuchman）写道，从古至今，所有艺术都在发展，只有政治停在原地。不管几经风雨，欧洲人依然无法摒弃对战争的执念。英国人好不容易才与欧洲邻国交好，一个世纪之后，却不得不再次卷入欧洲大陆的战争之中，无法保持中立。远方，灾难在招手示意。

第十八章

战争和后续

1914—1930

处在前线的首都

城市不喜欢危机，危机会带来不确定性，通常对商业发展不利。1914 年 8 月，德国向俄国发出最后通牒，欧洲大陆上军队集结。伦敦也陷入了无法掩饰的恐惧之中。英格兰银行派人会见财政大臣劳合·乔治，表示"国家介入战争与伦敦的经贸利益相冲突"。《经济学人》（*The Economist*）也认同这一观点，称英国无须表态，欧洲大陆上的国家"失和"，就像阿根廷与巴西开战、日本与中国发生冲突一样，与英国无关。英国选择作壁上观，坚持奉行孤立主义政策。虽然战争源自巴尔干半岛，但英国的态度也并不难理解。

首都之外，这股特别的战争气息引发了另一种声音。公众和媒体界掀起不同寻常的沙文主义浪潮，持续到战争终结。尽管政界人士持保守态度，但英国很快也会卷入战争之中，即便不是为了履行与法国或俄国之间的"协约"，也会为了遵守对比利时的约定而站出来对抗德国。但即便到了这一地步，伦敦依然坚持反对参战。阿斯奎斯①（Asquith）评价，银行家是"我见过的最愚蠢的人，怯懦畏葸，就像小镇上端着茶杯聚在教堂边闲聊的老妇人一样"。

随着战备工作的加快，伦敦的态度也有所改变。军事动员来势迅猛，政府开支陡然增加，伦敦债券走高、收益增长。战争氛围空前，随时随地都感受得到。挂着"往返柏林，免费"条幅的征兵大巴在伦敦东区开来开去。任何企业或商铺，只要名字和日耳曼沾边，不管多么风马牛不相及，哪怕店主是比利时人、俄国人抑或来自其他盟国，也容易成为攻击对象。我祖父当时在律师学院工作，每天午餐期间都会在格雷律师学院广场参加演习。

欧洲市场和主营全球航运业务的波罗的海交易所关闭，加上进口原材料缺乏，导致就业率暴跌 13%。后来，因为备战工作的不断加速，就业形势又发生逆转。恩菲尔德步枪、马克沁机枪都在伦敦生产，弹药、车辆、供给、衣物都由伦敦准备。1915 年，失业率迅速下降到 1.8%。一直到战争结束，伦敦都面临劳动力严重不足的状况。孩子们提前放学去工厂兼职。济贫院空无一人，街头流浪汉被集中起来，就连精神病院里体格健全的病人也被征集做工。4 年内，相关行业的工会人数增加了 80%。

在工厂、医院和一般场所工作的女性人数达到了空前的规模。绝大多数人从事文书工作，文职机关岗位尤甚，伍尔维奇阿森纳工厂的女工数量从 125 人上涨到 28 000 人。公车上、商店里、服务业内，甚至是警察队伍中，女性的身影都随处可见。有报纸评论，女性"午夜时分走在都市之中，没有保护措施，也不会受到骚扰，战时工作让她

---

① 阿斯奎斯：英国政治家，自由党领袖，曾任内政大臣及财政大臣，1908—1916 年出任英国首相。

们找到自信……这样的改变只有到世界末日之时才会出现"。

　　伦敦明显是战争的受益方。码头工人的工资增长了一倍，增速快于历史上的任何时期。由于工作岗位激增，街上的流浪汉数量显著减少。用工需求加大，也解决了 20 世纪房产繁荣期之后出现的劳动力过剩问题。调查报告显示，因为家具短缺，连没有钢琴、陈设不那么体面的工人家庭，都可以被归为"家庭设施完整"这一类。在看到伯蒙西韦伯街上的一所贫民学校战前与战后的对比照片后，历史学家杰里·怀特（Jerry White）评论道：战前的照片里，学生们"穿得破破烂烂，短发乱成一团，赤裸的脚趾从张口的鞋中露出来，有的人光着脚没有鞋穿"；而战后照片里，学生身着笔挺的西装、圆领衬衣，鞋子锃亮。伦敦的儿童死亡率也在持续下降，从 1901 年的 15％降至 1922 年的 6％。一位伦敦郡议会官员认为，这背后有两点原因：首先是免费午餐的发放使营养不良的孩子越来越少，其次就是穷人家庭收入的增加。

　　战争还让政府"执着"于清教徒的理念，并以此为基础出台了新规定。除了酒吧关门时间提前，还有更极端的"禁止请人喝酒"法规，即便是请配偶喝酒也犯法。饱受争议的酒吧营业时间规定从一战时期开始执行，一直到 1988 年才废止。体育活动受到限制，但剧院、音乐厅和餐厅里人潮涌动。伦敦到处可见穿着制服的人，他们聚集在火车站，公园和广场上也到处是他们的身影。有些无家可归的士兵，因为没有其他地方可去，经常夜宿查令十字车站；圣马丁教堂的牧师迪克·谢泼德（Dick Sheppard）在教堂地下室腾出部分空间，让他们住下，表示"大门随时敞开"。

　　到战争结束时，伦敦有 12.4 万人战死沙场，其中 10％为 20～30 岁的男性。对伦敦人来说，最痛苦的经历莫过于空袭。1915 年 5

月，齐柏林飞艇首次空袭伦敦，在达尔斯顿、霍顿、斯特拉特福德投下了 120 枚炸弹，其中绝大多数是燃烧弹，导致 7 人死亡。此后，德军开发出"哥达"双翼战略轰炸机执行空袭任务。1917 年秋天，更为大型的"巨人"轰炸机被启用。空袭使伦敦士气低落，整座城市陷入恐慌，尤其是当这座城市毫无还手之力时。阿特丽斯·韦伯写道，空袭"摧毁了伦敦人的神经，即便是那些富裕阶层和接受了良好教育的人，也感到丢脸和惊恐"。她回忆自己拿着书和香烟躲进防空洞。成千上万的人逃至汉普斯泰德和高门，还有人逃到了更远的布莱顿。直到 1918 年 5 月，伦敦的空军战斗力才能与德国一较高下，空袭也画上终止符。截至此时，将近 670 名伦敦人死于空袭。这是自维京时代之后，这座大都市首次位于战争的前线。

1918 年 11 月 11 日 11 时，随着 101 声炮鸣，第一次世界大战宣告结束。人们涌上街头，为从战争中解脱出来狂欢庆祝。据估计，数十万人聚在伦敦市长府邸之外，大部分人情绪激动到不能自已，还有人聚集在伦敦西区。传言说，极端兴奋之下，出现了一些恶劣行为。作家马尔科姆·马格里奇（Malcolm Muggeridge）宣称看到情侣晚上在公园里"举止过于亲密"——这件轶事被反复提及，也备受质疑。当然，也有更为理性合理的举动，比如在圣保罗大教堂，人们聚集静默。伦敦人的情绪里有解脱，有渴望，一如 H. G. 威尔斯所言，伦敦人希望"这场战争的结束能换来永恒的和平"。

伦敦"左"倾

第一次世界大战首次引出了"全面战争"的概念。公众也更加好奇：全面动员状态下的国家，能够做些什么？战后，内阁依旧由劳合·乔治领导。他在战前担任财政大臣，推动公共福利领域取得重大进步。如今，他自诩为国家的联合指挥，承诺将英国打造为"适合英雄居住的国家"。尽管他没有具体说明这到底是什么意思，但言外之意就是向贫困宣战———一个能打败德国的国家，也可以战胜贫困。

　　1918 年 12 月，距离一战结束仅一个月，劳合·乔治就举行了"卡其大选"，允许所有超过 21 岁的男性和超过 30 岁的女性投票。选举产生了以保守党占多数、自由党占少数的联合政府。但期待着开启新阶段的新政府遭到来自高额债务的当头一击。1914 年，政府赤字为 8 000 万英镑，到了 1920 年这一数字飙升至 5.9 亿英镑。这意味着，政府必须要"大刀阔斧"地砍掉部分公共开支。战场上的英雄们胜利归来，看到的伦敦，并非经济一片繁荣，而是财政不断收紧，捉襟见肘。1920—1922 年的经济萧条时期，英国经济一落千丈，政治家备受压力，对德国产生了不明智的怨恨和报复情绪。

　　1919 年春天，保守党依然把持着伦敦郡议会，但工党的势力在壮大，所占席位从 2 个发展到 15 个，在自由党选民中争取到上千张选票。基于爱尔兰的动荡情况，工党喊出了"伦敦自治"的口号。它呼吁将煤炭、面包、牛奶、肉类、客运等所有行业归为市有。更重要的是，28 个行政区中，工党"控制"了 12 个行政区。工党成员赫伯特·莫里森后来当选为哈克尼行政长官，克莱门特·艾德礼（Clement Attlee）代表斯特尼进入下议院。最著名的还是 60 岁当选波普拉行政长官的乔治·兰斯伯里（George Lansbury），他的身上兼具多个身份：虔诚的基督徒、左翼媒体《每日先驱报》（Daily Herald）的主编、和平主义者、斯大林苏联模式的拥护者。

他宣称，计划"建造地球上的天堂"，至少波普拉要朝这个方向努力。

优势十足的兰斯伯里率先投入战斗。1920 年，他实行男女同酬，并启动一项住房计划，波普拉的地方支出巨幅增长，不仅超出了行政预算，实际开支更比预算多出近一倍。此外，他反对由地方税收承担伦敦郡议会、收容所委员会和伦敦警察厅的经费，但这笔钱依法面向行政区强制征收。1921 年 7 月，波普拉区的伦敦郡议会委员和他们的支持者前往法院游行，25 名男性委员和 5 名女性委员被捕。后来的会议都是在布利克斯顿监狱内召开的。

经过多次调停，关押的委员终被释放，政府做出让步，同意实施有重大变动的新均等税率政策。伦敦 15 个最为贫困的行政区税率下调，相对的，最富裕的行政区税率增加。"波普拉主义"取得胜利。但是，这次的行动也加剧了工党内部的裂痕，只有贝斯纳尔格林和斯特尼两个区表示支持。党内分成偏向共产主义的左派和以赫伯特·莫里森为代表的温和派。温和派更希望为党派赢得尊重，获得中产阶级的支持。20 世纪 20 年代经济衰退期结束后，两派之间的矛盾依然存在。不同派别领导的游行和罢工更加频繁。

1924 年 1 月，拉姆齐·麦克唐纳（Ramsay MacDonald）就职，成为英国首位工党首相。在他短暂的任职期间，工党与在伦敦郡议会占多数席位的保守党（市政改革派）冲突不断。1926 年，英国劳工联合会发起大罢工，虽然没有首先在伦敦发起，但伦敦的码头工人和铁路工人纷纷响应，声援率先罢工的矿工兄弟。内政大臣温斯顿·丘吉尔（Winston Churchill）为了把粮食从码头运送至海德公园的食品仓库，调动了流动餐车、公交汽车，并派军队护送。对此，公众予以关注，还与警察时不时在街头发生争执。在伦敦近 10

万名工贼①的帮助下，政府赢得最终胜利。和以往一样，对于改革的呼声，在伦敦只能得到不温不火的回应。

一去不返的贵族式伦敦

伦敦市中心的房地产市场出现了一种新趋势，伦敦西区失去了昔日的光环。自19世纪80年代起，重要地块的所有者和租户都经历了农业萧条、所得税上涨和遗产税提高。价值超过100万英镑的土地，遗产税税率在1914年已经上升至20%。价值超过200万英镑的土地，遗产税税率在1919年高达40%。大部分家庭因为战争的缘故失去了男性成员，由此带来的结果是：工资上涨，家政人员极度短缺。莱特、弗兰克、拉特利等地产公司发布的广告，看起来就像《德布雷特贵族年鉴》的名单表。威斯敏斯特公爵、萨瑟兰公爵、诺森伯兰公爵、阿伯丁伯爵、北安普顿侯爵、皮特勋爵和托勒马奇伯爵也开始出售土地。据估计，四年时间里，英格兰四分之一的土地都变更了所有人——大概是自废除修道院运动后规模最大的一次土地转移，大部分买家是农场主。

在伦敦，随着99年地租的到期，土地出售愈加频繁。贝德福德公爵在一战前就把考文特花园卖了出去。他用卖地的钱买了沙皇债券，结果赔得一塌糊涂。这块伦敦最为古老的私人地产现如今成了老市场周围一处破败不堪的仓库区。继贝德福德公爵之后，伯克利男爵也卖掉了他在梅菲尔德的大多数地产。1925年，霍华德·

---

① 工贼：指破坏罢工者，即在罢工期间代替罢工者继续工作的员工。

德·沃尔登一家将大波特兰街卖给了约翰·埃勒曼（John Eller-man）爵士，后者对该地块和如今建在该地块之上的指定商用房屋持有罕见的永久产权。

　　贵族联排别墅只会在特定季节有人入住，更像是不必要的浪费，但感兴趣的潜在买家寥寥无几。出售无望之下，帕克巷与皮卡迪利交汇路段被拆。由于当时并没有建筑保护的相应措施，精美的乔治亚式和维多利亚式豪宅成为区域重建的牺牲品。1919 年，索尔兹伯里侯爵卖掉了位于阿灵顿大街、丽兹酒店后的府邸，这里后来开发成一片公寓区。一同消失的，还有帕克巷上的伦敦版"罗马法尔内西别墅"多彻斯特府、格罗夫纳府、卡梅尔福德府、奥尔伯里府以及切斯特菲尔德府。德文郡公爵卖掉了位于皮卡迪利的豪宅，整个建筑由威廉·肯特打造，花园一直向北延伸，与伯克利广场上罗伯特·亚当设计的兰斯多恩府交汇。如今，只有兰斯多恩府的正面建筑保存了下来。1938 年，诺福克公爵的奢华大宅被拆，这座位于圣詹姆斯广场东南角的建筑只有音乐室幸免于难，后来被改建成为维多利亚与阿尔伯特博物馆的一部分。

　　相比之下，同一时期的巴黎则幸运了许多，和伦敦西区旗鼓相当的巴黎玛黑区当时没有重建。很长一段时间内，它都像贫民窟一样，直到再后来迎来"重生"。圣詹姆斯的居住区外，几乎没有 18 世纪的伦敦豪宅保留下来。读完赫敏·霍布豪斯写的《消失的伦敦》（*Lost London*），真的会令人很难过。皮卡迪利的豪宅中，只有阿普斯利庄园和进出俱乐部还保留着原有的样子。如果其他同类建筑能多撑几代人的时间，一定可以被保护下来，重现辉煌。

　　伦敦失去的不止豪宅。坐落于堤岸的塞西尔酒店被拆，原址上建起壳牌麦斯大楼，仿佛是对乔治·奥威尔书中内容的还原（这本书的出版公司就在河岸街 80 号）。1937 年，罗伯特·亚当启动位于萨默塞特府附近的阿德尔菲项目的建设，一座造型奇特、艺术感强烈的建筑拔地而起，其风格可以说是集各家风格之长，也可以说是"四不像"。一直卖不出去的奥德维奇终于找到了买主——美国投资商欧文·T. 布什（Irving T. Bush），他的名字因英国广播公司世界广播部入驻布什大楼而在全球家喻户晓。建筑拆毁大潮中，最让人摸不清头绪的举动，是索恩设计的新古典主义英格兰银行大楼也被拆毁了。人们普遍认为，拆毁它，是那个时期做出的对伦敦最为严重的破坏，事实上，许多建筑被拆都存在争议，"最不应该被拆奖"竞争激烈。英格兰银行表示，他们需要更多的空间，但空间问题后来轻松地解决了——不过是在其他地方开设了分行而已。

纳西的摄政街被拆，标志着老伦敦时代的终结。当时，区域内的经营场所依然遵循纳西定下的严格租赁规定，每四年为立面重补灰泥，每年进行一次清洗。20 世纪 20 年代，皮卡迪利酒店的股东跑到摄政街，宣称需要更大的场所作为酒店后院。纳西已经逝去，不可能再出来抗议，皇家财产局也就顺水推舟让诺曼·肖按需要建造了一个新巴洛克风格的临街建筑，高耸入云，在街区之中显得鹤立鸡群。丹麦城市学家拉斯姆森（Rasmussen）认为，诺曼·肖的"灰泥粉饰建筑的正面，是对他自己专业素养的侮辱"。有一段时间，酒店实际呈扇形，看上去就像是一头大象迷失走进了百合花田。这是伦敦规划典型的失败案例。它所采用的波特兰石，几乎马上从灰白色变成了黑色。

皇家财产局急于摆脱纳西的影响。从滑铁卢街的豪宅，到皮卡迪利广场以南的环面建筑，再到摄政街以北至朗豪街的路段（也就是后来英国广播公司大楼的所在地），纳西的代表设计无一幸免，都被破坏。取而代之的是诺曼·肖打造的厚重巴洛克风格建筑，立面是使用石料而非灰泥。有些一战老兵甚至把拆迁现场与佛兰德斯的战场相提并论。重建后的摄政街充满着 20 世纪巴洛克复兴风格，厚重、乏味，但也不是全无特色，利伯提百货就是亮点。店铺所有者崇尚工艺美术风格，将临街的建筑正面设计成巴洛克风格，背面却是新伊丽莎白式样，所用的木材取自两艘古代战舰，用销钉而不是铁钉固定。在佩夫斯纳看来，这背后隐含着"对古老、舒适世界的怀念，一战之后的英国充斥着这样的情绪"。

"英雄的家园"

有一个领域，劳合·乔治政府不想被左翼人士打败。他曾承诺，要打造适合英雄居住的家园。1919 年，早期福利国家的推行者——默默在福利领域耕耘的克里斯托弗·艾迪森（Christopher Addison）引入了一项住宅和城镇规划法案。克里斯托弗·艾迪森是位杰出的医生，代表自由党（后来改为工党）进入议院，战争期间出任劳合·乔治政府的军需大臣一职。后来，他接手卫生部，该部门不仅负责卫生医疗，学校、监狱、住房、济贫和地方政府的相关事务也归其管理。艾迪森扩大了地方政府的职责范围——伦敦郡议会以及行政区政府既要清理贫民窟和城外地产，还要为有需要的市民提供住房，按支付能力收取租金。每个住家都要带浴室，这样的改造会带来巨大的开支。地方政府表示，超过地方税收的部分应由国家财政承担，这一要求让财政部猝不及防。

白厅很少与地方政府直接对接。当白厅在预算上遭遇"格迪斯大斧"①（Geddes Axe），财政部对政府救济房慷慨拨款，几乎到了有求必应的"幼稚"程度。公共部门的供给住房爆发式增长。1913年，6%的伦敦新建房屋由公共部门建造。这一数字在 1920 年上升到了 60%。分包领域十分混乱，浪费显著。涉黑的承包商雇用打手劫取建材。1921 年，亨顿区政府在建房上花了 1 000 多英镑，是私营单位建房费用的三倍。建筑商为每个房屋设置了浴室、厨房、洗碗间和洗衣房。两年后，财政部削减了补贴，拨款大幅下降，艾迪森被迫辞职。

　　但至少还是建造了一些房子。一战前，伦敦郡议会仿照慈善家乔治·皮博迪和奥太维亚·希尔的做法，在米尔班克和边界街建造了一些救济房。1918 年之后，这类房屋建在了达根汉姆之外的贝肯翠和萨顿附近的圣赫利耶，看上去更像是新规划的城镇，预计能分别容纳 12 万名和 4 万名住户。还有 15 个规模较小的救济房项目建在了未开发的地块上，入住人数最终达到 25 万名。与伦敦市中心的救济房不同，这些郊区救济房不太适合生活，潜在住户找不到就近工作的机会，通勤距离遥远。它们更像是在城市周围野蛮生长的区域，只有极少数火车经过，没什么学校、商铺或医院。据说，有初来乍到的人去邻居家敲门询问："是不是发生了什么事？怎么周围一直都这么安静呢？"

　　1923 年，内维尔·张伯伦（Neville Chamberlain）接任艾迪森的位子，他的父亲是代表埃奇巴斯顿选区的伯明翰议员约瑟夫·张伯伦（Joseph Chamberlain）。内维尔·张伯伦并不幽默，却勤奋聪

_____

① "格迪斯大斧"：20 世纪，埃里克·格迪斯（Eric Geddes）爵士推动实现大幅削减政府支出的政策，该政策又被誉为"格迪斯大斧"。

敏，对行政管理异常痴迷——一位传记作家戏谑地称他为"苦瓜脸"——因为他总是皱着眉头。他在 1919—1921 年，在一个名字很奇怪的政府委员会"不健康地区委员会"任职。这段经历也让他直观感受到这个国家最糟糕的贫民窟的样子。他上任后，致力于推动公共福利的全面改革。1923—1931 年，除了有一次短时间的"调任"，他一直都是卫生大臣。他打算推行 25 项改革法案，其中有 21 项后来得到议会批准，转化率惊人。为了完成萌芽阶段的福利国家工作，他甚至拒绝了财政大臣的职位邀请。

截至此时，《1834 年济贫法》已颁布近一个世纪之久，有些过时。监护人、济贫院、医务室、精神病院以及"院外救济"① 等旧时代的产物已接近被淘汰。张伯伦的父亲在 19 世纪 80 年代曾提议将这些交由伦敦郡议会管理，还曾有人在 1909 年提议将它们废除。但直到 1929 年，张伯伦才通过一项法案，将济贫法监护人纳入地方政府的管控之下。在通过前，关于这项法案的演讲在下议院进行了 2 个半小时，其间不时被议员的掌声和欢呼声所打断。如果不是因为 1938 年对希特勒做出错误判断，张伯伦本可以作为伟大社会改革家功成名就。

张伯伦的法案将原属于收容所委员会的 75 家医疗所、发热医院和精神病院归为伦敦郡议会掌管，这些机构与历史悠久、独立经营的慈善医院齐名。截至 1939 年，伦敦郡议会的公共卫生部门掌管着英格兰 60% 的公立医院。伦敦可以骄傲地宣称，其拥有"帝国

---

① "院外救济"：主要包括每月或每周发放补助金，以满足被救济者对燃料、衣物和住处等的需求。它是在教区范围内的救济体制中坚持时间最长、影响最大的救济方式。

最先进的地方卫生局"。事实上，福利国家并非源自 1945 年的工党政府，它的最大推动力来自保守党，保守党卫生大臣赋权伦敦郡议会，议会也由保守党人占主导。

与此同时，工党行政选区孜孜不倦地进行着创新。在两次世界大战之间的时间，工党内部分歧不断，兰斯伯里推崇社会主义，而莫里森提倡温和改良。兰斯伯里个人魅力非凡，是天生的演说家，分分钟就能让听众共情落泪。整个 20 世纪 20 年代，他都非常受欢迎，甚至可以争取到议会席位。1929 年，拉姆齐·麦克唐纳重新掌权，在其短暂的任期内，兰斯伯里出任工程大臣。兰斯伯里给伦敦带来了"好运"——他在摄政公园为孩子们建了一处可以划船的湖区，在海德公园的蛇形地带建了一处水上游乐场。在公园里增加其他功能设施的做法，惹恼了《泰晤士报》。但历史学家 A. J. P. 泰勒（A. J. P. Taylor）认为，1929 年的麦克唐纳政府愚昧无知，兰斯伯里的工程项目是其唯一值得称赞的政绩。

伦敦的各个行政区，以及在两次战争期间由不同党派把持的地方政府，基本都遵循莫里森和韦伯的政策传统，对天然气和供水实行国有化供给。伦敦也没有像法国或者德国的城市那样，涌动着反叛思潮。莫里森执政有条不紊，是伦敦新"通勤"一代的典型代表，他出生在郊区的莱奇沃斯，而非市区的威斯敏斯特、芬斯伯里或贝斯纳尔格林。在他的引导下，伍尔维奇区在 20 世纪 20 年代新建了 1 000 所政府救济房。伯蒙西区在公共卫生领域的举措也赢得满堂喝彩，比如免费的肺结核治疗、牙齿治疗，实行卫生巡防制度。区政府还修建了游泳池，成立了负责将教堂墓地改建为口袋公园的"美化委员会"，甚至还提出了一系列花卉种植的"伯蒙西大丽花"方案。均等税率的改革也在按计划推进。

第十九章

无序发展

1930—1939

贪婪的大都市

内维尔·张伯伦虽然可以通过改革将英国打造为福利国家，但他对更大的挑战——管控再次野蛮生长的伦敦房地产市场却束手无策。地方委员会在建房上与开发商并无二致，也是简单粗暴，随意修建建筑，然后就等着收租，没有配套的基础设施，也不曾做过社区规划。1927 年，张伯伦成立了大伦敦区域规划委员会，尽管它名字听起来特别高大上，但它的全部工作就是记录三年中的绿地变化：1927—1930 年，查令十字方圆 11 英里范围内的绿地正在以每年 1 000 英亩的速度消失。

1932 年，张伯伦出任财政大臣，但他依然敏锐地关注着自己工作过的老部门的工作和动向。英国首部《城乡规划法案》（Town and Country Planning Act）出台。法案考虑了伦敦的情况，给予地方委员会制定土地使用方案的权力，已经建成的土地也适用。开发商还被"建议"：拆除或重建建筑前需要获得委员会的批准。这是自 17 世纪以来，除法律附则和行业规定之外，政府对都市发展的首项管控举措。从街宽到架高，都有细化规定，比如商业地产高度不能超过 100 英尺，住宅的限高是 80 英尺。这项法案还要求建筑项目配套基础设施或开放空间。委员会可以禁止拆除历史建筑，但前提是支付一定的赔偿款，这样的设定就让这项条款形同虚设。

　　法案的制约力度较弱，施行时的有效性大打折扣，基本为零。1929—1931 年的大萧条期间，伦敦比英国其他地区受到的影响更加严重，此后的政治环境也使政府更难对企业进行约束。当时有人呼吁，请求保护诺福克宫，但威斯敏斯特政府却以成本过高为由未加理睬。当时的审美品位还不足以让人们认识到，拆除亚当设计的波特兰大街，或允许查尔斯·霍顿（Charles Holden）建造高耸林立、俯视着贝德福德地块的伦敦大学森内特楼有怎样的后果，这两项工程都没有遇到什么阻力。工艺美术风格建筑师 C.R. 阿什比（C. R. Ashbee）哀叹"任何拥有历史的美丽建筑，都能得到图书馆、会馆、博物馆、学校和教区的再次利用，但它们却被毁掉，以老旧材料的价格卖给了拆除废旧建筑的人"。类似的抗议信，媒体偶尔也会收到。但反对的尝试没有溅起什么水花。整个 30 年代，伦敦遭遇着最为恶劣的破坏，直到二战爆发——或许，此前的破坏程度比二战带来的破坏更严重。

　　最典型的一次破坏发生在 1934 年之后，莫里森代表的工党击败保守党，取得对伦敦郡议会的主导权，工党的主导一直持续到1965 年郡议会被废止。出于急于证明自己在推广现代化上的认真态度的原因，莫里森决定拆毁雷尼的宏伟设计——滑铁卢大桥（从大桥上可以尽览圣保罗教堂的全景）。他还召集媒体拍摄他挥舞着锤子拆毁大桥第一块砖的场景，声称"在首都中心，我们需要的是交通动脉，不是历史遗迹"。他的言论和行为引发了连串的舆论风暴。媒体抨击莫里森"在文化审美上无知""庸俗功利主义"。市政府本来还想拆毁雷尼的另一项设计——伦敦桥，但见此情景，便将计划搁置，一放就是 30 年。按照原定计划，两座大桥拆毁后再重建时，都使用质朴的深缝石料，颜色看上去就好像在卡纳莱托的画作上再涂一层白色颜料。莫里森本打算让伦敦西区的交通网络更加密集，但后来却不得不花大力气降低密度。失去滑铁卢大桥之后，伦敦与巴黎和其他欧洲首都城市的差距逐步拉开，后面这些城市尊重和保护首都的历史区域，维系美学上的一致性；莫里森及其继任者则单纯地将泰晤士河视为建筑地块。直到二战之后，伦敦才出现了保护历史建筑的机构。

无序扩张

除了拆除滑铁卢大桥外，伦敦郡议会对首都没有采取其他动作。其他城市，为了便利交通，或多或少都做了一些努力。伦敦唯一的新建道路还是中央政府点名要求修建的，沟通东部大道和西部大道，用来缓解郊区的拥堵。南北向规划了环路，还修了一条金斯顿辅路。事实证明，这些高速公路出现后，伦敦东区和码头对新兴消费企业的吸引力大增。沃利斯·吉尔伯特（Wallis Gilbert）设计的艺术装饰风格①建筑胡佛大楼和凡士通工厂，以及吉列剃须刀、

---

① 艺术装饰风格：演变自 19 世纪末的新艺术运动。新艺术运动是当时的欧美（主要是欧洲）中产阶级追求的一种艺术风格，特色就是大量运用鲨鱼纹、斑马纹、曲折锯齿图形、阶梯图形、曲线、放射状图形等。

芘牌灭火器、卡瑞丝电器、麦克林牙膏和史密斯薯片的工厂，都无一例外地建在伦敦东区。1931 年是大萧条最严重的一年，王室公园周围的 15 家工厂出现用工危机。同年，美国福特汽车公司落户达根汉姆，为贝肯翠带来就业机会（贝肯翠建有伦敦郡议会规划的政府经济房，此前因为住户无法就近择业备受诟病）。到 1933 年大萧条末期，一半的全英新岗位都是伦敦贡献的。

1920 年，伦敦的汽车用户为 18.7 万人。1930 年，这一数字超过 100 万，增长了 5 倍，而与此同时，汽车的平均价格从 684 英镑降至 210 英镑。1937 年的一份报告曾建议根据情况变化，修建放射状的高速公路网络、隧道，并分隔快慢车道，但没有得到政府的任何回应。延展铁路线路、使用电车并没有解决一些现存问题，南部郊区发展依旧缓慢，人口密度很低。1929 年，再度执政的麦克唐纳成立了伦敦乘客运输委员会。到了 1933 年，首都的地铁线路和部分地上线路由该委员会全面接管。当时，伦敦的公共交通规模世界第一。伦敦地铁交通的负责人弗兰克·皮克（Frank Pick）与设计者查尔斯·霍顿为打造时尚、舒适的城市交通，制订了新的标准规范。霍顿建造的地铁站，受到瑞典同时期建筑的影响，是两次世界大战期间最让人兴奋的建筑作品之一，同样引发设计界热议的还有哈里·贝克（Harry Beck）绘制的伦敦地铁图。灵感源于电路图，和如今的地铁图几乎毫无差异。

伦敦乘客运输委员会可能是 20 世纪上半叶规划职能最明显的政府机构。历史学家莱昂内尔·埃舍（Lionel Escher）称其为"伦敦区域发展的主要推动者"，因为它可以决定铁路线路向哪里延展。在它的指挥下，伦敦人口从市中心流向郊区，规模超过此前的任何一次。两次世界大战期间，伦敦人口仅增加 10%，但扩大的区域面积翻了一倍。到 1939 年，伦敦的地理面积直径达到 34 英里，是 1880 年的 6 倍，令人惊叹。

大部分的新增区域，原本是米德塞克斯的数百座农场，在大都会铁路公司打出的建设"大都会之家"的口号下，这些农场被开发利用。这项打造郊区家园的计划于 1919 年开启，当时承诺"在宜人的田野上打造幸福之家"。开发建筑公司甚至还为此推出了一首歌曲，名为《我的小小大都会之家》（My Little Metroland Home）。但实际情况是，这里人口密度小、土地利用率低，大家纷纷呼吁建设基础设施，这些呼声却没人回应。

无序扩张产生的社区也没有个性可言，它们的区别仅限于价格高低。唯一有些特色的大概就是西北边的犹太人聚居区，位于戈尔德斯格林以北，亨顿、米尔希尔和埃奇韦尔都在其范围之内。1922 年，首个犹太教堂在这里建成。20 世纪 30 年代，大量犹太移民涌入，尤其是那些受德国纳粹分子迫害的。据估计，在伦敦西北地区居住的外国人口占据了全英外国总人口的四分之一。20 世纪 20 年代，戈尔德斯格林地铁站是伦敦第五大繁忙的地铁站，当时最大的剧场之一——能容纳 3 500 名观众的竞技场剧院，也位于该区域。

南部电气列车的开通让泰晤士河以南终于跻身为"可通勤地带"。肯特出现了大量的面向中下阶层人士的住房，从伍尔维奇以南，一路沿埃尔塞姆、卡特福德分布，到贝克斯利为止。值得注意的是，和伦敦北部的情况相似，这里的房价也在上涨，花园面积也在增加，并且和地势相关，地势越高，房价越高，赛德纳姆、布罗姆利和齐尔赫斯特都是如此。伦敦西南，比如默顿、萨顿、埃普索姆和里士满的开发，都出现了类似"大都会之家"的情况。建房周期急剧缩短，半独立式房屋不到一个月就能完工。原来的农场，可能几周之内就消失不见了。

郊区文化

这一时期，对伦敦原貌的更改和破坏引起了人们的担心与不安。一战前，曾有计划拟在肯辛顿爱德华兹广场周围建一片公寓楼，但因反对强烈而作罢。但 20 世纪 20 年代，布鲁姆斯伯里的恩德斯利花园被贵格会购得，卡雷拉斯公司把卡姆登镇的整个莫宁顿新月区域变成了自己的卷烟厂。卡雷拉斯公司的做法，成为压垮花园广场的最后一根稻草，这个代表性的伦敦城镇景观由此消失。格罗夫纳一家在贝尔格雷夫和格罗夫纳广场周围疯狂建房，似乎无人可以阻止。最终，政府在 1931 年出台法规，对伦敦的 461 座广场进行专项保护。1934 年，伦敦郡议会提出"绿色腰带"方案，即后来通过的《绿带法案》（Green Belt Act），在已经建成的市区建立绿化带。此外，伦敦郡议会还拨款 200 万英镑购买地块，作为公共休闲专区，这些地方"从伦敦城镇化发达区域可方便到达"。恩菲尔德和农萨奇公园就是据此被收购的。绿地现在算是安全了，不能随意侵占，但历史建筑依然没有得到应有的保护。

与此同时，伦敦郊区的生活方式也逐渐受到人们的注意。文学界出现了很多冷嘲热讽。作家罗萨蒙德·莱曼（Rosamond Lehmann）叫嚣要"放火烧掉新建的平方区……我想把一整片都炸掉"。来自北部的 J. B. 普里斯特利①（J. B. Priestley）认为，郊区

---

① J. B. 普里斯特利：英国剧作家、小说家、批评家。

就是一个全新的英格兰，"有大型影院、舞厅、咖啡店，有带着迷你车库的平房、鸡尾酒吧、超市，有汽车、无线电通信，可以远足旅行，工厂做工的女孩打扮得像演员一样，灰狗犬在马路上追跑嬉戏，还有能让人放弃一切的香烟优惠券"。郊区历史学先驱人物艾伦·杰克逊（Allan Jackson）表示，他的调查对象"对区域没什么忠诚度，缺乏社区精神"。对外界人来说，郊区的人和事不足以让他们好奇。杰里·怀特表示，这里的居民不会夸张地描述"赶末班车"的事情。他们的妻子在玩惠斯特牌前，会先说"见到你很高兴"，再把蜜饯放在小桌巾上。

拉斯姆森的观察则更敏锐、公正、带有更强的同理心。他将郊区看作"城市中心的向外延展……这样，人们不用进城也能购物、娱乐休闲"。抛开城市的服务和乐趣，郊区算是城市的 2.0 版本，代表着未来。作为新兴的郊区派诗人，约翰·贝杰曼在作品中也对郊区大为称赞，鲜有批判：兴高采烈地走进鲁斯利普花园/红色电车运行在周边/一千声"嗒"和"不好意思"/优雅地从车上下来。他的笔下，女主人公伊莲催促，"到边缘处去/那里还有树篱/我们失去的极乐世界再次显现——米德塞克斯乡村活了过来"。贝杰曼深深迷恋着他笔下的新伦敦。他比喻称，从哈罗的高地眺望，有如置身温布利郊区的岩石小岛，"积云聚拢在西侧的肯顿/佩利瓦尔闪耀着港口灯光"。

此外，伦敦还经受了另一场与众不同却更加有力的"建筑冲击"，发起者是从欧洲来伦敦避难的外国建筑师。托尔德·鲁贝金（Berthold Lubetkin）、瓦尔特·格罗皮乌斯（Walter Gropius）等人引入了极简、几何设计元素的德式包豪斯建筑。1933 年，高点一号项目在高门竣工。1937 年，麦克斯威尔·弗莱（Maxwell Fry）

的现代住宅项目在金斯顿落成。它们看上去怪诞不经，与周围格格不入，但其质朴的现代主义风格让伦敦的建筑联盟学院另眼相看，还被《建筑评论》（*Architecture Review*）报道评论。少数负责郊区地产的开发商，比如新理想地产公司，尝试引入了包豪斯设计风格。去往希思罗机场的路上，在大西路一段，还有些 20 世纪 30 年代的包豪斯风格别墅留存下来，少数眼睛尖的司机能辨认得出。但这一风格并没有广泛地流行开来，还有人看不惯它的屋顶样式，在上面又加盖了斜脊屋顶。

新的"现代派"建筑师也取得了一些成就——阻止了战争期间的伦敦建筑在艺术装饰风格的道路上越走越远，后者也是源自德国的艺术派别，多用于半独立式房屋。它在酒店、工厂建筑领域流行过一阵儿，萨沃伊酒店、斯特兰德宫酒店、沃利斯·吉尔伯特在西伦敦建造的工厂，还有郊区的一些娱乐设施建筑，都是这种风格。伦敦的很多电影院都出自俄裔建筑师西奥多·科米萨耶夫斯基（Theodore Komisarjevsky）之手。比如保留至今的拉格纳达图庭影院，选用了沃立舍公司的风琴做装饰，旨在唤起人们对于通过看电影"逃避"现实的共鸣，也给很多白天一个人待在新房子里的妻子们提供了消遣和打发时间的地方。

就使用土地的多少而言，因 1939 年第二次世界大战而戛然而止的那次地产繁荣是伦敦历史上涉及范围最广的一次。人们为此还创造出一个新词叫"都市恐惧症"（metrophobia）。由张伯伦在 1937 年成立的巴洛委员会再次提出，要合理规划伦敦的土地使用，分散工业区、清理贫民窟、促进交通便利、增加绿化面积、保护历史建筑。对此，没有人表示异议。法律层面上也有政策出台加以辅助支持。1935 年，相关的《限制带状发展法案》（Restriction of

Ribbon Development Act）得到议会通过。但白厅政府显然并不清楚伦敦的地方现实，地方当局汇报什么，怎么汇报都可以。二者的关系就好像是方向盘和发动机，看似没什么联系，但发动机是主导。

人也好，地区也罢，缺乏监管就会导致混乱。20世纪20年代，工人的一系列斗争加上欧洲大陆因专制独裁爆发的连串骚乱让英国议会焦头烂额。城市的无序扩张被视为一种转移公众视野的手段，和麻醉剂的作用类似。事实上，伦敦人很喜欢扩张带来的新变化：房子、花园和火车站。当然，修建配套的社区基础设施不是他们能做主的。他们感到困惑，明明有土地，为何政府却不允许开发？就像艾伦·杰克逊说的那样，郊区的现实是"数千人的生活水平发生剧变"，过上了父辈梦寐以求的生活。21世纪头十年，行政地产在英国乡村无序发展，背后也是类似的原因。

尽管战前的人口预测显示伦敦人口趋势不容乐观，但伦敦的魅力丝毫不减。在人们眼中，即便伦敦街道铺的不是金子，郊区也是绿草如茵，这就足够具有吸引力了。当时的伦敦不仅是全球第一大城市，有房子居住的市民比例也很高，这些房子配备了自来水和电力，还有前廊、花园，还通火车可以通勤。至于房地产市场，的确失去了发展势头。伦敦的人口在1939年达到峰值，为860万，此后一直下降，直到2019年才再次增加。二战之前，伦敦经历了停滞阶段，好像是伦敦故意为之，为了看看接下来会发生什么。

第二十章

战争中的大都市

1939—1951

大轰炸

1938 年 9 月，张伯伦在慕尼黑与希特勒达成协定，回国后，他表示"我们这个时代的和平"将继续，这让民众和议会放松了警惕，欢呼雀跃。即便在 1939 年初，希特勒赫然违背承诺时，人们依然抱有幻想，期望通过外交手段遏制德国扩张，至少让英国避开当时还局限在欧洲东部的战争。同年 9 月，希特勒入侵波兰，打破了英德协定中有关波兰主权的保证，如法炮制了一战中占领比利时的做法，粉碎了人们的希望。随后，张伯伦代表英国向德国宣战，但与一战爆发时伦敦的沙文主义情绪不同，人们谈起这次宣战只有麻木和恐惧。

众所周知，希特勒并没有与英国开战的打算。鉴于实力强大的皇家海军仍然毫发未损，而 1940 年春天的不列颠之战中德国空军又没能获得制空权，所以希特勒对手下将领递上来的入侵英国的"海狮计划"持怀疑态度。但无论怎样，英国方面为了加强防御、保卫伦敦，迅速落实一系列紧急措施，各行政区在农田上修建了碉堡，架上了机枪。据我所知，这些堡垒后来都看不到了。有消息称，希特勒想在占领伦敦后，把总部设在布鲁姆斯伯里的议事厅——这很符合希特勒后来对工业的美好空想。1940 年秋天，"海狮计划"被放弃，伦敦的防御转向抵御德军空袭。这场全然不同的战争会以怎样的结果收场，人们心里都没有底。

这也唤起了伦敦人对一战的那段恐怖回忆，的确，如今的轰炸技术更加先进，空战将带来怎样的可怕后果，难以想象。伯特兰·罗素①（Bertrand Russell）写道，首都会立即"在战争爆发后被夷为平地"，它将是"一片混乱景象，医院被炸毁，交通中断，流浪汉尖叫着求助……我们被迫接受敌方制订的条款"。不少人和这位左翼哲学家持同样的观点。丘吉尔曾在 1934 年警告，如果战争爆发，将有 300 万～400 万市民从伦敦逃亡乡下。白厅也在 1937 年做出预测：空袭的前 2 周将导致 60 万人死亡。医院也提前预备出 30 万张床位用以救治伤者。最终，伦敦组织了 66 万女性和儿童撤离伦敦，其中包括一半的学龄人口。据报道，这次撤离行动中，没有一起意外事故发生。

一半心思放在东边战场上的德军从 1940 年 9 月开始轰炸英国，但效率很低，目标也非常随机。轰炸开始后，伦敦在晚上实行灯火管制，此举虽然不被拥护，但却行之有效。隧道被用作防空洞，一些家庭也在后院花园里建造了简易的防空洞。但在市中心，它们其实没有多大作用。警报响起后，总有大批人群涌入地铁站。当局试图制止，却无效。车站里迅速挤满了人，当局不得不听之任之。

---

① 伯特兰·罗素：英国哲学家、数学家、逻辑学家、历史学家、文学家，分析哲学的主要创始人，世界和平运动的倡导者和组织者，1950 年诺贝尔文学奖得主。

对伦敦人来说，1940 年的冬天，伦敦经历着不同寻常的战争。每天晚上，人们都面对着死亡的威胁，这种感觉就像置身于一战期间的前线战场。1940 年 12 月 29 日，130 架德军轰炸机 1 分钟内投下 300 枚炸弹，圣保罗大教堂一带陷入一片浓烟和火海，但大教堂却奇迹般地幸存下来。老城区有三分之一遭到空袭。此后，德军的轰炸短暂停止，希特勒再次把注意力转移到与苏联的战争之上。直到 1944 年，德军又发动了由 14 次突袭组成的"小型闪电战"。这一次，德军的进攻从 1944 年 6 月一直持续到 1945 年，使用的武器包括 V1 导弹和 V2 导弹。

人们对轰炸的感觉也各不相同。作家伊丽莎白·伯恩（Elizabeth Bowen）谈道，每晚，伦敦人都"有种生离死别的感觉。天色渐暗，暮色袭来，陌生人在街角互道晚安，互祝好运。每个人都希望今晚自己不会死掉，更不要连死了都没人知道"。白厅进行爱国精神宣传，提振士气，并让人们接受这一点：在胜利到来之前，残酷的轰炸是不可避免的考验。据说，上千名被疏散的儿童在轰炸停止前就回到伦敦了，反倒显得政府反应过度。

年轻人似乎更加从容淡然，即便战争和死亡就发生在他们面前。1941 年 1 月，一枚炸弹导致躲在地铁河岸站的 117 人丧生。当时，我的母亲还是一名本科生，她作为志愿者成为伦敦东区的急救车司机。后来，我问她那是一种什么感觉，她只回答说"像开救护车的感觉"（尽管我之后才理解，对一个十几岁出头的年轻女性来说，这段经历是多么痛苦）。恐惧之外，伦敦还呈现出一种怪异的"常态化"。即便在伤痕累累的金融城，办公室职员也会克服不便每天正常上班。英格兰银行行长蒙塔古·诺曼（Montagu Norman）一周有两三天睡在办公室，但他只是抱怨没事可做，太无聊了。

　　市民的坚毅，而非政府宣传的"大轰炸精神"，成为战时文学的刻画对象。再小的事情，都变得重要起来：迈拉·赫斯①（Myra Hess）在国家美术馆举行午餐音乐会；风车剧院的脱衣舞女郎依旧"夜夜营业"；摄影师拍下大火中的圣保罗大教堂穹顶；伦敦塔的护城河沟渠里种上了粮食；诺埃尔·考沃德②（Noël Crowd）创作出歌曲《伦敦骄傲》（*London Pride*）。伦敦似乎参与了一种新的战争，仿佛找回了三十年战争时期的精神。整个民族，而不仅仅是军队，都勇敢地面对这场战争。

　　美国广播界的一代传奇爱德华·默罗（Ed Murrow）对轰炸进行实时播报，向太平洋另一端的美国人展现了战争下的真实英国。他用声音讲述：女孩们穿着裙子若无其事地走路上班，富人们在酒店大厅饮酒交谈，而轰炸距离他们咫尺之遥，甚至可以清楚听到炸弹落下的声音。一位听众告诉默罗："你将伦敦的死难情况置于我们眼前，让我们知道，为伦敦牺牲的人也是为我们牺牲的人。"以往，有人认为"远隔重洋的英国没为战争牺牲什么"，因为默罗，这样的误解被消除了。在丘吉尔看来，美国改变"孤立主义"和中立态度，在 1941 年加入盟军，默罗功不可没。

　　和所有针对城市的轰炸行动一样，伦敦大轰炸也旨在打击民众士气，诱导他们给政府施压，左右政府的政策和态度。但德军的轰炸，无论是对德还是对英，两点目的都没达到。它甚至没有干扰到民众为抗战做出努力。空袭防护、灭火、为无家可归的人提供食

---

　　①　迈拉·赫斯：20 世纪英国最杰出的女钢琴家，英国"钢琴三杰"之一，曾在二战期间于德军的轰炸之下坚持为大众演奏，展示了非凡的道德勇气。

　　②　诺埃尔·考沃德：英国男演员、剧作家、流行音乐作曲家、导演、制片人。因影片《与祖国同在》（*In Which We Serve*）获得 1943 年奥斯卡终身成就奖。

宿，这些落在民众身上的防御任务，反而给他们带来了一丝一战期间不曾有过的公共参与感。随后的调查显示，二战期间，自杀率和精神痛苦率都有所下降，那些关于公众恐慌和"轰炸神经后遗症"的预测纯属无稽之谈。

大轰炸的持续时间虽然不长，却是二战中代表伦敦的标志性事件，又被称为"第二次伦敦大火"，导致约 3 万名市民丧命。统计显示，当时的伦敦人中，每 3 人就有 1 人死于二战，而且是平民而非军人，这个数据出人意料。此外，差不多 10 万间房屋在战争中被夷为平地，因战争而损毁的房屋数量是前者的 10 倍。伦敦东区的部分区域，有一半住房都无法住人。

自信于战斗实力的英国皇家空军对德国也发动了类似的轰炸，贯穿整个战争期间。与德国相比，英国的损失微乎其微。据估计，约 50 万德国平民在轰炸中丧命。德国城市和中世纪小镇因战争遭受到野蛮攻击。英国飞行员坚信，他们是赢取战争胜利的关键，或许都不需要地面部队的配合支援。事实证明，这一判断严重失误，带来毁灭性的后果，双方空军均付出了惨痛代价。

百废待兴

1945 年 5 月 8 日欧洲胜利日的当天，伦敦市民走上街头欢呼庆祝，但其实，这更像是在舔舐伤口。英国为胜利付出了沉重的代价。伦敦看上去就如战败城市一般——漆黑一片、荒芜不堪、满目疮痍。战争结束后，德国和日本的制造商迅速恢复生产。而英国政府宣传语"最好时期"的背后，是劳动力不足和投资短缺的窘境。

伦敦制造了一种需要独立自主的错觉——我上学时老师总是这样说——还告诉我们要享受胜利的果实，这是它的主要问题。但事实上，胜利很大程度属于美国和苏联。对这两个国家的人来说，果实就摆在那里，触手可及。

和一战后一样，二战后，英国人也期待赢得了战争的国家能在和平时期积累资本，再次发展。1945 年的大选中，工党出乎意料地打败了丘吉尔领导的保守党，或许是因为工党的宣传口号"赢在当下的和平年代"更贴近民心。所以，当被占领的德国以惊人速度恢复经济、重建国家时，英国人也在等待政府有所作为。计划经济依然在实行，食品、建材、新闻用纸和衣服布料的供应配给由白厅决定，好像市场经济还不能被信任一样。生活上，斯巴达式的军事管理稍稍有些放松，但改变很小。1946—1947 年的冬天，伦敦遭遇严寒天气，但煤炭供应不足。当时的照片显示，几百名伦敦人安静地排队购买土豆。在丘吉尔眼中，这种计划经济的社会主义模式就等同于"排队主义"。

唯一和商业重建沾边的积极动作是 1947 年通过的一项决定，费尔雷航空的测试跑道从不方便的克罗伊登机场移至希思罗的"伦敦机场"。调整后，年客运量在三年内翻了一番，达到 25 万人次，1955 年超过 250 万人次，1960 年达到 500 万人次。希思罗机场每次扩建，都对附近居民保证这会是最后一次。但随着穿过人口密集区域的航线不断增加，机场屡屡违背承诺。

伦敦遭受的实际破坏虽然并非涉及各行各业、影响全市，但也不容小觑。此前离开的数万人陆续返回，等待他们的是毁坏的房屋和待兴的商业。金融城内，三分之一的办公场所和绝大多数的仓库被毁，剩下的还在继续进行生产制造和商业活动。金融领域，部分外资撤离，战后也没有马上回归。伦敦金融城似乎就要从"世界金融之都"的神坛跌落，美国越来越起到主导作用，最明显的就是纽约华尔街的崛起。尽管联合国首次会议的举行地点为伦敦的卫斯理公会中心大会厅，但联合国总部、世界银行和国际货币基金组织的总部都设在了美国。

经济领域之外，生活回归常态的信号也浮出水面。1947 年，迪奥在巴黎发布了新风貌系列，引发强烈关注，为战后的平淡低迷注入新鲜活力，这也让很多人产生疑问：为何伦敦设计师获取布料还需要政府定量配给？1948 年，伦敦伯爵宫车展重新开展，但此时的伦敦，汽油供应缺乏，等待购买汽车的名单越来越长。同年，艺术理事会成立，剧院和画廊迎来复兴，对伦敦大有裨益。也是在这一年，伦敦承办了第 14 届夏季奥林匹克奥运会，在公众眼中，国际地位有所回升。我记得被父亲带着去看开幕式，我坐在他的肩膀上见证圣火点燃。

什么样的城市？

1942 年战事最吃紧的时候，战时内阁为了假装一切正常，发布了由伦敦政治经济学院前董事威廉·贝弗里奇（William Beveridge）组织调研的战后福利改革报告。报告内容与他在一战期间和劳合·乔治的讨论要点一脉相承。城市规划领域，帕特里克·阿伯克隆比也做了类似的调研。阿伯克隆比是一位学术派建筑师，曾参与 1937 年的巴洛报告调研。人们期待他能利用大轰炸这个"机会"为伦敦开启新时代。他被授权可以直接报告给伦敦郡议会，无须经过中间部门。

　　战争结束意味着这些计划都能启动了。但相关工作必须由致力于集中改革的中央政府而非地方政府来负责。张伯伦的济贫法方案和措施，不再归伦敦政府管控，而是纳入白厅的"国家援助"规划中。时任卫生大臣的安奈林·贝文（Aneurin Bevan）私下里不喜欢伦敦郡议会的莫里斯，看到伦敦对医院的管辖权被夺，自己的国民医疗体系取而代之，格外高兴。就连房地产领域，"国有化"也成了大势。丘吉尔"被下台"之前，曾计划在老"地狱火"导弹工厂建造 100 万间组装平房，宣称"建好只是时间问题"。但现实却给了他当头一击，计划成了笑话，组装平房的单位成本是郊区普通半独立式房屋的三倍。现在，伦敦南部的卡特福德还能看到极少数的组装平房，它们小巧而古朴，还被列入了"历史保护建筑"名单。

　　阿伯克隆比对伦敦的规划受到 20 世纪 30 年代初期席卷欧洲的规划理论革命启发，又融合了专制和民主国家的建筑理论元素，更大胆，野心十足。希特勒的御用建筑师阿尔伯特·斯佩尔（Albert Speer）将柏林视为新日耳曼尼亚，以帝国规模进行规划。共产主义下的苏联则按照斯大林的都市主义进行城市建设。东欧的所有城市，都在进行市容清理，国家统筹铺设道路、建设基础设施。斯佩尔的设想在一定程度上具有古典主义的几何美学特征，彰显了气势磅礴的帝国地位——希特勒觉得柏林就是新罗马——但对建筑设计的"一言堂"也产生了严重的负面影响。这种设计亵渎了随时间推移而演变发展的欧洲城市文化，是对历史建筑的不尊重。

　　对这些建筑思路产生深刻影响的始作俑者是瑞士裔法国建筑师勒·柯布西耶（Le Corbusier）。原名查尔斯-艾都阿德·吉纳瑞特

（Charles-Edouard Jeannere）的他带动现代主义建筑师在战前成立了国际现代建筑协会，倡导"建筑是一种社会艺术……一种可以改善世界的政治和经济工具"。1933 年，基于此理念的英国现代主义建筑组织 MARS 成立，柯布西耶呼吁支持者"将国家视为不可分割的单位，重新进行理性调配……以此来实现我们的宏伟事业"。为此，需要"照亮家园，照亮数百万工人的生活"，以"宏伟、高贵和威严"作为追求目标。

年轻的建筑师完全被勒·柯布西耶迷住。如果说一个无所不能的国家可以通过技术为战争提供辅助，那么和平年代，技术也能发挥作用。建筑师就是战场上的指挥官，决定着人类未来的居住情况。勒·柯布西耶对年轻人说，要想想伟大的法国统治者路易十四、拿破仑·波拿巴和拿破仑三世，"在用思想统治乌合之众的黄金时期，人是微不足道的。但能留名千古的人是伟大的"。就像英国著名现代主义建筑师麦克斯威尔·弗莱说的那样，建筑师应该"只向那些可以理解我们的人表达自己，其他的就只能顺其自然"。

大多数专业人士都觉得勒·柯布西耶和他的追随者疯了。勒·柯布西耶提议拆掉巴黎塞纳河整个右岸的建筑，然后建造多排 60 层高的混凝土建筑。伦敦建筑联盟学院则在伦敦执行了性质相似的计划。除了伦敦塔、圣保罗大教堂和大英博物馆外，这个计划没有放过任何可以使用的土地，老建筑的周围散落着巨大的混凝土厚板，还有通车的高速公路。大轰炸好像是一个推手，是建筑领域开启新"篇章"的序曲，之后的城市发展则完全由着性子来。我记得 20 世纪 60 年代末，还能从建筑联盟学院的实习建筑师口中听到类似的说法，他们没有说错。

阿伯克隆比的方案

阿伯克隆比既是新成立的英格兰乡村保护委员会的秘书长，也在家乡利物浦任城市规划教授。他的观点符合当时的境况，具有事实基础。他怒斥过去的伦敦"过时、糟糕，住房不合适，社区不成熟，交通不通达，工厂拥挤，城市规划水平极低，开放空间分配不平等，通勤越来越不便利，'堵'成了上班族的噩梦"。从尼克·巴特拉（Nick Barratt）撰写的关于伦敦规划史的书中，能够看出阿伯克隆比拥有"规划师对于整洁和整齐的偏执，希望地图上呈现的布局形状漂亮规整，这是规划师的常态，但不幸的是，也是他们的通病，因为他们很少会考虑已经存在的建筑"。一如巴特拉所言，阿伯克隆比"蠢蠢欲动，希望能够拆除建筑，重新建造"。

方案的核心借用了约翰·格温在 18 世纪 60 年代倡导的理念，即：伦敦的扩张以周边乡村为代价，规模已经过于庞大，应该加以遏制。战前提出的绿带概念，应该严格执行，留作耕地或休闲用地。城市还应适应汽车的出现和使用，在绿地范围内建设五条"环状道路"和大量辐射状道路。最靠近市中心的环路要将金融城、南华克和西区围裹起来，如果可以的话，穿过遭遇大轰炸的市区。第二条环路经过诺丁山、樱草山、伊斯灵顿，再南下至罗瑟希德、佩卡姆和克拉珀姆，值得一提的是，克拉珀姆后来因为作为线路枢纽又被称作"高速公路匣子"。第三条环路则是南北循环。另外两条，被提议建在更远的郊区地带。就金融城而言，这几条线路都比较远，因此，有人提议沿着老城墙的外延建一条金融城自己的环路。

金融城的修路计划只实现了一部分，完成的部分包括巴比肯区"伦敦城墙"附近的双向车道、沿泰晤士河平行修建的上泰晤士河街和下泰晤士河街。

光是修路，阿伯克隆比就花了数十亿英镑，因修路而迁离的伦敦市民数量比大轰炸时期撤离的人员还多。但这些对阿伯克隆比来说无足轻重。他说，如今的伦敦，"破败不堪"，房屋"单调沉闷"，不适合现代生活。超过 50 万人，包括 40％的东区居民都应搬迁到伦敦的 8 个新卫星镇居住。指定住宅区禁止进行工业生产活动。所有道路周边都应设置为绿地，对公众开放，进出无须许可。

人口密度、土地使用和建筑高度需要严格管控。要把"不好的、丑陋的"，无法定义的，全都清除。阿伯克隆比把他的理念概括为"有机社区"，和历史"村庄"——肯辛顿、伊斯灵顿、哈克尼、斯特尼——可以融为一体。这些区域应当用栅栏隔开，不经过任何交通线路，就像城市博物馆里的物件一样被保护起来。而剩下的伦敦地区，则要"改头换面"。规划后的都市，将不再野蛮生长，取而代之的是"有序、有效、美丽、开阔"。这个方案的全部内容，可以通过一部黑白短片进行了解，片名叫《骄傲的城市》（*The Proud City*），线上就能观看。

雷恩之后，还没有谁能把伦敦当作一块画布，按照个人喜好在上面尽情"创作"。雷恩或许还能找到借口——伦敦当时几乎就是一张白纸，但阿伯克隆比面对的是一个拥有 700 万人口的成型都市。1947 年，根据他的方案，新的《城乡规划法案》（Town and Country Planning Act）出台，成为地方政府积极管控未来城市发展的首份法律保障。这项法案给予各区委员会允许或拒绝开工建设的权力，并规定委员会无须赔偿建筑商因此产生的利益损失。法案还确立了对历史建筑进行保护的条款，编制了保护名单。此外，法案采纳了战时阿斯瓦特委员会的提议，对私人建筑的超额利润征收"增值税"，作为公共项目的开发资金。只有出现"极端困难的情况"，才能免交或少交。由此积累的中央基金达 3 亿英镑。

同期进行的还有另外一项政策调整。这项政策调整可以与伦敦大火后，伦敦对雷恩重建方案的官方回应相提并论。1944 年通过的法案允许立即启动对遭遇轰炸建筑的重建工作，即便建筑只是轻微受损。所有在战时被用作办公场所的房屋，都可以延续这一用途。此外，1947 年法案的附录中标注，为保证修复顺利，允许所有被毁建筑重建时建筑面积增加 10%。当地役权和正常分区条款相冲突时，优先适用地役权的规定。

这一系列所谓的紧急措施，尽管初衷是好的，却成为阿伯克隆比方案的绊脚石，导致其一败涂地。1947 年法案没能推动城建，反而催生了免责和规避的恶行，其本质就是腐败猖獗。附录的漏洞过于明显。相关的负责大臣刘易斯·斯尔金（Lewis Silkin）后来承认，"我们没意识到会被钻空子"，但他也没有采取任何纠正措施。一直以来，英国政府都对首都规划能力不足。对阿伯克隆比来说，他的方案和其他人的方案一样，面临的唯一问题，就是如何在与"敌人"的首轮交战中，撑着"活"下来。

城市反击

阿伯克隆比的"敌人"是经历了二战、心灵伤痕累累的伦敦市民。公平地说，从各方面看，伦敦都糟糕透了。建筑物暗淡肮脏，雾霾和煤烟让 20 世纪 40 年代的伦敦人无法欣赏维多利亚时代和爱德华时代那些建筑中令人惊喜的视觉细节。在当时，要让人从远处就被这些"黑色石块"吸引，怎么想都不可能。被轰炸过的街道，还留有锯齿状的破损，里面填满了沙砾。莱昂内尔·埃舍在他的关于战后重建历史的书中写道："阴暗的露台静静地立在那儿。人行道上的沙袋腐坏开裂，沙子渗出来。老鼠肆意出没地窖。夏日里，没有修剪的野草长满了整个后花园。"黑色是主色调，偶尔看到一棵树，可能多一分绿色；再有就是亮红色，来自不经常经过的公交车和立在路边的电话亭及邮筒。我永远都不会忘掉这抹红色，每隔一段时间，政府好像就会对其重新粉刷。它们代表了逆境之中的伦敦精神——用微笑面对困境。

但仍然有事物在"破土而生"。伦敦街头的观察家发现，每次轰炸后，早上总有手里拿着笔记本的人在废墟周边转悠。他们才不是追随柯布西耶的理想主义者，他们的目的是盈利。其中的大多数人都毕业于伦敦房地产管理学院，在伦敦西区那些老庄园被炸毁时看到了即将到来的重建商机，他们是战后要出现的地产繁荣的先驱者。他们的做法，是在早上空袭后打电话到地产公司，寻找急于转手的房屋卖家。他们很清楚，只要有人还将这座城市作为梦想之地，这座城市就不可能停滞不前。彼时的伦敦，一如 1666 年一样，在为生存而战。人们需要工作，工作就意味着办公场所。收益也就随之流动起来。轰炸停止后，土地所有者、租户或开发商最不需要的就是像阿伯克隆比这样的知识分子。但勃勃待发的新趋势，被白厅和郡议会大楼里的政客扼杀在摇篮之中。

其中的一些企业家想到了开店。亨利·普莱斯（Henry Price）在大轰炸后的废墟上创建了自己的制衣帝国——55 先令西服店。

蒙塔古·伯顿（Montague Burto）代表"制衣人品位"的男装品牌也是这时起家创办的。还有人单纯地想要买地来开发，比如随后声名鹊起的哈罗德·萨缪尔①（Harold Samuel）、乔·利维②（Joe Levy）、查尔斯·克洛尔③（Charles Clore）、菲利克斯·芬斯顿④（Felix Fenston）、杰克·柯顿⑤（Jack Cotton）和麦克斯·瑞恩⑥（Max Rayne）。20世纪60年代，奥利弗·马里奥特（Oliver Marri-ott）还是一名年轻的财经记者，他发现，有几位不起眼的伦敦人突然变成百万富翁，这引起了他的好奇。在其1967年出版的《房产繁荣》（*The Property Boom*）中，他记录了这些人是如何利用1947年法案中的漏洞，从伦敦的规划社区中牟利暴富。随着20世纪40年代进入尾声，新"战线"浮出水面，在房地产这片战场上，一方是极端理想主义的"理论派"，另一方则是毫无规划、只看重利益的野心家。

节日插曲

1951年，各方似乎出现了休战的苗头。同年，南岸举办了英国艺术节，被视为战后工党执政期结束的标志。举办地点在一处新建

---

① 哈罗德·萨缪尔：英国杰出的钢琴家和教育家。
② 乔·利维：滚石乐队成员。
③ 查尔斯·克洛尔：英国金融家、房地产大亨、慈善家。
④ 菲利克斯·芬斯顿：二战期间英军情报人员，后来成为房地产大亨。
⑤ 杰克·柯顿：全英知名地产开发商。
⑥ 麦克斯·瑞恩：英国房地产开发商、慈善家。

的音乐厅，主要目的是为了表明，英国的今天是战前自由派人士努力的结果，而不是靠战后现代主义者建立起来的。讽刺作家迈克·弗雷恩（Michael Frayn）称，自由派就像是"食草动物"，现代派则是"食肉动物"。虽然新音乐厅在设计上毫无柯布西耶或阿伯克隆比的色彩，但至少实现了后者欲在河岸打造文化区的愿望。它整体风格轻松活泼，美丽如画。活动展馆里，展出的是英国科技和工业领域的先进成果，它们仿佛自带光芒，为市中心增添了温暖和缤纷色彩。埃舍记录自己从特拉法加广场前往活动场地，"向南沿着阴暗的、到处开裂的诺森伯兰大道走到头"，经过临时搭建的泰晤士河桥，就到了一个不同寻常、奇特万分的"游乐场"，里面全是"维多利亚时期风格的热气球、大小轮自行车……埃米特小火车、糖果铺，还上演着伊灵喜剧"。

我对这次艺术节的印象来自漫画《老鹰》（*Eagle*），漫画记录了伦敦最为潮湿的夏季。25 年后，在制作英国广播公司周年纪录片时，我采访到了很多当年参与创作《老鹰》的漫画作家。时隔甚久，他们再次回忆起当时自己对乐观和热情的强烈渴望，年轻时的梦想却因战争连连受挫。作为更年轻的一代，我很难去理解他们所经历的深度创伤，也难以感受他们在某些时候的恐惧——害怕被现代主义者打败和取代。

丘吉尔将这次艺术节视为社会主义者的自我宣传。1951 年，他在艺术节结束后重任首相，立即下令清理掉所有场馆，发现宫和云霄塔都被拆除，只有音乐厅保留了下来，这处场所只使用了一次就被拆掉了，就像许多为一次性活动建造的场所一样。尽管地理位置优越，但在伦敦郡议会建筑部门接管之前，它已经沦落为荒废之地。1968 年，音乐厅的周围建起了混凝土建筑——海沃德画廊，其不愿透露姓名的"创意团队"表示，设计的核心是沉湎丑陋。户外的两个雕塑画廊一直没被使用，而且此后，这里就不断建建拆拆。丹尼斯·拉斯登（Denys Lasdun）设计的国家剧院于1976年落成，位于画廊隔壁，更具时尚感。国家剧院和海沃德画廊一起，成为伦敦文化史上具有革命性的里程丰碑。部分泰晤士河上游区域被用作停车场，现在基本都还在。至少，2000年建成的千年穹顶虽同样饱受争议，却坚挺地保留下来，成功改建为休闲娱乐场地，焕然重生。

第二十一章

地产大繁荣

1951—1960

躁动的 50 年代

　　20 世纪 50 年代，一个更加自信的伦敦正在崛起。躁动不安的年轻人，从大洋彼岸的美国人那里找到了新一代的身份认同感。他们听摇滚乐，去咖啡吧，穿牛仔衣和皮革夹克。1957 年，当摇滚乐之父比尔·哈雷（Bill Haley）和他的彗星乐队走出滑铁卢车站时，现场尖叫连连，他们成为首支引发伦敦骚乱的乐队。以爆炸性动感音乐为特征的比尔·哈雷是猫王埃尔维斯·普雷斯利（Elvis Presley）和朴素派克里夫·理查德（Cliff Richard）的音乐"前辈"，猫王自 1956 年走红，克里夫·理查德自 1958 年大火。伦敦老一代和年轻人之间的代沟也逐渐显现，特别是经历过战争的老伦敦人，总是在讲战争如何改变了他们的人生，而听故事的人——他们的孩子——耳朵已经听出了老茧，不胜其烦。

　　战争的影响还体现在人们对黑帮题材的愈发好奇上，电影《布赖顿硬糖》（*Brighton Rock*）中的主人公平奇就是这样的经典形象。伊灵制片厂还发行了一系列展现在黑暗之中渴望自由和快乐的喜剧电影。《通往皮姆利科的护照》（*Passport to Pimlico*，1949）、《拉凡德山的暴徒》（*The Lavender Hill Mob*，1951）、《贼博士》（*The Ladykillers*，1955）都以讽刺的喜剧手法表现了战后伦敦的苦难情景。1959 年上演的音乐剧《和以前再也不一样了》（*Fing's Ain't Wot They Used T'Be*），有一幕是演员哀号"过去是啤酒带沫，现在有沫的成了咖啡"。

但"自信"一词并不能用来形容权力日益削弱的伦敦郡议会。自战争以来，无论工党还是保守党执政，国家层面都对战争期间萌芽的伦敦自治势头进行扼杀。伦敦郡议会不再管辖卫生领域和医院，行政区和济贫法监理人也不再负责穷人的救济工作。伦敦自治的几大支柱只剩下教育、住房和规划。莫里森如今已是中央政府官员，也不再支持伦敦自治。此外，伦敦总面积的四分之三都不归伦敦郡议会管辖。17 世纪时金融城与威斯敏斯特的"对峙"仿佛再次上演，只不过这一次变成了伦敦对抗其周边地区。

更极端的是，1951 年保守党上台，决定废除战时的所有管制举措，无论好坏。住房大臣哈罗德·麦克米伦（Harold Macmillan）吸取了 1947 年法案和阿伯克隆比方案的经验教训，宣称要"给予人们自由……为做事的人提供帮助；地产商是创造财富的人，无论他们的行事风格是否高尚"。这些人中，可没有几个是高尚的。建筑许可在 1953 年和 1954 年陆续废止，阿斯瓦特增值税也停止征收，还取消了对建材供应的管控规定。

这背后的含义，就是刺激房地产市场。1947 年法案附录中的漏洞直到 1963 年才加以修补，而在此之前，这一漏洞一直被反复利用，伦敦战后的街道也因此失去了视觉上的一致性和和谐性。走过圣詹姆斯广场、伯特兰广场、贝斯沃特路，你一眼就能知道哪里曾被炸毁。修补的建筑比周围至少高出两层楼，就像打上了一块补丁，没有整体美感。这也是伦敦与战后其他欧洲城市的显著区别。这一阶段，伦敦经历了最为糟糕的规划建设。

虽然财政部征收所得税，但资本所得却不需缴税，这让人着实惊讶。贷款流向房地产开发商，连养老金基金也投向了快速升值的房产领域。伦敦的新一批"地主"换成了保险业巨头珀尔、保诚和诺维奇联合等公司。哈罗德·萨缪尔（Harold Samuel）的土地证券公司成为当时最大的房产开发商，市值从 1944 年的 0 英镑上升到 1952 年的 110 万英镑，再到 1968 年的 2.04 亿英镑。战后的几年中，奥利弗·马里奥特列出了 110 位百万富翁，他们当中，很多人最初的身家只有几百英镑。本应由全伦敦共享的财富，被极少数人占有。

像羔羊一样等待被宰的是伦敦的老旧庄园，它们经历了轰炸、见证了住户搬离、饱受高额财产税的摧残。其业主并不知道，被列为住宅类别的房产，稍加翻修，会有多么值钱。蓬勃发展的伦敦大学买下了原属于贝德福德庄园的部分街道和广场，这些建筑没有那么美观，位于布鲁斯伯里以北，伦敦大学打算把它们拆毁重建。其南部的一大片区域，更早些时候卖给了大英博物馆，打算修建大英图书馆。但因为与早期的建筑保护机构发生冲突，图书馆的选址不得不进行调整，变为挨着圣潘克斯车站的尤斯顿路。圣潘克斯的站前广场本来应与斯米尔克设计的宏伟门廊相得益彰，却成了废弃的空地。

麦克斯·瑞恩买下了马里波恩区域的 150 英亩土地，土地原本归波特曼庄园所有。他进行了拆除和修建，如今的贝克街部分路段和波特曼广场的周边区域就是其手笔。他和另一名开发商麦克斯威尔·约瑟夫（Maxwell Joseph）还收购了英国国教教堂委员会位于贝斯沃特的地产，将原址上的联排别墅夷为平地。据马里奥特记录，瑞恩对靠近帕丁顿的伊斯特本街进行了拆除重建，从开始沟通到规划建造，成本费用仅有 1 000 英镑，而之后的获利为 290 万英镑。1950 年，格罗夫纳庄园卖掉了所属的皮姆利科，那里的居住环境糟糕透顶，一座房子里住着好几户人家，要不是因为这里是邱比特这位天才建筑师的作品，恐怕无法逃脱被拆的命运。20 年后，"独立"的皮姆利科涅槃重生，再次回归此前的地位。

公共住房项目

1953 年，议会终于通过了阿伯克隆比的方案，但因批准周期过长，在 50 年代的推进过程中，完成情况与起初设想并不一致。举棋不定的伦敦郡议会，想要掌管城区建设，至少把控住几个因轰炸而受毁严重的区域，其中包括圣保罗大教堂周边地带、象堡和东区的"中心村"斯特尼、波普拉和博区。但最终成果令人失望。一度被建筑物包围着的圣保罗大教堂南侧成了毫无用途的空荡土地。北侧建起的广场，由威廉·霍尔福德（William Holford）设计，却不被金融城的工人们中意，最终以被拆除告终。伦敦郡议会本来想把南伦敦的中心象堡打造成"南岸的皮卡迪利广场"，但最终改成了修建两个大型环岛，行人过马路则必须走地下通道。

在阿伯克隆比的众多提议中，有一点完美实现。伦敦至少有 26 万居民搬到了史蒂夫尼奇、海默尔亨普斯泰德、韦尔温、哈特菲尔德、哈洛和克劳利这些位于城市周边的新建城镇。史蒂夫尼奇的居民看到伦敦东区在家门口被"毁"而怒不可遏，讽刺这里是"斯尔金格勒"——这里针对的就是住房大臣斯尔金。战后伦敦与赫特福德郡、埃塞克斯的关系，就像战前伦敦之于米德塞克斯。有的外迁移民还选择在更远的切姆斯福德、卢顿、南德、梅德斯通、多金、布拉克内尔和雷丁定居生活。像斯特尼这样的东区行政区，失去了一般的常住家庭和社区人口。

阿伯克隆比方案的实际影响，就是加快了市场半个世纪以来的自我调控速率，推动伦敦再次向外扩张。这一次的扩张，越过了法律规定的绿带边界，贯穿整个东南区域。伦敦根据预期下放权力，却导致市中心布满办公大楼，而员工只能搬到更远的区域居住，这给公共交通和私人出行都带来新的压力。因为建筑开发都在乡村进行，建成区域的密集度也没有提高。伦敦不需要阿伯克隆比的方案也能达到一样的效果。几个世纪以来，市场都是这样操作的。

伦敦郡议会比较了解而且有所推进的领域是政府救济房。最开始，伦敦郡议会和各行政区一起牵头，从战前地产入手，贝肯翠和圣赫利耶就是典型代表。建于伦敦市中心的，主要是平价公寓：带前廊，有楼梯和乔治亚风格的窗户，屋顶呈斜坡状，楼高一般不超过6层，样式上仿效了爱德华时代建造的商用大楼。这些救济房非常抢手，沿着街道形成了新的街区。

50年代中期，公共建筑风格出现大转变。伦敦郡议会中现代主义派人士越来越多、占据优势，首席建筑师罗伯特·马修（Robert Matthew）和莱斯利·马丁（Leslie Martin）对独立房屋、传统的街道和露台嗤之以鼻，觉得它们带有一种战争期间的乡土气息。因此，设计理念发生改变：新都市应该林立着高塔和水泥建筑，入口精心藏匿于建筑之内，配有走廊和共享的公共空间。中央政府采纳了建筑师的意见。1956 年之后，在白厅工作的公务员都拿到了伦敦郡议会发放的高层住房补贴金，住得越高，补贴越多。

最早展现新风格的政府救济房是威斯敏斯特郡开发的位于皮姆利科的丘吉尔花园项目，建筑联盟学院的两名年轻毕业生——菲利普·鲍威尔（Philip Powell）和伊达尔戈·莫亚（Hidalgo Moya）——承担了设计工作。他们的方案在 1946 年打败其他作品而中标。他们提议，建造 32 栋 9～11 层高的大楼，因此要拆掉的房屋数量比大轰炸毁掉的还多。这处建筑具有明显的时代特征，它的硬朗气质因后来的景观布局稍稍弱化。还有少数"格格不入"的小别墅和私人花园穿插建在区域内。

1952 年，金融城打破了以往的传统，建造了自己的政府救济公寓，尽管位置在金融城的边界范围之外，位于巴比肯以北的黄金巷上。选中的方案由三人共同完成，他们都是金斯顿艺术学院的老师：彼得·张伯伦（Peter Chamberlin）、杰弗里·鲍威尔（Geoffry Powell）和克里斯托夫·邦（Christoph Bon），他们提议建造一栋 16 层楼高的水泥大楼，这将成为伦敦当时最高的住宅楼。从高度来看，它的高度超出伦敦当时规定的限高 100 英尺，但没人对此表示担忧。

伦敦郡议会也不甘示弱。1958 年，它将目光投向"城外"，在罗汉普顿的里士满公园边上建起了奥尔顿救济房项目。项目的设计者是罗斯玛丽·谢恩斯泰德（Rosemary Stjernstedt）。水泥大楼有 11 层高，建于斜坡之上，能俯瞰公园全景，参照了勒·柯布西耶在马赛建造的同类建筑。大楼旁建起的四层公寓小楼，缓解了这片"水泥建筑"的生硬感，但因为水泥大楼的存在，附近公园的景色还是大打折扣。罗汉普顿的这个项目，对全英的公共住房影响深远。

伦敦建高层建筑的原因从来都和密度无关。按每英亩容纳的住户数量来算，只有极少数情况下，高楼才能比一般房屋容纳的人数多。如今，南肯辛顿的维多利亚住宅区是伦敦人口居住最密集的区域。奥尔顿的居住密度为每英亩 100 人，这是郊区的标准比例。就连像悬崖一般拔地而起的拉夫伯勒救济大楼（位于布利克斯顿）、布兰登救济大楼（位于南华克）和佩皮斯救济大楼（位于刘易舍姆），每英亩的居住密度也只是略多于 200 人。而在同一时期的香港，英国殖民官员让中国工人挤在狭小的房屋里生活，居住密度达到了每英亩 2 000 人。

这些大楼也传递了一种政治宣言：用全新的风格打造伦敦市区，是对伦敦传统房地产市场发出的战书。一些高层楼宇自诩为"天空的街道"或"垂直街道"。在其后建花园是不可能了，取而代之的是"社区公共空间"。租户无法拥有公寓的所有权，即便共同所有也不行，所以，他们只能依赖政府才能继续住下去。这样的社区并非自发形成，而是带有政府规划的色彩。

仿佛被新思想刺激到了一样，金融城在 1957 年做出扩建黄金巷政府救济房的决定，新建区域定在被大轰炸毁掉的克里斯普门选区，面积 40 多英亩，这是一项宏大的设计。1965 年，项目启动，从巴比肯到伦敦城墙以北的那一片，被界定为扩展区域，代号为"二号线路"，计划建造 6 栋普通办公高楼。马里奥特详细记录了过程中出现的腐败和滥用职权等现象，令人大跌眼镜，涉及多方势力，尤其是金融城前市长。这个项目依旧由张伯伦、鲍威尔和邦共同设计，在柯布西耶理念的基础上，营造出视觉上的整体统一和非凡气势。周围街道还留出了专门的交通分区，建造了一个三层高的停车场，作为配套设施。这里由 13 座水泥大楼和 3 栋 44 层高的居民楼构成，被称为"空中街道"，是全欧洲最高的建筑群。

阿伯克隆比和他的追随者曾为整个伦敦做过规划，而巴比肯的粗野主义建筑①就是前者构想下的首个大规模实践。按照预想，整片区域以金融城河滨走廊为起点，圣保罗大教堂东北侧和利物浦街之间的部分，以及伦敦塔的四周，都会修建起粗野主义风格的大楼。但从城市设计的角度，它可笑至极。没有任何证据表明，公众愿意走在"空中"，步行通过三层高的混凝土平台，甚至没人愿意去做征求公众意见的调研。于是，金融城河滨一带的街道都被铺上了鹅卵石，行人无法直接穿行，不得不费事地"上楼"通过。这就导致，除了大楼住户，没有其他人愿意靠近这里半步。即便在埃舍眼中，当时的建筑虽有"皮拉内西式的宏伟"，却也充斥着"地狱般的阴森"，"如果公众不买账，再怎么开阔也只是空间而已"，而公众似乎永远都不会喜欢这个设计。

此后的半个世纪，架起的空中平台上，都没有酒吧、商铺和社区中心进驻，公众也不能进入花园，而绝大多数花园更是因为搬走的住户越来越多而变得人烟稀少。这片建筑尽管得到了全世界粗野主义建筑师的好评，但占地 30 英亩的巴比肯，四周有大门严密把守，可能是市中心最为荒凉的一片区域，放到哪个欧洲城市都是如此。这处建筑的长期前景也令人怀疑。在城市现代化的历史上，从来没出现过类似的情况，这么一大片空间，这么高的机会成本，最终只有极少数人享受到有限的便利。而它旁边的伦敦博物馆，也是这种非常不友好的设计，想不绕路直接穿行几乎不可能，就连伦敦

---

① 粗野主义建筑：粗野主义建筑的特点是从不修边幅的钢筋混凝土或其他材料的毛糙、沉重、粗野感中寻求形式上的创新。二战结束后，英国迫切希望通过新建筑、设计和大胆的工程壮举让疲惫的英国人看见一个更好的未来。该时期一系列粗野主义建筑的出现，为整个伦敦注入了新的活力。

博物馆的董事会成员都恳请金融城批准把博物馆迁到别处。后来，金融城方面点头允许，博物馆搬到了周围环境相对不那么粗犷的史密斯菲尔德肉类市场的原址附近。

"处于高层的朋友"

尽管 20 世纪 50 年代公共住房领域出现了许多失误，但截至 50 年代末，政府建造的房屋和被大轰炸毁掉的房屋数量相当，这本身已经非常了不起了。道路状况不是太好。原因之一在于，伦敦郡议会没有足够的资金购买土地用来修建、拓宽或翻修道路。最终结果是放弃阿伯克隆比的方案，这并非公众利益与开发商资本冲突的结果，反而是两者共同诉求相结合的产物。

伦敦郡议会希望能够缓解交通压力。这时，开发商提供了一个可行之法，当然，不是无偿提供。他们可以把工地上的建筑建造得更密集，特别是路口附近的那些，这样就为伦敦郡议会"腾"出了空间。但代价是，郡议会要在建筑高度和邻近地块的密度管控上有所让步。当其他内陆城市都在制定街区密度和建筑高度标准并加以遵守之时，伦敦却将这两项"挂牌"出售。但伊丽莎白时代和斯特亚特时代，就出现过政府违背自己制定的规则，从中攫取利益的情况。所以，用规划许可来"讨价还价"孕育了房地产发展的新篇章——但这也破坏了伦敦自此之后的城市规划。

双方首次"合作"是在 1963 年。地产大亨哈里·海姆斯（Harry Hyams）在圣吉尔斯广场建了一座摩天大楼——中心塔，他想把实际容积率提升为规定的三倍。就这样，海姆斯的办公楼升值迅速，以至于他在公司的资产负债表上的相应空格里什么都没填，以免总要涂改。作为交换，伦敦郡议会得到了一处可以建造环岛的土地，就在新牛津街和查令十字路的交会处，但后来证明，这块地没什么用处。整个过程没有前期调查和公开辩论环节，甚至都不曾公示结果。海姆斯用三五百万英镑的成本换回了 1 100 万英镑的利润。按照阿斯瓦特委员会的规定，这笔钱应该是伦敦的集体财产。因为这场"合作"位于苏豪区的"锡盘巷"彻底消失，只剩一栋空荡荡的办公大楼留在那里。

在中央政府、伦敦郡议会和各行政区"合谋"违反自己制定的规则的情况下，摩天大楼和水泥建筑在伦敦各处"如雨后春笋般"崛起。公园周围、泰晤士沿岸和西区中心不建高楼的规定彻底瓦解。立于维多利亚区老雄鹿酿酒厂上的水泥高楼静静地俯视着身旁更适合建在郊区路段的回旋环岛。环岛本是可以代替交通信号灯的，结果现在，反倒需要后者才能正常通行了。

乔·利维获批在尤斯顿路上建一栋赫然耸立于摄政公园旁边的高楼，作为交换，政府收获一条地下通道，能使通行量增加一倍。利维花了 200 万英镑建造隧道，净赚 2 200 万英镑。骑士桥的一处十字路口，因哈罗德·萨缪尔为宝华特公司建造的办公大楼而有了一丝烟火气。伦敦郡议会原本想在这里建造一栋 400 英尺高、从露台可以进入的高楼，但方案后来被放弃了。周围地区变得黯淡。后来，建筑师罗杰斯（Rogers）勋爵在这里建造了一系列公寓，但住进去的人更少，周围更显荒凉。骑士桥之后也没能恢复"元气"，位于其南部的布朗普顿路成为附近居民的新选择。伦敦规划者可以创造开发利润，却无法决定人们选择住在哪里、走哪条路。

私人资本与政府的串联不只局限于伦敦西区。杰克·柯顿的一栋沉闷高楼和一处水泥建筑分别建在诺丁山的两侧，而他给政府的"回扣"是一条稍微宽点的街道。在白教堂、沃克斯豪尔、哈默史密斯和伊斯灵顿的安吉，原本的城镇中心都改成了十字路口。博罗市场、富勒姆大街车站和卡姆登镇则避免了这种命运。这样的调整是否产生了正面效果，值得商榷。

皮卡迪利广场的项目差一点翻车。1959 年，伦敦郡议会同意支持杰克·柯顿在皮卡迪利建造类似圣吉尔斯广场中心塔的莫尼科办公大楼。但柯顿公布了方案细节后，舆论哗然，中央政府因此出面叫停。选址在干草市场另一头的项目就更惨了，这一次是建造 18 层高的新西兰政府驻伦敦办公大楼，但高度明显超过了圣詹姆斯的限高标准，就连伦敦郡议会都持反对意见。最终，内阁以联邦政府大楼必须没有瑕疵为由否决了项目。这使得帕摩尔街与西区的交会路口成为最光秃秃的街道拐角，没有之一。

时任首相的麦克米伦允许康拉德·希尔顿（Conrad Hilton）无视禁止在公园或王室宫殿周围建高层建筑的规定，在海德公园旁边建了一栋酒店。很显然，麦克米伦是被吓到了，因为希尔顿放言，要是这次不让建，"伦敦以后一处希尔顿酒店也没有"。这个先例也为国防大臣的类似"违规操作"提供了借口。他在骑士桥选了一处废弃的军马马厩，在上面建造了高耸的住宅大楼，分给骑兵军官居住。面对壳牌公司要把总部搬到荷兰的威胁，中央政府否决了伦敦郡议会的决定，允许在南岸建造一栋大楼，大楼的建材加入了一定比例白云母。

这一时期，伦敦郡议会规划部的负责人是比尔·费斯克（Bill Fiske）和理查德·爱德蒙斯（Richard Edmonds）。他们俩其实贪得并不多，主要是手下的员工和开发商有利益往来。长期研究伦敦郡议会历史的艾瑞克·杰克逊（Eric Jackson）表示，任何与标准有出入的容积率，"只要与周边项目开发相关的……都会被仔细调查"。但这只是官方说辞。曾有报告估计，规划部花在每份申请文件上的平均审核时间只有 4 分钟。

这些早期的开发商在操作与政府的"互惠"项目时，绝大多数情况下都是找为人亲切的建筑师理查德·塞夫特（Richard Seifert）做方案设计。后者出生于瑞士，在战时担任皇家工程师，因动动手指就能打造出办公大楼而名声大噪。更重要的是，他做事谨慎，从不延期交付，费用也都控制在预算之内，行业内很少有人能做到这些。他是自雷恩之后作品最多的伦敦设计师，中心塔和其他知名的高楼大厦都是他操刀设计的，他在 60 年代中期的年收入达 2 000 万英镑。他的经典标志是菱形的横竖框架设计。据杂志《建筑》（*Building*）统计，他的事务所仅在伦敦就设计建造了 600 栋大楼。他风度翩翩，即便是和建筑保护领域的人正面冲突也不失绅士品格。但也是因为他，伦敦的街景缺少建筑语境，看不到地平线。我上次见到他是在 1989 年，当时他想拆掉南华克的玫瑰剧院，在上面建摩天大楼，我是反对拆建的那一方。而他只担心能否如期完工、会不会对自己的名声产生不良影响。

毫无疑问，这群人在极短的时间内提供了伦敦急需的办公场所。他们也迅速发家。萨缪尔、海姆斯、利维、柯顿和克洛尔等人，和那些靠继承财产的人一起，跻身全英顶级富豪阶层。萨缪尔这些人和伊丽莎白一世时期的那些海盗有的一比。海盗在公海上肆意游窜，能抢什么就抢什么，没有政府管制。弗朗西斯·德雷克至少还得先把抢来的东西上交给女王过目；开发商则靠投资回本获利，除了要缴纳数额不高的税款，剩下的都进了自己的口袋。

二战后重建过程中规划领域的失败为后面的日子蒙上了一层阴影，后来鲜有管控伦敦发展的政策出台。开发商变得傲慢起来，毫不关心他们的所作所为会给城市环境带来怎样的影响，而规划者们也并不在意，有一段时期，他们还在用阿伯克隆比打掩护。每出现一个新的"巴比肯""希尔顿"或"中心塔"式高楼，反对的呼声就减少一些。每拆掉一处完整的建筑群，就预示着下一个已经排上了队。早前修建的广场，比如汉诺威广场、格罗夫纳广场、伯克利广场和波特曼广场，都让位给了独立的排屋住房，而这些排屋也一样，难逃被拆建的命运。

但在一个问题上，多方形成解决合力，尽管功劳既不属于中央政府，也不属于伦敦当局。自狄更斯生活的时代以来，伦敦一直被称为"雾都"。伦敦和烟雾画上了等号，大雾甚至成为伦敦的代名词。连游客都会预料到会与大雾"亲密接触"。1952年，伦敦再次上演1858年的"大恶臭"事件，在极端气候的影响下，有史以来最糟糕的大雾天气出现了，英国人自嘲为"豌豆汤大雾天"。浓雾甚至进入建筑物，导致伦敦西区剧场停演，因为观众根本看不清舞台。公布数据显示，8 000人的早逝与大雾有关。

下议院议员杰拉德·纳巴罗（Gerald Nabarro）提议出台《空气清洁法案》（Clean Air Bill），控制首都的煤炭排放。不可思议的是，政府在煤炭公司的游说下，否决了这一提案。在清理泰晤士河事宜上，政府的态度同样模棱两可。随后，环境保护运动持续进行。最终，议会在1956年通过了修订版法案。此后，伦敦逐渐使用无烟燃料，但情况并没有很快变好。1968年，政府法律彻底禁止燃烧有烟燃料，"豌豆汤大雾天"也成了历史。伦敦的空气污染物逐渐被那些更微小的物质所取代。

第二十二章

摩登城市

1960—1970

自由宽容的首都

　　20 世纪 60 年代是伦敦历史上独特的黄金时代，它见证了伦敦这座都市在十年间从战后压抑到摩登时尚的大转变。此前，D. H. 劳伦斯（D. H. Lawrence）的小说《查泰莱夫人的情人》（*Lady Chatterley's Lover*）被政府视为淫秽书籍而禁止出版，受到民众高度关注。1960 年，伦敦法院公开宣判，驳回政府的规定，尽管距离小说"下架"已有很长时间。这件事本身虽然微不足道，但它释放了自由的信号，映射了社会和文化行为，催生了支持者和反对者口中的自由宽容社会。伦敦的全球形象发生了改变。

　　1961 年，避孕药在市面上出现，最开始必须由医生"开处方，仅供妻子使用"。1964 年大选中，工党获胜，终结了保守党连续 13 年的执政期，也迎来了战后最为激进的内政大臣罗伊·詹金斯（Roy Jenkins）。不到一年时间，鞭刑被废止，禁止作为司法判决和体罚惩戒的方式。1967 年，英国加入了一个推进同性恋合法化的小型国际联盟，团体成员大多是斯堪的纳维亚国家。此外，政府修正了有关堕胎的法律，规定怀孕 28 周内允许堕胎。1969 年出台的法律规定"分居两年"即可申请离婚。张伯伦提出的戏剧审查制也"寿终正寝"。

尽管大多数改革都还局限于某个领域，但其产生的效果立竿见影，推动首都形成了开放、自由的社会氛围。同性恋酒吧和边缘剧场激增。几乎每个周末都有一些游行活动。1967 年上演的音乐剧《毛发》（*Hair*）出现了裸体场景，轰动一时。1962 年，披头士乐队发行首张单曲《爱我吧》（*Love Me Do*），随即大火，从利物浦风靡到伦敦。"披头士狂热"还席卷全球。时尚领域，"摩德一族"①掀起了羊毛衫热潮，"摇滚族"则更倾向皮衣、皮裤。那个时候，我曾带着美国人在伦敦转悠，他们既惊讶于女孩子可以穿那么短的裙子，也对同性牵手走在街上感到不能相信。

1966 年，第一届诺丁山狂欢节在红树林餐厅举行，餐厅位于波多贝罗路附近，主人为弗兰克·克里奇洛（Frank Crichlow）。这项以在伦敦宣传西印度群岛文化为初衷的活动，后来发展为一年一度的狂欢节。伦敦的人口结构开始改变，并形成了与之相应的生活聚居区。服装贸易从业者避开了邦德街和摄政街，转而进驻玛丽·官②（Mary Quant）店铺所在的国王大道和约翰·斯蒂芬③（John Stephen）的服装店落户的卡纳比街。剧院也发展出副业，伦敦西

---

① "摩德一族"：英文为 modernism 或 modism。20 世纪 60 年代，摩德文化源起于英国，于伦敦苏豪区俱乐部出现，之后便快速传遍全英。

② 玛丽·官：出生于英国，被誉为 20 世纪的"迷你裙之母"。1955 年，她在伦敦著名的国王大道开设了第一家"Bazaar"百货店；1966 年创立了同名品牌。

③ 约翰·斯蒂芬：英国服装设计师，1957 年曾为约翰·列侬（John Lennon）和小野洋子（Yoko Ono）设计白色男女礼服。他的"His Clothes"男士服装店落户卡纳比街，也是该街历史上的第一家服装店。

区不再是为数不多的看剧场所，连一些酒吧也有剧目上演，伊斯灵顿的国王头酒吧就是其中之一。原本"俱乐部"这个词指那些有爵士乐演出的场所，比如帕克巷上的马鞍屋，但后来，也用来表示迪斯科舞厅。在著名的汉默斯密斯舞厅，每到晚上就有 2 000 多人挤在里面扭来扭去。西伦敦人发现，红砖巷中出现了孟加拉人开的咖啡馆，莱姆豪斯也出现了中餐厅。小酒馆和咖啡厅因为没有明显的"阶层感"，从传统酒吧那儿抢走了一些生意。

　　詹金斯的改革在某种程度上为战后国家和新一代伦敦人搭建了对接桥梁。自战争结束以来，伦敦在文化领域一直萎靡不振，不敌纽约和巴黎，现在终于开始重焕生机了。文化和社会的壁垒消除，创造力得到释放，面对这样的情况，市场也给出积极回应。时尚杂志和彩色期刊层出不穷。以《放大》（*Blow Up*）和《男宠阿尔菲》（*Alfie and Darling*）为代表的邪典电影①流行，取代了以反映性别、阶级和战争为主题的正统伊灵喜剧。一批尖锐犀利的小说家和剧作家涌现出来，他们又被称为"愤怒的青年"，代表人物有阿诺德·韦斯克（Arnold Wesker）、金斯利·艾米斯（Kingsley A-mis）、大卫·斯托里（David Storey）、哈罗德·品特（Harold Pin-ter）和约翰·奥斯本（John Osborne）。女性代表则有编剧谢拉·德莱尼（Shelagh Delaney）和导演琼·利特尔伍德（Joan Little-wood）。利特尔伍德的工作室就在东斯特拉福德剧院，去那儿参观就好像来了场异国之旅，我尤其记得 1970 年去那儿看《投影仪》

---

　　① 邪典电影：指某种在小圈子内被支持者喜爱及推崇的电影，拍摄手法独特、题材诡异、风格异常，带有强烈的个人观点，富有争议性，通常是低成本制作、不以市场为主导的影片。

（*The Projector*）时的场景，影片再现了 18 世纪的伦敦地产开发是如何连连受挫、步履维艰的。伦敦"社交季"的概念也有了全新的内涵。从 1959 年开始，每年都会进行一次核裁军游行，游行队伍从奥尔德马斯顿出发，一直到特拉法加广场停止。

1966 年，美国杂志《时代周刊》（*Time*）在伦敦发行，封面上赫然将伦敦称为"摇摆的城市"。城市的年轻人有自己的"阶级"，正在摆脱伦敦以往的形象——"沾沾自喜并带有特权印记的傲慢"。相反，伦敦展现出"纽约也无法企及的舒适多元的社交圈"。对于这一评价，伦敦非常高兴，仿佛拿到了城市领域的奥斯卡小金人。

伦敦的土地所有者开始了一项在当时看起来无比艰巨的行动。为了纪念和致敬 20 世纪 50 年代颁布的清洁空气法规，他们清洗了大片大片的黑色房屋，试图恢复其本来颜色。于是，一个全新的城市出现了，城市的建筑既有深红色，也有粉红色、灰色、奶白色和纯白色。这也让人们重新认识了维多利亚式房屋和爱德华式建筑的质量和精致细节。1965 年，圣保罗大教堂的门廊从黑白双色变成了纯白色，评论家伊恩·奈恩（Ian Nairn）感到遗憾，"失去了明暗对比"。

与此同时，战后的房产投机浪潮在 1962 年达到顶峰。在伦敦市中心，写字楼面积增加了 5 000 万平方英尺，是大轰炸摧毁面积的 5 倍。这和中央政府以及伦敦郡议会对城市的规划设想背道而驰，后者的打算是把办公区域分散到首都外围。保守党在 1964 年大选中失利，部分原因就在于战后重建过程中出现了管控不严以及新建建筑不美观的问题，引发公众不满。工党政府上台后，立即下令在首都全面禁止新建办公楼，并试图推行政策，将办公场所向非中心区域迁移。

但新政府也犯了错，而且被普遍视为严重过失。经济事务大臣乔治·布朗（George Brown）认为伦敦需要更多的酒店床位，并且出台了财政补贴，酒店每新增一个房间，就能领 1 000 英镑。这项政策引发了混乱。在办公领域受挫的开发商争先恐后地开始盖酒店，颇受推崇的建筑师塞夫特更是打头阵，生怕再被政府切断财路。

由于补贴按房间发放，和面积大小无关，于是伦敦出现了十多家所谓的"兔子窝"酒店，大部分都是塞夫特设计的，骑士桥、兰卡斯特门、克伦威尔路、埃奇维尔路上都能见到，还有一家甚至盖在了肯辛顿宫旁边。政府上一次拿出这么多钱盖公共建筑还是在安妮女王时代修建那批教堂时，当时请的设计师都是数一数二的顶尖人物。而这些塞夫特打造的酒店，质量低劣，现在也还存在着，不是位于公园边上，就是建在乔治王时代的广场周围。总之，它们肯定是未来最先被拆掉的一批建筑。

又一个伦敦政府

早在 1960 年，保守党政府就意识到伦敦郡议会在走下坡路，并委托埃德温·赫伯特（Edwin Herbert）爵士撰写一份报告，简略提议废除伦敦郡议会和大都会行政区，用覆盖范围更大的大伦敦地方议会取而代之。大伦敦地方议会将涵盖整个米德塞克斯和萨里、肯特、埃塞克斯的部分区域，新划分 32 个伦敦自治市，每个自治市的面积都是之前行政区划的 2~3 倍。

大伦敦地方议会，与其前身伦敦郡议会和大都会市政工程局一样，都具有"战略性"职能，并受到一定限制。它需要结合阿伯克隆比的理念和现实情况起草一份全新的大伦敦发展方案，重点关注主要路段和综合开发。剩余住房也由它掌管，其中绝大部分是伦敦郡议会的开发项目。此外，高层建筑和历史建筑也划归到它的管辖范围。但它不负责治安和公共交通，这两项仍分别归属内政部和国有化的伦敦交通局。

更重要的是自治市具有哪些权力。赫伯特将自治市描述为"地方政府的主要单位"，其负责领域包括住房、社会服务、地方道路、垃圾收集、规划和开发管理。监管方面几乎没有大伦敦地方议会什么事。而对自治市权力的加强则体现在基层政府上。对此，赫伯特强调，要参照 19 世纪末索尔兹伯里侯爵的方法，保持大都市的权力平衡。

赫伯特的提议遭到地方政客的反对和抨击。工党已然把持伦敦郡议会几十年，在保守党政府看来，重新赢回首都支持的唯一方法就是扩大保守党的选区名额。但米德塞克斯弃权，支持保守党的萨里和肯特不想被工党政府打击，选择反击，但战果甚微。肯辛顿和切尔西合并为一个自治市，它们正努力让其名字同时体现出两个区域。原来的霍本、圣潘克斯和汉普斯泰德划归到卡姆登。基尔本和马里波恩纳入新划分的威斯敏斯特市。赫伯特试图让内伦敦的自治市既覆盖富裕区也包含贫困区。尽管付出了这么多努力，保守党还是未能得到命运的垂青。1964 年的第一届大伦敦地方议会选举中，保守党以 36 个席位对 64 个席位的结果输给了工党。1964 年，成为工党又一个黄金之年。

教育何去何从成为首都政府当下的困惑。新划定的伦敦自治市都想独立管理学校，赫伯特则建议大伦敦地方议会成立新的教育部门加以负责，而原来的那些市中心行政区则坚持维持原来的管理方式。最终的折中方案就是成立内伦敦教育局，既保留了伦敦郡议会的功能，也考虑了大伦敦地方议会新成员的情况。这个神奇的"混合"机构存在了 36 年，存在期间几乎都受工党领导。

高楼还是矮楼？

新成立的大伦敦地方议会要面对一个难处理的遗留问题。没什么机构直接听命于它，但战略定位却赋予其决策权，使它与自治市的关系呈现"相爱相杀"——不是合作就是对峙。一开始，确实有一些成功案例。编制历史建筑保护名单并进行相应的保护，以及为名人故居发放"蓝色牌匾"是其职能之一。在这方面，大伦敦地方议会非常活跃。历史学家和建筑学家组成的团队牵头制定了新的建筑保护标准，据此保护的伦敦街道和纪念碑数量达上百个，否则，它们恐怕难逃被拆的厄运。

在高层建筑方面，大伦敦地方议会实行的政策没有很给力。鉴于中心塔、希尔顿酒店和塞夫特酒店已经拿到了"通行证"，政府实际上已经不抱希望了。曾有一些建议，希望高层建筑可以建得更加集中，并建在离泰晤士河较远的地方。但提案中"在适当的情况下"表述不严谨，为腐败行为和例外情况提供了空间，钻空子的行为存在了好多年。唯一明确的规定就是：从更为规整的伦敦西区和格林尼治望向圣保罗大教堂，视线不能有任何遮挡。当时，全世界所有的古老城市中，只有伦敦没有天际线的规定，实属罕见。1969年，巴黎批准建设蒙巴纳斯大厦，引起了全球公愤，大家纷纷表示，巴黎市中心从未受过此等亵渎。

此外，人们对于用作政府救济住房的高层公寓，态度也在发生改变。大伦敦地方议会成立之初，这种高层公寓屡屡遭受质疑。它的认可度很低，人们不愿意租住，只有那些马上就无家可归的人才会勉为其难申请住下。早在 1957 年，彼得·威尔默特（Peter Willmott）和迈克·杨（Michael Young）就对贝斯纳尔格林进行了调研，结果显示，人们希望留住社区的亲切感和活力。"我们不在乎（贝斯纳尔格林）是不是石制建筑。"一位受访者表示，"选择这里不是因为房子，我们喜欢这里的居民。"他们觉得矮房子比高楼住得更自由。没有人会主动选择住在高楼。

这一新时期的大型房产项目，受到来自四面八方和各行各业的声音批评。伦敦历史学家尼古拉斯·泰勒（Nicholas Taylor）形容家乡格林尼治"政府选出的委员会和专家团队认为应建高层公寓，于是成千上万租不起市场房的市民，只能申请住进这些高耸入云的'城堡'中……（他们）的双眼被乌托邦的政治幻象所蒙蔽，废墟中高楼拔地而起"。来自哈克尼的作家帕特里克·怀特（Patrick Wright）后来也写道，简单粗暴推倒街上那些完好无损的房屋，目的是为了拿到政府的重建补贴。诸多操作下来，政府提供的救济房反而装不下因为拆建而失去住处的居民。大伦敦地方议会在 1966 年建造的巨型项目特洛布里治救济房，刚开建就漏水，几乎是盖了一处贫民窟。存在了 20 多年后，它被炸药炸毁。

规划历史学家莱昂内尔·埃舍认为，到了 60 年代中期，伦敦的御用建筑师已经不再热衷于"通过全新的都市模式推进改革，催生巨变，相信反对传统或表现光明就能有所突破并战胜黑暗"。1953—1956 年担任伦敦郡议会首席建筑师的莱斯利·马丁，后来离开伦敦到剑桥定居任教。他的学生总结，最好的住房应该是"长方形布局，四角各建一栋摩天大楼，中间是开放空间"。但在埃舍眼中，这正是马丁和其同事用了 10 年时间拆掉的伦敦乔治亚时期建筑。

面对改变，政府政策存在一定的滞后性。现代房产项目的开发周期最长可达 10 年。一直到 20 世纪 70 年代，有的大楼依然处于建设阶段。但翻修维多利亚式排屋只需要几周时间。截至 1970 年，大伦敦地方议会共建造了 384 栋 10 层以上的建筑。具体的布局规划是怎样我们并不清楚，但许多建筑类刊物都刊登了绘有高楼大厦的漫画。

1968 年，纽汉地区的坎宁镇发生了一起惨痛事故，地点就在罗南角大楼，这是一栋 22 层高的政府救济公寓。过去十年间，开发商为获得政府补贴而低成本建造了大批项目，这栋公寓就是其中之一。事故起因是 18 层的一个煤气灶发生爆炸，炸毁了侧面的承重墙，导致楼体一隅塌落，4 名租户死亡，17 人受伤。尽管大楼进行了修复，但选择住在这里的人少之又少。16 年后，大楼被拆，原址上建起了两层高的露台房屋。

这一时期，政府的救济公寓已经成为伦敦贫困区的象征，就好像乔治亚式广场代表着伦敦富人区一样。问题家庭和刚移民来英国的人会选择租住这些公寓，也使其在本地人心中的好感度进一步降低。我研究了当时位于沃平和狗岛的救济房，发现很多房屋其实都脱离了政府的管控。建在狗岛的萨姆达大楼，楼道里满是流浪狗。甚至有人说，在尼日利亚的黑市上，能买到沃平救济房的租赁名册。

热衷于政府救济项目的那批开发商，后来把目光转向了私人住房这一块，他们发现，这个领域更有商机，潜在客户以年轻人为主：他们没有孩子且愿意为物业服务买单，他们不需要有所谓的"社区"，经济条件都不错，较为频繁地更换住处，不会在一个地方固定下来。建筑师艾莉森·史密森（Alison Smithson）和彼得·史密森（Peter Smithson）夫妇在波普拉建造了粗野主义风格的政府救济公寓罗宾伍德花园。在被问到如何看待这栋建筑很快就被公众所嫌弃时，他们抱怨是"租户的问题"。言外之意，就是住进去的租户身份与建筑师的设计理念不相符。

政府救济公寓从开始出现到成为流行再到罗南角事故后走向没落，这中间一共也就是 20 年时间。但二战结束以来，近四分之一受政府救济的市民搬进了这类公寓居住。曾经，大家总会在街上碰到，相互之间也比较熟悉，但现在，走廊和电梯的出现让邻里变得陌生起来。原来的房子后面会建造花园，而现在，房子后面成了无人看管的公共地带。政府的初衷是高层住宅可以容纳更多住户，但实际上，住进去的人反而有所减少。1950—1970年，伦敦的人口数量减少了 9％，而伦敦市中心的人口减少了 17％。

美国社会学家简·雅各布斯（Jane Jacobs）在她 1961 年出版的《美国大城市的死与生》（*The Death and Life of Great American Cities*）一书中分析了当时的城市社区概念。按照雅各布斯的解释，许多因素决定了人们对街道的喜爱程度，包括房屋前门、台阶、从窗户眺望街道看到的景色等具体因素，以及租约性质、是否续租、家庭结构、就业等不那么具体的因素。雅各布斯认为，街道既具有公共性，又具有"自我管理"的能力，实际上算是微型整体。她用实用社会学的理论解释最广义的城市保护概念，为其摘掉了怀旧的标签。这本书在建筑和规划领域大受欢迎和好评，但其中传递的信息却被忽略了。伦敦的建筑师即便再怎么鄙视高层建筑，也不会再去建造传统街道，他们就好像失去了审美品位一样。

　　除了高层公寓，什么样的住宅更适合这座城市，成了接下来要面对的问题。一些自治市对伦敦的露台住房进行了改良，作为一种新的建筑模式。1961 年，威斯敏斯特政府在皮姆利科区域的沃克斯豪尔大桥路上规划建造了利灵顿花园。红砖楼体，低矮到似乎比地面高不了多少。它的周围草木葱郁，每间公寓都风格迥异。还有一小段时间流行建造架空或是"看台"样式的建筑，布鲁姆斯伯里的布伦瑞克中心就是代表，它曾被称为"城市中心的表意文字"。类似的建筑在富勒姆的鲁伯顿路上也能见到。卡姆登有一片"金字塔形"的居住区，共 520 间公寓，位于圣约翰伍德的亚历山德拉路。每间公寓造价 10 万英镑，由纳税人承担费用。人们认为，这样的标准太奢侈了。

　　只要政府补贴不断，建筑师就会继续拆毁街道，为伦敦增添不同样子的建筑。最受欢迎的是高密度、低成本、"组装拼接"的混凝土板房，比如 20 世纪 60 年代末在南华克的沃尔沃斯建造的 2 个大型住房项目艾尔斯伯里和海格特。艾尔斯伯里被称为"欧洲最大建筑群"，开发公司是博维斯，政府大臣基思·约瑟夫（Keith Joseph）爵士是公司的法人代表，我后来还曾和这位自命不凡的大臣一起去实地参观。建筑的核心理念是打造出空中步道的感觉，要足够宽，让送奶车都能通过。但它和地面街道还有区别，因为上去还是得靠性能不那么稳定的电梯，而且住户停车也得去其他地方。海格特成了犯罪分子的集聚地，后来就被拆毁了。艾尔斯伯里估计也是这样的下场。

最能代表矮楼建筑的是伦敦官方出品的"新城",位于格林尼治西部泰晤士沼泽区的泰晤士米德。这是大伦敦地方议会首次尝试打造现代主义风格的"水上巴比肯"。它推出于 1965 年,是一片围绕着码头修建的混凝土板房,计划容纳 6 万名住户,其中的三分之一为私人产权。项目展现的巴比肯粗野主义美学,在泰晤士河边草地的映衬下似乎有些不伦不类。和贝肯特救济房一样,它的周边也几乎没有配套的道路、商圈和其他基础设施。一楼不能住人,因为汛期河水猛涨可能将它淹没。

因为地理位置偏僻,距泰晤士河口太远,所以房子非常难租出去,有三分之一的租户都是新来的移民。泰晤士米德还是斯坦利·库布里克(Stanley Kubrick)的反乌托邦电影《发条橙》(A Clock-work Orange)的取景地。1972 年,由于预计租户数量会缩减至 4.5 万人,整个项目被移交给皮博迪住房信托公司管理。50 年来,泰晤士米德的中心商圈一片空白,垃圾倒有不少,还建了一幢维多利亚风格的钟楼试图提振区域活力。泰晤士米德没有人性化的城镇规划,生硬地把建筑理想落地实践。2019 年,皮博迪拟用 10 亿英镑打造一个新的城镇中心,希望有一天,可以重振这块与威斯敏斯特面积相当的伦敦区域。

新划定的克罗伊登自治市则尝试了另一种"盖房"模式。1965年,克罗伊登自治市市长詹姆斯·马歇尔(James Marshall)提出方案,想要打造他梦想中的"郊区迷你曼哈顿",就算不能完全实现,至少也要达到迷你版阿伯克隆比的程度。当时,他建造的办公室数量与伯明翰全城建造的办公室数量一样多。新城区内,双向车道和地下通道密集交织。尽管有雄心壮志,但街区缺乏建筑灵感,所以也没能保留下来。和同为郊区的伊灵、里士满不同，克罗伊登没有历史底蕴，但至少，它尊重了阿伯克隆比的伦敦规划，并试图付诸实践。

与历史重叠的未来

　　20 世纪 60 年代建造的房屋或许还不足够反映出伦敦当时的文化变革，但复兴的种子已经埋下，而且播撒的形式也与以往不同。1967 年，保守党政治家邓肯·桑迪斯（Duncan Sandys）在议会提议，赋权地方政府，由其自行划定保护建筑区域。根据《城市文明法案》（Civic Amenities Act），地方有权对街区的建筑价值和历史价值进行评估，并根据评估结果决定是否对街区进行开发建设。一般来说，政府对开发建设的态度都很审慎，通常情况下不会批准。

　　此前，伦敦对保护区域的划定没有任何规定，这是一个亟须做出调整的方面。而桑迪斯的提议，仿佛一场及时雨，迅速在伦敦落实推广。之后的 10 年中，除了巴金之外，其他自治市都执行了《城市文明法案》。到 1975 年，已有 250 个街区被划定为保护区域，它们中的大多数，都兴建于乔治王时代和维多利亚时代。后来，威斯敏斯特、肯辛顿和切尔西的大部分居住区，卡姆登和伊斯灵顿的部分居住区，以及其他地方的一些地块也被列为保护区域。《城市文明法案》成为伦敦规划的有效依据，其对市容的影响比之前的任何规定都要大。但这也反映出伦敦市政府乃至中央政府的问题，因为 20 世纪末的两大创新政策——桑迪斯的《城市文明法案》和纳巴罗德的《空气清洁法案》——都是由议会中的普通议员提出的，而不是由政府的相关官员提出的。

按照规定，受保护的建筑不能被拆毁或重建，带来的直接影响就是地块价值保持不变。按理说，如果其他地块的价值升高，相对之下，不变就约等于贬值。但随着时间推移，保护区域的土地所有者发现，地块非但没有贬值，反而因为其"保护区域"的头衔有所增值。在一些欠发达的区域，房屋需求推动房价上涨，从房租中扣除房屋的翻修成本之后，还有一笔不小的收益。于是，不断有私有资本进入，投资开发重建。事实上，当政府出于政策和成本的考虑，不再提供物质支持，拆除和重建就不再是主流。区域保护的资金来源也从政府转为私人——房主和土地所有者把房子卖给那些有钱翻修的买家，市中心大片区域都住着有钱人，原来的社区特征发生了改变。这不可避免地引发了争议，社会学家露丝·格拉斯（Ruth Glass）认为，现有居民被新来的富裕人口取代，这一过程即为中产阶级化。

1957年颁布的《租房法案》（Rent Act）虽然允许房屋租金可在一定范围内有所调整，但也相应地保障了承租人的权益。但现在，房东不仅可以加租，还有权让租户搬离，为房屋翻修和买卖让位。最臭名昭著的黑房东是肯辛顿的彼得·瑞克曼（Peter Rachman），外号"眨眼"。他专门对年老的租户下手，将这些人赶走后，把房子卖给来自西印度群岛和其他地方的移民，并通过在房间中打隔断来额外获利。情况愈演愈烈后，政府的监管和打击措施才姗姗来迟。瑞克曼的主要房产分布在韦斯特伯恩公园路附近，后来被威斯敏斯特政府统一拆毁，改建为韦斯特伯恩花园。

地产领域的从业者也以"中产阶级化"来自嘲。房产经纪人罗伊·布鲁克斯在《观察家报》刊登广告，宣传半废弃住房："有挑战

性……有良好前景……需要关爱……尤其适合那些寻找阴暗面作为
创作素材的绝望作家。"中产阶级父母不敢相信自己的孩子要搬到
这样的区域居住。那些开发了樱草山、诺丁山、伊斯灵顿和坎伯韦
尔的建筑商，现在染指富勒姆、巴特西、北肯辛顿、基尔本和肯特
镇的土地。新开发区域原有居民群起反对，他们觉得权益受到侵
犯，这也不难理解。

　　通常情况下，要等到原有住户因年老而过世后，才能清拆或翻
修房屋。调查显示，1957 年《租房法案》颁布后，只有不到 10%
的租户会主动和房东起争执。其呈现的一系列问题，与其说是住户
和社区的迭代更替，倒不如总结为伦敦街区的归属问题，后面还会
谈到这个话题。许多新划定的保护区域，最早时都是为中产阶级建
造的。但直到 20 世纪末，这些地块上的原住户才搬去了空气更加
清新、空间更为宽敞的郊区，这个时候，地块才进入房地产市场交
易。所以，从这个意义来说，这个过程就是一次中产阶级化。在很
多地区，包括我居住的卡姆登，都是政府出资买下保护区域，再租
给现有租户。这样一来，就成功地打造了一批包涵各个阶层群体的
"混合"社区，这样做的成本比拆毁房屋再重建要更低。

　　如果这一政策在二战后立即积极推行，伦敦的传统社区就能得
到更好保护，中产阶级化进程也会减缓。正如评论家汤姆·戴克霍
夫（Tom Dyckhoff）所言，不是只有富人才钟爱传统街区，富人和
穷人都"热爱这座历史悠久的城市，爱它的美学形式，爱它的历史
氛围，爱它拥有促进邻里和睦的无形能力，爱它也能带来纯粹的快
乐"。我把这些看作伦敦的灵魂，所以我依然认为，战后出现的大
规模拆建，是对伦敦犯下的严重罪行。

　　从拆毁到保护，20 世纪 60 年代末发生的这一改变，背后有政

策导向的影响。罗南角事故之后出台的《1969 年住房法案》（The 1969 Housing Act）规定，取消对高层公寓的建造补贴，改为对翻修建筑拨款。规划焦点也相应地从区域重建变为区域翻修。1970 年左右，伦敦的街道和广场已不再被视为城市复兴的阻碍，而被视为城市复兴的根本。以文化革新为开端的 60 年代，在另一种形式的变革中走向结束。在大洋彼岸的美国，大部分城市的中产阶级从市中心搬走，原本的街区变成了穷人聚居的地方，从某种意义上说，这些街区没有被拆毁，而是得到了重新利用。

第二十三章

衰退年代

1970—1980

70 年代：罢工再次来袭

人们总是期待，历史的不同阶段能"整整齐齐地"以 10 年作为界限划分，尽管往往事与愿违。但 20 世纪 70 年代的伦敦确实呈现出与 60 年代全然不同的局面。首都重焕活力，文化、社会和区划都注入了新鲜血液。这座摇摆都市的旅游业迎来爆发期，游客数量比前一个 10 年增长了一倍（虽然旅游统计数据并不可信）。这座大都市以自己的魅力吸引了来自外地甚至海外国家的年轻人和杰出人才。到 20 世纪 80 年代，据说，伦敦超过 3 万人的移民社区数目比纽约还多。

纵观历史，每有新迁入者到来，就会有摩擦出现。限制移民成为政治上的突出问题，工党政府和保守党政府先后在 1962 年和 1968 年出台了移民法，对英联邦移民事务进行管理。媒体对 1958 年发生的种族骚乱事件进行了相应报道。到了 60 年代末，保守党政治家伊诺克·鲍威尔（Enoch Powell）发表了关于移民的煽动性演说，让保守党的支持率直线上升［尽管他被保守党领袖爱德华·

希思（Edward Heath）免职]。1967 年的大伦敦地方议会选举中，保守党获得了 82 个席位，大幅领先工党的 18 个席位。此外，32 个新自治市中，支持保守党的有 28 个。尽管这背后也存在工党上台后英镑贬值的影响，但民意调查显示，尤其是在移民区域，保守党占绝对优势。比如在传统支持工党的选区兰贝斯，24 岁的约翰·梅杰（John Major）就当选了地方的房屋委员会主席（他后来成为英国首相）。三年后的 1970 年大选中，希思带领的保守党取得全国性的胜利，击败工党，组建了新政府。

移民迁入后，各个聚集社区的个性色彩更加鲜明。爱尔兰人仍然集中在基尔本生活。西印度群岛的移民一开始就住在布利克斯顿和北肯辛顿，他们中的第一批移民于 1948 年乘坐"疾风号"客轮抵达伦敦，在伦敦交通局做工。随后，大批亚裔移民涌入，最先来英的是巴基斯坦人、印度人和孟加拉国人。移民的居住地点往往都是之前开发得不太好的区域。绍索尔成了锡克人的定居点，印度人集中在西汉姆，越南人住在金士兰路，孟加拉国人在白教堂一带（现在犹太人填补了他们搬走后的空间）。

位于斯毕塔菲尔德富尔尼耶大街上的乔治亚风格礼拜堂，充分体现了海外移民对伦敦人口的影响和改变。它最早是胡格诺派修建的新教教堂，建于 1743 年，后来被改建为犹太教堂，现在则成了清真寺。北肯辛顿一带尽管中产阶级化进程迅速，居民还时不时地与警察发生冲突，但每年的诺丁山狂欢节依然照常举行。这个狂欢节的影响越来越大，甚至发展成为世界上规模最大的街头文化艺术节，宁静沉寂的北肯辛顿也因此成为伦敦多元文化和生动个性的展示窗口。

1973 年，在希思政府的努力下，英国加入欧洲共同市场，既带来了新的贸易机遇，也面对新的竞争挑战。伦敦要和巴黎、法兰克福、布鲁塞尔和阿姆斯特丹这些商贸中心共同争夺全球范围内金融领域的头把交椅。和历史上同类事情发生时一样，伦敦的支柱产业——金融和专业服务业——受到的影响最大，来自传统行业的阻力使改革难以推进，码头和汽车行业也遇到了同样的问题。想在欧洲竞争中立于不败之地，伦敦就需要与时俱进，而在 70 年代，伦敦突然发现自己其实处于劣势。

就在英国加入欧洲共同市场之际，西方经济体因石油输出国组织将原油价格上调至此前的四倍而备受冲击。与此同时，英国国内出现新一波的罢工浪潮，罢工者反对政府强制实施的法定工资限制制度（在这项制度下，加薪不能超过规定幅度，否则即视为违法）。1974 年，保守党政府的稽查员还在对照着工资单审查我当时为之工作的报社的记者薪酬情况。能源供应和公共服务系统陷入瘫痪，相关企业实行一周三天的工作制，即便是战争时期也不曾如此。一到晚上，伦敦就会出现怪异的景象，有些街区亮着灯，有些则一片漆黑。我记得有次开车去罗汉普顿，途经巴恩斯时黑灯瞎火，而远处山丘上的罗汉普顿则灯火通明。

此时的工会比 1926 年发起大罢工时更为强势。1974 年，绝望的希思政府只好提前举行大选，而选民没有选择继续信任保守党。但哈罗德·威尔逊（Harold Wilson）和詹姆斯·卡拉汉（James Callaghan）先后领导的工党政府也没能解决任何问题，不满情绪达到新高度。1978—1979 年，"不满之冬"罢工爆发。连丧葬工作都停止了，垃圾堆满了莱斯特广场。这个曾经的摇摆都市似乎被"英国疾病"折磨得不轻。"英国疾病"本来是欧洲人对佝偻病的称法，现在也被拓展了含义，用来讽刺英国摇摇欲坠的经济了。

首都治安

麻醉类药品的消费在当时没有引起什么关注，但从现在来看，那时就有迹象表明它将成为又一种"伦敦瘟疫"，在一些区域，其危害程度甚至可以与18世纪的杜松子酒相提并论。60年代末，酒吧和夜总会都能买到大麻和迷幻药。但绝大多数更为致瘾的麻醉类药品需要凭借医生处方购买，购买者都是记录在案的瘾君子，大概有数千名。为了领取第二天开出的药品，总有人晚上就在皮卡迪利广场的药店门外等候。曾有记者采访过这些排队的人。

1971年出台的《滥用药物法案》（Misuse of Drugs Act）禁止商店销售成瘾性麻醉药品，反而带来了可怕的后果——此类药品转入"地下"交易，非法产业发展得风生水起。据估计，10年间，英国范围内吸食毒品的人数从6 000上涨至60 000。毒品贩子的生意比法案出台前的药店还好。持有和进行毒品交易会受到严厉处罚，在伦敦的一些贫困地带，一些犯罪团伙便利用这一点干起了敲诈的营生，而这些收入也成了伦敦"非正规经济"的一部分。同时也滋生了警察贪腐的问题。受内政部管辖的伦敦警察厅长期以来纪律涣散，自19世纪开始，便和伦敦的犯罪团体沆瀣一气，彼此共存。20世纪60年代和70年代，克雷兄弟和理查森兄弟在政府的眼皮底下经营起犯罪帝国，组织卖淫、运营夜总会、敲诈勒索等，他们的身上有恶棍的独特气质。

罗伯特·马克（Robert Mark）爵士从1972年开始担任伦敦警察厅厅长一职。1974年，罗伊·詹金斯在工党重新掌权后就职内政部。两人联手对警察厅进行改革。马克公开表示，"一支优秀的警队，抓到的坏人应多过发展的眼线"。有了詹金斯的支持，他撤销了警察厅的刑事调查部，终结了后者与伦敦东区黑帮势力的狼狈为奸。有记者发问改革是否需要这么激进，马克回答说："看看银行抢劫案件数量下降了多少，就知道了。"伦敦媒体每个月都会报道抢劫案件，而马克说的一点都没错。刑事调查部被裁撤后，抢劫案的发生率也几乎下降至零。1977 年，马克退休，此后，伦敦警察发现毒品交易更加有利可图，开始从这个产业攫取灰色收入。

高速公路网

　　70 年代初，伦敦政府完成了一项重要工作——清理大规模的贫民窟。当时，一些穷人会在高楼大厦的楼梯间打地铺，或是多人挤在地下室隔间里。尽管政府建造的楼房丑不可言，但钱已经花出去了，而且它也确实起到了作用——成千上万的伦敦人，无论老少，都因此有了住处。据说到 20 世纪 70 年代中期，首都的房屋数量比家庭数量还多，这也说明，首都人口正在稳步减少。

　　在保持资本流通等具体的工作事项上，大伦敦地方议会的成就可就没有这么突出了。全英范围内，各大城市都在进行市政规划。伯明翰、布里斯托、利物浦、诺丁汉、纽卡斯尔和格拉斯哥都拆掉了市中心宏伟大气的维多利亚建筑，改为修路来缓解交通拥堵，交叉口、环形路，应有尽有。但这笔开销对要为政府项目买单的纳税人来说可以用天价来形容。一方面，老建筑的拆毁让公共设施和市民荣誉消失了，非常可悲；另一方面，修建后的道路交通也没有便利多少，得不偿失。

讽刺的是，伦敦反而成了幸运儿。阿伯克隆比的规划方案过于冒进，先是交由伦敦郡议会修改，后来提交大伦敦地方议会审议。有一段时间，大伦敦地方议会还对此信心十足。科林·布坎南爵士受命为战后的道路规划提供指导和实施意见，他于 1963 年发表了名为《城市交通》（*Traffic in Towns*）的报告，引起巨大反响。20 世纪 40 年代，《建筑评论》曾大力宣扬"交通现代主义"。布坎南说，付诸实践意味着"交通建筑学……人们的居住与汽车的通行实现和谐"。达成这一目的的最佳途径就是进行巴比肯风格的地面交通建设，让行人在上层的步道通行。

步道成为伦敦规划者眼中改善交通的万能神器。布坎南说，步道能让"城里的几代人感到快乐、舒适、亲密，能带来不同的氛围，狭长小巷与开阔广场形成鲜明对比，在光影作用下带来阴影交错效果，还有喷泉和雕像作装饰"。这个天堂一样的设计通过自动扶梯和电梯与密集的地面交通相连。为了取消托特纳姆法院路上的红绿灯，一项复杂的通行设计出现了。示意图里，菲茨罗伊广场仿佛处于迷宫之中，全然找不到出口。它的周围是错综复杂的石板，是连接步道的接驳支路，是双向车道和多层立交桥。史密森夫妇宣称，伦敦的未来就是"一张高速公路网"，无数的城市步道穿插其中，里面的高楼大厦就像"一根根针灸用的银针一样，扎进了这个白痴建造的城市"。

建设方案让大伦敦地方议会的官员看得眼花缭乱，他们对批评声音的统一回复是"专家告诉我们，这就是伦敦的未来"。布坎南和阿伯克隆比一样，是位理论派，深受乌托邦主义影响。他抗议，自己并不是在提建议，他的方案是"最不荒谬的那个"，但他没说最荒谬的方案长成什么样儿。他提出的分道通行概念在理论上需要重建整座城市才能实现。大伦敦发展方案中，阿伯克隆比的 5 条环状道路缩减到了 3 条，但光是建高速公路网就要花掉 5 亿英镑（2019 年的建造费用达到 7.5 亿英镑），并且要毁掉约 10 万所房屋，等于伦敦一代人新建的公共住房数量。而且驱逐原有住户也是非常可怕的工作，外部成本巨大。

与此同时，还出现了一项与大伦敦发展方案无关的计划——建造一条城市高速公路，通过尤斯顿路与 A40 高速相连，直达牛津。这条被命名为西路的高速公路横跨北肯辛顿，在 1970 年完工通车，尽管当地人怨气颇多，但时任交通大臣的迈克尔·赫塞尔廷（Michael Heseltine）依旧出席了剪彩仪式。政治讽刺剧《是，大臣》（Yes，Minister）曾调侃，修这条路仅仅是为了让议员回母校牛津大学能更加方便。还有一条类似线路计划将彭坦维尔与 M11 高速（通往剑桥）相连，但一直没有开建。公众对西路的态度让政客了解到，在市中心大面积修建高速公路网会是怎样的后果。大伦敦发展方案的研讨会上，高速公路网一直是讨论的重点。议员和官员去伊斯灵顿、卡姆登、切尔西和旺兹沃斯等受修路影响的地区开会时，幸亏跑得快才得以安然无恙。

所有人都说，如果保守党在 1973 年的大选中失利，此后掌权的工党政府就会摒弃高速公路网计划。那时，主干线路的延展路段已经开始修建，现在依然存在。比如，黑墙隧道两端的部分就属于东十字街的扩建范围，还有牧羊村环岛以北的西十字街也拓展了400 码和西路相连。那些熟悉当年计划的行家可以在高速公路的匝道找到当年规划的蛛丝马迹，西路交叉口就有一段，出其不意地向外支出，伸向拉德布罗克格罗夫大街。

布坎南留给后人的其他"遗产"则更为离谱。有一段时间，金融城和西区的所有新建建筑都需要根据各自的情况安装不同的平台。其中，迄今保存最为完整的还是巴比肯风格的建筑，下泰晤士街上就有这样的"楼中楼"，帕摩尔街道上的新西兰大楼和马里波恩路上的老卡斯特罗大楼也都有这样的设计。它们是如何交错连在一起的，至今也没人能看明白。

还有一类气质复古的楼中楼，以《经济学人》的办公场所为代表。它是一处广场和高楼结合的建筑群，主建筑有 15 层高，位于圣詹姆斯大街附近，由史密森夫妇在 1964 年操刀建造。我曾在那里工作了 5 年，现在还能回忆起当时为了让行人使用步道而采取的各种手段，这些步道的本来用途是充当圣詹姆斯大教堂的中心广场。帕特娜斯特广场和巴比肯也有类似的步道设计。但伦敦人对步道的态度是拒绝的，他们不接受要"上楼"才能通行。他们甚至宁可就近在人行道上吃午餐，也不愿意走步道，去稍远的地方吃东西。2018 年，区域进行整体改建，因为这座大楼被列为"保护建筑"，所以原样无损，岿然而立。

同一时期，伦敦政府也接地气地启动了能为交通带来好处的两大工程：建设公交车道；修建新地铁线路——维多利亚线和银禧线。维多利亚线于 1971 年竣工，是半个世纪以来伦敦建造的首条线路，使一直被忽视的伦敦东北部狭长地段和市中心连通。银禧线紧随其后，于 1979 年通车，连接起伦敦的西北部。比起后来的伊丽莎白线，它们造价便宜，也没有大肆宣传。此外，鉴于暴雨季节泰晤士河水水位上升，在涨潮时容易在上游发生倒灌，伍尔维奇还修建了保护伦敦不受此影响的泰晤士河坝，在 1984 年完工。至少现阶段，伦敦看上去还是很安全的。

被拯救的考文特花园

　　围绕要不要建高速公路网的争论日益白热化，而大伦敦地方议会的规划者此时为了重建市中心又做出新的尝试，这个背水一战的举动引发了真正的纷争。皮卡迪利广场是不幸的，它好不容易在1962年逃脱了杰克·柯顿的魔掌，被移交给威斯敏斯特自治市政府管理，谁知后者随即提出要请霍尔福德伯爵设计建造三座中心塔风格的摩天大楼和一条巨大的露台步道。1972年，议会否决了提案，理由是"剩余空间的交通承载力提升不足"——仅仅提升了20％，但没有达到提升50％的要求。一年时间不到，附近交通接连出现问题，方案自然泡汤了，皮卡迪利广场再次侥幸逃脱，回归平静。

　　没过多久，相同的厄运就降临到东侧不远处的考文特花园身上。它的周边主要是仓库，南面是老果蔬市场。这个市场本来应该在1974年搬到南岸的九榆树区域，当局的建筑师还草拟了一份重新开发考文特花园的计划书。按照方案，这里也会是"立体式"的设计，周围环绕的双向车道起于霍本、止于河岸街，预计要拆除60％的现有建筑和80％的居民住房。

　　政府本来就因为高速公路网的建设饱受诟病，考文特花园的方案一出，更是遭到来自居民、企业和政治家的连环炮轰。《伦敦晚旗报》公开反对，主编查尔斯·温图尔（Charles Wintour）准确预判了公众的反应，即便不能代表全伦敦的市民，至少也与该报受众读者的情绪相符。人们终于无法接受将伦敦的历史建筑打上过时和应被淘汰的标签了。

我做记者时，打过交道的那些官员对其眼中的"未来之城"遭到如此强烈的反对感到既困惑又愤怒。一次听证会上，一名大伦敦地方议会的工程师告诉稽查员，必须要拆除整条梅登巷，沿河岸街修建双向车道，否则，伦敦西区的交通肯定会一塌糊涂。这些人中的绝大多数我都认识，他们似乎还没意识到，自己已经站在伦敦大多数人的对立面，还在坚持"未来之城"的理念。

考文特花园计划夭折于政治斗争高潮迭起的 1973 年，导火索是一场诡异的政治陷害。当时的政府大臣杰弗里·里彭（Geoffrey Rippon）对反对计划者深感同情，便让手下官员从区域内精心选出 250 栋建筑纳入了保护建筑名单。同年晚些时候，工党上台掌管了大伦敦地方议会，这项方案就和高速公路网计划、皮卡迪利广场计划一样被抛之脑后不了了之。新《城市文明法案》出台后，考文特花园整个区域都被列为保护地带。

考文特花园得救了，但争议随即转向了另一个话题：伦敦的身体幸免于难，伦敦的灵魂是否也得到了救赎？随着考文特花园接纳的新居民数量越来越多，出现了类似中产阶级化的现象，人们开始争论：传统社区有没有因此被摧毁。实际上，市中心的社区一直都处于持续变化的状态。贝德福德公爵的房子最开始都是贵族居住，后来搬运工和销售员住了进来，再后来就租给了原政府救济房的住户，以及那些初来乍到租不起好房子的人，他们手里的钱只够租住那些需要翻修的大楼。问题在于，谁来出钱翻修？翻修还是彻底重建？

大伦敦地方议会保护了考文特花园整个区域的历史建筑，但这里并没有因此而落伍，反而蓬勃发展成为伦敦市中心最吸引人、最丰富多彩、最受欢迎的社区之一。这里既有充满文艺气质的剧院和考文特花园歌剧院，也有充满商业活力的龙阿里克大街——街上零售店铺林立，七面钟的后街浪漫迷人，中心区域的三角形大楼归科明钦五金公司所有。三角形大楼逃脱被拆的命运后，建筑师特里·法雷尔（Terry Farrell）对它进行了整修，效果令人赞叹。这栋建筑表明，楼宇的用途由城市决定，而它不能反过来左右城市。在考文特花园，街区建筑避免了拆建，但也进行了相应的调整，被用作新居民的居住场所。但巴比肯没有做到这一点。

时代的墓志铭

高速公路网、皮卡迪利广场和考文特花园的传说将 1973 年打上了伦敦规划历史上革命之年的烙印。巴士底狱已经被攻占，但全面性的革命还未到来。20 世纪 70 年代起，希思政府就想重建白厅，把唐宁街和议会之间的区域拆除，建一栋钢筋水泥的高层建筑。吉尔伯特·斯科特打造的外交部大楼、约翰·布莱登设计的财政部大楼以及诺曼·肖操刀的新苏格兰场都会消失。还有一项提议是把纳西建造的卡尔顿宫联排别墅全部拆掉。英国铁路局则想拆掉圣潘克斯车站，他们在 1961 年已经拆除了尤斯顿车站。唯独骑士桥的步道和皮卡迪利广场没被盯上。

金融城之内，政府想要摆脱掉勒顿豪集市和比林斯门市场。大英博物馆施压要求开发布鲁斯伯里南部。皇家艺术学院试图拆毁肯辛顿女王门大街的最北端路段。河岸发电站和巴特西发电站关停之后也面临被拆的风险。坐落在老布罗德大街上的城市俱乐部消失了，英国广播公司对面的朗廷酒店也是如此。十年前，伦敦政府对城市的设想和规划到底是怎样一番景象，现在已经很难想象。

最终，由乔治亚建筑协会、维多利亚建筑协会和英国遗产保护组织发起的民众抗议活动，在媒体的舆论宣传和当地社会活动家的支持下，制止了这一波"毁坏"狂潮。诗人罗伯特·格雷夫斯（Robert Graves）用类似的方式避免切尔西的阿尔伯特桥成为一片废墟。借着保护市中心码头的名义，朗廷酒店、城市俱乐部和圣潘克斯车站都逃脱了被拆的命运。1974 年，《伦敦晚旗报》发起了另一项运动，把政府公务员赶出了萨默塞特府，皇家骑兵队阅兵场也不再是他们的专属停车场了。

但抗议也并非百战百胜。从海德公园角延伸至皮卡迪利尽头的罗斯查尔德庄园就让位于一座平淡无奇的现代酒店。奥德维奇的南侧，被几条 18、19 世纪的街道围起来的诺福克庄园也被夷为平地。后来在原址上建造的大楼，因为太丑，刚建成就被拆了。布鲁姆斯伯里以北的那片乔治亚建筑因为伦敦大学的建设遭到破坏。沃本广场和托灵顿广场已然面目全非。帝国理工学院吞并了维多利亚帝国学院，只保留了原来的一座塔楼。事实证明，艺术和教育机构反而是伦敦建筑遗产的头号杀手。

金融城也损失惨重，纪念碑附近的煤炭交易所和恩典堂街上的巴林银行都不复存在。上泰晤士河街和下泰晤士河街上的几十座仓库被拆，改建为多条辅路，后来又都变成了单行道。20 世纪 50 年代至 80 年代期间拆毁的建筑，但凡能再撑个 30 年，就都能得以留存。只可惜，它们没有幸存下来。

20 世纪 70 年代在沮丧中落幕。这十年是伦敦战后的低谷时期。都说随着城市的繁荣发展，人口也会随之增长，但伦敦的人口数量从战前的峰值 860 万人下降到 670 万人。20 世纪之交，就不断有各种各样的人口统计预测，伦敦的辉煌时代已经逝去，看样子好像真是如此。首都发展疲软。1977 年的大伦敦地方议会选举中，统领议会仅四年的工党政治家瑞格·古德温（Reg Goodwin）爵士被赶下了台，保守党右翼人士霍勒斯·卡特勒（Horace Cutler）爵士上位。

到这个时候，住房、高速公路和全面重建的指导理念已经不是现代主义，大伦敦地方议会失去了前进方向。1979 年，政府建造的住房不到 900 套，其中一半都位于泰晤士米德。伦敦主要道路的升级改造以彻底失败告终。人们嘲讽南环路是由"几条小道靠路标拼接而成"的。道路承载能力有限，首都交通移交给伦敦交通局负责。至于那些所谓的战略规划，没有一个能拿得出手。

回顾这一时期，我只能想到持续的斗争，斗争的主题看起来是个巨大错误——大都市的一代领导者没有搞清楚支撑城市生存发展以及保持城市活力的核心所在。尽管依照宪法，由公众投票选出的领导者应该负责。但实际上，他们做的每项决定都要听从建筑师、规划师和开发商的意见，而这些人不是选举产生的。所以，批评这些政客，就好像在责怪一个病人，怪他太听医生的话。

而这些所谓的"医生"，一点儿都不值得同情。虽然我和他们中的很多人是朋友，但我还是要说，他们对伦敦没有表现出丝毫的谦卑，反而气焰嚣张。他们学成于战后初期，借伦敦牟利，却视之为职业生涯的小污点。他们牵着那些政客——无论左派还是右派——的鼻子，让后者以为可以打造出理想主义的乌托邦。从 20 世纪 50 年代开始到 70 年代中期，他们在伦敦和英国的其他城市大肆拆建，造成的破坏比希特勒的炸弹还要严重。为了补偿这种破坏，20 世纪末，伦敦付出了巨大代价。而据我所知，建筑界从未对这一时期的种种行为进行反思，更别提有丝毫悔意了。

第二十四章

大都市的复兴

1980—1997

挣扎的大伦敦地方议会

　　20 世纪 70 年代末，伦敦面临一场特殊的考验。1979 年，玛格丽特·撒切尔（Margaret Thatcher）就职首相，改变了当时的政治格局。她不介意别人知道自己无视舆论压力。或许是因为父亲的一些遭遇，她对地方政府也全无好感。而大伦敦地方议会的领导者是保守党人霍勒斯·卡特勒爵士，后者不但是她的拥护者，还急迫地想对大伦敦地方议会进行改革。1978 年，卡特勒曾就首都的治理问题向经验丰富的利兹市议员弗兰克·马歇尔（Frank Marshall）爵士请教，并根据对方的建议，结合实际情况制定了一份方案。方案中，大伦敦地方议会的负责领域包括战略规划、道路和铁路，住房及社会服务由地方政府全权接手。他还建议，将伦敦的卫生医疗系统重新纳入大伦敦地方议会的管理范畴。这非常像莫里森的做派，但也确实让伦敦政府的威信有了一丝提升。

　　但一切设想都是空谈。1981 年，撒切尔开始实行紧缩的经济政策，经济陷入衰退，工党重夺大伦敦地方议会的领导权。选举后的第二天，没有任何政治经验的工党激进派社会活动家肯·利文斯通将奉行温和主义的党魁安德鲁·麦金托什（Andrew McIntosh）赶下了台。利文斯通是伦敦政治舞台上一个特立独行的人物。他出生于伦敦南部的诺伍德，早年曾搬到哈克尼，后来又定居在卡姆登。他总是从这个区来到那个区，煽动完这批人，再煽动那拨人。他机智幽默，也尖酸刻薄，不用准备就能发表左派立场演讲，还出名地喜爱蝾螈。最重要的是，撒切尔为了将伦敦从 20 世纪 70 年代的低谷中拯救出来做了一系列的努力，但站在对立面的利文斯通将这些努力全盘否定。

接下来的五年中，利文斯通虽不是伦敦的一把手，却把大伦敦地方议会变成了自己的政治武器，还带领多名工党知名人士"出走"去了新成立的社会民主党。他精力充沛，特别爱"折腾"，把伦敦失业数字做成横幅，挂在了伦敦市政厅的大楼上。他积极推动降低公交和地铁票价（直到法院判定该政策不合法），伦敦税率提升了一倍，而大部分经费则被拨给了极左翼团体。他甚至还从大伦敦地方议会那儿拿了一块地给当地的社会活动家，打造成 300 名市民租住的社区，位置在滑铁卢大桥附近、泰晤士南岸的可茵街。至今，社区依然存在，仿佛是一片毫不起眼的郊区住房错位建在了市中心最值钱的地块上。

利文斯通在逼撒切尔有所动作，而撒切尔没有让他失望。1983年，一份城市白皮书发布，以"提升城市效率"为理由，直斥大伦敦地方议会"吃空饷"，应被解散，首都各区域由所属自治市政府接管，中央政府选派部长负责进一步的监督。这个方案俨然是斯图亚特王朝时期星室法庭的复刻版。世界上从来没有哪座城市遭受过这样的奇耻大辱。政治上有分歧的各党派一致反对废除伦敦市政府。从最早的大都会市政工程局开始，首都事务的监督就由地方选举产生的机构负责，而如果该方案被执行，负责监督的机构将不再通过选举选出。利文斯通似乎欣然接受了这个事实。1986 年 3 月，大伦敦地方议会正式被废除，利文斯通举办了伦敦有史以来最为盛大的烟火表演，好像"盖伊·福克斯①（Guy Fawkes）之夜"重现。内伦敦教育局苦苦支撑到 1990 年才寿终正寝，其对学校的管理权也下放给各个自治市政府，还有一些学校改名为"学院"划归中央政府管辖。残酷的中央集权正在伦敦上演。

空荡荡的伦敦郡议事厅被有意保留下来。1987 年，我在内部布满灰尘的会议厅举行了告别晚会，但利文斯通抢了我的主持人位置。现在，原有建筑的一部分成了酒店，一部分成了青旅，还有一部分改为水族馆。中央政府还以居高临下的姿态继续"践踏"它的自尊，在附近建造了巨型摩天轮，使其相形见绌。曾经的伦敦政治心脏如今成了一个"游乐场"。

伦敦各个自治市也没幸运多少。1985 年，撒切尔在她认为开销超标的自治市（绝大多数都是工党占有的选区）实行税费征收上限政策，导致地方议会中出现意见分歧，让人想起了二战前的波普拉事件。哈克尼、兰贝斯等自治市还在利文斯通及其朋友的推波助澜下陷入派系混战。撒切尔夫人的另一政策——租户有权购买其居住的政府救济房——也引发巨大争议。租户成为房产的实际拥有者，这看上去非常合理，但房屋的交易价格只有市价的 30%～70%，而且这笔钱一半都直接进了国库，而修建房屋的地方政府则半毛钱都

---

① 盖伊·福克斯：曾试图刺杀詹姆士一世和英格兰议会上下两院的所有成员。为了完成刺杀，他计划在 1605 年炸掉上议院。

没拿到。

　　失去了自治权的伦敦很快就摇摇欲坠。交通、防火、公园、垃圾处理等公共服务需要监管，为此，中央政府成立了一堆半官方机构（有人数过，大概有 100 个）。比如，大伦敦地方议会的部分职能由一些奇怪的残存市政机构来执行。特意成立的伦敦规划咨询委员会一点也不给力。撒切尔还设立了伦敦政府办公室，由中央政府委派专人全权负责伦敦事务。大伦敦地方议会虽然没了，但庞大的官僚机构依然存在。人们在被剥夺了民主之后，才由衷觉得民主珍贵难得。

　　废除地方财产税，改收人头税，最能体现撒切尔对地方政府的态度，尽管这项政策非常武断，而且，和其他税费政策所面对的一样，反对声连连。但这一税种基于推定的房产价值征收，非常好理解，也方便执行。此外，它也具有进步意义，如推动房产升值。人头税的税率固定，穷人和富人要缴纳同样的金额。尽管这也算不上什么天大的罪过——每个人大概要交 400 英镑。对左翼人士来说，这是撒切尔送上的"大礼"，让他们在煽动民众时有了抓手，并最终导致了 1990 年的特拉法加广场大暴乱。人头税是促使撒切尔被迫于同年下台的重要原因，有了前车之鉴，她的继任者约翰·梅杰在税收改革上不敢轻举妄动，只对市政税做了轻微调整。

瞄准伦敦

　　作为英国的首都，伦敦无可避免地受到国家政治的影响。自 20 世纪 70 年代以来，好战的爱尔兰民族主义势力复兴，伦敦一直饱受爱尔兰共和军的爆炸威胁。他们的成员潜伏在伦敦多年，很难提前防范。最开始，爆炸目标是西区的商店和酒店，比如哈罗德和希尔顿，目的是扰乱旅游业。面对这些爆炸威胁，撒切尔立场强硬。20世纪80年代初，伦敦几乎没有一个月不发生一起爆炸。

1984年，爱尔兰共和军在布莱顿的格兰德酒店安装炸药，试图袭击撒切尔和她的全部内阁成员。此后，虽然出现过一段时间的平静期，但90年代，即便是撒切尔下台后，爆炸事件依然时有发生，希思罗机场和唐宁街10号都曾遇袭。1992年，爱尔兰共和军在金融城的波罗的海交易所外引爆了装有100磅炸药的重型卡车，导致3人死亡，经济损失达800万英镑。在当局的批准下，遭到破坏但依然雄伟的交易所被拆除，曾经的全球海运支点变身为一个造型奇特的"小黄瓜"——设计人是福斯特爵士。这个变化给伦敦带来的影响，堪比1930年索恩设计建造的英格兰银行被拆。

1999年，《贝尔法斯特协议》（Good Friday Agreement）签订，爆炸事件终于告一段落，截至此时，伦敦遭遇约500次的爱尔兰共和军袭击，50人丧生。袭击仿佛成为伦敦生活的一部分。报社编辑部不时会传来"炸弹！停止印刷"的喊声。恐怖分子在伦敦发动暴力袭击，吸引公众注意力，这是伦敦作为英国首都付出的代价，总体而言，它泰然处之。而与之形成鲜明对比的，是安全机构和其他部门在后来发生伊斯兰极端主义者袭击时几近偏执的处理态度。不管怎样，伦敦都被选作"传递信息"的载体，从核裁军运动到20世纪60年代的反越战抗议，再到2019年的气候变化活动，都在伦敦发生。伦敦依然是名副其实的世界之都。

码头区复兴

　　码头区的重振与复兴要归功于"中央政府直接管理"。大伦敦地方议会的消极管理，让许多前工业时代的伦敦地标发展停滞。整个 20 世纪 70 年代，码头都在苟延残喘。1975 年，希思罗机场和盖特威克机场取代码头成为货物装卸和运输的集散地，斯坦斯特德机场后来也加入，分走了一杯羹。1981 年 12 月，装完最后一艘船上的货物后，码头区宣布关闭。这支强大的工业指挥棒交到了泰晤士下游的蒂尔伯里的手上，东伦敦数英里的临河区域废弃无人。

　　制造业同样光景惨淡。1960—1990 年，制造业领域就业率下降了 80%。80 年代，伦敦的失业率在二战后首次高于全国平均水平。英国失业情况最严重的就是内伦敦的几个自治市，移民首当其冲地受到重创。去工业化的速度快过了服务业的发展增速。

　　最后一波斗争来自绝望之中的印刷工人，他们组织严密，被称作"工人阶层的贵族"。从中世纪排字印刷术发明，伦敦的印刷行业就有自己的发展规则——只雇用特定工会的成员做工。事无巨细的规定保证了印刷室的经营，但随着计算机的到来，一切变得过时，逐步衰落。舰队街曾以报社林立而闻名，在工党环境大臣彼得·肖尔（Peter Shore）的促使下，报业东迁。1979 年，他批准报业大亨鲁伯特·默多克（Rupert Murdoch）拆毁伦敦码头上一连串精致的乔治亚式仓库，改建为印刷工厂。这一片全欧最为华丽的乔治亚风格区，本可能成为伦敦东区的考文特花园，就这样被夷为平地。

　　肖尔没有意识到，默多克是想用这些围起来的码头削弱印刷工会的力量。结果就是出现了伦敦历史上最旷日持久的工人暴力运动——沃平骚乱，这场运动从 1986 年持续到 1987 年，旨在阻止默多克的印刷工厂雇用非印刷工会的工人。但发起者并没有赢得广泛支持，运动也逐渐平息。事件过去之后，印刷业的"保护伞"——工会——元气大伤，报业的生产成本大幅下降。伦敦一下子新出现了 10 份日报和一份晚报，读者范围和数量在西方国家的城市中数一数二。

　　至少，伦敦码头现在有了新用途，而其他码头还处于休止状态，明显需要政府刺激带动。大伦敦地方议会从相关的自治市抽调人员成立联合委员会，调研码头未来发展，但进展就和码头的情况一样停滞不前。1981 年，在大伦敦地方议会解散前，白厅几乎就拍板决定将区域划归伦敦码头区开发公司管理。地方政府对此非常愤怒，却没什么抱怨的理由。英国环境大臣迈克尔·赫塞尔廷（Michael Heseltine）尖锐地表示："我们拿走地方的权力，是因为他们搞得一团糟。"一年后，在财政大臣杰夫里·豪伊（Geoffrey Howe）爵士的提议下，狗岛码头甚至被指定为"商业开发区"，10 年内享有自由规划和免税福利。

　　狗岛是一个由码头组成的区域，与伦敦市区有一定的距离。1970 年，一名叫泰德·约翰斯（Ted Johns）的人自立为"总统"，宣布狗岛单方面独立，不再归属于陶尔哈姆莱茨区政府管辖。这场"独立秀"虽然持续时间很短，却让更多人知道了这个地方。岛上金丝雀码头的附近有历史悠久的西印度码头，那里聚集着阁楼和仓库，艺术气息浓厚，又被称为波普拉艺术中心。1982 年，伦敦码头区开发公司突然对其定位做出了调整——由艺术中心转为伦敦首个无税港口，并以此旗号邀请大量海外投资商来这里投资置地。对伦敦本土的投资商而言，这里没什么吸引力，他们都不想远离市中心。

经历了几番失败的尝试后，金丝雀码头被加拿大公司奥林匹亚约克收购开发，公司的所有权在莱克曼兄弟手上，撒切尔对这两人赞誉有加。他们对开发信心十足，想要将建造的三栋摩天大楼预租出去，其中就包括美国知名建筑师塞萨尔·佩里（Cesar Pelli）设计的全欧第一高楼。但却没什么人感兴趣，最终，项目整体的出租率只有 60％左右。1992 年，奥林匹亚约克申请破产管理，据说，这家公司每天都要亏损 3 800 万英镑。我曾断言，建好的金丝雀码头看起来会像《奥兹曼迪亚斯》^①（*Ozymandias*）这首诗中的那句"两个与躯干分离的巨大石腿"形容的一样。一言以蔽之，在茫茫废墟中施行不切实际的方案，无论时间还是地点都有问题。

金融城重回全球之巅

和我的预测不同，金丝雀码头后来发展得不错，主要有两点原因。其一，1986 年 10 月，伦敦经历了可能是有史以来最剧烈的商业结构变革。当时的财政大臣尼格尔·劳森发起了被称为"大爆炸"的金融服务改革，放松了对金融城内金融机构的监管，打破了以往的市场垄断，解除了一些限制性措施。似乎一夜间，天翻地

---

① 这首诗为英国诗人珀西·比希·雪莱（Percy Bysshe Shelley）所作。

覆。当时欧洲美元和石油美元市场的走强，也让劳森的变革更有底气。在伦敦这块自由的土壤上，资本化势在必行。

外国银行不断涌入这个看似自由的城市，尽管传统银行业受到冲击，直接影响了就业。1985—1989 年，在新入驻企业的推动下，金融城的租金价格上涨了 52%。金丝雀码头被卡塔尔主权财富基金救回了一条命。外国银行被码头区的廉价地租吸引，聚集在这里。它们不在乎波普拉的地理位置，只要能联网、有交易大厅、不需缴税、不受政府干预。20 世纪 90 年代末，有 5 000 人在狗岛工作，狗岛的新住宅区更是沿泰晤士河分布。码头区域高楼林立，向南一英里则是城市农场玛德卓特。摩天大楼与绵羊、美洲驼出现在一个画面里，就好像看到了电影里面的迪拜。

其二，作为私人资本标志的金丝雀码头，得到了国家层面的大力支持。奥林匹亚约克的失败让撒切尔大为震惊，于是，她投入了大量的政府资金。与莱克曼兄弟的私交已经让其下令在莱姆豪斯区域建造了号称世界上每英里造价最昂贵的柏油马路——通往码头入口处的新地下隧道，耗资 3 亿英镑。还有更贵的——撒切尔下令开工延伸银禧线，从威斯敏斯特修到金丝雀码头。每个沿线车站都由知名建筑师设计，比如南华克站由理查德·麦克·柯马克（Richard Mac Cormac）爵士设计，威斯敏斯特站由迈克尔·霍普金斯（Michael Hopkins）爵士操刀，它们共同构成了伦敦最精致的现代建筑群像。这条耗资 33 亿英镑建造的线路也是世界上造价最高的地铁线路。政府甚至对工会做出让步，同意司机驾驶运营——最开始的设计是无人驾驶。这和撒切尔倡导的自由市场主义全然不符。

包括免收的税费在内，金丝雀码头的重建费用总计为 80 亿英镑左右，在全英范围内由公共部门主导的重建项目中开销最大。而伦敦出现巨额公共拨款是最不恰当的。福斯特爵士为新银禧线上金丝雀码头终点站设计的车站大楼宏伟气派，全英数一数二。住宅高楼在码头的四面拔地而起。这里与旁边的波普拉和遥远的市区隔离开来，实际上成为一座封闭的"城中城"。就像中世纪的威斯敏斯特一样，政府出资创建，与老城区对峙。

　　金丝雀码头之外，还有更大的挑战。1986年，地处皇家码头区的城市机场开航，距离市区遥远，前往需要乘坐无人驾驶的高架铁路，到附近的一个会展中心下车。可笑的是，从市区到会展中心的这一段当时还不算地铁（直到后来线路延伸至银行站，才算接入地铁网络）。实际上，伦敦码头区开发公司正在复制19世纪的那套都市外扩计划，毫无规划可言，全看市场需求，哪里有商机，就开发哪里。

　　但开发基本没有考虑社会基础设施，在与面貌全新的东伦敦交界地带，反差十分突兀。面对涌入的商机和财富，南伦敦的配套完全跟不上，区域内没有社区建筑，没有商业街，甚至连过泰晤士河的桥也没有，最明显的就是瞄准年轻住户的高层住宅。但这就导致城市景观单调枯燥。开发建造的大楼有保安把守，戒备森严，与原来宁静怡人的露台房屋和街道社区相去甚远。只有时间才能证明，这样的伦敦是否能展现出与众不同的个性。

新的商业经济

　　"大爆炸"给金融城带来了双刃剑般巨大的影响。在戴维·凯纳斯顿（David Kynaston）的书中，此前的金融城被视为"没有爱国情操的赌场，那里的人拿着高昂的薪酬在英国工业的坟头上跳舞"，运作全靠老牌的人脉关系和垄断企业，很快就会让位于那些发展得更加迅猛的欧洲城市和其他城市。到了 20 世纪 80 年代，原有情况几乎在一夜之间发生改变。1986 年，我采访了美国摩根士丹利银行的一位高管，他主要负责评估包括欧洲总部所在地的各个城市。他表示，伦敦好于巴黎、布鲁塞尔和法兰克福，不仅仅因为管制宽松，还有办公设施、专业服务和"黄金西区"住房质量的优势。这位银行家说，伦敦"给外派人员的待遇最好，没有语言障碍，房子配有花园，建筑人性化，是生活版的迪士尼乐园，过去和现在有纽带，无缝连接"。法兰克福的德意志银行发现，年轻雇员都申请外派伦敦，直到在那儿的员工超过了法兰克福当地的员工人数才作罢。

不可否认，"大爆炸"也具有破坏性。1987 年 10 月，"黑色星期一"到袭，全球股市突然崩盘。伦敦股价出现了自 1929 年以来的最大跌幅。巧合的是，伦敦遭遇了史上最强烈的风暴，时速破纪录地高达 100 英里/小时，邱园三分之一的树木被吹倒。我注意到，当人们尝试清理布鲁姆斯伯里被吹倒的梧桐树时，电锯总是被弄坏，因为电锯的链条不断被战争时期打进树里的弹片碎片卡住。伦敦从来不让我们忘记它的历史。

复苏虽然随即而来，却没有持续下去。1989 年 10 月，在通货膨胀的威胁和银行利率升至 15% 的影响下，写字楼和房屋价格突然下跌。1991 年，230 家地产公司破产。写字楼租金在 1989—1992 年下降了 30%。这边，女王刚为金融城的宽门项目揭幕；那边，项目开发商罗斯哈夫公司就背负着 3.5 亿英镑的债务进入破产管理程序。据报道，金融城和码头区三分之一的写字楼处于空置状态。住宅市场也不好过，业主进入了"负资产"时期。在伦敦，房地产"危机"以往都意味着价格猛涨，但这一次则意味着房价暴跌。直到1994年，情况才出现转机。

尽管如此，伦敦经济还是走上了以金融服务业为主导的新道路。伦敦政府表示，进驻伦敦的外国银行在1959年只有76家，现在达到580家。全球60％的欧元债券业务通过伦敦的交易所进行交易，伦敦的货币交易量超过纽约和东京的总和。据说，伦敦的美国银行数量比纽约还多，日本银行数量也多过东京。二战后，伦敦一度跌落世界金融中心的神坛，而现在，这座城市重回王位。

20世纪90年代，金融服务业的工作岗位从60万个增加到近100万个，伦敦四分之一的劳动力都在该领域从业。考虑到这些岗位的乘数效应，伦敦实际上成了一个产业单一的"小镇"，如果算上旅游业，就是两个产业。20世纪末，伦敦人的平均收入比全国平均水平高出30％，首都积累的财富也保护着英国经济不受国际收支崩溃的影响。

伦敦劳动人口的性质也发生了变化。每年差不多有3 000万人从世界各地来到伦敦，他们大多是年轻人，流动性强，愿意做那些当地人不想做的工作。结果是，旅游、快餐、邮政、送货上门和迷你出租车等服务业的低薪灵活雇用工人数增加。高薪领域，为教师、护士、社工和家庭护理人员推介非正式雇佣工作的中介机构也在增长。面对这种零碎、没有工会支持的劳动力，19世纪的临时雇佣制度再现。

分歧与矛盾

20世纪初，英格兰一些欠发达地区以及法国和德国的部分城市经常出现种族和群体冲突，而伦敦显然摆脱了这一问题。伦敦这个大都市已经习惯了接纳移民，因为移民为经济发展提供了巨大支持。但同样，这也需要付出代价，体现在房地产市场上。新移民无法住进政府救济房，因为前面还有无数的伦敦本地人在等候名单上静静排队，但上涨的房价让大部分人对买房望尘莫及。他们只想在伦敦找个住的地方，尽管人口还在持续减少，但伦敦的房价却依然处于高位。

法律规定，地方政府需要为区域内无家可归的英国和外国家庭提供住处。但自从政府在20世纪60年代至70年代建造了高层建筑作为救济房后，政府救济房的名声就一蹶不振。撒切尔执政时期对政府救济房的补贴也形同虚设。这些资金拨给了非营利性的住房协会，大多数钱花在小型建筑和项目的建造和修复上。伦敦最贫困群体的住房援助改为以收入评估为准发放津贴，通常直接支付给私人房东。这样操作下来，撒切尔当政时期，国家对公共住房的总体补贴实际上有所增加，建房补贴变成了租房补贴。资金直接发到了那些最需要的人手中。

撒切尔允许现任租户购买政府救济房的政策产生了一系列的影响。政府救济房的规模明显减小，长期积累的公共住房存量也随之下降。但是，在伦敦部分区域，三分之一的救济房被挂牌出租，通常以短期租约再次租给曾经的拥有者——地方政府，地方政府拿到房子后再分给那些申领国家住房福利的人居住。这样的情况在一些区域比例高达 80%。

购房出租市场有没有因税收优惠而额外获利，这很难判断，但可以肯定的是，它带动提升了房地产市场中价位较低的住房供应。我研究了一下纽汉区的住房情况，这个区面临很大压力，地方官员告诉我，要不是因为购房出租者的数量激增，政府将无法安置每年最高可达 5 000 人的移民。我看到，区域内有条街上坐落着约 50 栋以前修建的政府救济房，每栋之前都有一两个年老的租户，租期为终身制。他们让这些年老的租户搬迁至海边居住，腾出来的房屋每个最多可容纳 20 人。此类住房缺乏监管，居住条件往往非常恶劣，但可以保证有空置床位。整体上，社会保障性房屋的数量有所增加。

在撒切尔及其继任者约翰·梅杰的领导下，伦敦毫无疑问拥有过一段复兴时期。但和所有的变革一样，这段时期也存在一对对的矛盾——私有制对抗国有化，市场开放对峙市场管控，外来人抗衡原有居民。贫富社区的差距进一步拉大，贫困社区情况极度糟糕。20 世纪 90 年代，英格兰最贫困的 10 个地方行政区中，有 7 个在伦敦，其中包括陶尔哈姆莱茨、纽汉和南华克。与 60 年代的伦敦截然不同，90 年代的伦敦更加锋芒毕露，更看重财富，更弱化阶级观念，更多样化，也更孤立疏离。陈腐的壁垒正在被打破。1981 年 7 月，威尔士亲王和戴安娜·斯宾塞（Diana Spencer）大婚，赢得全球瞩目，这被解读为王室释放的信号——尝试走下神坛，实属前所未有。政坛领域，黑人政治家愈发引起关注，1987 年选举产生了首批伦敦黑人议员伯尼·格兰特（Bernie Grant）、保罗·博阿滕（Paul Boateng）和戴安·阿博特（Diane Abbott）。此外，同性恋获得公众接受，还会定期举行活动。

就连长期以来作为阶级区分标志的伦敦口音，也出现了微妙变化。曾经的标准发音①加入了"河口英语"②的元素，变得更加大众化。英国广播公司新闻播音员的说话节奏也与一个世纪之前大不相同。"Yes"可以说成"Yeh"，辅音被弱化，俚语甚至脏话都出现在日常的讲话中。卡里尔·丘吉尔（Caryl Churchill）在当时创作的讽刺戏剧《一大笔钱》（*Serious Money*），没有以花花公子作为主人公，而是聚焦雅皮士群体，这群人的标志是粉色香槟和保时捷，娱乐休闲都在金融城以东而非传统的西边，霍顿和肖迪奇的一些新兴街区就是他们的据点。

政治地缘也是变化之一。伦敦的工人阶级向东移动，代表中产阶级的公务员、学者、媒体人士和"创意人士"则搬到了西边。相比人口流动频繁的陶尔哈姆莱茨和南华克，工党的锁票率在中产阶级化的伊斯灵顿更高，而生活在前两个区域里的"白人穷鬼"则转为支持右翼党派。有那么一幕让我清楚地意识到这一点：当撒切尔出现在炸鱼薯条店里的一幕出现在电视机屏幕上时，一群穿着皮衣、骑着摩托车的快递员开始为她欢呼。1993 年，狗岛地方选举中出现了首位当选的右翼英国国家党③成员，伦敦东区则有共产党人当选。

对社会学家而言，这一过程叫作"社会原子化"。商业街衰落，

---

①　标准发音：公认的官方标准英式发音，以往被视为是受过良好教育的表现，多和王室贵族及上流社会联系在一起。

②　"河口英语"：英国东南部方言为主的英语异体，介于标准发音和伦敦音之间，有明显的语音和语法特点。

③　英国国家党：英国最知名的极右翼政党，反移民、反伊斯兰教徒、反多元文化。

图书馆关闭，教堂被清空，社区凝聚力也随之消失殆尽。伦敦各行政区的独立报纸几乎全都消失。人们发现，隔壁住户频繁地换人，而且他们来自的地方与伦敦的距离一个比一个更远。罗伊·波特在处于萧条期的 90 年代初写下了《伦敦：一部社会史》(London：A Social History)，他在书中表达了自己的悲观态度。他说，伦敦幸运地避免了"宗教迫害、种族屠杀、政治暴力和全面战争"，但这个城市正在衰落。伦敦人口持续下降，没有迹象表明这一趋势会停止。波特预测，未来计算机化、数字化的办公中心会移至梅登黑德、雷丁、里盖特、七橡树、巴西尔顿、切姆斯福德、沃德福德和圣奥尔本这样的小镇，在伦敦东南不断扩张的远郊扎根。他认为，那些看到了自由市场好的一面而盲目相信这种运行模式的人，才会认为从长远来看伦敦的经济是安全的。他传递出"一种新的悲观情绪——对未来的新焦虑"。

还有一些作品也表现出类似的情绪，它们的内容主要是追忆过去，怀念充满确定性的曾经。当时，伦敦的一些作家倾向于认同波特的悲观主义看法。彼得·阿克罗伊德（Peter Ackroy）撰写的《伦敦传》(London：The Biography) 让人印象深刻，书中的大都市被灰暗忧郁的调性笼罩，不过，作者在结尾处赋予对伦敦"我将再起"的淡淡乐观希冀。在阿克罗伊德看来，伦敦一直处于"发展变化之中"。帕特里克·赖特（Patrick Wright）在 1991 年的作品《废墟之旅》(A Journey through Ruins) 中重现了老达尔斯顿的景象，他对哈克尼"一会儿一个样子"发出哀叹。讽刺的是，这本书的初衷是为了致敬撒切尔。伊恩·辛克莱（Iain Sinclair）对伦敦郊区进行细腻观察和深度调研，字里行间展现出对正在消失的邻里友情恋恋不舍。更为强烈的反乌托邦主义成为伦敦一代小说家的创作

主题，从詹姆斯·格雷厄姆·巴拉德（J. G. Ballard）1975 年完成
的《高楼大厦》（*High Rise*）到马丁·艾米斯（Martin Amis）
1989 年发表的《伦敦场地》（*London Fields*），再到查蒂·史密斯
(Zadie Smith) 2000 年出版的《白牙》（*White Teeth*），都是如此。
对他们来说，伦敦似乎在撒切尔的毁灭措施下愈战愈勇，但面对新
世纪反而感到局促不安。

第二十五章

孤注一掷

1997—2008

泰晤士河畔的卡米洛特①

21 世纪初始，只有纽约能与伦敦相提并论。抛开外观不谈，从经济和文化视角来看，它们就像一枚硬币的正反两面。进驻伦敦的银行、店铺、品牌，流行的时尚产品、美食、戏剧、音乐剧，火爆的电视节目、畅销书、报纸期刊，纽约也都能见到。最重要的是，伦敦和纽约的官方语言都是英语。伦敦的电台节目和大街小巷充斥着美式口音。这两个全球最大的英语城市犹如孪生子一般，尽管细微之处略有不同。

梅杰执政末期，美国杂志《新闻周刊》（*Newsweek*）在 1996年派出报道团队对伦敦进行调研报道。30 年前，其竞争对手《时代周刊》也有过类似的策划。摇摆的伦敦现在变成了什么样子？《新闻周刊》严肃地表示，伦敦已经从摇摆的城市发展为一个更成熟、更宏伟、更有内涵且时尚感不减的地方。现在，它是"地球上最炫

---

① 卡米洛特：英国传说中亚瑟王的宫殿所在之地，坚不可摧。

酷的城市……既有洛杉矶永不停歇的活力与新鲜感，也兼具巴黎如薰衣草干花一般的沉淀与美丽"。这么形容，很有道理。

当时的政治新秀托尼·布莱尔（Tony Blair）就借此大做文章，试图洗去撒切尔留给英国的痛苦与分歧。1997 年当选首相后，他喊出了"时尚英伦"的口号，其公关团队将唐宁街比作新时期的卡米洛特——与亚瑟王的那座传奇宫殿关系不大，更像是肯尼迪总统白宫的英国版。持怀疑态度的下议院议员塔姆·达尔耶尔（Tam Dalyell）则将布莱尔政府与路易十六的宫廷相提并论。伦敦艺术界的"演员"们纷纷被封爵，他们站在唐宁街的台阶上，等着与新时代的"英国肯尼迪"合影留念。

在中央政府的授意下，伦敦承接了一系列的"面子工程"：申办 2012 年奥运会，修建成本极高的地铁线路伊丽莎白线，在河畔发电站原址建造泰特美术馆，以及在泰晤士河底挖出一条"超级下水道"——也不知道是不是真有这样的需求。伦敦自带"金主"属性。据英格兰公共政策研究所北部分支机构统计，伦敦在基础设施领域的资金投入是英格兰北部的 2.5 倍。

伦敦亦是布莱尔各项"面子政策"的施政平台，布莱尔更注重形式，不关注内容，助手乔纳森·鲍威尔（Jonathan Powell）形容其执政风格为"拿破仑式"。但面貌一新的工党政府并没有推翻撒切尔时期的结构性改革，而是巧妙地效仿延续。医院、学校、公共服务的私有化程度增加。1997 年，伦敦地铁出售给两家分包公司运营。其中一家不到 5 年就破产了，两家公司最终又交由伦敦交通局接管，变回了国有制。

经历了撒切尔时期的连绵纷争，和解毫无疑问地成为众望所归。机缘巧合，1997 年工党上台后不久，戴安娜王妃去世，促成了这一愿望的实现。布莱尔在各种场合的聚光灯下盛赞戴安娜是"人民的王妃"，全球的哀恸之情汇聚伦敦，王妃的去世与 16 年前的大婚一样受到世界瞩目。塑料纸包裹的鲜花在戴安娜的肯辛顿宫居所前堆成了小山。还有人提议想以已故王妃的名字为希思罗机场和M25 高速重新命名，但很快遭到抵制。

更安全的城市？

北爱冲突的解决是布莱尔政府的首个功绩，英国从此摆脱了 30年来断断续续的恐怖袭击。但对伦敦而言，这种喘息是短暂的。2001 年，基地组织发动了针对纽约的"9·11"事件。随后，渴望在国际舞台占据一席之地的布莱尔与美国总统乔治·布什（George Bush）联合对中东发起报复性战争。2003 年的伊拉克战争引发了全球抗议，伦敦有 100 万人走上街头进行反战游行。政府一开始不让游行者进入海德公园，宣称是怕"践踏草坪"，但很快态度就缓和下来。这次集会可能是伦敦历史上规模最大的一次。

布莱尔宣称入侵伊拉克能让伦敦更安全，但其带来的结果却是让伦敦成为新一轮恐怖主义的攻击对象。2005 年 7 月，伦敦公共交通系统遭遇 4 起炸弹袭击，52 人遇难，刷新伦敦历次恐怖袭击死亡人数的纪录。和后来的袭击一样，很难把肇事者和有组织的阴谋事件关联起来。他们绝大多数都是"独狼"恐怖分子，因此，他们的行动很难被阻止，也不能被视为"对伦敦战争"的有计划的组成部分。

对待爱尔兰共和军及其恐怖袭击，历届政府都态度强硬，却没留任何"宣传"空间；而对待伊斯兰极端分子频频发出的挑衅，"宣传"却没有被有效控制。尽管政府呼吁"不向恐怖行动妥协"，但从 21 世纪初开始，市中心就像是一座被围困的城市。国会广场和白金汉宫周边布满了路障、护栏，到处是武装警察。议会大楼外，甚至在火车站里，都能看到自动武器。进入商店、剧院和博物馆也要对随身物品进行安检。

看到伦敦失去往日的沉着镇定，外国人感到始料未及。我曾数过，有 40 名警察为皇家卫兵换岗仪式"保驾护航"。英国对中东的战争，非但没有保护首都免受恐怖主义袭击，反而将其推上了风口浪尖，使之成为欧洲城市中最四面楚歌的那一个。穆斯林人口在伦敦扎根已久，愈发稳定且规模日益庞大，人数占伦敦总人口的12％，伊斯兰教也成为伦敦第二大宗教。但这个群体却发现自己被"区分出来"，理由是对公共安全产生群体威胁。首都装配了大量的安保设施，尽管"危险级别"持续下调，但安防行业还是凭此赚了个盆满钵满。防护路障遍布伦敦西区，至今都没有拆除。

一方面，恐怖主义占用了首都治安管理大部分的时间和精力；另一方面，非法毒品交易及衍生的街头帮派势力成为对社会威胁更为严重的毒瘤。伦敦三分之一的年轻人承认经常或偶尔吸食毒品，主要是服用摇头丸和吸食大麻。巨大的消费市场促使供应大幅增加。毒品流通监管缺失，导致犯罪率激增，移民社区受影响最深，毒品交易成为其中一些社区的主要收入来源。四分之一的伦敦囚犯因吸毒或相关犯罪活动而入狱，监狱本身也成为毒品的主要消费市场。有一次，我参加了一个在贝斯纳尔格林举行的毒品研讨会，和地方社工及其他人员讨论管制问题。结束后，有两个衣着光鲜的年轻人跑来攻击我，说我"断了他们的财路"。显而易见，单方面的遏制弊大于利，但英国政府却固执己见，依然采用这样的手段。

布莱尔的繁荣

　　新千年伊始，伦敦就已经摆脱掉 20 世纪 80 年代和 90 年代保守党政府种下的苦果。经济上，伦敦走出了 1992—1994 年间的短暂低谷，并长期保持上行态势。银行和房地产市场成为海外财富的"保险箱"，外来资本将这里作为投资"新胜地"。布莱尔的助手彼得·曼德尔森（Peter Mandelson）公开声称"政府对待暴富阶层极为宽松……只要他们按时交税"。这番言论让一些党内人士感到意外，因为几乎没有移民来此的海外富豪交过税，他们都以非英国籍的名义享受境外收入、资本所得无须纳税的待遇。

　　与此同时，似乎是一夜之间，伦敦的人口下降停止了。1985年，伦敦人口降至 660 万的历史低点，但在世纪之交，和预期相反的事情出现了：伦敦人口突破 900 万大关，超过 1939 年的峰值。就业方面，约 25％的人从事蓬勃发展的金融服务业，15％的人在国内和海外旅游行业任职，还有人从事私人医疗以及教育等个人服务领域的工作。最引人注目的是创意产业的兴起，美国经济学家理查德·弗罗里达（Richard Florida）认为该产业是 21 世纪城市复兴的主要驱动力。一个世纪前，伦敦依靠货币、制造业和物流行业。如今，设计、营销、艺术和媒体撑起了伦敦经济大半边天。尽管对"创意产业"的定义，众说纷纭，但据估计，其涵盖的员工数量与金融行业相差无几。

　　这些新兴行业的经营个体往往规模较小、工作灵活，以初创企业为主，多数集中在老城区、西区以及克勒肯维尔、肖迪奇和南华克这几处，它们尤其偏爱西区的地下室和老旧仓库。在马里波恩，英国著名的"百年医疗街"哈里街上集聚着世界上最先进的医疗机构。苏豪区的小巷里聚集着技术顶尖的影视后期工作室。曾经的马厩和车库，现在成了前沿科技公司的办公之地。

此前，人们认为伴随数字革命出现的新经济业态会使首都财富从中心分散至各区，但事实证明恰恰相反。员工需要场所工作、建立人脉关系。如雨后春笋般涌现的咖啡厅，让人仿佛回到了 17 世纪的金融城。一度衰落的文化产业迎来重振。出版公司出版的书籍更多了，即便大部分传统报纸已转战线上，专业期刊和杂志的销量依然有增无减。西区的剧院不再惶恐于即将倒闭，反而被需求推动提高了票价。20 世纪 70 年代，伦敦一晚上 30 场的现场演出就已经让我觉得不可思议。等到了 90 年代，演出数量翻了一倍。与此同时，拍卖行和喜剧俱乐部越来越多，就连公开讲座和辩论活动都持续走热。

所有将经济活动分散到伦敦周边的尝试都遭遇搁浅。历届政府的提案——从修建连通北部的高速铁路，到为希思罗增加新跑道，再到向首次置业者发放购房补贴，都让伦敦变得"更吃香"。伦敦的人均附加值一路飙升，超出全国平均水平 70%。我有一次在曼彻斯特参加商务会议，全程听到最多的就是恳求伦敦"别再撬走我们最优秀的人才"。苏格兰首席大臣亚历克斯·萨尔蒙德（Alex Salmond）把伦敦比作"经济领域的暗星，无情地从英国其他地区攫取资源、人员和能量"。

2001 年的人口普查证实了伦敦人口的增加，也显示出 37% 的伦敦人出生在海外，55% 的伦敦人不是"白种英国人"。房地产市场持续升温。20 世纪 80 年代，考文特花园的"大变身"再次上演，只不过这次出现在国王十字、老街、伯蒙西和沃克斯豪尔这些一度荒废的老中心区边缘地带。我以前还在肖迪奇的市政厅看过东区拳击比赛，环境又脏又差，那里现在成了米其林星级餐厅。2001 年，我父母卖掉了位于巴比肯的老房子，当时的房产经纪人对买家介绍，住在这儿"去时髦的霍顿非常方便"。

住宅领域的中产阶级化现象蔓延至郊区地段的工人社区。各类报刊的地产版块将关注区域从伦敦西北转向伦敦东北和南部，比如哈克尼、克莱普顿、斯托克纽灵顿、沃尔瑟姆斯托、博、新十字、佩卡姆、巴尔汉姆和旺兹沃斯。作家伊恩·辛克莱突发奇想，实地走访了属于环城地上铁的"姜线"段沿线区域。这一带，本应该连星巴克都没有，用 200 镑就能租下一居室。这里也是伦敦中产阶级化的分界点，再往外，就看不到维多利亚风格的露台房屋了。

利文斯通的回归

有一件事，布莱尔信守了承诺。1994 年，地方民主委员会强烈要求通过选举产生伦敦市长来恢复伦敦自治。1995 年，我作为委员会主席游说持反对意见的布莱尔改变立场，推行这样的改革。起初，布莱尔并不情愿，他和撒切尔以及梅杰一样，都对地方政府无感。但后来，他变得积极起来，因为意识到设立市长职位可以绕开地方工党，而他与后者的分歧正在日益加剧。他顶住了来自地方政府发言人弗兰克·多布森（Frank Dobson）的强大阻力，将这项举措写进了 1997 年的工党竞选宣言。

1998 年，伦敦就是否设立市长职位进行公投，72%的人投了赞成票。基于此，议会在 1999 年出台法案，成立大伦敦市政府，恢复首都自治。短短的一个多世纪，伦敦的自治政府换了四种模式。和此前的大都会市政工程局、伦敦郡议会以及大伦敦地方议会一样，大伦敦市政府的权力界限也比较模糊，属于"战略"管理者。伦敦市长可以管理道路和交通，但不负责地面轨道。伦敦首次被赋权与内政部联合监管警察机关，尽管共享监管权让范围界定和实际落实都变得混乱。伦敦警察局局长约翰·史蒂文斯（John Stevens）告诉我，他要对 20 个外部机构负责。

伦敦市长向选举产生的伦敦议会述职，伦敦议会可以否决但不能修正大伦敦市政府的预算。考虑到地方政府的全部开支实际由中央政府管控，这项权利几乎可以忽略不计。随即产生的争论是伦敦市政府该在哪里办公。最明显的选择就是伦敦郡议事厅，而且确实应该尽一切努力把这栋建筑给收回来。但最终的决定是在伦敦塔对面的泰晤士河南岸新建一座伦敦市政厅。这座形似鸡蛋的建筑由福斯特爵士设计，伦敦又多了一处塞夫特风格的现代建筑。

金融城政府何去何从？这一问题被再次回避。金融城之于伦敦，就如梵蒂冈之于罗马。金融城的市长和伦敦的市长，二者的名字中都有"市长"二字，很难让人分清。很多游客都感到困惑，到底哪一个才是真正的伦敦掌舵者？金融城负责管理包括汉普斯泰德和埃平森林在内的公园，同时，它也在努力争取金融城区域自行规划和开发的权限。

似乎印证了风水轮流转的那句老话，2000 年，肯·利文斯通当选首任伦敦市长。这位曾经的大伦敦地方议会掌门人自谓已经改变，不再仅为激进的左翼群体发声，而是代表了"全部的伦敦人"。

在任何场合，他都可能成为焦点，吸引公众的关注。他的当选，至少让伦敦市政府在政治格局中有了一席之位。此后再想废除这个机构，可就不是那么简单的了。

在交通领域，伦敦市长还是有一定的发挥空间。利文斯通试图对原本归属国家的地铁进行私有化改制，但没能成功。他推动使用出行通票电子牡蛎卡，并决定淘汰双层巴士，替换为单层的铰接式公交车。他还对进入市中心的私家车征收电子拥堵费。由于市中心的车辆中只有12％是私家车，所以这笔费用对缓解拥堵实际作用不大。撒切尔执政期间，伦敦受中央政府直接领导，路政建设管控较松，利文斯通虽然想要改变，但也没有彻底逆转这一局面。伦敦道路修建随意，拥堵费产生的积极影响被抵消，交通问题进一步加剧。与巴黎和纽约的整齐街道相比，伦敦的街道明显被比了下去。

市场的宠儿：摩天大楼

利文斯通的另一项政策重点对伦敦的影响显而易见且持久。他是摩天大楼的忠实粉丝。他曾对我说，想让伦敦"看上去和曼哈顿更相似"。记者彼得·比尔（Peter Bill）透露，利文斯通会在规划会议上大喊"再高一点"。但实际上，2002年发布的伦敦重建计划中，只有一项与之相关，即在一些车站旁边建造50层高的摩天大楼。金融城的首席规划师——激进派的彼得·里斯（Peter Rees）也对此饶有兴趣。一开始，他还坚持政策要求，把高楼大厦集中建在圣保罗大教堂以东、恩典堂街和主教门以北的区域。但巴比肯屋村和前国民西敏大厦都建在了规定分界线以西，所以实际建设中没有完全按标准执行。

　　大量的摩天大楼工程迅速启动、竣工，重塑着伦敦的天际线。它们有各式各样的昵称，比如"小黄瓜""碎片大厦""奶酪刨""火腿罐头""手术刀""螺旋滑梯""对讲机""尖塔"（后来被废弃了）。其中，"对讲机"为了实现可租用面积最大化，将楼体设计为向外弯曲，加上玻璃幕墙对阳光形成反射，能把街对面的汽车烤到融化变形，还能在下面的人行道上煎熟鸡蛋。因为没有相关的政策对结构形状加以限制，"对讲机"从设计到施工一路"绿灯"。就连所谓的禁令——"建筑物不能对圣保罗大教堂造成视觉影响"也可以灵活处理。建筑师雷姆·库哈斯（Rem Koolhaas）就以给罗斯柴尔德银行修建总部大楼为由，紧贴着圣保罗大教堂的东侧修建了一座外形平淡无奇、像盒子一样的建筑。泰晤士河口不能修建高楼和圣保罗大教堂后身不能有建筑产生视觉遮挡的规定都成了一纸空文。每一次违规和破例，都为下一次提供了借口和理由。

　　20世纪60年代，一座高楼大厦在米尔班克的沿河地带拔地而起。有了这样的先例，就很难反对在河对岸的沃克斯豪尔也修建一座类似建筑——49层高的圣乔治码头公寓。这个项目是开发商的一次"试水"，它居高临下地俯视着周边区域，成为从威斯敏斯特到切尔西的新天际线。但地方政府对此是拒绝的，官方调查显示，就连一向不表态的兰贝斯区都投了反对票。人们认为正是它的修建开了一个不好的先河，"摩天大楼开始在伦敦肆意修建、凌乱分布"。2005年，在利文斯通以及时任环境大臣约翰·普雷斯科特（John Prescott）的支持下，沃克斯豪尔塔项目开工建设，它被看作迄今为止对伦敦景观破坏程度最为严重的建筑。此外，其对城市发展的贡献为零，这样一栋豪华公寓基本无人入住。《卫报》（The

Guardian）报道，214 套公寓中，131 套被海外买家购置。一位俄罗斯富豪花 1 000 万英镑买下了顶层公寓，但从来没有住进去过。全楼只有 14 个人登记了选民投票信息。

伯蒙西的 95 层建筑"碎片大厦"也遇到了同样的争议。修建这座欧洲（除莫斯科之外）最高的摩天大楼纯粹是为了满足东区商贸大亨欧文·塞拉尔（Irvine Sellar）的一己私欲。操刀设计师伦佐·皮亚诺（Renzo Piano）解释称，企划立项就是因为塞拉尔"想建"。除了贫困的南华克，没有其他行政区能够容忍这样一座楼宇立在那里，透露出鹤立鸡群的优越感，仿佛是在蔑视伯蒙西成片的矮楼。其建造方案早在 2003 年就得到了普雷斯科特的批准，但因为资金问题以及景观和遗迹保护组织的反对，开工推迟了一段时间。

尽管从远处看去，它和肃穆安详的方尖塔别无二致，但它的位置突兀，建在商业街之上，被建筑评论家欧文·哈瑟利（Owen Hatherley）恰如其分地形容为"让整条街陷入沉默……是一种城市霸凌行为……带有纯粹的攻击性和傲慢之感"。行人想要穿过这里，必须走迷宫一般的指定通道。与金融城的"小黄瓜"和伦敦眼一样，它凭借"庞大的体型"跻身于现代都市的地标之一。

高层写字楼在商业租赁市场并不受捧，它们也很少通过出租来获利。一方面，它们自身造价成本很高；另一方面，它们还有一大笔租赁空间的管理服务开支。开发商斯图亚特·利普顿（Stuart Lipton）在接受商业地产杂志《地产公报》（*Estates Gazette*）采访时表示，"高层写字楼，建设周期是低层写字楼的两倍，但使用效率则至少要低 5%"。他用实际行动验证了自己的这番言论。2016 年，他接手了因资金问题而不得不停止建设的"尖塔"项目，后者位于金融城的主教门 22 号。他重新设计打造出一栋 62 层高的摩天大楼，玻璃楼体，建坪宽阔，外形平淡无奇，普通到连昵称都起不出来。

在伦敦，一连串的高层写字楼都没什么市场。"碎片大厦"几乎无人承租，最终还是靠卡塔尔财富基金这根救命稻草才免于夭折。"小黄瓜"的建设成本也超出了完工时的估值价格。外形凸起的"对讲机"被中国资本买下后得以"续命"。在海外投资者看来，收益率无关紧要，只要隐秘、安全，而这两点，得益于监管上的宽松，伦敦的优势得天独厚。

基于这样的现实，房地产投资自然而然地从商业地产转到了高端住宅。2007 年，利文斯通的权限扩大，可以凌驾于地方政府之上。他倡导建造更多的摩天大楼，以"带动城市重建，重塑伦敦天际线"。他声称，获批的高层住宅中，有 50% 是民众"买得起、住得起"的。这和 20 世纪 50 年代政府修建的高层救济房形成对比。但他也就是那么一说，并没有打算真的落实。到离任之时，他一共批准建设用作私人投资的高楼有 200 多座，都在 20 层以上，有的已经建好，有的依然在建设之中，绝大部分处于空置状态。

谈及在高层公寓居住，人们的态度变化明显。曾经，高层公寓归政府所有，维修不及时、监管不到位，里面的住户都是些拖家带口的穷人，自然不受待见。如今，高楼成为国际买家的理想居所，无论用来临时落脚，还是作为投资对象。在纽约、柏林和新加坡等城市，法律及租赁规则通常要求购房者需要为本国国民，或在当地居住超过一定时间。2017 年，新西兰直接禁止非永居身份的外国人买房置业。换句话说，城市规划需要考虑特定建筑形式对邻里和社区的影响。

伦敦的规划者和政界人士则没有这样的担忧。21世纪前20年，正是因为高楼大厦在伦敦拔地而起，才吸引了海外买家的入驻。大环境私密、隐蔽、安全，政府也不事无巨细地索要相关信息。买家通常以离岸公司的名义为自己打掩护，而高楼就是现实版的"空中小金库"。这些建筑往往还没竣工，就已经签约售出，和交易公司的股票差不太多。有位中国投资商买下了位于坎宁镇的一栋大楼，但里面几乎什么都没有，像个空壳子一样。

每年，伦敦的规划师、建筑师、政府官员和开发商都会聚在戛纳参加一年一度的地产行业盛会 MIPIM。作为地产界规模最大、公信力最强的峰会，除了必备的奢华娱乐活动，这里还有数不清的商机和优质地产项目。我上次去参加时，一位开发商告诉我，他感觉在戛纳海滩上达成的事关伦敦面貌的决定，比在伦敦政府会议厅定下来的还多。如果地方反对某个项目建设，政府就会援引所谓的"106协议"，再由双方各退一步达成妥协。开发商会建造一批公寓以打折价出售——折扣一般为20%，或者为所在区域建造一所小学或游泳池。据报道，建于码头区的"伦敦之巅"摩天大楼在2018年给陶尔哈姆莱茨政府交了一笔5 000万英镑的巨款。但因为这笔费用不是支付给个人，所以成了"合法贿赂"。兜兜转转绕了个大圈，伦敦又回到了哈里·海姆斯和乔·利维的那个时代。规划不过是场"博弈"。

似乎是为了彰显这种权利上的制衡，布莱尔在1999年废除了皇家美术委员会，后者为独立机构，倡导高质量的设计和建筑标准，长期被很多商业建筑师视为眼中钉、肉中刺。但让很多开发商感到意外的是，布莱尔随即成立了替代机构——建筑及建成环境委员会，并任命业内元老级人物斯图亚特·利普顿出任委员会主席。

尽管建筑及建成环境委员会反对建造"碎片大厦",但对沃克斯豪尔塔却十分支持。

在布莱尔的治理下,英国经历了长期繁荣。一方面,梅杰政府后期经济领域的上扬态势得以延续;另一方面,英国脱离欧洲货币体系后,英镑回落,也促进了商贸往来。伦敦已然走出了20世纪70年代的低迷时期。2007年,布莱尔下野,同为工党阵营的戈登·布朗(Gordon Brown)接任首相。在这个时候,人们对推动伦敦发展的三大支柱产业——金融、旅游和房地产——极其看好。几乎没人想到,有句古话叫盛极必衰。

第二十六章

浮华构造

2008 年至今

约翰逊——崛起的政坛新星

　　2008 年，美国次贷危机引发的金融危机很快席卷整个欧洲，伦敦银行业遭遇重创，金融领域的信心跌落至 20 世纪 30 年代以来的最低点，英国短时间内陷入严重的经济衰退。但伦敦并非第一次遇到这样的情况，和以前一样，它在"风浪"的洗礼后依然坚挺，算是岿然不动。除了地方银行北岩银行垮台，伦敦没有一家银行宣布破产，当然，这其中，政府对两大知名银行苏格兰皇家银行和劳埃德银行的救助支持功不可没。当时执政的工党政府由戈登·布朗领导，气数已尽。之后上台的是联合政府，由大卫·卡梅伦（David Cameron）和尼克·克莱格（Nick Clegg）联手组建。两届政府都为信贷市场提供了流动资金，防止了情况的骤然恶化。

　　对伦敦而言，事情可不只是"勒紧腰带"过日子那么简单。房地产市场停滞不前，房价持续跌落了一年才趋于稳定。受影响最为严重的是政府机构，财政大臣乔治·奥斯本（George Osborne）实施了严厉的削减开支计划。接下来的十年里，中央政府下发给伦敦地方的拨款减少了 40%～50%。伦敦的人均收入下降 37%，而其他地方的下降幅度为 29%。

2008 年，经济一片萧条，保守党人士鲍里斯·约翰逊接任利文斯通成为伦敦市长。有着伊顿公学和牛津大学教育背景的鲍里斯与"厚脸皮"的利文斯通大相径庭。但他和后者也存在诸多相似：不拘一格、幽默风趣、直言不讳、领导能力优秀。过往经历、疯言疯语、时不时让人大跌眼镜的可笑行径和放荡不羁的私人生活似乎都没有削弱他的声望。而他对公款的使用几乎可以用痴迷来形容。

约翰逊是个自行车"发烧友"，他一上任就接手了利文斯通的"自行车交通线路计划"，并且大力推行被称为"鲍里斯单车"的共享单车项目，政府每年要为此倒贴 1 600 万英镑。此外，他还在伦敦西区重新为自行车规划了专用车道，骑车人士为之欢呼称赞，出租车司机却对此怒气冲天。堤岸区的主路每条都改成了单车道，导致这里永远都是一片拥堵的景象。截至 2018 年，内伦敦唯一能顺畅通行的道路就是马里波恩/尤斯顿路。二战后发布的布坎南报告和改善城市交通方案彻底成为过去式。

伦敦政治经济学院伦敦研究专家托尼·特拉弗斯（Tony Travers）表示，在纽约，路政归市政府负责，90% 左右的道路都能应对过境交通问题。而在伦敦，辅路归各区政府管辖，还有各种单行道和小巷，路边停车占道严重，留给通行的道路空间仅有 20%。这就导致首都大量的柏油路面实际上是"闲置"的，除了供行人通过和用作街边停车区域外，没有其他功能。但这些路上既不能建房，也不能盖购物中心，还不能改为游乐场或花园。伦敦的空间使用率一点都不高效，浪费严重。

在修建高楼大厦的事宜上，约翰逊的前后态度堪称 180 度大转变。早前，他反对利文斯通在泰晤士河畔兴建摩天大楼，但后来，他成为城市"水泥森林"的积极鼓吹者。行业独立论坛——新伦敦建筑——的报告显示，约翰逊担任市长期间，获得系统批准的高楼建造项目数量翻了一番。他还委托建设了一些形象工程，浮夸得让人联想到前首相布莱尔——布莱尔执政期间也搞了一堆不切实际、华而不实的建设。在约翰逊的推动下，横跨东区泰晤士河的缆车项目建设开通，一直处于亏损状态。他支持在斯特拉特福德的奥林匹克公园内建造伦敦"奥运塔"，宣称"要与埃菲尔铁塔一决高下"，但耗资 50 万英镑打造出来的却是一个错综复杂的钢铁螺旋建筑，看上去像是个硕大无比的阿拉伯"水烟枪"。他还用政府拨款为警察局购置了防爆水枪，但从未派上过用场。他联合财政大臣乔治·奥斯本批准了预算为 6 000 万英镑的花园桥项目，该项目计划在圣殿建造一座连接南北、横跨泰晤士河的大桥。本来，政府没有计划为其提供财政支持，但在约翰逊的实名担保下，伦敦政府和财政部各拨款 3 000 万英镑。项目面世以来，公开预算节节飙升，一路增至 1.75 亿英镑，最终被叫停搁置。其中有 4 300 万英镑都花在了"专家顾问"的身上。没过多久，长期无人问津的哈默史密斯桥被无限期关闭，因为没有部门愿意出 3 000 万英镑的维修管护费。伦敦政府状况堪忧。

　　约翰逊还启用了新型双层巴士来取代利文斯通时期投入运营的350 辆铰接式公交车。他承诺将"自由"还给伦敦市民，红灯停车时乘客可以在车尾的开放式平台任意"跳上跳下"。换下来的旧公交，卖出价只有 8 万英镑；而买一台新公交，则要花费 35 万英镑。到头来，供乘客自由上下车的车尾平台基本无法使用。约翰逊之后的伦敦市长则取消了新公交的订单。从 2014 年开始，伦敦的公交使用量开始下降，每年下降幅度在 3% 左右。2016 年，约翰逊卸任市长一职。他竞选并出任伦敦市长，被看作是在为进军威斯敏斯特中央政府铺路。

骚乱之城，奥运之城

2011 年 8 月，一名黑人嫌疑人在托特纳姆被警察枪杀，引发了伦敦的一系列社会骚乱事件。这让伦敦停下来思考：此类事件为何会周而复始，背后原因何在？骚乱在炎炎夏日持续了近一周的时间，年轻人冲上街头，伍德格林、斯特里汉姆、恩菲尔德、伍尔维奇、克罗伊登相继发生群体暴力事件，甚至连市中心的牛津广场也未能幸免。商铺成为主要攻击对象，很多都被放火烧毁。警方避免与暴徒正面冲突。治安法官则绞尽脑汁，不知如何给偷街上散落物品的窃贼定罪。这场骚乱表明，即便是在一个长期稳定的城市，安宁与暴力之间的界限也会如此脆弱，一碰即碎。

2016 年，来自工党的萨迪克·汗（Sadiq Khan）成为新任伦敦市长，他上台后，伦敦市政府一改利文斯通和约翰逊时期的张扬狂傲，而是以安心、沉稳的形象示人。和约翰逊一样，他的权力也比较有限。市长这个职位，与其说是公民领袖，倒不如说是有抱负的政客从政路上的晋升平台。新政府非但没有为伦敦争取到更多的"自治权限"，反而使首都失去了原有的政治支持。2015 年，曼彻斯特通过与中央政府交涉，拿回了医疗卫生和铁路系统的管辖权。伦敦试图效仿，但没有成功。轨道交通领域，还是只有地铁线路归伦敦政府掌控。伯明翰、利物浦、布里斯托的市长亦均由选举产生，上任后表现活跃；伦敦则没什么动静，好像回到了沉睡期。2018年，伊丽莎白线未能如期通车，建设成本也远超预算，但舆论上几乎没有掀起水花。

伦敦警察局名义上归伦敦市长管理。萨迪克·汗上任后，面临的最大挑战就是帮派犯罪和持刀案件数量激增。20年来，伦敦的整体犯罪率持续下降，现在也依然如此，但针对年轻男子的持刀袭击却显著增加。这背后似乎和贩毒团伙的"地界"之争脱不了干系，但警方除了拦截大量的黑人青少年进行搜查外，别无他法，尽管这一行为本身非常具有争议性。这类事件为何会突然增多，没有明确的官方解释，罪魁祸首可能是人们熟悉的毒品买卖日益猖獗，也可能是因为受紧缩政策影响。不断有青少年活动中心①被关闭。有朝一日，伦敦是否会像荷兰以及越来越多的美国城市那样放松对毒品交易的控制，还有待商榷。警察对买卖大麻的行为视而不见，没有行动的决心和动力，执法混乱。几乎没人注意到，这和18世纪伦敦出现的杜松子酒威胁是多么相似，而当时的治理良策并不是禁止买卖，而是税收、监管和执法合力出击。

2011年的骚乱中，多幢建筑遭纵火焚毁，媒体镜头下的画面惨不忍睹。人们担心，这会对来年举办的伦敦奥运会产生负面影响。事实证明，担心是多余的。伦敦奥运会是一场震撼炫目的盛宴，它的精彩、安保和奢华让人印象深刻。伦敦成为全球的焦点，一举一动、一草一木都通过镜头呈现在全世界的眼前。为了防止交通拥堵和发生骚乱，时任伦敦市长的约翰逊呼吁没有买到门票的人不要到

---

① 青少年活动中心：伦敦很多青少年活动中心为无家可归的青少年提供正确的引导和帮助服务。

现场聚集。那年 8 月，伦敦仿佛是一座"鬼城"。观众乘坐专列前往位于斯特拉特福德附近利亚山谷一带的奥运赛场。奥运官方车辆有专属的交通车道，遥控器一按，交通灯马上变绿，可以顺畅通行。奥运会赞助商要求奥运交通沿线不能出现竞争对手的广告，甚至连卫生间的马桶都印上了他们的商标。当年，旅游业同比下降了 8 个百分点。

由于没有进行成本控制，奥运会的预算从最开始的 24 亿英镑增加至 95 亿英镑。加上后来的各种费用，实际总花销估计接近 150 亿英镑。但一切的反对、不满和指责都随着奥运会的成功举办而烟消云散。当时的首相大卫·卡梅伦表示，伦敦奥运会将为英国带来 130 亿英镑的出口收益，这个数字似乎不怎么合逻辑。但毫无疑问，那个夏天，伦敦弥漫着一种自豪的氛围，就像拿到了尼路咖啡的优惠券一样。政府施以小恩小惠，公众就心满意足。2012 年的伦敦，展现出一个与传统谦逊稳重形象全然不同的样貌。

住房危机来了吗？

2012 年奥运会之后，伦敦呈现出一种陷入泥潭走不出来的感觉，带些歇斯底里的情绪，比较明显的，就是对奥运"遗产"的处理引发广泛争议。旅游业没有回升，体育赛事活动减少，斯特拉特福德的巨型奥运场馆闲置，亟待利用。各方虽有分歧，却就一点达成共识，即奥运"遗产"必须与首都住房结合起来，因为住房正在遭遇"危机"。政治家的字典里，从来不缺"危机"一词。

尽管建筑造型不尽如人意，但 20 世纪 90 年代和 21 世纪以来，伦敦在房价上并没有与其他国际都市脱节。2008 年金融危机之后的十年间，伦敦的房地产指数实际上落后于全球水平。伦敦房价的实际年增长率为 3%，而纽约为 5.5%，旧金山为 13%，斯德哥尔摩达到 14%。墨尔本、新加坡、巴黎、布鲁塞尔等城市的居住成本上涨压力明显，背后原因皆为供需不平衡——这些大城市在世纪之交吸引了大量居住人口，但房地产市场并没有足够的住房可供应。尽管建筑游说团体不断呼吁批准建设新楼盘，但新建住房并不能解决问题。墨尔本和加利福尼亚州的城市都在大兴土木，每年的新建房屋也只能为供应端带来 1% 或 2% 的增量。而在伦敦，全年范围内新建住房的销量占比不足 14%。每小时就有 10 人来伦敦定居，必须在可用的空间内安置更多的人，关键就是如何以最好的方式来实现这一点。

伦敦对土地和建筑的利用效率极低，导致几个世纪以来城市发展一直呈现低密度蔓延模式。地理学家丹尼·多林（Danny Dorling）认为，所有大城市里，伦敦是人口密度最低的城市之一。伦敦政治经济学院 2005 年的城市调查报告显示，纽约、莫斯科和东京的人口密度都高于伦敦。巴黎的人口密度是伦敦的四倍，为每平方千米 2 万人。这还不是全部。2011 年的全英人口普查显示，伦敦的卧室数量要多于居住人数。房地产经纪公司第一太平戴维斯在 2015 年发布的报告称，伦敦估计有 100 万套住宅因为入住率不足而不为人知。

伦敦人对独栋别墅的偏爱加剧了这一情况。一直以来，他们都愿意拿出绝大部分积蓄购置一套私密性好、有起居室——如果可能再带个花园——的房屋。伦敦野生生物基金会表示，首都 380 万户住家中，有 200 万户拥有花园或类似的地块，这一比例远高于同等水平城市。二战之后，政府也迎合民众的喜好，出台各项补贴政策，包括抵押贷款补贴、首次购房者补贴和购房援助补贴。这些福利的累积效应就成了伦敦住房利用效率低下的推手，在为这个问题不断提供资金支持。

除了补贴，伦敦的房产税收也有问题。1993年之后，伦敦的市政房产税按区间段划分，几乎不与房屋的实际价值挂钩。最高档的收费不过是最低档的三倍。有消息称，2019年，一套位于海德公园角附近、价值1亿英镑的顶层公寓，市政房产税只有2 000英镑；而同等价格的房屋，在纽约要交25万美元的税费。此外，购房还有高额的印花税。房价超过150万英镑的，最高要按12%的税率缴税——很多年纪大的房主因此打消了换个小房子的念头。在一个蓬勃发展的城市，房产供应端最不希望看到的就是需求被抑制。它也会导致过度投资、"囤房"、房价上涨，阻碍市场流动和人口密度的增加。英国政府一如既往地坐实其糟糕管理者的名号。在政治和市场压力的反作用下，公共住房步履蹒跚。地方政府还在20世纪六七十年代政府救济房的遗留问题上较劲，很多房屋都需要拆毁或是翻修，它们中的绝大多数都已交由住房协会负责，后者成为首都社会福利住房的新监管和对接部门。比如，泰晤士米德的政府救济房交接给了皮博迪住房信托，但缓解住房压力仍然依靠住房福利，而且这种趋势越来越明显。2013年的一份研究显示，三分之一的受助者——可能是最贫困的那部分——租住的都是私有房屋。

将近一个世纪之后，公共住房的"房屋"概念似乎和曾经的私人"庄园"一样，落后于时代的发展。2016年，兰贝斯政府宣布计划新建1 000套政府救济房，但排在等待名单上的人多达2.1万名，其中超过1 850个家庭无房可住，1 300多个家庭居住条件极为拥挤。只让其中的1 000家获得终身居住的权利，似乎就是在指责公共资金没有合理使用。然而，公共住房游说集团却在开发商的怂恿下，要求建造更多的新房，而不是高效利用现有住房，提高单位面积人口密度。这样操作，对那些真正有住房困难的人不利——原本留给他们的资源被分走。用行话来说，他们和那些希望房价再"优惠"点的人不同，他们是真的需要房子居住。就像19世纪那样，政策总是为"值得救助"的穷人服务。伦敦的房产"危机"在于住房政策扭曲，而不是缺少房屋建设。

想要继续新建出租房的政府，为了给救济房项目融资，就不得不把此前的老房子卖给私有资本。刘易舍姆的皮普斯项目和南华克的海格特大楼都是这样的例子。改造后的海格特大楼，因为位置上靠近象堡，被重新命名为象堡公园。它的建筑标准高、质量好，项目边缘还与沃尔沃斯保留至今的维多利亚建筑巧妙衔接，没有丝毫的突兀之感。但2 700套新公寓中，只有25％可以享受政府折扣价，79套出租给了那些对住房有迫切需求的政府救济对象，对此，政治抗议接连不断。

考虑到南华克55％的房屋都归政府所有，将一些建筑朝中产阶级化的方向打造似乎也情有可原。但这个理由并不能完全说服一些人。在他们看来，伦敦部分区域的公共住房是穷人的专属。随着外来移民的急剧涌入，争论愈发激烈，几乎无法达成妥协。不可否认的是，沃尔沃斯再次沦为"炮灰"，被自己选出来的政府"摆了一道"，在人们的印象中，这已经是第二次了。

那些需要翻修而不是拆掉的20世纪60年代的大楼，建设过程中可能存在偷工减料甚至更糟糕的问题。2017年，北肯辛顿格伦菲尔大楼四层的一间公寓厨房冰箱起火，点燃了建筑外立面包裹的覆盖层，酿成灾难性的大火灾，造成 72 人死亡。后来的调查表明，很多大楼的覆盖层都有缺陷，防火措施不足，面临类似的火灾风险。这些大楼的维护和监管，显然已经超出了地方政府的能力范围。罗南角惨剧发生 50 年后，伦敦依然没有解决高楼居住的隐患。

伦敦式国际都市

21 世纪的第二个十年间，外资大量进驻，规模难以量化，伦敦的富裕街区受影响明显，本地人不断被从这些社区中"清空"。利文斯通曾宣称，外资流入能提振社会住房市场活力，这番言论荒谬至极。房产经纪公司表示，80％的"西区优质"住房都卖给了海外客户。2019 年的一项调查显示，伦敦有 3 万套高端房产的业主是外国人，平时可能都无人居住，其中，1 万套位于威斯敏斯特。实际情况肯定要比这个数字高，因为就连东区也是如此。2017 年，波普拉的罗宾伍德花园卖出了 800 套公寓，在向海外客户开放之前，伦敦的本土销量只有 17 套。

切尔西国王大道周边曾经人头攒动。现在，晚上从这里以及肯辛顿的菲利莫尔花园经过，几乎看不到亮灯的房间。一些新建的豪华公寓住宅，如骑士桥的海德公园一号和皇家阿尔伯特音乐厅另一侧的肯辛顿花园一号，整个楼层都是漆黑一片，很多房间都还没有配置家具。2011 年的人口普查显示，肯辛顿和切尔西是沃什湾以南仅有的两个人口出现下降的英格兰行政区。有些区域人口急剧减少，导致商店关闭、社区诊所无人看病、停车位大量闲置。

公寓居住率呈"冻结"状态，后果之一是伦敦的人口"西移"运动戛然而止（自 17 世纪以来，伦敦人口就不断向西迁徙）。新来伦敦的人，则选择往东走，一度闲置的码头区就是他们的聚集地，他们多住在区域内的封闭式高楼里。伦敦并不缺土地，只是从一开始就让私人开发商感兴趣的地块不多。2014 年，知名中介公司斯特林阿克罗伊德在大伦敦地区找到了足够多的可开发地块，绝大多数都位于伦敦东部，建造的房屋总量可以容纳 50 万人。而且，市场需求不成问题，至少海外投资者一直需求高涨。计划在狗岛修建的全欧第一高楼"伦敦之巅"，有 67 层、871 套公寓，平均每套售价 100 万英镑。

　　码头区以东，似乎存在着另一个伦敦，没怎么被开发过，全无大都市的样子。达根汉姆、雷纳姆和达特福德这几个名字很少在各项战略计划中出现，更别说出现在伦敦的旅游指南手册中了。泰晤士河的东段沿岸仍然是约瑟夫·康拉德① （Joseph Conrad）在《黑暗之心》（*The Heart of Darkness*）中描述的那样，"有如一条伸直的巨蛇，头潜入海里，身子弯曲着静静休息，头和尾遥远到跨越了一个国家的距离"。这些区域也会时不时地被赋予新的名字，比如东泰晤士河走廊和泰晤士河河口等。在这里漫步，仿佛置身于亨伯河或塞文河河口，又好像来到了纽约长岛上的空旷地带。这里的存在也反驳了所有叫嚣着"伦敦没有可用土地"的言论，事实证明，伦敦还有新的地方可以安家置业。21 世纪初，约翰逊曾提议在泰晤士河河口建造一座新机场，但被以不切实际为由打了回来。而同一时间，香港就在进行这样的建设。伦敦西区的污染和拥堵都越来越严重，新一轮希思罗扩建计划争议不休，明眼人都看得出，东部才是大都市的未来所在。

────────────

① 约瑟夫·康拉德：英国作家，擅长写海洋冒险小说，有"海洋小说大师"之称。

繁荣消逝

2016 年以前的十年里，房地产复苏趋势和影响显而易见。但以这一年为节点，伦敦房价先是停滞不前，随后开始下降，尽管区域与区域之间降幅情况不一，不同调研机构给出的反馈也不尽一致。坊间传言，富裕街区的交易量暴跌，跌幅为 10%～20%。伦敦第一座摩天大楼中心塔，被改造为豪华公寓住宅后，根本卖不出去，一半都是空置的。2018 年，房地产经纪公司的统计显示，伦敦将有 5.4 万套公寓以 100 万英镑上下的价格挂牌出售，但每年的购房人数大概在 4 000 人左右。新伦敦建筑论坛在其位于商店街的办公区域展出了伦敦现在和未来的城市模型，高楼大厦密布，看上去就像插满了针的针垫。除了 250 个已经建成或尚在建设之中的高层楼宇，规划系统里至少还有 540 个报批项目，高度都在 20 层以上。

其中，相当一部分都将打造为高档住宅。战后，伦敦的高层建筑多作为政府救济房，经历了半个世纪的衰落后，终于重回中心舞台，并成为定义伦敦建筑环境的标志特征。正如一提到乔治亚时代，人们想到的是方形广场一样，如今的伦敦，摩天大楼是王道和地标。唯一的问题是，潜在买家是谁，收入水平大概为多少。由于大楼收取高昂的服务费，而且市场由外国买家主导，这让伦敦在调控房价和打击猖獗的地产投机行为方面束手无策。当然，在这方面，伦敦历来都无所作为，这也不是第一次"交学费"了。伦敦可以盖房子，却确定不了房子有人住，或者归谁住。

首都近期规划产生的结果和影响也逐渐显现，愈发明晰。伦敦市中心被保护起来的区域面积占比在四分之一和三分之一之间。这是一个了不起的成就，有效且持久地保留了伦敦在 19 世纪和 20 世纪的形象面貌。但是，这些地方看起来就像城市丛林中的空地，周围布满了野蛮生长的狭长街道和密集林立的高楼。威斯敏斯特四分之三的区域都被列为保护区域，高楼大厦在维多利亚和帕丁顿盆地周围见缝插针，开发商还会在大理石拱门和海德公园角等地段寻觅"漏网之鱼"来开发建设。伊斯灵顿的城市路上、象堡周围以及泰晤士河沿岸的某些随机地段，大批楼盘项目悄声无息地启动，没有任何预告，也不曾彼此商量。泰晤士河已然无法避免沿岸高楼林立的局面，只能接受看上去像个峡谷一样。伦敦已然解除了建房的诸多限制，早已放弃了对天际线在视觉上的保护。

伦敦人如何看待城市新面貌？相关调研少之又少。新伦敦建筑论坛在 2014 年进行的民意调查显示，长期以来，伦敦人普遍不喜欢在高楼居住。34 岁以上的人中，70％都持这一观点。对于摩天大楼是否"改善了伦敦天际线"，45％的人表示认同，40％的人反对。关于高楼是否美化了伦敦形象，支持和反对的意见比例也不相上下。

我个人认为，从某种程度来说，在现代城市居住，不可避免地会经历这种改变——和住在乡村不同，乡村居民捍卫起自己的权利时一丝不苟、事无巨细。而城市住房规模庞大，有些事情似乎早已注定。诚然，城市住房也受到市场经济的摆布，有大笔资金背书的项目，话语权最大，发声最强。一些发展中国家的大城市，纵然在市政规划和建筑管控上进行了努力和尝试，也都屈服于资本支持的高楼大厦，墨西哥城和拉各斯就是最好的例子。

专制的城市，表现则迥然不同。它们通常根据不同的时代潮流，对建筑进行拆毁和重建。19 世纪，巴黎就在奥斯曼的主持下改建规划。20 世纪 60 年代，我看到推土机开过布加勒斯特古老的林荫大道，留下一片废墟。1983 年，中国成都的古城区也被推土机毁于一旦。我知道，人们总有一天会为此后悔，而这让我更加伤心。在伦敦，自由市场和蜂拥而至的人群总是在与政策"打架"。这片古老的定居点，最初因罗马人的指令在今天金融城一带开始形成；后来，随着王室入住威斯敏斯特进一步扩张发展；再后来，无论是禁止在泰晤士河上修建新桥，还是铁路规划以失败告终，都对城市的轮廓起到了不可磨灭的作用。20 世纪 70 年代颁布的保护区控制管理法规，对首都产生了戏剧性的影响，可能是自伦敦大火之后意义最为重大的一次。另一个决定性的时期从二战空袭结束持续到 20 世纪 70 年代，人们为如何对城市进行全面复兴争论不休。

　　截至 20 世纪末，战略规划名存实亡，加上房地产利益的驱使，公共决策和政府资金几乎没有用武之地。然而，仍然有些区域需要规划，主要是大型工业用地，此前属于码头、铁路和设施场地。内伦敦就有三处这样的地方等着规划，分别是巴特西发电站、斯特拉特福德以北的利亚山谷和国王十字的一块前铁路用地。每一处的规划设计，都体现出伦敦政府在步入新世纪之时哪方面实力强劲、哪方面存在不足。

巴特西、斯特拉特福德、国王十字

　　巴特西重振的核心是保护巴特西发电站。巴特西发电站建造于 20 世纪中叶，以其标志性的四个烟囱为人所知。政府要求，必须把发电站保留在原址，而且要修建一条地铁支线连通这里，具体原因不详。作为交换，开发商可以自行掌控开发进程，结果就出现了之后的过度开发。

竞标成功的是一家马来西亚财团，获批在这里建造 4 239 套公寓，开发规模是巴比肯项目的两倍。方案由诺曼·福斯特（Norman Foster）和弗兰克·盖里（Frank Gehry）等建筑师操刀设计，楼体外观陡峭如悬崖一般，中间的通道狭窄，使人仿佛身处峡谷之间。为了迎合投资商，主广场被命名为马来西亚广场，周围的装饰皆以马来西亚国花朱槿为造型蓝本。非常讽刺的是，这样一个现代化的开发项目，名字里却出现了"村庄"二字。该项目并没有装模作样地主打伦敦本土市场。2013 年，其启动仪式在马来西亚首都吉隆坡举行，当地政府官员出席。2014 年，鲍里斯·约翰逊还特意飞往当地，为项目销售站台。2015 年前后，房地产市场疲软，项目中的社会福利住房随之压缩至 386 套。2018 年，这个项目遭遇资金危机，为了保证顺利竣工，马来西亚政府出手挽救，追加了一笔投资。但政府换届后，马来西亚新政府认定此前追加的资金涉及腐败，启动了对巴特西发电站项目的全面调查。

泰晤士下游地段九榆树和沃克斯豪尔的前商业用地继续沿用巴特西模式进行规划。区域中心新建的美国大使馆，看上去好像是在护城河上放了一个密闭的大铁笼子。一座座拔地而起的高楼大厦，为市场带来约 2 万套豪华公寓。这些楼宇项目和 19 世纪的郊区规划都有同一个毛病——没有考虑混合业权、就业机会和社区设施。开发商只负责建楼和卖房收钱。因此，伦敦市中心的大片区域都被海外投资者收购。很难想象，如果这 50 年中，海外投资者借机大赚一笔，然后撤资走人，伦敦的房地产市场崩盘，市中心会变成什么样子。九榆树很可能会重蹈维多利亚时期拉德布罗克庄园的覆辙，经历一段价值坍塌和毁灭的时期。

奥运会盛幕落下后，伦敦东部斯特拉特福德以北的区域在城市复兴进程中受到的政府干预增加。其中一个阻碍就来自政府拒绝拆毁奥运体育场，即便这个场馆对于绝大多数团体赛事而言，面积太大，甚至连偶尔使用的机会都没有。为期两周的奥运会，为了这个场馆，开销达到 7 亿英镑，政府对此难于启齿，不想承认。最终，奥运体育场以 1 500 万英镑的价格卖给了西汉姆联足球俱乐部，成为后者主场，但俱乐部的球迷对此意见连连，吐槽它的面积过大、私密性不足。和周围的水上运动中心以及排球中心一样，这些大型场馆就只有"掏空"所在区域的财政这么一个作用。

伦敦遗产开发公司拒绝按照传统街道布局来规划和打造该区域，而是支持和倡导建立超大规模的建筑群，出租给开发公司，以弥补承办奥运会导致的财政赤字。运动员居住的奥运村，被改造为公寓住宅。为了实现一定程度的多样性，其中既包括按市场价租赁的出租房，也划拨出一部分用作政府救济房。此外，利河沿岸还开辟了一个小公园，这个项目是目前改造得最为成功的一个。

在运河沿岸复制维多利亚风格的南肯辛顿是最为冒险的一个决定，这需要引入一系列的文化地标，级别得和维多利亚与阿尔伯特博物馆、萨德勒斯威尔斯芭蕾舞团、伦敦时装学院、英国广播公司，甚至华盛顿史密森学会等旗鼓相当。项目成本达 11 亿英镑，计划转嫁到 600 套豪华公寓身上，通过售房收入来相抵。一度还传出要建一座 40 层高摩天大楼的消息，不过后来因为视觉效果不佳被放弃了，因为其看上去位于圣保罗大教堂的正后方，即便是从 20 英里之外的里士满公园看，依然如此。这种顾忌视觉效果的情况在伦敦近代历史上实属罕见。

利河以西的哈克尼威克呈现出明显的差异特色，伦敦的传统与现代在这里交汇。曾经位于河畔的老旧仓库，被改造成时尚新潮的工作室和酒吧，老房子和新公寓错落交织，有些归私人所有，有些是政府住房。将配有简单设施的奥运场地作为低层商铺打包出租，是众多选择中非常有意思的一个。这类规划最早出现在伦敦南部利河汇入泰晤士河的河口地带。毗邻金丝雀码头的三一浮标码头，一部分由废弃的集装箱打造而成，是众所周知的随性"创意"大本营。与这些相比，斯特拉特福德似乎与伦敦更相似，也可能经历房地产的繁荣与萧条期。

20世纪80年代，摆在英国铁路局面前的问题是，国王十字的冗余货站能否容纳得下巴比肯、金丝雀码头和泰晤士米德的货量。一系列的尝试失败后，项目开发要求更新，主负责的开发商阿尔金集团必须保留原有的仓库、自然公园和运河，同时还要在项目周边范围内为卡姆登地方政府打造一个多元社区。这是一项艰巨的任务。不过，作为回报，阿尔金集团可以在车站附近建造一处中等高度的办公区。

阿尔金集团毫不迟疑地将仓库出租给伦敦艺术大学，在后者艺术氛围的加持下，大批画廊和餐厅进驻，成为项目的新亮点和附加优势。这里与斯特拉特福德相比，差异再明显不过。曾经的卸煤场——一对狭长的维多利亚时代仓库建筑——被改造成了工业风格的高档购物中心。多元社区内，除了私人住房和政府救济房组成的混合住宅，还有各式商铺、诊所和学校等。办公区楼宇较为密集，但并不过分，谷歌就把伦敦总部选在了这里。

运河一侧的台阶很快成为广受欢迎的野餐之地，仓库本身也变身为游客打卡的景点。毋庸置疑，改造成功的关键在于基于原貌加入新元素，开发新功能。卡姆登洛克以西的前工业用地，在 20 世纪 70 年代，曾因是否改建为办公区域引发过一场大争论，但后来的重建开发效果也很不错。国王十字算是伦敦重建计划中最为成功的一个了。

英国脱欧

2015 年，卡梅伦政府以保守党赢得选举将举行脱欧公投为筹码成功连任。纵观历史，英国在与欧洲大陆的贸易、投资往来和人员交流中一直都是受益的一方。英国自始至终是欧洲国家，这一点无可改变。与此同时，英国将商业作为首要考虑和出发点，因此避开了欧洲的很多冲突和危机，结果大多对自身有利。过去的一个世纪中，它与欧洲的关系属于半独立的状态。英国一只脚在欧洲，另一只脚伸进了纽约，这一点非常明显。

尽管脱欧公投的最终结果是退出欧盟，但伦敦地区的投票显示，留欧派与脱欧派的比率为 60％比 40％，换句话说，大多数伦敦人投了留欧票。很多观察家认为，公投票选脱欧，与其说是对欧盟的回绝，不如说是英格兰各地对伦敦的抗议，抗议伦敦以自我为中心，并在各个领域都取得成功。但即便在伦敦，各区域关于脱欧与否意见也不一致。许多地区和外地一样有不满情绪。伦敦东区的黑弗灵，70％的人投票脱欧，是全国注册选区里脱欧票率最高的地区之一。这提醒人们，尽管首都汇聚了大量财富，但仍有部分区域面临严重的贫困问题。除去住房开销，这些区域的居民可支配收入低于全英平均水平，贫困儿童数量超过全国平均线，移民人口比例最高，住房最拥挤，露宿街头的人数最多。换句话说，城市发展过程中出现的问题，都暴露在这里没能解决。

截至本书写作之时，脱欧走向仍不明朗。但过去的经验表明，脱欧并不会严重影响伦敦的长期繁荣。虽然一些活动可能分流到欧洲其他地方，但伦敦的国际地位仍然牢固，文化吸引力依旧，是留学和旅游的首选地。脱欧更可能是一段时间内发展情况的反馈信号：过热的经济正在以温和的方式降温。无论政府怎样改变，伦敦依然是伦敦，是连接英国与欧洲大陆的桥梁。

后记

　　星期六早上的博罗市场一角是一片令人惊叹的景象。小吃摊和明厨餐车挤满了杂乱的维多利亚式小巷、铁路拱门和仓库内外。成千上万的人群中，有淘货的，有路过的，还有特意到此一游的，人头攒动，熙熙攘攘，挤都挤不进去。周边街道、河边码头和教堂的内院也被这些人占据。南华克仿佛又变回了乔叟时代的样子——破旧脏乱，却充满活力，散发着让人无法抗拒的魅力，那是一个烟火气十足的伦敦。

　　咫尺之外的东侧，如幻境一般。位于伯蒙西的"碎片大厦"闪闪发光，高耸入云，静静矗立。楼里空荡荡的，窗户紧闭，门口守卫森严，似乎是做好了准备要应对即将到来的袭击。这座大楼似乎没有了用处，周围的人行道也是死一般寂静。或许有一天，"碎片大厦"会人山人海，而博罗市场成了空旷的废墟。但我怀疑这一天不会出现。

　　这种鲜明的对比在伦敦随处可见，我承认，这也是伦敦的魅力之一。伦敦是一个多元化城市，包容各种各样的特立独行，伦敦市民已然对造型各异的建筑和没什么协调感的街景司空见惯，新的开发计划总是追求对原有面貌的彻底改变，历来都是如此。所有城市都是权力博弈的产物，房地产市场的需求是一方面，而另一方面，政府试图通过干预市场，实现更广泛的政治目标。伦敦的形成背景比较特殊，它并非顺应战争需要而建立的堡垒城市，也不是宗教信仰中心。作为贸易发展的果实，贸易需求是伦敦兴起之初的主导因素。在城市增速的管控上，曾有一些探索尝试，但效果甚微。12世纪，威廉·费兹史蒂芬身处伦敦，总结道："如果主事的人足够英明，这肯定是一座美好的城市。"但现实表明，这样的情况很少发生。

从都铎时代开始，伦敦如何发展一直是各方争论的焦点。起初在规划考文特花园时，露天广场的设计由星室法庭一锤定音，后者还指定了建筑师伊尼戈·琼斯来设计。林肯旅店空地作为最早获批的项目之一，于1643年启动建设，号称要"力挫某些人的贪婪行径，让他们不再妄想于寸土寸金的市区建造毫无意义的建筑"。需要说明的是，这里的"毫无意义的建筑"，指的是用来供普通百姓居住的房子。

伦敦大火之后，在老城区之外建设楼宇需要政府批准；政府同时制定了安全标准，对街道形状进行规定。这倒不是因为多在乎市民的健康和福祉，和沿河流东段野蛮发展的"吵闹生意"也没什么关系。但随着伦敦不断扩张，西边得到开发，王室便和相应区域的土地所有者结盟，确保伦敦受益于开发。从圣詹姆斯广场的规划布局，到18世纪出台的建筑法案，再到约翰·纳西和托马斯·邱比特的设计方案，伦敦该是什么样子暂时有了共识。

伦敦的富人区，街道和楼宇更加干净整洁、宽敞大气，秒杀任何其他城市的同类区域。房屋为古典主义风格，低调而不张扬——至少纳西之前的建筑符合这一特征——按照法规，房屋被划分为不同的等级，适用于不同阶层的人居住，最穷的那些除外。事实证明，无论房地产市场怎样跌宕起伏，这些房屋都能自如应对，适应性极强。即便是今天，仍然是这样：后街小巷的阁楼里可能藏着一家数码初创公司，制衣工厂则隐匿在斯毕塔菲尔德的高楼大厦之中。商业地产中，价格最高的不是那些摩天大楼，而是坐落在 18 世纪伯克利广场周围的建筑。有人说，露台和广场体现了纯粹的资产阶级品味，这并不准确。1984 年，英国广播公司拍摄制作了肥皂剧《东区人》（*East Enders*），人物设定为无产阶级形象，生活在维多利亚风格的阿尔伯特广场附近，但并不住在政府救济高楼里。阿尔伯特广场是一个虚构的地点，原型为达尔斯顿的法西特广场。

从管控建筑怎么建，到考虑配套设施和穷人的居住条件，伦敦的开发思路缓慢地发生着改变。其中，以市场为主导的铁路建设是重要的影响因素，它是伦敦大火之后房地产发展面对的最大阻碍，也将公众舆论焦点集中到严重贫困区域。梅休和布斯表示，当时有四分之一的伦敦人居住在这些区域。19 世纪 40 年代至 80 年代，争论升级，先是围绕城市供水和下水道情况，然后变成关注贫困人口的住房难题。后面这个问题，最早是慈善机构介入负责，后来责任交接给诞生艰难、发展缓慢的地方自治政府。早在 12 世纪，伦敦就是自治市，而其他英格兰城市到 18 世纪 30 年代才有了政府机构。

即便如此，说服伦敦郡议会和其他伦敦地方政府进行城市复兴改造也用了很长一段时间。伦敦人逃离贫民窟的需求与日俱增，这项计划则允许持续进行郊区地段的开发和外扩，从而为原本居住在贫民窟的伦敦人提供了新的住所。当然，依法开通的"工人专列"也是促成转变的因素之一。郊区不断向外扩张，1880 年之后的 50 年里，伦敦的土地面积惊人地增加了 6 倍，米德塞克斯的全部区域、埃塞克斯和萨里的部分区域几乎都成了伦敦的新郊区。与此同时，伦敦市中心发生了"逆中产阶级化"，随着维多利亚时代签订的地租到期，破旧街道上的住户变成了没钱搬去郊区的穷人。

这样的结果直接带来了 20 世纪 40 年代阿伯克隆比的城市革命，他藐视地称伦敦为"过时的城市"，提议从内部核心着手来改头换面。他说，伦敦必须"跟上汽车时代的步伐"，昔日的历史街区缩水成了古雅而老派的飞地。此后，伦敦进入了前所未有的破坏时期，这一点毋庸置疑。成千上万的伦敦工人阶级搬迁住进了政府救济房，而其中大部分设计拙劣，没过多久就被拆毁了。高楼"拔地而起"，建设上浪费了大把金钱，但其实，翻修那些被动迁的维多利亚式房屋要便宜许多。最终，被现实当头一击的规划者和并不知道发生了什么的政客承认做了错误的决定，放手让市场自由发展，也就是说，让市场自行制定规则。伦敦刚逃出一个坑，又掉进了一口井。

20 世纪与 21 世纪之交，出现了各式各样的伦敦战略规划，但几乎全都遭遇搁浅。在鼓励还是遏制伦敦持续增长这个问题上，不曾有争论产生。那些经历了二战轰炸和阿伯克隆比城市革命后保留下来的古老区域，大部分被当地的专门机构保护起来。但更广意义上的规划仅停留在纸上谈兵和美好设想这个层面。和海外一些城市的普遍做法不同，新伦敦并不在乎新建建筑与原有建筑协调排列。在一些街道，高耸的楼宇突兀地立在那里。也很少有标准对建筑密度、用途和社会融合性进行规范。商业街上的店铺渐渐萎靡不振。伦敦的地平线只能听天由命。

最激烈的争论围绕着伦敦的"归属"问题展开。自 19 世纪以来，大量的土地逐渐发展为单一城镇，这种变化速度很快。20 世纪 60 年代和 70 年代，随着中产阶级区域兴建了成片的政府公共住房，很多工人阶级聚居区出现了中产阶级化现象。应该如何量化和梳理这种改变，或是以哪种城市人口理论作为依据，一直都不清楚。

在我看来，没人"有权"拥有这个伟大的城市。伦敦一直是个载体，有人涌入，也有人流出，正如唐纳德·奥尔森所言，"人来人往"持续不停。伦敦的经济活力也来源于此。21 世纪的今天，三分之一的伦敦人出生在海外，限制移民出入、设置禁区的想法不是长久之计。同样，让某个阶层或群体固定在一个区域生活——在 20 世纪中期曾有过这样的趋势——似乎也不太切合实际。当了 26 年纽汉地方委员会委员长、后来做了纽汉自治市市长的罗宾·威尔士（Robin Wales）爵士曾和我说，纽汉的问题总结成一句话就是"我们的商业模式太少"。纽汉各个层级的消费力和地方企业不够，大部分是政府管控主导的。

但同时，伦敦从来不缺个性和特色。这里汇聚着大量的群体，在民主时代，每个人都自然而然地想在区域事务上拥有一定程度的话语权。他们想要逃避房地产市场带来的残酷现实，免受工作、休闲和购物场所消失引发的系列影响，还想提升群体的社会融合度。2008 年，海盖特的原住户集体搬到郊区居住，安娜·明顿（Anna Minton）对这一事件的记录让我仿佛又看到了南华克居民为了修建维多利亚铁路而搬离的情景，但这次要比南华克那次少了些悲壮感。

　　最后一章讲到，因为住房政策不合理，导致了一些社会问题，它们本就应该得到现代城市的关注。一个有序城市，既要支持房地产交易，也要满足穷人和移民的住房需求，在两者间实现平衡；还要保持社区的连续性和凝聚力等优良传统，同时为无家可归和伤残人士提供优待照顾。

　　换句话说，伦敦属于所有市民，属于英国，属于世界。这是政治如何决策的问题：在历史上的每一个阶段，政治决策决定了扮演不同角色的伦敦。这也是为什么我在书中花了大量笔墨来讲述伦敦的建筑。一代代的伦敦人来了又走，而他们塑造的、有形的伦敦则沉淀在每一处街道之中。当我审视这些街道时，我试着想象在街上走过和住过的人会是多么形形色色，他们来自不同的行业、阶级和国家。我十分认同评论家罗文·摩尔（Rowan Moore）对伦敦的总结，伦敦是"一个当下的城市，过于务实而无法成为理想中的乌托邦，也因为过往的变故无法成为历史长河中的典范。但面对来自世界各方的力量形态，它又能以绵力化之"。这也是我竭尽所能去保护伦敦建筑的动力所在，它们在漫长的时间中证明了自己受世人喜爱，经受得住时间洗礼并拥有强大的适应能力。

　　或许从孩提时代有记忆开始，我对伦敦的印象就是一处污染严重的废墟之城，绝大部分是黑乎乎的一片。但今日的伦敦，俨然成了无与伦比的宜居之城，环境更加干净优雅，人们生活更加富裕，社会阶层更加多元化，休闲娱乐更是前所未有地丰富有趣。公共交通也有所改善，饮食方面更是大幅提升。街上所见的面孔、听到的语言，彰显的不仅是英国首都的地位，更是全球都市的身份。近些年来被拆毁的成千上万幢房屋和商业楼宇是伦敦最大的损失，如果留到今天，它们会相当地受欢迎，充满着生活气息。它们的替代建筑耗资、耗能巨大，而且经常都处于空置状态。尽管如此，我们依然可以秉承着传统的精神打造一座全新的城市。

我很高兴能够见证伦敦在 20 世纪 70 年代经历某种程度的大转型。考文特花园修缮之后，我有次从那里穿过，遇到了一位曾力主拆除考文特花园来打造另一个巴比肯的地方前议员。我问他是不是不太满意现在的结果，他虽然勉强地承认了，但还是不知道自己和同僚的坚持究竟错在哪里，只能一味地让规划师背锅。我知道，整个伦敦有很多政客、建筑师和建造商可能和他的想法一致。

对伦敦的感觉，可以通过我最喜欢的两条漫步路线来说明。它们带给我的充实感和愉悦感，就像是博物学家来到了田野和森林调研时的心情，沿线周围不但充满了各种各样的动植物和矿物质，风景还随季节更替而不断变化。第一条路线在金融城之内。穿过熙熙攘攘的鲁德门广场，沿着卡特巷的后街走到位于鲁德门山街南坡上的药剂师协会。这一路上，尽是些蜿蜒曲折的小巷，在零星可见的老联排别墅和圣保罗大教堂牧师的府邸间穿插交织。再往南穿过维多利亚女王街，走到哈金山街，在那里可以看到古老的罗马浴场、三一巷和学院街。接着走就到了道门，这儿以前还有沃尔布鲁克河流经，但现在已经消失了，罗马人曾在此祭拜密特拉斯神。

左手边的恩典街上，高耸的建筑楼群林立。扎进这里继续前行，走过劳伦斯庞特尼山街和洛华特巷，就能看到雷恩设计的美轮美奂的山顶圣母教堂，再经过被炸毁得只剩下断壁残垣的圣邓斯坦教堂遗址，最后映入眼帘的是建于诺曼时代的伦敦塔。至此，我们已经在伦敦的千年历史中穿梭回来——如果算上路过的那些罗马浴池，则又多出了一千年。目之所及的一切，不是雷恩或阿伯克隆比某个人的功劳，最大的功臣是中世纪的议会和教区委员会，它们赋予了这些小巷独特的生命力，使之深植于伦敦的历史土壤之中，以至于后来没有一个筑路者或者是建筑师敢为所欲为地拆除破坏这些小巷。

第二条是全然不同的路线，贯穿伦敦西区，北起堤岸，中间经过阿德尔菲，进入考文特花园的后街区域。沿着最窄处只有 40 厘米的布莱德斯广场小巷一路北上到全伦敦最不起眼的环形交叉路口七面钟，再往西就是充满异国风情的唐人街。和金融城不一样，这里的街道大部分是乔治亚风格的，整齐笔直，路旁的房屋仍然是按 18 世纪建筑法案标准修建的那些。但有意思的并不是建筑本身，而是它们的用途。如今的苏豪无法被归类。这里一部分是红灯区，一部分是高档餐饮区；而布鲁尔街以北，街上的门、窗和名牌都表明这里是电影产业的圣殿和影视后期制作的世界级中心。好莱坞也要对苏豪礼让三分，各种大片都是在这里的地下室制作完成的。真正能衡量这些受保护街区生产力水平的是就业密度，乔治亚风格的苏豪每公顷就业人数是 1 300 人，比重修之后面积更大的金丝雀码头的一半还要多一些，后者为每公顷 2 300 人。

西侧就是五彩斑斓的卡纳比街，现在仍然是条不能用"规整"来形容的商业步行街，带有 20 世纪 60 年代摄政街的那股子浮华和夸张。再往西，隐藏着一块不怎么容易被注意到的伦敦宝地——爱德华时代重新修建的新邦德街，外观让人想到了以巴洛克风格为主的罗马。邦德街的"边缘地带"艾弗里街是皇冠地产公司的一个成功改建案例，这里直接连通梅菲尔西边的荒凉地段，以前作为交界区域，杂乱无章，遍布着肮脏破旧的工作室和仓库。

这些繁华的街道支撑着伦敦，让它在风云变幻的房地产市场的影响下依旧镇定自若。它们的主要架构稳定不变，灵活适应着各种暂时性的市场需求。伦敦有不同的聚集区，有一些辉煌灿烂。但很明显，是创造力让这座城市持续绷着一根弦，渴望镀上一层岁月的光泽。我提到的这两条线路周边的街区，在帕丁顿、国王十字、克勒肯维尔、肖迪奇、伯蒙西和兰贝斯都能找到类似的。奥秘就是区域建筑，建筑吸引了人们聚集在这里。

我以前常常幻想有一天能看到伦敦最终"竣工"——每一处建筑工地都竣工、每一条施工道路都清理干净。我会从樱草山上眺望，给这座城市打个高分。然而，没有任何一座成功的都市做到了"竣工"。我眼中的伦敦，没有小时、季节、年度或世纪的差异，永远都忙于自己那一摊事儿。我们接受与否，它根本不在乎。或许，伦敦并不完美，但毫无疑问，它是一项杰作——一项人类打造的最具振奋力的全球性杰作。

伦敦历史大事年表

43 年	克劳狄皇帝统治时期，伦敦建城
60 年	布迪卡起义；伦敦被洗劫
80—90 年	修建伦敦桥
约 120 年	伦敦大部分城区被大火烧毁
410 年	罗马人撤离不列颠，伦敦成为弃城
604 年	梅里图斯成为伦敦首位主教；圣保罗大教堂建成
约 830 年	维京海盗首次袭扰泰晤士河流域
886 年	阿尔弗雷德大帝重新接管伦敦，伦敦成为首府
1018 年	克努特加冕
1042 年	"忏悔者"爱德华将王庭迁至威斯敏斯特
1066 年	诺曼征服；威廉一世特许不强征伦敦土地
1087 年	首次伦敦大火；圣保罗大教堂被毁
1189 年	选举产生首任伦敦市长
1209 年	重建伦敦桥
1290 年	驱逐伦敦城内的犹太人
1348 年	黑死病来袭
1381 年	农民起义；瓦特·泰勒被杀
1397 年	理查德·惠廷顿第一次出任市长
1476 年	卡克斯顿在威斯敏斯特建立印刷厂
1536—1541 年	废除修道院运动；教会的大量财富归王室所有
1571 年	格雷沙姆建造的、以安特卫普同类建筑为模板的皇家交易所开业
1576 年	詹姆斯·伯比奇在芬斯伯里的田地间修建的剧院营业

1580 年	伊丽莎白一世颁布了抑制伦敦扩张的首部法令
1598 年	约翰·斯托对伦敦的全方位调研报告发布
1616—1619 年	伊尼戈·琼斯设计建造位于格林尼治的王后之屋和白厅宴会大厅
1630 年	贝德福德伯爵获批建造考文特花园广场
1649 年	查理一世在白厅被处决（考虑到可能引发骚乱，行刑现场没有选在伦敦塔）
1653 年	伦敦首家咖啡馆开门营业
1660—1669 年	塞缪尔·皮普斯以日记的形式记录下发生在首都的事件
1665 年	圣奥尔本伯爵获批修建圣詹姆斯广场
1665 年	伦敦大瘟疫
1666 年	伦敦大火摧毁了老城 80％的区域
1673 年	雷恩启动圣保罗大教堂重建工作
1683—1684 年	冰冻博览会在冰封的泰晤士河上举行
1688 年	奥兰治的威廉人主英国；他和玛丽在肯辛顿修建了宫殿
1694 年	英格兰银行成立
1702 年	伦敦首份报纸《每日新闻》创刊
1712 年	建造 50 座"安妮女王教堂"的法令出台后，首都完成了 12 座教堂的修建
1717 年	亨德尔创作的《水上音乐》在泰晤士河畔举行公演；辉格党人支持的汉诺威广场建造方案和托利党人支持的卡文迪什广场建造方案出台
1721 年	格罗夫纳广场规划方案发布
1729 年	沃克斯豪尔花园建成，随后，1741 年，拉尼拉花园建成
1739 年	托马斯·科拉姆成立育婴堂
1748 年	亨利·菲尔丁被任命为博街的首位带薪治安法官
1750 年	自威斯敏斯特的伦敦桥后，首座新建渡桥通车
1751 年	出台措施，通过税收和限制消费的手段控制杜松子酒的泛滥
1768 年	皇家艺术学院成立，10 年后迁入萨默塞特府；约翰·威尔克斯作为米德塞克斯代表当选议会议员
1769 年	布莱克法尔修建新的收费大桥
1774 年	《1774 年建筑法案》出台，为乔治王时期的房屋设定了等级

规范

1780 年	戈登动乱，伦敦最为严重的民众暴乱
1812 年	纳西提交"皇家大道"方案，大道的起点为卡尔顿宫，终点为摄政公园
1818 年	出台法案，要求修建一批"滑铁卢教堂"
1820 年	皇家大道开始施工
1825 年	邱比特从格罗夫纳家族手中租下贝尔格莱维亚地块
1829 年	《大都会警察法案》出台
1832 年	议会通过《1832 年改革法案》，济贫法改革提上日程
1834 年	威斯敏斯特宫被大火烧毁；重建方案竞标中出现哥特式设计
1836 年	以格林尼治为起点、伦敦桥为终点的首趟伦敦火车通车
1837 年	伯明翰与尤斯顿之间的铁路线路通车
1841 年	《谷物法》被废除，伦敦物价下降，经济日趋繁荣
1851 年	万国博览会召开，推动肯辛顿开发项目蓬勃发展
1858 年	伦敦"大恶臭"事件推动下水道改革；提案项目启动
1863 年	从帕丁顿至金融城的首条地铁通车，途经马里伯恩路段
1866 年	银行业危机，造船业衰退
1867 年	海德公园骚乱催生了《第二次改革法案》（Second Reform Act），绝大多数的伦敦男性获得投票权
1870 年	《福斯特教育法》出台，设立寄宿制小学，女性可以参选并成为学校委员会成员
1871 年	汉普斯泰德希思免遭开发破坏，开始野蛮发展
1880 年	诺曼·肖在阿尔伯特音乐厅旁边建造了首个奢华公寓
1888 年	伦敦郡议会取代大都会市政工程局；女性获得参与地方选举的权利
1890 年	从威廉国王街至斯托克韦尔的地铁线路通车
1891 年	第一批有轨电车投入使用
1899 年	金融城之外，教区委员会正式退出历史舞台，各行政区接管原有职责
1903 年	耶基斯启动皮卡迪利线和贝克卢线地铁的修建
1904 年	教育划归伦敦郡议会管理
1907 年	第一批燃油公交车投入使用

1915 年	伦敦码头接连遭遇齐柏林飞艇空袭
1919 年	艾迪森提出打造"英雄的家园",导致出现住房建造狂潮,这一时期住房规划或缺失、或混乱
1929 年	伦敦乘客运输委员会成立,后来改名为伦敦交通局
1929—1931 年	华尔街崩盘,大萧条对伦敦影响不大
1932 年	首部《城乡规划法案》出台
1934 年	伦敦郡议会宣布要在伦敦周边打造"绿带区"
1940—1941 年	伦敦大轰炸
1944—1945 年	伦敦遭遇 V1 式和 V2 式导弹空袭
1947 年	《城乡规划法案》赋权地方主导规划建设
1948 年	伦敦筹划"节俭"办奥运;国民医疗服务体系建立,取代伦敦郡议会管理全部医院;伦敦交通局招募的移民工人乘坐"疾风号"抵达
1951 年	英国艺术节举办
1953 年	阿伯克隆比的方案获批成为伦敦规划方案
1956 年	为应对伦敦愈加严重的污染问题,首部《空气清洁法案》出台
1963 年	为修建伦敦首个摩天大楼中心塔,政府和开发商达成了"利益交换"协议
1965 年	伦敦郡议会被大伦敦地方议会取代;巴比肯区域伦敦城墙以北的地产项目动工
1966 年	首届诺丁山狂欢节举办
1967 年	《城市文明法案》出台,确定了伦敦的历史保护区域范围;保守党在地方选举中取得压倒性胜利,赢得 28 个伦敦行政区(总数为 32 个)的支持
1968 年	罗南角大楼发生坍塌事故
1973 年	围绕皮卡迪利广场,高速公路网络和考文特花园的改革规划流产
1981 年	利文斯通当选大伦敦地方议会负责人;伦敦最后一处码头关闭
1984 年	泰晤士河防洪闸投入使用
1986 年	大伦敦地方议会被废除;进行"大爆炸"金融改革
1990 年	特拉法加广场发生抗议人头税的骚乱
1997 年	工党政府尝试卖掉伦敦地铁系统,实行"私有化"

1999 年   大伦敦市政府成立

2000 年   利文斯通当选伦敦市长

2001 年   普查显示伦敦人口数量再次上升

2003 年   伦敦上演大规模反对伊拉克战争的游行；普雷斯科特批准在伯
                蒙西修建"碎片大厦"；伦敦出现摩天大楼建设热潮

2005 年   伦敦公共交通系统接连发生宗教极端主义自杀式炸弹袭击，造
                成 52 人死亡

2008 年   鲍里斯·约翰逊当选伦敦市长，启动公共自行车计划

2012 年   伦敦奥运会开幕，主要场地在斯特拉特福德

2016 年   萨迪克·汗当选伦敦市长

2016 年   伦敦市民拒绝接受脱欧公投结果

2017 年   格伦菲尔大楼着火，导致 72 人死亡

作者的话

　　这本书是我写的"简史三部曲"系列中的最后一本，前两本分别是关于英格兰和欧洲的。我希望读者能通过阅读获得更多对过去的认知，比从通史中了解到更加深入的细节，当然，也希望书里的内容没有过于浅显。以伦敦为例，深入了解某一处地点是件非常有意思的事情，但就像艺术品一样，最重要的不只是它的最终呈现，每一件作品都有遗憾，所以，如果我在书中遗漏了大家喜爱的街区或是地标，我深感抱歉。全书按照时间顺序展开，我个人觉得这可能是最好的一种叙述方式，能将事件的起因、经过、结果一一对应起来。尤其适合描述伦敦的外观变化，而这一方面恰恰是以伦敦为主题的书籍中鲜有提及的。我认为，世界上没有任何一座城市像伦敦这样，通过外观变化把历史变迁展现得如此明显清晰。

我的写作素材，来源于个人的伦敦生活经历，来源于数百本参考书目（后面的参考文献中列出了一些），来源于我与政界、商界、文化界人士的无数次对话。我还深入钻研了很多优秀的伦敦史料作品，比如最近出版的那些，它们的作者分别是 Stephen Inwood、Jerry White、Peter Ackroyd。Ben Weinreb 和 Christopher Hibbert 编纂的《伦敦百科全书》（*London Encyclopaedia*），Secker 和 Warburg 的历史系列丛书，新伦敦建筑论坛的调研报告和 Pevsner 的旅行类书籍对我帮助也很大。另外，我还从伦敦大大小小的图书馆中寻找参考资料，并借鉴了伦敦本地博主的文章以及伦敦的维基百科词条。

在此期间，有太多的朋友陪我重走伦敦，发掘灵感和线索，这里就不一一致谢了。其中有几位，我想单独提及。伦敦政治经济学院的 Tony Travers，我的创作全程都离不开他的帮助，特别是在涉及伦敦政府和一些我不太熟悉的伦敦郊区时，他给了我非常多的支持。我也想特别感谢我的兄弟 Tom，以及我的朋友 Marcus Binney。Binney 一直以来都致力于保护伦敦的古建筑，我俩和其他人一起在 1975 年成立了英国遗产保护组织，这个组织后来改名为20 世纪协会。我还要致敬为这个城市的公共服务、建筑保护、福利事业做出贡献的无数志愿者们，是你们的无私奉献和默默努力，才让伦敦如今的面貌截然不同。诚如 Wren 所言："平凡人创造了不朽丰碑。"

此外，我想感谢 Caroline Barron、Richard Hingley 和上面提过的 Tony Travers，他们阅读了我的初稿，并提出了中肯的建议。这之后的任何错漏，都是我的责任，我也欢迎大家批评指正，以便在之后的再版中进行更正。同时，我还想感谢企鹅出版社的 Daniel Crewe、Connor Brown、Cecilia Mackay、Natalie Wall、Trevor Horwood、Mike Davis、Ruth Killick、Amelia Fairney 和 Ellie Hudson，因为他们的努力，才有了这本书的最终问世。

参考文献

Ackroyd, Peter, *London: The Biography*, 2000
Barratt, Nick, *Greater London*, 2012
Barron, Caroline, *London in the Later Middle Ages*, 2004
Bill, Peter, *Planet Property*, 2013
Boughton, John, *The Rise and Fall of the Council House*, 2019
Bucholz, Robert and Joseph Ward, *London*, 2012
Clunn, Harold, *The Face of London*, 1970
Cohen, Phil, *On the Wrong Side of the Tracks*, 2013
Cruickshank, Dan, and Peter Wyld, *The Art of Georgian Building*, 1975
David, Terence, *John Nash*, 1973
Dorling, Danny, *All That Is Solid*, 2014
Esher, Lionel, *A Broken Wave*, 1981

Glanville, Philippa, *London in Maps*, 1972

Hanley, Lynsey, *Estates: An Intimate History*, 2007

Hatherley, Owen, *A New Kind of Bleak*, 2013

Hingley, Richard, *Londinium: A Biography*, 2018

Hobhouse, Hermione, *Lost London*, 1971

——, *Thomas Cubitt*, 1971

Inwood, Stephen, *A History of London*, 1998

——, *City of Cities*, 2005

Jackson, Alan, *Semi-Detached London*, 1973

Jenkins, Simon, *Landlords to London*, 1975

——, *Companion Guide to Outer London*, 1981

Kynaston, David, *The City of London*, 2011

Marriott, Oliver, *The Property Boom*, 1967

Mayhew, Henry, *The Unknown Mayhew*, ed. E. P. Thompson and Eileen Yeo, 1971

Minton, Anna, *Ground Control*, 2009

——, *Big Capital: Who Is London For?*, 2017

Moore, Rowan, *Slow Burn City*, 2016

Nairn, Ian, *Nairn's London*, 1966

Olsen, Donald, *The Growth of Victorian London*, 1976

Palmer, Alan, *The East End*, 1989

Pevsner, Nikolaus, *The Buildings of London*, various dates

Picard, Liza, *Restoration London*, 1997

——, *Dr Johnson's London*, 2000

——, *Elizabeth's London*, 2003

——, *Victorian London*, 2005

Porter, Roy, *London: A Social History*, 1994

Rasmussen, Steen Eiler, *London: The Unique City*, 1934

Sheppard, Francis, *Infernal Wen*, 1971

Sinclair, Iain, *Lights Out for the Territory*, 1997

——, *London Overground*, 2016

Stedman Jones, Gareth, *Outcast London*, 1971

Summerson, John, *Georgian London*, 1945
Thorold, Peter, *The London Rich*, 1999
Travers, Tony, *London's Boroughs at 50*, 2015
Weinreb, Ben and Christopher Hibbert, *London Encyclopaedia*, 1983
White, Jerry, *Metropolitan London*, 1982
——, *London in the 20th Century*, 2001
Wright, Patrick, *Journey Through Ruins*, 2009
Zamoyski, Adam, *Holy Madness*, 1999

图书在版编目（CIP）数据

薄雾之都：伦敦的优雅与不凡/（英）西蒙·詹金斯（Simon Jenkins）著；宋佳译 . -- 北京：中国人民大学出版社，2021.4
（列城志）
书名原文：A Short History of London：The Creation of a World Capital
ISBN 978-7-300-29099-7

Ⅰ.①薄… Ⅱ.①西… ②宋… Ⅲ.①城市史-伦敦 Ⅳ.①K956.1

中国版本图书馆 CIP 数据核字（2021）第 037853 号

列城志

薄雾之都：伦敦的优雅与不凡
〔英〕西蒙·詹金斯（Simon Jenkins） 著
宋佳 译
Bowu Zhi Du

出版发行	中国人民大学出版社		
社 址	北京中关村大街 31 号	**邮政编码**	100080
电 话	010 - 62511242（总编室）	010 - 62511770（质管部）
	010 - 82501766（邮购部）	010 - 62514148（门市部）
	010 - 62515195（发行公司）	010 - 62515275（盗版举报）
网 址	http://www.crup.com.cn		
经 销	新华书店		
印 刷	涿州市星河印刷有限公司		
规 格	145 mm×210 mm 32 开本	**版 次**	2021 年 4 月第 1 版
印 张	14.625 插页 18	**印 次**	2021 年 4 月第 1 次印刷
字 数	316 000	**定 价**	89.00 元